D1929149

Basiswissen Softwaretest

Über die Autoren

Andreas Spillner ist Professor für Informatik an der Hochschule Bremen, Fachbereich Elektrotechnik und Informatik. Er war über 10 Jahre Sprecher der Fachgruppe TAV »Test, Analyse und Verifikation von Software« der Gesellschaft für Informatik e.V. und ist Mitglied im German Testing Board e.V. Seine Arbeitsschwerpunkte liegen im Bereich Softwaretechnik, Qualitätssicherung, Testen und objektorientierte Softwareentwicklung.

Tilo Linz ist Vorstand der imbus AG, einem führenden Dienstleister für Softwaretest. Er ist Leiter des German Testing Board e.V. und war von 2002 bis 2005 Vorsitzender des ISTQB. Seine Arbeitsschwerpunkte sind Beratungs- und Coaching-Projekte zu den Themen Softwarequalitätsmanagement und Optimierung von Softwareentwicklungs- und Softwaretestprozessen.

Andreas Spillner • Tilo Linz

Basiswissen Softwaretest

Aus- und Weiterbildung zum Certified Tester

Foundation Level nach ISTQB-Standard

3., überarbeitete und aktualisierte Auflage

dpunkt.verlag

Andreas Spillner
spillner@informatik.hs-bremen.de

Tilo Linz
tilo.linz@imbus.de

FHTW Berlin
Karlshorst
Bibliothek
HTW
ungültig
90
05/2313
2

Lektorat: Christa Preisendanz
Copy-Editing: Ursula Zimpfer, Herrenberg
Herstellung: Birgit Bäuerlein
Umschlaggestaltung: Helmut Kraus, Düsseldorf
Druck und Bindung: Koninklijke Wöhrmann B.V., Zutphen, Niederlande

Bibliografische Information Der Deutschen Bibliothek
Die Deutsche Bibliothek verzeichnet diese Publikation in der Deutschen Nationalbibliografie;
detaillierte bibliografische Daten sind im Internet über <http://dnb.ddb.de> abrufbar.

ISBN 3-89864-358-1

3., überarbeitete und aktualisierte Auflage 2005
Copyright © 2005 dpunkt.verlag GmbH
Ringstraße 19 b
69115 Heidelberg

Die vorliegende Publikation ist urheberrechtlich geschützt. Alle Rechte vorbehalten. Die Verwendung der Texte und Abbildungen, auch auszugsweise, ist ohne die schriftliche Zustimmung des Verlags urheberrechtswidrig und daher strafbar. Dies gilt insbesondere für die Vervielfältigung, Übersetzung oder die Verwendung in elektronischen Systemen.
Es wird darauf hingewiesen, dass die im Buch verwendeten Soft- und Hardware-Bezeichnungen sowie Markennamen und Produktbezeichnungen der jeweiligen Firmen im Allgemeinen warenzeichen-, marken- oder patentrechtlichem Schutz unterliegen.
Alle Angaben und Programme in diesem Buch wurden mit größter Sorgfalt kontrolliert. Weder Autor noch Verlag können jedoch für Schäden haftbar gemacht werden, die in Zusammenhang mit der Verwendung dieses Buches stehen.

5 4 3 2 1 0

Vorwort

Im Vorwort der 1. Auflage hatten wir noch die Frage gestellt, ob ein weiteres Buch zum Thema Softwaretest denn notwendig sei. Da mittlerweile die 1. und auch die 2. Auflage innerhalb jeweils eines Jahres ausverkauft waren, wurde diese Frage durch die Leser eindeutig positiv beantwortet.

Aktueller Lehrplan

Für den ISTQB Certified Tester, Foundation Level, wird es in Zukunft nur noch einen international anerkannten Lehrplan geben. Die beiden bisherigen kompatiblen Lehrpläne des Information Systems Examinations Board (ISEB, [URL: ISEB]) und des German Testing Board (GTB, [URL: GTB]) wurden zusammengefasst und aktualisiert.

Diese 3. Auflage ist konform zu dem neuen, im Juli 2005 erschienenen Lehrplan [URL: GTB Lehrpläne] des International Software Testing Qualifications Board (ISTQB, [URL: ISTQB]) und berücksichtigt auch dessen neue Stoffanteile.

Was ist neu am neuen ISTQB-Lehrplan?

Neben der Erweiterung des inhaltlichen Spektrums (u.a. exploratives Testen und Risk Based Testing) stellt die Formulierung der Lernziele eine Basis für eine neue Dimension des Lernens dar. Explizite Lernziele erleichtern einerseits dem Lernenden die Orientierung und machen andererseits transparenter, welches Wissen in welcher Tiefe von einem ISTQB Certified Tester (Foundation Level) erwartet werden kann. Beispielsweise bedeutet dies, dass auf der untersten Stufe der Lernziele sämtliche gekennzeichnete Schlüsselbegriffe des Lehrplans gemäß den Definitionen des Glossars prüfungsrelevant sind. »Die Begriffe werden nicht mehr im neuen ISTQB-Foundation-Level-Lehrplan selbst, sondern verbindlich im ISTQB Glossary of Testing Terms [URL: ISTQB] und ihren nationalen Ausgaben erklärt« (s. [Pohlmann 05]).

Zertifizierung

Die Weiterbildungsmaßnahmen zum Certified Tester sind in Deutschland sehr gut angenommen worden. Anfang 2005 gab es bereits über 2000 zertifizierte Tester, also Personen, welche die Prüfung bei einer Zertifizierungsstelle des German Testing Board [URL: GTB Zertifizierung] erfolgreich abgelegt haben. Circa 80 % der Prüflinge bestanden die Prüfung und erhielten das Zertifikat. Der dieser Prüfung zugrunde liegende offizielle Prüfungsfragenkatalog des GTB wird derzeit an den neuen ISTQB-Lehrplan angepasst. Nach einer Übergangsfrist werden Prüfungen nur noch nach dem neuen Lehrplan erfolgen. Sechs Firmen sind allein in Deutschland mittlerweile akkreditiert

[URL: GTB Training]. Diese Firmen sind somit berechtigt, Weiterbildungen zum Certified Tester anzubieten. Hinzu kommen die Trainingsanbieter, die über andere nationale Boards des ISTQB akkreditiert sind, beispielsweise in den USA oder in Indien.

ISTQB-Mitglieder

Aktuell arbeiten jetzt Testing Boards aus folgenden Ländern im ISTQB mit: Dänemark, Deutschland, England, Finnland, Frankreich, Indien, Israel, Japan, Korea, Niederlande/Belgien, Norwegen, Österreich, Polen, Portugal, Schweden, Schweiz, Spanien sowie die USA.

Um dem internationalen Interesse am Thema Softwaretest und an der Certified-Tester-Ausbildung gerecht zu werden, haben wir 2004 eine niederländische Ausgabe des Buches herausgebracht. 2005 wird eine englische Fassung erscheinen. Übersetzungen ins Polnische und ins Rumänische sind in Arbeit.

Nächste Qualifizierungsstufe

Das German Testing Board hat für die nächste Qualifizierungsstufe (Advanced Level) den Lehrplan in der Version 1.2 [URL: GTB Lehrpläne] verabschiedet. Kurse für die weiterführenden Themen (z.B. Testmanagement, Testmethoden) werden bereits angeboten und sind gut nachgefragt. Wir sind dabei, für diesen Lehrplan die entsprechende Literatur zu verfassen. »Praxiswissen Testmanagement« wird im Herbst 2005 erscheinen, Bücher zu »Testmethoden« und den Themen des in Entwicklung befindlichen Expert Levels sollen folgen.

Lehrstoff an den Hochschulen

Erfreut sind wir auch darüber, dass der Inhalt des Buches in den Lehrstoff an den Hochschulen aufgenommen wurde. Veranstaltungen (mit anschließender Prüfung) wurden und werden bereits erfolgreich an den Technischen Universitäten München und Darmstadt, der Universität Dortmund sowie an der Fachhochschule Köln und an der Hochschule Bremen angeboten. Die Studenten können anschließend zur Vorlesung die Prüfung zum Certified Tester »Foundation Level« ablegen.

Danksagung

Danken möchten wir allen Lesern für hilfreiche Kommentare, die zur Verbesserung und zur Beseitigung von fehlerhaften bzw. unklaren Stellen aus der 1. und 2. Auflage beigetragen haben. Besonders bedanken möchten wir uns bei den Kollegen der Siemens AG Austria. Die Diskussion mit ihnen zur Erstellung der Testfälle nach der Grenzwertanalyse hat zur völligen Überarbeitung der Tabellen 5–8 und 5–9 im Kapitel 5 geführt.

Ein weiterer Dank geht auch an die Kollegen im GTB und ISTQB, ohne deren großes Engagement es das Certified-Tester-Schema nicht gäbe. Hervorheben möchten wir hier ganz besonders Horst Pohlmann für seine hervorragenden Beiträge bei der Zusammenstellung von Lehrplänen, Prüfungsfragen und des Certified-Tester-Glossars.

Herzlich danken möchten wir weiter Martin Pol für seine Übersetzung des Buches ins Niederländische. Großer Dank gebührt Hans Schaefer für viele inhaltliche Verbesserungsvorschläge und die Bearbeitung der Übersetzung ins Englische. Rex Black hat viele wertvolle Kommentare gegeben und ein Geleitwort (s. [URL: dpunkt]) zur englischsprachigen Ausgabe geschrieben.

Andreas Spillner und Tilo Linz
Bremen, Möhrendorf
Juli 2005

Inhalt

Vorwort zur 1. Auflage

Motivation für ein weiteres Testbuch

Warum haben wir ein Buch zum Thema Softwaretest geschrieben, wo es doch eine ganze Reihe von Büchern in diesem Bereich bereits gibt?

Wir beide beschäftigen uns seit vielen Jahren mit Themen und Fragestellungen im Bereich Softwaretest. Der eine mit einer eher wissenschaftlichen Ausrichtung, der andere mit der täglichen Anwendung der Prüfverfahren in der Praxis. Beide sind wir der Auffassung, dass der systematische Einsatz von Prüfverfahren in der Praxis in vielen Firmen verbesserungsfähig ist und es einen großen Mangel an qualifiziertem Personal gibt.

Die Initiative des ISEB (Information Systems Examination Board), ein dreistufiges Qualifizierungsprogramm im Bereich Softwaretest zu definieren, Kursanbieter in diesem Bereich zu akkreditieren und den Teilnehmern die Möglichkeit zu bieten, sich einer unabhängigen Prüfinstanz zu stellen und ein Zertifikat zu erhalten, ist von uns von Beginn an mit starkem Interesse verfolgt worden. Die Initiative ist vom ASQF (Arbeitskreis Software-Qualität in Franken e.V.) und der Fachgruppe TAV (Test, Analyse und Verifikation von Software) der Gesellschaft für Informatik aufgegriffen worden. Eine ausführliche Beschreibung der Zusammenhänge findet sich in der Einleitung des Buches.

Die Lehrpläne für das Qualifizierungsprogramm sind in Gremien von mehreren europäischen Fachexperten erarbeitet worden und bündeln das derzeitige Wissen im Bereich Softwaretest. Die Inhalte sind in vielen Büchern zu finden, aber eben nicht in einem einzigen Buch. Die Lehrpläne listen die einzelnen Punkte auf, die zu behandeln sind, enthalten aber weder detaillierte Beschreibungen der einzelnen Verfahren und Vorgehensweisen beim Testen von Software noch erläuternde Beispiele. Die Idee, ein »passendes« Buch zu schreiben, fanden wir sehr nahe liegend.

Grundlage für unser Buch ist der Lehrplan »Grundlagen des Softwaretestens« ASQF Certified Tester, Foundation Level [URL: GTB Lehrpläne]. Die ersten Erfahrungen mit dem Lehrplan zum Foundation Level führten zu dem Wunsch einer leichten Überarbeitung, die derzeit von einem Gremium des ISTQB (International Software Testing Qualification Board) in Angriff genommen wird. Wir beide haben durch die Arbeit am Buch kleinere Schwachstellen im Lehrplan erkannt und beteiligen uns aktiv an dessen Überarbeitung. Die nach Beendigung der Arbeit beschlossenen Änderungen, die sich auf den Inhalt des Buches auswirken, werden wir auf der WWW-Seite zum Buch [URL: dpunkt] aktuell dokumentieren.

Der Titel unseres Buches »Basiswissen Softwaretest« sagt eigentlich schon alles. Wir sind davon überzeugt, dass jeder im Bereich der Softwareentwicklung Tätige – sei es beispielsweise in der Programmierung, in der Qualitätssicherung, in der Projektleitung oder im Management – ein Grundwissen im Softwaretest besitzen sollte, um seine tägliche Arbeit besser verrichten und den oft vernachlässigten Bereich Testen besser einschätzen oder überhaupt verstehen zu können. Die Aussage trifft selbstverständlich auch für die zukünftig Tätigen, die Studierenden und Auszubildenden im IT-Bereich, zu. Auch so mancher Lehrende wird sein Wissen mithilfe des Buches vervollständigen können.

Wir haben uns bemüht, ein leicht verständliches und kompaktes Buch zu schreiben, um dem großen Kreis an möglichen Lesern gerecht zu werden. Vorwissen im Bereich Testen oder Qualitätssicherung ist nicht erforderlich, Grundkenntnisse der Softwareentwicklung sind sicherlich hilfreich. Unser Buch hat zwar den Lehrplan zum »Certified Tester, Foundation Level« als Grundlage, es besteht aber keine zwanghafte Kopplung, auch das entsprechende Zertifikat zu erwerben.

Drei Geleitworte

Warum gibt es drei Geleitworte in Englisch und Deutsch in unserem Buch?

Durch unsere langjährigen Aktivitäten im Bereich Softwaretest haben wir zahlreiche internationale Kontakte aufbauen können. Als unser Buchprojekt konkrete Formen annahm, haben wir drei Personen um Geleitworte gebeten. Da alle drei viel gefragte und beschäftigte Persönlichkeiten sind, haben wir eher mit zurückhaltenden Reaktionen gerechnet. Um so erfreuter waren wir, dass wir tatsächlich drei Geleitworte innerhalb der Termine erhalten haben. Unsere »Risiko«-Planung war somit völlig unnötig. Da jedes Geleitwort einen anderen Aspekt vertieft, haben wir uns entschlossen, alle drei aufzunehmen.

Prof. David Parnas Ph.d, Dr. h.c., Dr. h.c., FRSC, P.Eng.

David Parnas, der Begründer der Modularisierung und des Geheimnisprinzips (*information hiding*), engagiert sich seit langem in Fragen der Ausbildung im Bereich Informatik. Für ihn muss die Informatik-Ausbildung eine Professionalität erreichen wie bei den Medizinern oder in den Rechts- und Ingenieurwissenschaften. Die allgemein anerkannte Festlegung von Lehrinhalten und der Nachweis des erworbenen Fachwissens, beispielsweise im Bereich Softwaretest, sieht er als einen Schritt in die richtige Richtung an. Teile des Buches sind während des Forschungsaufenthalts von Andreas Spillner auf Einladung von David Parnas an der McMaster University in Hamilton, Ontario in Kanada entstanden. Ausführliche Informationen zu David Parnas sind zu finden unter [URL: Parnas].

Martin Pol

Martin Pol gehört wohl zu den bekanntesten Persönlichkeiten im Testbereich in Europa, wenn nicht gar weltweit. Er ist Mitautor von

T-Map (Test Management Approach) und TPI (Test Process Improvement). 1998 erhielt er den »European Testing Excellence Award«. In seinem Geleitwort hebt er die Bedeutung des Testens im Softwareentwicklungsprozess hervor und wie wichtig Basiswissen im Softwaretest für alle im IT-Bereich arbeitenden Personen ist. Ausführliche Informationen zu Martin Pol sind abrufbar unter [URL: Pol].

Dorothy Graham A.B., M.Sc.

Dorothy Graham, seit vielen Jahren Beraterin und Trainerin im Softwarequalitäts- und Testbereich, hat das ISEB Software Testing Board mitgegründet und gehört ihm seitdem an. Ohne das große Engagement von Dorothy Graham wäre die ISEB-Initiative wohl nicht so weit vorangeschritten und die erfolgte Internationalisierung noch in weiter Ferne. Sie ist Mitautorin von Büchern zu den Themen »Software-Inspektionen« und »Softwaretest-Automatisierung«. Der »European Testing Excellence Award« wurde ihr 1999 zuerkannt. In ihrem Geleitwort macht Dorothy Graham die Vorteile einer Akkreditierung und Zertifizierung durch eine unabhängige Instanz deutlich. Ausführliche Informationen zu ihrer Person sind unter [URL: Graham] zu finden.

Wir möchten Dorothy Graham, Martin Pol und David Parnas für ihre Unterstützung und die aufgewendete Zeit recht herzlich danken.

Danksagung

Wie es sich für ein Projekt mit einem Qualitätsanspruch gehört, haben wir unsere Arbeit externen Reviewern vorgelegt. Wir haben viele Anregungen und Hinweise zur Verbesserung des Textes und der Beispiele erhalten. Wir möchten uns für die vielen geopferten Stunden Freizeit ganz herzlich bedanken bei Uwe Hehn, Ruth Keys, Karin Vosseberg und Mario Winter. Darüber hinaus gilt unser Dank den Kolleginnen und Kollegen der imbus AG, die ebenfalls durch zahlreiche Anmerkungen und konstruktive Diskussionen zum Gelingen des Buches beigetragen haben. Besonders erwähnen möchten wir Matthias Daigl und Thomas Roßner.

Bedanken möchten wir uns auch bei den Mitarbeiterinnen und Mitarbeitern des dpunkt.verlags. Zu Beginn unseres Projekts hatten wir uns eine Deadline gesetzt, was bei jedem Projekt erfolgen sollte. Auch Dank der großen Unterstützung des Verlags ist es gelungen, den von uns geplanten Fertigstellungstermin zu halten.

Wir wünschen allen Lesern des Buches erfolgreiche Stunden in dem Sinne, dass Testen nicht mehr als notwendiges Übel der Softwareentwicklung am Projektende betrachtet wird, sondern als herausfordernde, kreative Tätigkeit, die projektbegleitend erfolgt und neben der Aufdeckung von Fehlern auch zum Nachweis der Qualität der erstellten oder geänderten Software dient. Testen kann und soll auch Spaß machen.

Bremen, Möhrendorf, September 2002
Andreas Spillner und Tilo Linz

Geleitwort von David Parnas[1]

One of the biggest problems in the computer software field is the ability of inadequately qualified people to enter the profession and practice software development without limits. Software has become critical to our society; it is embedded in many devices that we count on, devices such as telephones and banking machines. Nonetheless, many of the people who write that software have not been educated for the job and have never demonstrated their qualifications to any objective professional body. There is no other field in the world where people without approved education can decide to identify themselves as »Engineers« and produce products that are essential to the safety and well-being of the public.

Software is well known for low reliability and lack of trustworthiness. In part this is attributable to the difficulty of dealing with the complexity of today's software systems, but the inadequate knowledge, skills, and professionalism of many of the practitioners also contributes to this problem. Moreover, we can thank the inadequately qualified people who produced today's software for the unreliability and complexity of the products that serve as support software for new products.

Our educational institutions have failed the public in this field. They have not recognized that those who study Computer Science require a professional education, one similar in style to the education provided to those who study medicine, law, or engineering. In those fields, the curriculum is designed around a set of professional requirements. Students are told what they must learn, rather than allowed to learn what they feel like learning. In the software field, universities have allowed the contents of courses to depend on the whim of the instructor, and the choice of courses to be largely up to the student. As a result, when an employer or client meets a graduate of a Computer Science programme, only experienced software developers are able to judge whether or not a graduate has the knowledge and skills needed for the job. Often, we cannot even find a graduate who has the appropriate body of knowledge and experience.

This problem is quite clear in the area of software testing. Many new employees are assigned testing duties without any knowledge how to design tests, how to evaluate test results, and how to draw valid conclusions can be drawn from the test results. Fortunately, there is now a useful international initiative to establish national Testing Boards,

1 Eine deutschsprachige Übersetzung bzw. die engl. Originale sind auf der Webseite des Buches [URL: dpunkt] zu finden.

which will approve courses of instruction and issue certificates to those who are able to demonstrate their understanding of basic terms and procedures in testing.

Unfortunately, this is still a shortage of appropriate study material for people who would like to become better software testers and pass the national tests. This book, »Basiswissen Softwaretest« by Spillner and Linz, fills this gap by providing a well organized and complete view of what is known about how to test software. It provides an essential component of the international effort to establish standards for software professionals and then help people to become fully qualified software developers.

David Lorge Parnas,
Ph.d, Dr.h.c., Dr.h.c., FRSC, P.Eng.
McMaster University, Hamilton, Ontario, Canada
June 2002

Geleitwort von Martin Pol

Für viele Organisationen spielt die Qualität von Softwaresystemen eine immer größere Rolle. Es werden zunehmend Maßnahmen ergriffen, um eine höhere Qualität zu erreichen. Trotz ermutigender Resultate mit verschiedenen Ansätzen zur Qualitätssicherung ist die IT-Branche weit davon entfernt, fehlerfreie Software entwickeln zu können. Ein solches Ziel wird leider noch für geraume Zeit eine Utopie bleiben. Die Entwicklung von Softwaresystemen ist nach wie vor ein schwieriges »Handwerk« und auf absehbare Zeit kaum ohne Fehler zu meistern. Die Ursachen für Fehler sind vielfältig und schwer vorhersehbar. Man wird weiterhin nicht umhin kommen, viel Energie darauf zu verwenden, die Fehler ausfindig zu machen. Das Testen wird ein wichtiger Bestandteil der Entwicklung und Wartung bleiben und oft mehr als 30 – 40 % des Gesamtbudgets aufzehren.

Das Testen ist nicht mehr nur eine Phase, die nach der Implementierung kommt, sondern ist ebenso ernst zu nehmen wie andere Aktivitäten der Entwicklung von Systemen. Testen ist zu einer eigenständigen Aufgabe und Tätigkeit geworden. Die Informatik hat sukzessive die Grundideen des Testens akzeptiert: Testen von Software ist ein Prozess, bestehend aus Planung und Vorbereitung einerseits und Messen und Prüfen andererseits. Testen dient dazu, die Charakteristika eines Systems festzustellen und die Unterschiede zwischen dem Ist- und dem Sollverhalten aufzuzeigen. Gute Qualität kann als Erfüllung der Anforderungen gesehen werden. Somit ist das Ergebnis des Testens, die vorhandene Qualität aufzuzeigen und Verbesserungen zu ermöglichen. Es gibt einen

Einblick darin, welche Risiken bestehen, wenn eine geringere Qualität akzeptiert wird. Dies ist ebenfalls ein wesentliches Ziel des Testens.

Da Time-to-Market, Wettbewerb, Globalisierung und Quality of Service, einschließlich der Qualität von Softwaresystemen, für viele Firmen zu einem wichtigen Überlebensfaktor geworden sind, steigt der Bedarf für einen angemessenen Testprozess immer weiter an. Sowohl die immer größer werdende Bedeutung von Software in unserer Gesellschaft als auch das Budget, das für das Testen ausgegeben wird, bestätigen den Bedarf an einem gut strukturierten und verlässlichen Testprozess innerhalb der Softwareentwicklung. Hierbei sind ein strukturiertes Vorgehen, eine angemessene Organisationsstruktur und die entsprechende Infrastruktur notwendig.

Dieses Buch schafft die Grundlage für einen gut strukturierten Testprozess. Es beschreibt die Grundsätze des Testens, alle Aktivitäten zum Testen innerhalb des Entwicklungsprozesses, Techniken des Testens, Testmanagement und Testwerkzeuge. Daher ist das Buch für jeden von Interesse, der im IT-Bereich arbeitet: Entwickler, Tester, Anwender, Projekt- und Abteilungsleiter etc. Darüber hinaus ist es ein idealer Begleiter, um sich auf das ISEB-Zertifizierungsprogramm vorzubereiten. Egal für welchen Einsatz – ich bin mir sicher, dass dieses umfassende Buch von sehr großem Nutzen sein wird.

Martin Pol
Polteq IT Services B.V.
Amersfoort, The Netherlands
June 2002

Geleitwort von Dorothy Graham

Was macht ein gutes Zertifizierungsprogramm für Fachleute aus? Ein erfolgreiches Programm muss vor allem drei Hauptkriterien erfüllen:

- Es muss ein Grundkonsens über das Thema vorhanden sein
- Es muss denen, die das Zertifikat erhalten (und ihren Arbeitgebern), einen Mehrwert bieten
- Es muss allen Beteiligten gegenüber fair sein und darf niemanden bevorzugen

Im vorliegenden Buch geht es um ein Programm, das diese Kriterien erfüllt. Beim Thema Softwaretesten ist ein ausreichender Konsens vorhanden, der als Basis für ein Zertifikat dienen kann. Das neue deutsche ASQF-Programm und das erfolgreiche ISEB-Programm aus Großbritannien werden sich bald international durchsetzen. Der Hauptgrund für den Erfolg des britischen Programms ist meiner Meinung nach die Unabhängigkeit des akkreditierenden und prüfenden Gremiums. Ich glaube auch, dass diese Philosophie den Erfolg des internationalen Programms für zertifizierte Tester sicherstellen wird, bei dem Deutschland momentan eine Vorreiterrolle spielt.

Bei dieser Unabhängigkeit spielen zwei Aspekte eine Rolle: zum einen die Akkreditierung von Ausbildungseinrichtungen und zum anderen die Prüfung der einzelnen Kandidaten.

Worin liegt der Unterschied zwischen Zertifizierung und Akkreditierung? Bei der Zertifizierung geht es um den einzelnen Teilnehmer, während die Akkreditierung Ausbildungseinrichtungen betrifft. Der Teilnehmer erhält ein Zertifikat, wenn er sein Wissen unter Beweis stellt. Das Wissen wird durch gewonnene Arbeitserfahrung und durch Fortbildungsveranstaltungen erworben. Wenn ein Grundkonsens über das Thema vorhanden ist (und damit eine Art »Lehrplan«) kann ein unabhängiges Gremium Kurse von Ausbildungseinrichtungen prüfen – dabei handelt es sich um die Akkreditierung. Die Akkreditierung bescheinigt, dass die Ausbildung einen bestimmten Standard im Hinblick auf Inhalt und Organisation erfüllt. Wenn sich Ausbildungseinrichtungen selbst akkreditieren, ist dies nur wenig aussagekräftig; die Akkreditierung durch ein unabhängiges Gremium ist sehr viel glaubwürdiger.

Um ein Zertifikat zu erhalten, muss der Kandidat eine Prüfung bestehen, die auf einem anerkannten Lehrplan beruht. Wenn die Prüfung durch ein unabhängiges Gremium gestellt, überwacht und benotet wird, bestehen gleiche Chancen für alle Kandidaten (und Ausbildungseinrichtungen). Durch die Unabhängigkeit des überwachenden Gremiums steigt der Wert des vergebenen Zertifikats.

Es gibt Programme, bei denen sich die Ausbildungseinrichtungen selbst akkreditieren und ihre eigenen Prüfungen stellen. Obwohl diese Programme durchaus einen gewissen Wert haben, bieten unabhängige Programme mehr. Diejenigen, die Zertifizierungsprogramme generell ablehnen, betonen, dass es bei allen Programmen Probleme geben kann. Dies ist durchaus richtig – das perfekte Programm gibt es nicht. Dennoch bin ich der Überzeugung, dass unabhängige Programme wie ISEB, ASQF oder der geplante internationale Standard für die Teilnehmer und ihre Arbeitgeber von erheblichem Wert sein werden.

Woher wissen wir, dass ein unabhängiges Programm funktionieren wird? Weil ISEB bereits in vielen Ländern funktioniert. ISEB steht für Information Systems Examination Board. Das ISEB wurde ursprünglich als unabhängiges Gremium für Qualifizierungen im Bereich Systemanalyse und -design gegründet. Es gehört nun zu der British Computer Society und bietet Qualifikationen in zehn Fachgebieten an, darunter Projektmanagement, IT-Service-Management, Geschäftssystementwicklung, Datenschutz und -sicherheit – und seit 1998 auch Softwaretesten. An der Spitze jedes Fachgebiets bilden Vertreter aus Industrie und Hochschule einen Ausschuss. Arbeitsgruppen kümmern sich um Einzelfragen. So gibt es im Bereich Softwaretesten eine Arbeitsgruppe für die Akkreditierung und eine für die Prüfung. ISEB-Mitarbeiter sorgen für die Verwaltung der Ausschüsse und der Arbeitsgruppen, bei den Prüfungen stellen sie das Aufsichtspersonal, verteilen die von der Prüfungs-AG erarbeiteten Prüfungsfragen und werten die Antworten der Kandidaten aus.

Der Ausschuss Softwaretesten des ISEB wurde 1997 gegründet. Der Lehrplan für den Foundation Level wurde von Ausschussmitgliedern aufgestellt und der erste Kurs im Oktober 1998 abgehalten. Seither läuft das Programm mit großem Erfolg und übertrifft alle Erwartungen. Es ist inzwischen – nach IT-Service-Management – das erfolgreichste Programm des ISEB. Bis Mitte 2002 waren bereits 23 Ausbildungseinrichtungen für den Kurs Softwaretesten (Foundation Level) akkreditiert, darunter Organisationen aus Deutschland, den Niederlanden, Schweden, Irland und Australien sowie Großbritannien. Über 8000 Kandidaten haben in weniger als vier Jahren an der Prüfung zum Softwaretester teilgenommen. Das Programm hat den Status des Softwaretestens und die Anerkennung, die man Softwaretestern entgegenbringt, deutlich gehoben. Auf dem britischen Arbeitsmarkt wird man inzwischen ohne das Zertifikat in der Regel gar nicht erst zu einem Vorstellungsgespräch als Softwaretester eingeladen.

Wie sieht die zukünftige Entwicklung aus? Das International Software Testing Qualification Board (ISTQB) wurde 2002 gegründet, so dass Akkreditierung und Prüfung auf Foundation Level bald in allen angeschlossenen Ländern durchweg von unabhängigen Gremien vorgenommen werden. Softwaretester auf der ganzen Welt werden sich besser verständigen können und anerkannter sein. Dieses Buch wird für deutschsprachige Länder einen wichtigen Beitrag dazu leisten. Das internationale Zertifikat wird weltweit Grundkenntnisse im Bereich Softwaretesten sichern. Dies ist eine spannende Zeit für das Softwaretesten!

Dorothy Graham
Macclesfield, UK
June 2002

1 Einleitung

Software hat in den letzten Jahren eine enorme Verbreitung gefunden. Es gibt kaum noch Geräte, Maschinen oder Anlagen, in denen die Steuerung nicht über Software bzw. Softwareanteile realisiert wird. Beispielsweise werden im Automobil, vom Motormanagement über die Getriebesteuerung bis zum Bremsassistenten, immer mehr Steuerungsfunktionen von Mikroprozessoren übernommen und durch entsprechende Software umgesetzt. Software trägt somit ganz entscheidend zum Funktionieren der Geräte und Anlagen bei. Ebenso ist der reibungslose Ablauf eines Betriebs oder einer Organisation weitgehend von der Zuverlässigkeit der Softwaresysteme abhängig, die zur Abwicklung der Geschäftsprozesse oder einzelner Aufgaben eingesetzt werden. Wie schnell beispielsweise ein Versicherungskonzern ein neues Produkt oder auch nur einen neuen Tarif am Markt einführen kann, ist heutzutage zum großen Teil davon abhängig, wie schnell die konzerneigenen DV-Systeme entsprechend angepasst oder ausgebaut werden können.

Hohe Abhängigkeit vom reibungslosen Funktionieren der Software

In beiden Bereichen (technische und kommerzielle Softwaresysteme) ist die →Qualität der Software zum entscheidenden Faktor für den Erfolg von Produkten oder Unternehmen geworden.

Viele Unternehmen haben diese Abhängigkeit von der Software erkannt und streben eine verbesserte Qualität ihrer Softwaresysteme und ihres Softwareentwicklungsprozesses an. Ein Mittel, dies zu erreichen, ist das systematische Prüfen und Testen der entwickelten Software. Teilweise haben entsprechende Verfahren Einzug in die tägliche Praxis der Softwareentwicklung gefunden. In vielen Bereichen ist aber weiterhin ein erheblicher Bedarf an Wissensvermittlung der Prüf- und Testverfahren erforderlich.

Grundlagenwissen zum strukturierten Prüfen und Testen

Mit diesem Buch stellen wir Grundlagenwissen bereit, das bei entsprechender Umsetzung zu einem strukturierten, systematischen Vorgehen beim Prüfen und Testen führt und somit zur Qualitätsverbesserung der Software beiträgt. Der Inhalt des Buches ist so abgefasst, dass kein Vorwissen im Bereich der Softwarequalitätssicherung vorausgesetzt wird. Das Buch ist als Lehrbuch konzipiert und auch zum Selbststudium geeignet. Ein durchgängiges Fallbeispiel hilft, jedes dargestellte Thema und seine praktische Umsetzung schnell zu verstehen.

Ansprechen möchten wir Softwaretester[1] in Software- und Industrieunternehmen, die ihre Kenntnisse auf eine fundierte Grundlage stellen wollen, sowie Programmierer und Entwickler, die Testaufgaben übernommen haben bzw. übernehmen werden. Das Buch wird Projekt- und Teamleitern helfen, die Softwaretests effizienter zu gestalten. Ebenfalls werden Quereinsteiger in entwicklungsnahen IT-Berufen und Mitarbeiter in Fachabteilungen, die an der Abnahme, Einführung oder Weiterentwicklung von IT-Anwendungen beteiligt sind, Hilfestellung für ihre tägliche Arbeit finden.

Obwohl das Prüfen und Testen in der Praxis einen hohen Stellenwert hat (Aufwendungen in diesem Bereich werden mit 25 % bis 50 % der Entwicklungszeit und -kosten beziffert [Pol 00]), gibt es an Universitäten, Fachhochschulen und Berufsakademien im Bereich Informatik nur wenige Lehrveranstaltungen, die sich intensiv mit dieser Problematik auseinander setzen. Das Buch soll Lernende und Lehrende im gleichen Maße ansprechen.

Das lebenslange Lernen ist besonders im IT-Bereich unverzichtbar. Auch zum Thema Softwaretest werden Weiterbildungsmaßnahmen von vielen Firmen und Trainern angeboten. Eine allgemeine Anerkennung eines Kurszertifikats ist jedoch nur gegeben, wenn Kursinhalt und Prüfung durch ein unabhängiges Gremium definiert und überwacht werden.

Zertifizierungsprogramm für Softwaretester

Ein solches Zertifizierungsprogramm für Softwaretester wurde 1997 in England durch das Information Systems Examination Board [URL: ISEB] der British Computer Society [URL: BCS] gestartet (s.a. Geleitwort von Dorothy Graham).

Internationale Initiative

Nach britischem Vorbild wurden und werden seither in vielen weiteren Ländern nationale Testing Boards als unabhängige Gremien gegründet, um Ausbildung und Prüfung auch in der jeweiligen Sprache und im jeweiligen Land zu ermöglichen. Diese nationalen Boards arbeiten im International Software Testing Qualifications Board [URL: ISTQB] zusammen (s. Abb. 1–1).

Das International Software Testing Qualifications Board koordiniert die nationalen Initiativen und sorgt für die Einheitlichkeit und Vergleichbarkeit der Lehr- und Prüfungsinhalte unter den beteiligten Ländern.

Die nationalen Testing Boards sind zuständig für die Herausgabe und Pflege landessprachlicher Lehrpläne und für die Definition und Durchführung von Prüfungen in ihren jeweiligen Ländern. Sie überprüfen die im jeweiligen Land angebotenen Kurse nach definierten Kriterien und sprechen Akkreditierungen der Trainingsanbieter aus. Die

1. Wir verwenden im Buch die männliche Form und wollen damit Frauen selbstverständlich nicht ausschließen bzw. ausgrenzen.

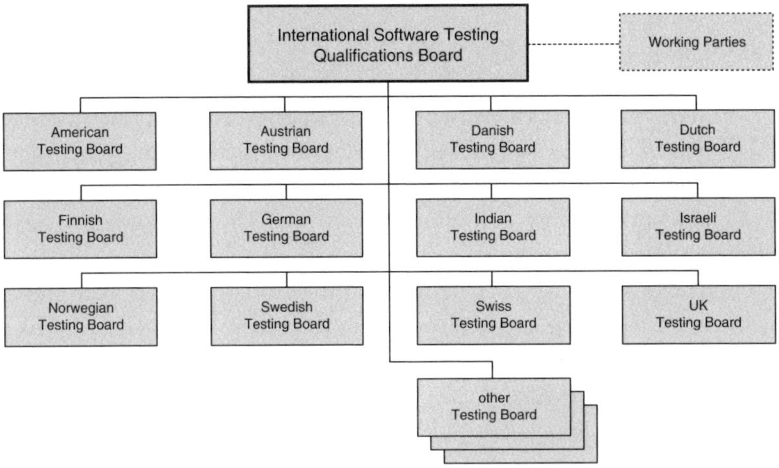

Abb. 1–1
International Software Testing Qualifications Board

Testing Boards gewährleisten damit einen hohen Qualitätsstandard der Kurse, und die Kursteilnehmer erhalten mit bestandener Prüfung einen international anerkannten Qualifikationsnachweis.

Die entsprechenden Gremien im deutschsprachigen Raum sind das Austrian Testing Board, das German Testing Board [URL: GTB] und das Swiss Testing Board [URL: CHTB]. In diesen Gremien sind Trainingsanbieter sowie Testexperten aus Industrie- und Beratungsunternehmen organisiert. Wichtige Kompetenz bringen weiterhin Vertreter verschiedener Fachverbände ein. So arbeiten im GTB u.a. Mitglieder der GI-Fachgruppe TAV (Test, Analyse und Verifikation von Software) [URL: GI TAV] mit.

Dreistufiges Qualifizierungsschema

Das »ISTQB Certified Tester«-Qualifizierungsschema ist dreistufig gegliedert. Die Grundlagen zum Softwaretest sind im Lehrplan zum »Foundation Level« beschrieben. Darauf aufbauend kann das Zertifikat zum »Advanced Level« [URL: GTB Lehrpläne] erworben werden, um vertiefte Kenntnisse im Prüfen und Testen nachzuweisen. Die dritte Stufe, das »Expert Level«-Zertifikat, ist in Bearbeitung.

Der Inhalt des Buches entspricht den Anforderungen des Zertifikats zum Foundation Level. Das prüfungsrelevante Fachwissen kann im Selbststudium erworben oder nach bzw. parallel zu einer Teilnahme an einem Kurs vertieft werden.

Kapitelübersicht

Die Themen des Buches und somit auch die grobe Struktur der Inhalte der Kurse zum Erwerb des »Foundation Certificate« sind im Folgenden beschrieben.

Grundlagen

In Kapitel 2 werden die Grundlagen des Softwaretests erörtert. Neben der Motivation, wann, mit welchen Zielen und wie intensiv getestet werden soll, wird das Konzept eines grundlegenden Testprozesses beschrieben. Es wird auf die psychologischen Schwierigkeiten eingegangen, die entstehen, wenn beim Test der eigenen Software die selbst verursachten Fehler nachgewiesen werden sollen.

Testen im Softwarelebenszyklus

Welche Testaktivitäten wann im Softwareentwicklungsprozess durchgeführt werden sollen, wird in Kapitel 3 behandelt. Neben den verschiedenen Teststufen wird auf die Unterschiede beim funktionalen und nicht funktionalen Test eingegangen. Das Thema Regressionstest wird ebenfalls angesprochen.

Statischer Test

Statische Verfahren, das heißt Verfahren, bei denen das Testobjekt nicht zur Ausführung kommt, werden in Kapitel 4 vorgestellt. Reviews und statische Analysen werden bereits in vielen Unternehmen mit gutem Erfolg angewendet. Die unterschiedlichen Vorgehensweisen werden ausführlich beschrieben.

Dynamischer Test

Das fünfte Kapitel behandelt den Test im engeren Sinne. Die Klassifizierung der dynamischen Testverfahren in »Blackbox«- und »Whitebox«-Verfahren wird erörtert. Zu jeder Klasse werden unterschiedliche Testverfahren bzw. -methoden an Beispielen ausführlich erklärt. Auf die sinnvolle Verwendung des intuitiven Tests, nämlich in Ergänzung zu den anderen Verfahren, wird am Ende des Kapitels eingegangen.

Testmanagement

Welche Aspekte beim Testmanagement zu berücksichtigen sind, wird im sechsten Kapitel diskutiert. Behandelt werden u.a. Anforderungen an Fehlerverfolgung und Konfigurationsmanagement sowie das Thema Wirtschaftlichkeit des Testens.

Testwerkzeuge

Testen von Software ist ohne eine entsprechende Werkzeugunterstützung sehr arbeits- und zeitintensiv. Im siebten und letzten Kapitel des Buches werden unterschiedliche Klassen von Werkzeugen zur Testunterstützung vorgestellt und Hinweise zur Werkzeugauswahl und -einführung gegeben.

Hinweise zu Lehrstoff und Prüfung im Anhang

Im Anhang werden wichtige Hinweise zum Lehrstoff und zur Prüfung zum Certified Tester gegeben. Weitere Anhänge des Buches beinhalten Erläuterungen zum Testplan nach [IEEE 829], beispielhafte Übungsaufgaben, ein Glossar und das Literaturverzeichnis. Die Fachbegriffe sind im Buchtext beim ersten Auftreten mit einem entsprechenden →Hinweis versehen, der auf die genauere Definition des Begriffs im Glossar verweist. Textpassagen, die über den Stoff des Lehrplans hinausgehen, sind als »Exkurs« gekennzeichnet.

WWW-Seite zum Buch mit aktuellen und weiteren Informationen

Unter der [URL: dpunkt] finden sich weitere Informationen, u.a. eine Liste marktgängiger Testwerkzeuge mit Bezugsquellen.

2 Grundlagen des Softwaretestens

Dieses einleitende Kapitel erklärt die Grundbegriffe des Softwaretests, die in den weiteren Kapiteln vorausgesetzt werden. Wichtige Begriffe werden zusätzlich an einem praxisnahen Fallbeispiel veranschaulicht, das im gesamten Buch immer wieder zur Illustration und Motivation des Lehrstoffs verwendet wird. Der fundamentale Testprozess mit den einzelnen Aktivitäten beim Testen wird erläutert, und es wird auf psychologische Probleme beim Testen eingegangen.

Die in diesem Buch vorgestellten Vorgehensweisen beim Testen von Software werden größtenteils anhand eines durchgängigen Fallbeispiels veranschaulicht. Das diesem Beispiel zugrunde liegende Szenario ist folgendes:

Fallbeispiel »VirtualShowRoom« – VSR

Ein Automobilkonzern entwickelt ein neues elektronisches Verkaufssystem, genannt *VirtualShowRoom* (VSR). Dieses Softwaresystem soll in der Endausbaustufe weltweit bei allen Händlern installiert sein. Jeder Kunde, der ein Fahrzeug erwerben möchte, kann dann unterstützt durch einen Verkäufer oder vollkommen selbstständig sein Wunschfahrzeug am Bildschirm konfigurieren (Modellauswahl, Farbe, Ausstattung usw.).

Das System zeigt mögliche Modelle und Ausstattungsvarianten an und ermittelt zu jeder Auswahl des Kunden sofort den jeweiligen Listenpreis. Diese Funktionalität wird vom Teilsystem *DreamCar* realisiert.

Hat sich der Kunde für ein Fahrzeug entschieden, kann er am Bildschirm die für ihn optimale Finanzierung kalkulieren (*EasyFinance*), das Fahrzeug online bestellen (*JustInTime*) und natürlich auch die passende Versicherung (*NoRisk*) abschließen. Das Teilsystem *ContractBase* schließlich verwaltet sämtliche Kundeninformationen und Vertragsdaten.

Die folgende Abbildung 2–1 zeigt eine schematische Darstellung dieses Systems.

Jedes Teilsystem wird von einem eigenen Entwicklungsteam separat entworfen und entwickelt. Insgesamt sind ca. 50 Entwickler und weitere Mitarbeiter aus den jeweils betroffenen konzerninternen Fachabteilungen an dem Projekt beteiligt sowie externe Softwarefirmen.

Bevor das VSR-System in Betrieb gehen kann, muss es gründlich getestet werden. Die mit diesen Testarbeiten betrauten Projektmitarbeiter setzen hierzu verschiedene Testtechniken und Vorgehensweisen ein. Das Grundlagenwissen, das sie dazu benötigen, wird in diesem Buch vermittelt.

Abb. 2–1
Architektur des VSR-Systems

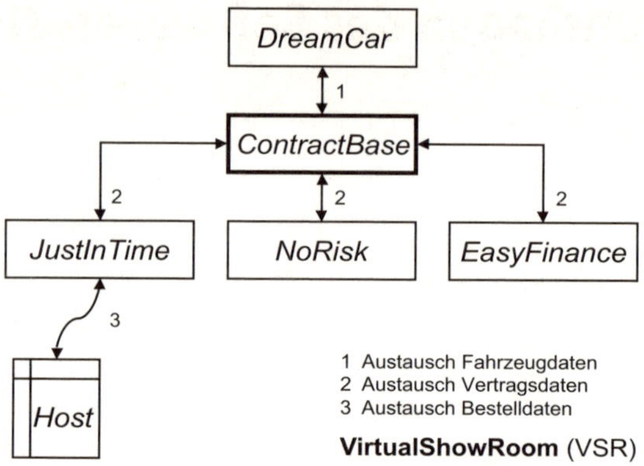

2.1 Begriffe und Motivation

Requirements

Bei der Herstellung eines Industrieprodukts werden die entstehenden Teilprodukte und das Endprodukt üblicherweise daraufhin kontrolliert, ob sie den gestellten →Anforderungen entsprechen. Es wird geprüft, ob das Produkt die geforderte Aufgabe löst. Je nach Produkt gibt es auch unterschiedliche Anforderungen an die Qualität der Lösung. Erweist sich ein Produkt als fehlerhaft, so müssen ggf. Korrekturen im Produktionsprozess oder in der Konstruktion erfolgen.

Software ist immateriell

Was allgemein für die Herstellung eines Industrieprodukts gilt, trifft entsprechend für die Produktion bzw. Entwicklung von Software zu. Die Prüfung der Teilprodukte bzw. des Endprodukts gestaltet sich allerdings schwieriger, da das erstellte Produkt nicht »greifbar«, also immateriell ist und eine →Prüfung nicht »handfest« durchgeführt werden kann. Eine optische Prüfung ist nur sehr eingeschränkt durch intensives Lesen der Entwicklungsdokumente möglich.

Beim →Testen wird die zu prüfende Software auf einem Rechner zur Ausführung gebracht, und es muss festgestellt werden, ob die Software sich entsprechend den Anforderungen verhält oder nicht. Dem Testen von Software kommt somit eine sehr wichtige und schwierige Aufgabe im Rahmen der Softwareentwicklung zu. Durch das Testen verringern sich die Risiken beim Einsatz der Software, da mögliche →Fehler während des Testens aufgedeckt werden. Testen und Testdokumentation werden oft im Vertrag oder durch gesetzliche oder Firmenstandards festgelegt.

Auch das VSR-System des Fallbeispiels muss vor seinem Einsatz intensiv geprüft werden, um mögliche Fehler vor der Auslieferung zu erkennen und beheben zu können. Führt das System beispielsweise Bestellvorgänge falsch aus, könnte dies für Kunden und Händler, aber auch für den Autokonzern unter Umständen einen großen finanziellen Schaden oder Imageverlust zur Folge haben. Jedenfalls birgt die Nichterkennung eines solchen Fehlers ein hohes Risiko beim Einsatz der Software.

Beispiel

2.1.1 Fehlerbegriff

Was gilt als Fehler oder Mangel?

Wann liegt ein nicht anforderungskonformes Verhalten des Systems vor? Eine Situation kann nur dann als fehlerhaft eingestuft werden, wenn vorab festgelegt wurde, wie die erwartete, korrekte, also nicht fehlerhafte Situation aussehen soll. Ein Fehler ist somit die Nichterfüllung einer festgelegten Anforderung, eine Abweichung zwischen dem →Istverhalten (während der Ausführung der Tests oder des Betriebs festgestellt) und dem →Sollverhalten (in der Spezifikation oder den Anforderungen festgelegt). Ein →Mangel liegt vor, wenn eine gestellte Anforderung oder eine berechtigte Erwartung nicht angemessen erfüllt wird. Ein Mangel ist beispielsweise die Beeinträchtigung der Verwendbarkeit bei gleichzeitiger Erfüllung der →Funktionalität oder die Nichterfüllung einer angemessenen Erwartung.

Ursachenkette für Fehler

Im Gegensatz zu physikalischen Systemen entstehen Fehler in einem Softwaresystem nicht durch Alterung oder Verschleiß. Jeder Fehler oder Mangel ist seit dem Zeitpunkt der Entwicklung in der Software vorhanden. Er kommt jedoch erst bei der Ausführung der Software zum Tragen.

Fehlerwirkung

In Anlehnung an [DIN 66271] wird zur Beschreibung dieses Sachverhalts der Begriff →Fehlerwirkung verwendet. Der englische Fachbegriff hierfür lautet *failure*. Weitere Bezeichnungen sind →Fehlfunktion, →äußerer Fehler oder →Ausfall. Beim Test der Software oder auch erst bei deren Betrieb wird eine Fehlerwirkung für den →Tester oder Anwender nach außen sichtbar. Zum Beispiel ist ein Ausgabewert falsch oder das Programm stürzt ab.

Fehlerzustand

Zwischen dem Auftreten einer Fehlerwirkung und deren Ursache muss unterschieden werden. Eine Fehlerwirkung hat ihren Ursprung in einem →Fehlerzustand (engl. *fault*) der Software. Dieser Fehlerzustand wird auch als →Defekt oder →innerer Fehler bezeichnet. Auch das englische Wort *bug* ist gebräuchlich. Dies ist beispielsweise eine falsch programmierte oder vergessene →Anweisung im Programm.

Fehlermaskierung

Es ist durchaus möglich, dass ein Fehlerzustand durch einen oder mehrere andere Defekte in anderen Teilen des Programms kompensiert wird (→Fehlermaskierung). Eine Fehlerwirkung tritt in diesem Fall erst dann zutage, nachdem der oder die maskierenden Fehlerzustände korrigiert worden sind. Korrekturen können somit zu Seiteneffekten führen.

Ein Problem ist, dass ein Fehlerzustand nicht zu einer Fehlerwirkung führen muss. Eine Fehlerwirkung kann gar nicht, einmal oder immer und somit für alle Benutzer des Systems auftreten. Eine Fehlerwirkung kann weit entfernt vom Fehlerzustand zum Tragen kommen. Ein Beispiel ist eine kleine Verfälschung von gespeicherten Daten, die bei der Programmausführung erst zu einem späteren Zeitpunkt aufgedeckt wird.

Fehlhandlung

Ursache für das Vorliegen eines Fehlerzustands oder Defekts ist wiederum die vorausgegangene →Fehlhandlung einer Person, beispielsweise die fehlerhafte Programmierung durch den Entwickler. Der englische Begriff hierfür ist *error*.

Fehlerwirkungen können aber auch durch das Umfeld, wie Strahlung, Magnetismus etc. mit den entsprechenden Auswirkungen auf die Hardware, verursacht werden. Diese Fehler werden im Buch nicht behandelt.

Genauere Erklärungen zu den Begriffen im Bereich Testen werden im folgenden Abschnitt gegeben.

2.1.2 Testbegriff

Testen ist nicht Debugging

Um einen Defekt korrigieren zu können, muss der Defekt im Softwareprodukt lokalisiert werden. Bekannt ist zunächst nur seine Wirkung, aber nicht die genaue Stelle in der Software, die den Defekt darstellt. Das Lokalisieren und Beheben des Defekts ist Aufgabe des Softwareentwicklers und wird auch als →Debugging (Fehlerbereinigung, Fehlerkorrektur) bezeichnet. Die Behebung des Fehlerzustands führt zur Qualitätsverbesserung des Produktes, da in den meisten Fällen keine neuen Fehlerzustände durch die →Änderung hinzugefügt werden. Debugging und Testen werden oft gleichgesetzt. Es sind aber zwei völlig unterschiedliche und getrennte Aufgaben.

Während Debugging das Ziel hat, Defekte bzw. Fehlerzustände zu beheben, ist es Aufgabe des Tests, Fehlerwirkungen (die auf Defekte hinweisen) gezielt und systematisch aufzudecken.

Ein Test ist eine stichprobenhafte Prüfung

Unter dem Testen von Software wird jede (im Allgemeinen stichprobenartige) Ausführung eines →Testobjekts verstanden, die der Überprüfung des Testobjekts dient. Die →Randbedingungen für die Ausführung des Tests müssen festgelegt sein. Ein Vergleich zwischen Soll- und Istverhalten des Testobjekts dient zur Bestimmung, ob das Testobjekt die geforderten Eigenschaften erfüllt.[2]

Verfolgte Ziele beim Testen

Testen verfolgt mehrere Ziele:

- Ausführung des Programms mit dem Ziel, Fehlerwirkungen nachzuweisen.
- Ausführung des Programms mit dem Ziel, die Qualität zu bestimmen.
- Ausführung des Programms mit dem Ziel, Vertrauen in das Programm zu erhöhen.[3]
- Analysieren des Programms oder der Dokumente, um Fehlerwirkungen vorzubeugen.

Oft wird der gesamte Prozess, ein Programm auf systematische Weise auszuführen, um die korrekte Umsetzung der Anforderungen nachzuweisen, das Vertrauen zu erhöhen und Fehlerwirkungen aufzudecken, als Test bezeichnet. Auch die statischen Analysemethoden werden häufig dazugezählt (s. Kap. 4).

Testbegriffe

Zum →Testprozess gehören neben der Aktivität des Ausführens des Testobjekts mit →Testdaten auch die Planung, Durchführung und Auswertung der Tests (→Testmanagement). Ein →Testlauf umfasst die Ausführung eines oder mehrerer →Testfälle. Zu einem Testfall gehören die festgelegten Randbedingungen, meist sind dies die Voraussetzungen zur Ausführung, die Eingabewerte und die erwarteten Ausgaben bzw. das erwartete Verhalten des Testobjekts. Ein Testfall sollte so gewählt werden, dass er eine gewisse Wahrscheinlichkeit besitzt, eine bisher nicht bekannte Fehlerwirkung aufzudecken [Myers 82].

Oft können mehrere Testfälle zu →Testszenarien aneinander gereiht werden, wobei das Ergebnis eines Testfalls als Ausgangssituation für den folgenden Testfall genutzt wird. So kann beispielsweise ein Testszenario für eine Datenbankapplikation aus einem Testfall bestehen, der ein Datum in die Datenbank schreibt, einem weiteren Testfall, der dieses Datum manipuliert, und einem dritten Testfall, der das geänderte Datum aus der Datenbank ausliest und wieder löscht. (Durch das Löschen ist die Datenbank wieder im Zustand vor der Aus-

2. Es ist nicht möglich, die korrekte Umsetzung aller Anforderungen durch Testen nachzuweisen. Das mit einer Fehlerwirkung verbundene Risiko bei Ausführung des Programms wird durch die Aufdeckung der Fehlerwirkung im Test und die Beseitigung des Fehlerzustands vermindert.
3. Werden bei einem gründlichen Test wenige oder keine Fehlerwirkungen nachgewiesen, dann führt das zu einer Erhöhung des Vertrauens in das Programm.

führung des Testszenarios.) Alle Testfälle hintereinander werden dann in einem Testlauf zur Ausführung gebracht.

Kein umfangreiches Softwaresystem ist fehlerfrei

Ein fehlerfreies Softwaresystem gibt es derzeit nicht und wird es in naher Zukunft wahrscheinlich nicht geben, sobald das System einen gewissen Grad an Komplexität und Umfang an Programmzeilen umfasst. Häufig liegt ein Fehlerzustand darin begründet, dass sowohl während der Entwicklung als auch beim Testen der Software gewisse Ausnahmesituationen nicht bedacht bzw. nicht überprüft wurden. Sei es das Schaltjahr, das nicht richtig berechnet wird, oder die nicht berücksichtigten Randbedingungen, wenn es um Zeitverhalten oder Ressourcenbedarf geht. Auf der anderen Seite arbeiten aber sehr viele Softwaresysteme in ganz unterschiedlichen Bereichen zuverlässig tagein, tagaus.

Fehlerfreiheit ist durch Testen nicht erreichbar

Selbst wenn alle ausgeführten Testfälle keinen einzigen Fehler mehr aufdecken, kann (außer bei sehr sehr kleinen Programmen) nicht mit völliger Sicherheit ausgeschlossen werden, dass es nicht zusätzliche Testfälle gibt, die weitere Fehlerwirkungen erzeugen und somit weitere Fehlerzustände in der Software aufzeigen.

Exkurs: Benennung von Tests

Es gibt verwirrend viele Bezeichnungen für verschiedene Arten von Softwaretests. Einige werden im Rahmen der Darstellung der verschiedenen →Teststufen (s. Kap. 3) genauer erklärt. Dieser Exkurs soll etwas Systematik in die Begriffsvielfalt bringen. Dazu ist es hilfreich, folgende Kategorien, nach denen Tests bezeichnet werden können, zu unterscheiden:

1. →**Testziel**: Die Benennung einer Testart aufgrund des Zwecks des Tests (z.B. →Lasttest).
2. →**Testmethode**: Der Test wird nach der Methode benannt, die zur Spezifikation oder Durchführung der Tests eingesetzt wird (z.B. →geschäftsprozessbasierter Test).
3. **Testobjekt**: Der Test wird nach der Art des Testobjekts, das getestet wird, benannt (z.B. →GUI-Test, Test der grafischen Bedienoberfläche, oder DB-Test, Test der Datenbank).
4. **Teststufe**: Der Test wird nach der Stufe des zugrunde liegenden Vorgehensmodells benannt (z.B. →Systemtest).
5. **Testperson**: Der Test wird nach dem Personenkreis bezeichnet, der die Tests durchführt (z.B. →Entwicklertest, Anwendertest).
6. **Testumfang**: Tests werden nach dem Umfang unterschieden (z.B. partieller →Regressionstest, Volltest).

Nicht hinter jedem Begriff verbirgt sich also eine neue oder andere Art von Test. Vielmehr wird, je nachdem unter welchem Blickwinkel die Testarbeiten betrachtet werden, einer der aufgeführten Aspekte in den Vordergrund gerückt.

2.1.3 Softwarequalität

Das Testen von Software dient durch die Identifizierung von Defekten und deren anschließender Beseitigung durch das Debugging zur Steigerung der →Softwarequalität. Die Testfälle sollen so gewählt werden, dass sie weitgehend der späteren Benutzung der Software entsprechen. Die nachgewiesene Qualität des Programms während der Tests entspricht dann der zu erwartenden Qualität während der späteren Benutzung.

Softwarequalität umfasst aber mehr als nur die Beseitigung der beim Test aufgedeckten Fehlerwirkungen. Nach der ISO-Norm 9126 [ISO 9126] gehören zur Softwarequalität folgende Faktoren: Funktionalität, →Zuverlässigkeit, Benutzbarkeit, →Effizienz, Änderbarkeit und Übertragbarkeit.

Alle diese Faktoren bzw. →Qualitätsmerkmale sind beim Testen zu berücksichtigen, um die Gesamtqualität eines Softwareprodukts beurteilen zu können. Welches Qualitätsniveau das Testobjekt dabei in jeder einzelnen Merkmalsdimension aufweisen soll, muss vorab als Qualitätsanforderung festgelegt werden. Die Erfüllung dieser Anforderungen ist dann durch geeignete Tests zu überprüfen.

Beispiel VirtualShowRoom

Beim VSR-System muss vom Auftraggeber festgelegt sein, welche Qualitätsmerkmale eine hohe Bedeutung für ihn haben. Diese sind im System entsprechend umzusetzen und intensiv zu prüfen. Die Merkmale Funktionalität, Zuverlässigkeit und Benutzbarkeit haben einen sehr hohen Stellenwert für den Automobilkonzern. Das System muss zuverlässig die geforderte Funktionalität anbieten. Darüber hinaus muss es einfach zu bedienen sein, damit es bei den einzelnen Händlern ohne große Probleme im Alltag eingesetzt werden kann. Die Prüfung der Realisierung dieser geforderten Qualitätsmerkmale ist besonders sorgfältig vorzunehmen.

Funktionalität

Die einzelnen Qualitätsmerkmale der ISO-Norm 9126 [ISO 9126] werden im Folgenden kurz erörtert. Das Qualitätsmerkmal Funktionalität umfasst alle Charakteristiken, welche die geforderten Fähigkeiten des Systems beschreiben. Die Fähigkeiten werden meist durch ein spezifiziertes Ein-/Ausgabeverhalten und/oder eine entsprechende Reaktion oder Wirkung des Systems auf entsprechende Eingaben beschrieben. Aufgabe des Tests ist es, nachzuweisen, dass jede einzelne geforderte Fähigkeit im System so realisiert wurde, dass das spezifizierte Ein-/Ausgabeverhalten oder die spezifizierte Reaktion erfüllt wird. Nach ISO-Norm gliedert sich das Merkmal Funktionalität in die Teilmerkmale: Angemessenheit, Richtigkeit, Interoperabilität, Ordnungsmäßigkeit und Sicherheit.

Eine angemessene Umsetzung ist gegeben, wenn jede geforderte Fähigkeit im System vorhanden ist und geeignet realisiert wurde. Dabei ist selbstverständlich darauf zu achten und somit beim Test zu überprüfen, dass die richtigen bzw. spezifizierten Reaktionen oder Wirkungen von dem System geliefert werden.

Softwaresysteme müssen mit anderen Systemen zusammenwirken, zumindest mit dem Betriebssystem, es sei denn, das Betriebssystem ist selbst das Testobjekt. Mit Interoperabilität wird das Zusammenspiel zwischen dem zu testenden System und den vorgegebenen Systemen bezeichnet. Ein möglicherweise fehlerhaftes Zusammenwirken soll im Test aufgedeckt werden.

Eine ordnungsgemäße Funktionalität liegt vor, wenn die Software anwendungsspezifische Normen, Vereinbarungen oder gesetzliche Bestimmungen und ähnliche Vorschriften erfüllt. Aspekte der Zugriffs- und Datensicherheit haben bei sehr vielen Anwendungen eine hohe Bedeutung. Es ist nachzuweisen, dass ein unberechtigter Zugriff, sowohl versehentlich als auch vorsätzlich, auf Programme und Daten verhindert wird.

Zuverlässigkeit

Zuverlässigkeit beschreibt die Fähigkeit eines Systems, ein Leistungsniveau unter festgelegten Bedingungen über einen definierten Zeitraum zu bewahren. Das Qualitätsmerkmal wird in der Norm unterteilt in Reife, →Fehlertoleranz und Wiederherstellbarkeit.

Unter Reife wird verstanden, wie häufig ein →Versagen der Software durch Fehlerzustände vorkommt.

Fehlertoleranz liegt vor, wenn das Softwareprodukt sein spezifiziertes Leistungsniveau bewahrt oder wieder erlangt, nachdem ein Defekt, ein falscher Schnittstellenaufruf oder eine falsche Bedienung durch den Anwender zu einer Fehlerwirkung geführt hat.

Wie einfach und schnell das geforderte Leistungsniveau nach einem Versagen oder Ausfall wieder erreicht werden kann, beschreibt das Qualitätsmerkmal Wiederherstellbarkeit. Dabei sind der benötigte Aufwand und die benötigte Zeit zum Erreichen des Leistungsniveaus und der Wiedergewinnung der direkt betroffenen Daten zu berücksichtigen.

Benutzbarkeit

Bei interaktiven Softwaresystemen spielt die Benutzbarkeit eine entscheidende Rolle für die Akzeptanz der Systeme. Wie hoch ist der Aufwand, der zur Benutzung der Software erforderlich ist, unter Berücksichtigung von unterschiedlichen Benutzergruppen? Verständlichkeit, Erlernbarkeit und Bedienbarkeit sind Teilaspekte der Benutzbarkeit. Zur Benutzbarkeit gehören aber auch Aspekte wie die Einhaltung von Standards, Konventionen und »Style Guides« oder anderen Schnittstellenfestlegungen. Überprüft werden diese Qualitätsmerkmale u.a. beim →nicht funktionalen Test (s. Kap. 3.7.2).

Effizienz

Messbare Ergebnisse lassen sich beim Test der Effizienz erzielen. Die benötigte Zeit und der Verbrauch an Betriebsmitteln für die Erfüllung einer Aufgabe werden mit dem Qualitätsmerkmal Effizienz umschrieben. Betriebsmittel umfassen dabei beispielsweise andere Softwareprodukte, die Konfiguration (Soft- und Hardware) des Systems und auch Material (Papier, Netzwerk, Speichermedien usw.).

Änderbarkeit und Übertragbarkeit

Softwaresysteme werden oft über einen längeren Zeitraum und auf unterschiedlichen Plattformen (Betriebssystem und Hardware) eingesetzt, deshalb sind die beiden letzten Qualitätskriterien von großer Bedeutung: Änderbarkeit und Übertragbarkeit.

Änderbarkeit umfasst die einzelnen Aspekte Analysierbarkeit, Modifizierbarkeit, Stabilität und Prüfbarkeit.

Anpassbarkeit, Installierbarkeit, Konformität und Austauschbarkeit sind bei der Übertragbarkeit der Softwaresysteme zu berücksichtigen. Viele der Aspekte zur Änder- und Übertragbarkeit lassen sich nur durch →statische Analysen (s. Kap. 4.2) prüfen.

Ein Softwaresystem kann nicht alle Qualitätsmerkmale gleich gut erfüllen. Teilweise kann die Erfüllung eines Merkmals auch die Nichterfüllung eines anderen bewirken. So wird ein hoch effizientes Softwaresystem nur sehr eingeschränkt übertragbar sein, weil die Entwickler zur Effizienzsteigerung meistens spezielle Eigenschaften der verwendeten Plattform ausnutzen, die wiederum die Übertragbarkeit negativ beeinflussen.

Qualitätsmerkmale priorisieren

Es muss deshalb festgelegt werden, welche Qualitätseigenschaften mit welcher Priorität umgesetzt werden sollen. Diese Festlegung dient dann auch für den Test als Richtschnur zur Bestimmung der Intensität der Überprüfung der einzelnen Qualitätsmerkmale. Mit welchem Aufwand dies verbunden ist, wird im nächsten Kapitel beschrieben.

2.1.4 Testaufwand

Vollständiges Testen ist nicht möglich

Testen kann Fehlerfreiheit nicht nachweisen. Um dies zu tun, müsste das Programm in allen möglichen Situationen, mit allen möglichen Eingaben und unter Berücksichtigung aller unterschiedlichen Randbedingungen getestet werden. Ein solcher →vollständiger Test ist praktisch nicht durchführbar. Durch die Vielzahl kombinatorischer Möglichkeiten ergibt sich eine nahezu unbegrenzte Anzahl an Tests, die durchzuführen wären. Ein solches »Austesten« aller Kombinationen ist nicht möglich.

Beispiel

Der Sachverhalt soll mit einem Beispiel für →kontrollflussbasiertes Testen verdeutlicht werden (aus [Myers 82]):

Getestet wird ein triviales Programm mit einem einfachen →Kontrollfluss. Das Programm besteht aus vier Verzweigungen (IF-Anweisungen), die teilweise ineinander verschachtelt sind. Der entsprechende →Kontrollflussgraph des Programms ist in Abbildung 2–2 dargestellt. Zwischen den Punkten A und B ist eine Schleife, mit einem Rücksprung von Punkt B nach Punkt A. Soll das Programm in Bezug auf die unterschiedlichen kontrollflussbasierten Möglichkeiten des Programmablaufs vollständig getestet oder »ausgetestet« werden, so ist jeder mögliche Ablauf, das heißt jede mögliche Kombination von Programmteilen, zur Ausführung zu bringen. Bei einer Beschränkung der Schleife auf maximal 20 Durchläufe ergibt sich unter der Annahme, dass alle Verzweigungen unabhängig voneinander sind, folgende Rechnung:

$$5^{20} + 5^{19} + 5^{18} + \ldots + 5^{1}$$

wobei 5 die Anzahl der möglichen Wege innerhalb der Schleife angibt. 5^1 Testfälle ergeben sich durch die Ausführung jedes einzelnen möglichen Weges in der Schleife, aber jeweils ohne Rücksprung zum Schleifenanfang. Werden Testfälle durchgeführt, die einen einzigen Rücksprung zum Schleifenanfang bewirken, dann sind insgesamt $5*5=5^2$ unterschiedliche Möglichkeiten der Ausführung zu berücksichtigen usw. Entsprechend ergibt das Gesamtergebnis der Rechnung etwa 100 Billiarden unterschiedliche Abläufe des Programms.

Abb. 2–2
Kontrollflussgraph eines kleinen Programms

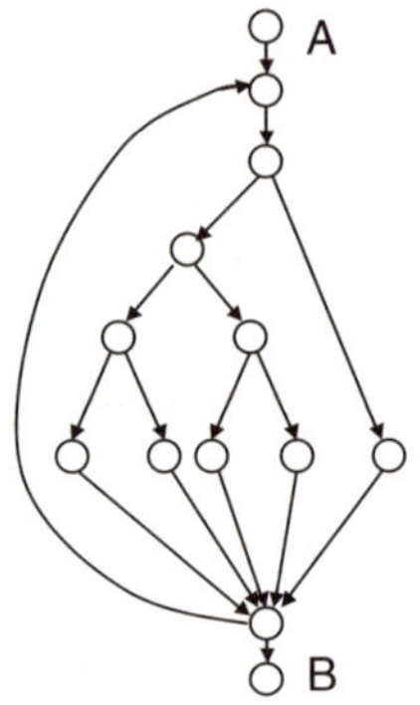

Wird von einem manuell durchgeführten Test ausgegangen und wird wie in [Myers 82] für jeden zu spezifizierenden, auszuführenden und auszuwertenden Testfall ein Zeitaufwand von fünf Minuten veranschlagt, dauert die Abarbeitung aller Testfälle insgesamt eine Milliarde Jahre. Werden statt der fünf Minuten fünf Mikrosekunden veranschlagt, weil der Test weitestgehend automatisiert abläuft, wären es immer noch 19 Jahre.

Testaufwand zwischen 25% und 50%

Ein Programm vollständig zu testen, ist also in der Praxis nicht möglich. Es wird immer nur ein Teil aller denkbaren Testfälle berücksichtigt werden können. Aber auch dann nimmt Testen einen hohen Anteil am Entwicklungsaufwand in Anspruch. Eine Verallgemeinerung der Höhe des →Testaufwands ist jedoch schwierig, da sie stark vom Charakter des Projekts abhängt. Im Folgenden werden einige beispielhafte Zahlen aus Projekten eines großen deutschen Softwarehauses zur Verdeutlichung der Bandbreite unterschiedlicher Aufwände bezogen auf das Gesamtbudget der Entwicklung angeführt:

- Für einige Großprojekte mit mehr als zehn Personenjahren Aufwand umfassten Kodierung und Test zusammen etwa 40 % und für die Integration kamen weitere 8 % hinzu. Bei testintensiven Projekten (z.B. Jahr-2000-Umstellung) kann der Testaufwand auf bis zu 80 % steigen.
- In einem Projekt war der Testaufwand 1,2-mal so hoch wie der Kodierungsaufwand. Vom Testaufwand entfielen 2/3 auf den →Komponententest.
- 51,9 % umfasste der Systemtest bei einem weiteren Projekt des Softwarehauses.

Der Testaufwand wird oft auch durch das Zahlenverhältnis von Testern zu Entwicklern verdeutlicht. Es variiert von einem Tester auf zehn Entwickler bis zu drei Testern pro Entwickler. Fazit: Der Testaufwand bzw. das für das Testen investierte Budget schwankt in der Praxis sehr stark.

Fehler können hohe Kosten verursachen

Aber ist dieser hohe Testaufwand bezahlbar und gerechtfertigt? Die Gegenfrage von Jerry Weinberg lautet: »Im Vergleich zu was?« [DeMarco 93]. Er weist damit auf die zu berücksichtigenden Risiken bei fehlerhaften Softwaresystemen hin. Das Risiko wird aus der Eintrittswahrscheinlichkeit und der zu erwartenden Schadenshöhe ermittelt. Im Test nicht gefundene Fehlerzustände können beim Einsatz der Software hohe Kosten verursachen. In einem Artikel der Frankfurter Allgemeinen Zeitung vom 17. 1. 2002 mit der Überschrift »IT-Systemausfälle kosten viele Millionen« wird eine Stunde Systemausfall im Börsenhandel mit Kosten in Höhe von 7,8 Mio. US-$ veranschlagt. Bei einem Fehlverhalten eines →sicherheitsrelevanten Systems können unter Umständen Leib und Leben von Personen gefährdet werden.

Da ein vollständiger Test nicht möglich ist, muss der Testaufwand in einem vernünftigen Verhältnis zum erzielbaren Ergebnis stehen. »Testen ist ökonomisch sinnvoll, solange die Kosten für das Finden und Beseitigen eines Fehlers[4] im Test niedriger sind als die Kosten, die

4. Bei den Kosten sind alle Aspekte zu berücksichtigen, wie die Auswirkungen von schlechter Publicity, gerichtliche Auseinandersetzungen usw., nicht nur die Kosten für Korrektur, erneuten Test und Verteilung der korrigierten Software.

mit dem Auftreten eines Fehlers bei der Nutzung verbunden sind« [Pol 00]. Der Testaufwand muss daher immer in Abhängigkeit mit dem im Fehlerfall verbundenen Risiko und der Gefährdungsbewertung stehen.

Beispiel für ein hohes Risiko im Fehlerfall

Beim VSR-System soll der Kaufinteressent selbstständig sein Wunschfahrzeug am Bildschirm konfigurieren. Wird dabei vom System eine fehlerhafte Preisberechnung durchgeführt, kann der Kunde auf den angezeigten Preis bestehen. Bei einer Ausbaustufe des VSR-Systems plant der Konzern, ein webbasiertes Verkaufsportal anzubieten. Hier kann eine fehlerhafte Preisberechnung dazu führen, dass tausende von Fahrzeugen zu einem zu geringen Preis verkauft werden. Der Gesamtschaden kann, je nachdem wie stark sich das VSR-System je Fahrzeug »verrechnet«, in die Millionen gehen. Aus juristischer Sicht kommt mit der Online-Bestellung ein gültiger Kaufvertrag zum angegebenen Preis zustande.

Systeme mit einem hohen Risiko müssen ausgiebiger getestet werden als Systeme, die im Fehlerfall keine großen Schäden verursachen. Wobei die Risikoeinschätzung für die einzelnen Systemteile oder sogar für einzelne Fehlermöglichkeiten durchzuführen ist. Bei einem hohen Risiko im Fehlverhalten eines Systems oder Teilsystems ist für den Test ein höherer Aufwand zu veranschlagen als bei weniger kritischen System(teil)en. Die Intensität des Tests muss entsprechend hoch sein. Internationale Standards für die Produktion von sicherheitskritischen Systemen geben ein solches Vorgehen vor, in dem die Verwendung von verschiedenen aufwändigen Testmethoden für unterschiedliche Integritätsstufen vorgeschrieben ist.

Für die Herstellerfirma eines Computerspiels kann ein fehlerhaftes Speichern eines Spielstandes ein sehr hohes Risiko bedeuten (obwohl es keine direkten Schäden verursacht), da das fehlerhafte Spiel bei der Kundschaft nicht akzeptiert wird und zu hohen Absatzverlusten, möglicherweise bei allen Spielen der Firma, führen kann.

Testintensität und -umfang in Abhängigkeit vom Risiko festlegen

Bei jedem Softwareprogramm ist also zu entscheiden, wie intensiv und wie umfangreich es zu testen ist. Diese Entscheidung muss in Abhängigkeit zum erwarteten Risiko bei fehlerhaftem Verhalten des Programms getroffen werden. Da ein vollständiger Test nicht möglich ist, ist ganz entscheidend, wie die beschränkten (Test-)Ressourcen eingesetzt werden. Um zu einem zufrieden stellenden Ergebnis zu kommen, müssen die Tests strukturiert und systematisch durchgeführt werden. Nur so ist es mit angemessenem Aufwand möglich, viele Fehlerwirkungen nachzuweisen und →unnötige Tests, die zu keinen neuen Erkenntnissen führen, zu vermeiden.

Adäquate Testverfahren auswählen

Es gibt eine ganze Reihe von unterschiedlichen Verfahren und Methoden zum Testen von Software. Jedes Verfahren berücksichtigt und prüft einen bestimmten Aspekt des Testobjekts besonders intensiv. So steht bei den kontrollflussbasierten →Testverfahren der Ablauf des Programms im Mittelpunkt der Untersuchungen. Bei den →datenflussbasierten Testverfahren ist der Gebrauch der Daten und deren Weitergabe der Untersuchungsgegenstand. Es gibt kein Testverfahren, das für jeden Aspekt gleich gut geeignet ist. Eine Kombination von unterschiedlichen Testverfahren ist deshalb immer erforderlich, um Fehlerwirkungen aufzudecken, die unterschiedliche Ursachen haben.

Test auf Funktionalität, die nicht gefordert ist

Durch Testen ist zu prüfen, ob das Testobjekt so funktioniert und arbeitet, wie es in der →Spezifikation festgelegt ist. Auch wichtig – und damit selbstverständlich im Test zu überprüfen – ist, dass das Testobjekt keine über die Anforderungen hinausgehenden Funktionen ausführt, also nur die Funktionen zur Verfügung stellt, die gefordert sind.

→Testfallexplosion

Der Testaufwand kann sehr umfangreich werden. Testmanager stehen vor dem Dilemma, dass sich die möglichen Testfälle und Testfallvarianten schnell zu einigen hundert oder tausend Tests, die durchzuführen sind, addieren. Das Problem wird auch mit dem Begriff →Testfallexplosion umschrieben. Neben der notwendigen Beschränkung der Anzahl der Testfälle hat ein Testmanager in der Regel noch mit einem weiteren Problem zu kämpfen, dem Mangel an Ressourcen.

Beschränkte Ressourcen

In jedem Softwareentwicklungsprojekt entbrennt früher oder später ein Kampf um Ressourcen. Die Komplexität der Entwicklungsaufgabe wird unterschätzt, das Projektteam gerät in Zeitverzug, der Kunde drängt, der Projektleiter möchte baldmöglichst »etwas« ausliefern. Der Testmanager hat in diesem »Spiel« die schlechtesten Karten: Oft gibt es nur ein kleines Zeitfenster kurz vor Auslieferung für die Durchführung der Testfälle und eine Hand voll Tester. Mit Sicherheit hat der Testmanager dann zu wenig Zeit und nicht genug Personal, um »astronomisch« viele Testfälle durchführen zu können.

In dieser Situation wird vom Testmanager dennoch erwartet, dass er verlässliche Resultate abliefert und sicherstellt, dass die Software ausreichend getestet wird. Nur wenn sich der Testmanager eine wohldurchdachte, effiziente Strategie zurechtgelegt hat, hat er die Chance, diese Herausforderung erfolgreich zu lösen. Voraussetzung hierzu ist das Vorhandensein eines fundamentalen Testprozesses. Neben dessen Einhaltung sind weitere qualitätssichernde Maßnahmen durchzuführen, wie beispielsweise →Reviews (s. Kap. 4.1.2). Im nächsten Kapitel wird ein grundlegender Testprozess beschrieben, wie er sinnvollerweise auch bei der Entwicklung und Prüfung des VSR-Systems anzuwenden ist.

2.2 Fundamentaler Testprozess

Exkurs: Vorgehensmodelle der Softwareentwicklung

Um eine strukturierte und steuerbare Softwareentwicklung durchzuführen, werden →Softwareentwicklungsmodelle bzw. →Entwicklungsprozesse eingesetzt. Es gibt eine ganze Reihe von unterschiedlichen Modellen. Einige Beispiele sind das Wasserfallmodell [Boehm 73, 81], das allgemeine →V-Modell[5] [Boehm 79] und das Vorgehensmodell des Bundes und der Länder [Versteegen 99]. Weitere sind das Spiralmodell, unterschiedliche inkrementelle und agile oder leichtgewichtige Methoden wie zum Beispiel XP (Extreme Programming [Beck 00]), welche derzeit sehr populär sind. Die Entwicklung von objektorientierten Softwaresystemen wird häufig unter Verwendung des Rational Unified Process [Jacobson 99] durchgeführt.

Alle Modelle definieren eine Systematik zur geordneten Projektabwicklung. Meist werden Phasen bzw. Arbeitsabschnitte festgelegt, die mit einem bestimmten Ergebnis in Form eines Dokuments abzuschließen sind. Ein Phasenabschluss, oft auch als →Meilenstein bezeichnet, ist dann erreicht, wenn die geforderten Dokumente fertig gestellt sind und den festgelegten Qualitätskriterien genügen. Meist werden →Rollen beschrieben, denen bestimmte anfallende Aufgaben in der Softwareentwicklung zugeordnet sind und die von an der Projektentwicklung beteiligten Personen auszufüllen sind. Teilweise werden bei den Modellen auch die einzusetzenden Methoden und Verfahren in den jeweiligen Phasen beschrieben. Mithilfe der Modelle kann eine detaillierte Projektplanung der Ressourcen (Zeit, Personal, Infrastruktur usw.) erfolgen. Die Entwicklungsmodelle definieren die für alle Beteiligten gemeinsame und verbindliche Sicht der auszuführenden Tätigkeiten und deren zeitliche Abfolge in einem Projekt.

Das Testen findet sich in jedem dieser →Vorgehensmodelle wieder, allerdings mit sehr unterschiedlicher Bedeutung und mit unterschiedlichem Umfang. Im Folgenden wird aus Sicht des Testens auf einige Modelle kurz eingegangen.

Wasserfallmodell: Testen als »Endprüfung«

Das erste grundlegende Modell war das Wasserfallmodell (s. Abb. 2–3, dargestellt mit den ursprünglich vorgesehenen Phasen [Royce 70])[6]. Es ist bestechend einfach und hat einen hohen Bekanntheitsgrad erreicht. Erst wenn eine Entwicklungsphase abgeschlossen ist, wird mit der nächstfolgenden begonnen. Es gibt nur zwischen angrenzenden Phasen Rückkopplungsschleifen, die eine ggf. notwendige Überarbeitung in der vorherigen Phase ermöglichen. Der entscheidende Nachteil ist, dass das Testen als »einmalige« Aktion am Projektende vor der Inbetriebnahme aufgefasst wird. Der Test wird als »Endprüfung« in Analogie einer Warenausgangsprüfung vor Übergabe des Produkts an den Kunden gesehen.

Allgemeines V-Modell

Eine Erweiterung des Wasserfallmodells ist das allgemeine V-Modell ([Boehm 79], [IEEE/IEC 12207]), bei dem die konstruktiven Aktivitäten von den prüfenden Aktivitäten getrennt sind (s. Kap. 3, Abb. 3–1). Das Modell hat die Form eines »V«s. Die konstruktiven Aktivitäten bis zur Implementierung sind auf dem absteigenden Ast des »V«s zu finden. Die testdurchführenden Aktivitäten auf dem aufsteigenden

5. Das »V-Modell« wird mit dem Zusatz »allgemeines« versehen, um es nicht mit dem »Vorgehensmodell des Bundes und der Länder« zu verwechseln, da dieses Vorgehensmodell in der Literatur oft kurz als »V-Modell« bezeichnet wird.
6. Royce hat sein Modell nicht als Wasserfallmodell bezeichnet. Er schreibt sogar in seinem Papier: »Unfortunately, for the process illustrated, the design iterations are never confined to the successive steps.«

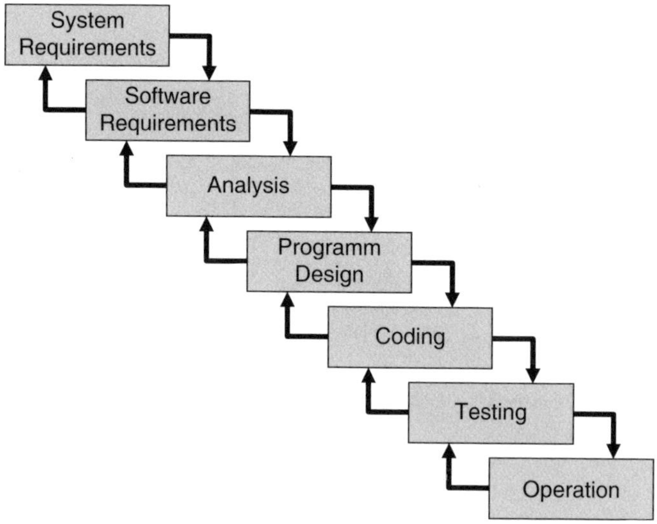

Abb. 2–3
Wasserfallmodell

Ast sind in Teststufen angeordnet, passend zu dem entsprechenden Abstraktionsniveau der gegenüberliegenden konstruktiven Aktivität. Das allgemeine V-Modell hat eine sehr hohe Verbreitung gefunden und wird in der Praxis häufig eingesetzt.

Vorgehensmodell des Bundes und der Länder

Das Vorgehensmodell des Bundes und der Länder wurde erstmals 1992 publiziert (und 1997 überarbeitet). Das aktuelle Modell trägt die Bezeichnung »V-Modell XT« und steht seit 2005 zur Verfügung. Das Modell regelt, »wer«, »wann«, »was« in einem Projekt zu tun hat. Zielsetzung des Modells sind die Minimierung von Projektrisiken, die Erhöhung der Qualität, die Eindämmung der Kosten und die Verbesserung der Kommunikation zwischen allen Beteiligten (besonders zwischen Auftraggeber und Auftragnehmer). Detaillierte Beschreibungen des Vorgehensmodells sind unter [URL: V-Modell-XT], [URL: VM-IESE] und [URL: VM-UniBremen] abrufbar.

Als Anleitung, um in einem Softwareprojekt Tests strukturiert durchzuführen, reicht eine Darstellung der Aufgaben wie in den oben erläuterten Vorgehensmodellen nicht aus. Zusätzlich zur Einordnung des Testens in den gesamten Entwicklungsablauf wird ein verfeinerter Ablaufplan für die Testarbeiten selbst benötigt (s. Abb. 2–4). Das heißt, der »Inhalt« der Entwicklungsaufgabe »Testen« muss in kleinere Arbeitsabschnitte gegliedert werden, nämlich in: →Testplanung und Steuerung, Testanalyse und -design, Testrealisierung und -durchführung, →Testauswertung und Bericht sowie Abschluss der Testaktivitäten. Obgleich die Aufgaben in sequenzieller Reihenfolge im Testprozess angegeben sind, können sie sich überschneiden und teilweise auch gleichzeitig durchgeführt werden. Diese Teilaufgaben bilden einen fundamentalen Testprozess und werden im Folgenden näher beschrieben.

Abb. 2–4
Fundamentaler Testprozess in Anlehnung an ISTQB-Lehrplan Foundation Level

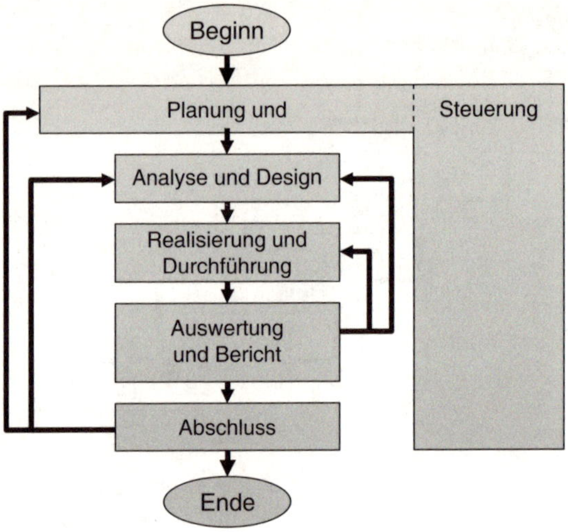

2.2.1 Testplanung und Steuerung

Eine strukturierte Abwicklung einer so umfangreichen Aufgabe wie dem Testen kann nicht planlos erfolgen. Mit der Planung des Testprozesses wird am Anfang des Softwareentwicklungsprojekts begonnen. Wie bei jeder Planung sind während des Projektfortschritts regelmäßig eine Kontrolle der bisherigen Planung, eine Aktualisierung und Anpassung vorzunehmen.

Planung der Ressourcen

Aufgaben und Zielsetzung des Tests müssen festgelegt und akzeptiert sein. Für den Testprozess sind die benötigten Ressourcen einzuplanen. Wann werden welche Mitarbeiter zur Durchführung der Aufgaben benötigt, wie viel Zeit ist dafür zu veranschlagen und welche Hilfsmittel und Geräte sind dafür bereitzustellen? Diese und weitere Fragen sind während der Planung zu beantworten, und die entsprechenden Festlegungen sind im →Testkonzept (engl. *test plan*, s. Kap. 6.2.2) vorzunehmen. Mögliche notwendige Schulungen der Mitarbeiter sind vorzusehen. Eine Organisationsstruktur mit dem entsprechenden Testmanagement ist ggf. aufzubauen bzw. anzupassen.

Die Steuerung umfasst die fortwährende Überwachung der aktuell durchgeführten Testaktivitäten im Vergleich zur Planung, die Berichterstattung der ermittelten Abweichungen und die Durchführung der notwendigen Aktivitäten, um die geplanten Ziele auch unter den veränderten Situationen erreichen zu können. Die Aktualisierung der Planung muss auch auf Grundlage der veränderten Situation erfolgen.

Zu den Aufgaben des Testmanagements gehört die Verwaltung des Testprozesses, der →Testinfrastruktur und der →Testmittel (engl. *test-*

ware). Die Überwachung des Fortschritts im Testprozess kann auf Grundlage der entsprechenden Berichterstattung der Mitarbeiter oder auch durch das Heranziehen von Zahlenmaterial und Auswertungen durch Werkzeuge erfolgen. Vereinbarungen zu diesen Punkten müssen frühzeitig festgelegt werden.

Festlegung der Teststrategie

Kernaufgabe der Planung ist die Bestimmung der →Teststrategie (s. Kap. 6.4). Da ein vollständiger Test nicht möglich ist, müssen Prioritäten anhand einer Risikoeinschätzung gesetzt werden. Je nach zu erwartendem Risiko und der Schwere der Auswirkungen beim Eintreten einer Fehlerwirkung sind die Testaktivitäten auf die einzelnen Systemteile zu verteilen. Kritische Systemteile müssen eine erhöhte Aufmerksamkeit im Test erfahren, also intensiver getestet werden. Bei den weniger kritischen Teilen reicht ein weniger umfangreicher Test aus. Es kann sogar auf den Test von Teilen verzichtet werden, wenn keine negativen Auswirkungen beim Eintreten einer Fehlerwirkung zu erwarten sind. Allerdings muss diese Entscheidung sehr fundiert getroffen werden. Ziel der Teststrategie ist die optimale Verteilung der Tests auf die »richtigen« Stellen des Softwaresystems.

Beispiel einer Teststrategie

Das VSR-System besteht aus den folgenden Teilsystemen:

- *DreamCar* ermöglicht die individuelle Zusammenstellung eines Fahrzeugs und seiner Ausstattung
- *ContractBase* verwaltet sämtliche Kundeninformationen und Vertragsdaten
- *JustInTime* bietet die Möglichkeit, eine Online-Bestellung vorzunehmen (in der ersten Ausbaustufe durch den Händler)
- *EasyFinance* berechnet eine für den Kunden optimale Finanzierung
- *NoRisk* bietet die Möglichkeit zum Abschluss einer passenden Versicherung

Sinnvollerweise sind nicht alle fünf Teilsysteme gleich intensiv zu testen. In Absprache mit dem Auftraggeber wird festgelegt, dass bei einem fehlerhaften Verhalten der Teilsysteme *DreamCar* und *ContractBase* die größten schädlichen Auswirkungen zu erwarten sind. Demzufolge wird in der Teststrategie festgelegt, dass diese beiden Teilsysteme intensiver zu testen sind.

Die Möglichkeit der Online-Bestellung durch das Teilsystem *JustInTime* wird als weniger kritisch angesehen, da der Bestellvorgang notfalls noch auf anderen Wegen (z.B. per Fax) weitergereicht werden kann. Wichtig ist allerdings, dass die Daten des Bestellvorgangs im Teilsystem *JustInTime* weder verfälscht werden noch verloren gehen dürfen. Dieser Aspekt ist deshalb wieder ausführlicher zu testen.

Für die beiden anderen Teilsysteme *NoRisk* und *EasyFinance* wird in der Teststrategie festgelegt, dass alle ihre Hauptfunktionen (Tarif kalkulieren, Vertrag erfassen und abschließen, Vertrag speichern und drucken usw.) zu testen sind. Dabei ist es allerdings aus Zeitgründen nicht möglich, alle denkbaren Vertragsvarianten für die Finanzierung und Versicherung eines Fahrzeugs zu berücksichtigen. Daher wird beschlossen, den Test auf die am häufigsten vorkommenden Tarifkonstellationen zu konzentrieren. Seltenere Konstellationen erhalten eine niedrige Priorität (s. Kap. 6.2 und 6.4).

Die ersten Überlegungen zur Teststrategie des VSR-Systems machen deutlich, dass eine Festlegung der Intensität des Testens sowohl für ganze Teilsysteme als auch für einzelne Aspekte eines Systems sinnvoll ist.

Testintensität für Teilsysteme und einzelne Aspekte festlegen

Die Intensität des Tests hängt stark ab von den eingesetzten Testmethoden und dem bei der Ausführung zu erreichenden →Überdeckungsgrad. Der Überdeckungsgrad dient als Kriterium, um ein Ende des Tests festzulegen. Neben den Überdeckungskriterien, die sich auf den Programmtext beziehen (zum Beispiel auf Anweisungen oder Verzweigungen, s. Kap. 5.2), kann die Erfüllung der Anforderungen des Kunden als Endekriterium festgelegt werden. Es kann gefordert sein, dass alle Funktionen mindestens einmal getestet werden oder beispielsweise 70 % der möglichen Transaktionen in einem System einmal zur Ausführung kommen. Selbstverständlich sind auch die Festlegungen der Endekriterien und damit die Intensität der Tests unter Berücksichtigung des im Fehlerfall zu erwartenden Risikos zu bestimmen. Hier werden alle →Testendekriterien festgelegt, die nach der Durchführung der Testfälle herangezogen werden, um zu entscheiden, ob der Testprozess abgeschlossen werden kann.

Priorisierung der Tests

Da Softwareprojekte oft unter hohem Zeitdruck abgewickelt werden, ist es sinnvoll, den Zeitaspekt in der Planung entsprechend zu berücksichtigen. Eine Priorisierung der durchzuführenden Tests garantiert, dass die kritischen Softwareteile zuerst getestet werden, falls aus Zeitgründen nicht alle geplanten Tests durchgeführt werden können (s. Kap. 6.2).

Werkzeugunterstützung

Sofern die notwendige Werkzeugunterstützung (s. Kap. 7) nicht vorhanden ist, muss eine Auswahl und Beschaffung der Werkzeuge frühzeitig eingeleitet werden. Bei vorhandenen Werkzeugen ist deren Aktualität zu prüfen. Sind Teile der Testinfrastruktur selbst zu realisieren, können die vorbereitenden Aufgaben durchgeführt werden. →Testrahmen (engl. *test bed*), in denen Systemteile zur Ausführung gebracht werden können, sind meist selbst zu programmieren. Deren Erstellung ist rechtzeitig durchzuführen, damit sie nach Abschluss der Programmierung der jeweiligen Testobjekte zur Verfügung stehen. Werden Frameworks wie z.B. JUnit [URL: xunit] eingesetzt, sollte deren Verwendung frühzeitig bekannt sein bzw. ausprobiert werden.

2.2.2 Testanalyse und Testdesign

Zuerst ist die →Testbasis dahingehend zu analysieren, ob die zu verwendenden Dokumente ausreichend detailliert sind, um daraus Testfälle abzuleiten. Zum Beispiel kann die Spezifikation einer Anforderung zu ungenau in der Festlegung des erwarteten Ergebnisses bzw. Systemverhaltens sein, so dass sich Testfälle nicht so ohne weiteres ableiten lassen. Die →Testbarkeit der Spezifikation ist ungenügend. Eine Nachbesserung ist erforderlich. Aus der Spezifikation, dem erwarteten Verhalten und der Struktur des Testobjekts sind die Voraussetzungen und Anforderungen an die Erstellung der Testfälle zu ermitteln.

Die im →Testplan festgelegte Teststrategie bestimmt, welche Testmethoden zum Einsatz kommen sollen. In der →Testspezifikation werden dann unter Anwendung dieser Testmethoden die entsprechenden Testfälle spezifiziert. Die während der Planung ausgewählten Testmethoden werden zur Erstellung der Testfälle herangezogen, ebenso wie Methoden, die auf der Analyse der Komplexität des Testobjekts aufbauen.

Logische und konkrete Testfälle

Die Spezifikation der Testfälle erfolgt in zwei Schritten. Zuerst sind →logische Testfälle zu definieren. Danach können die logischen Testfälle konkretisiert werden, d.h., die tatsächlichen Eingabewerte festgelegt werden (→konkrete Testfälle). Auch der umgekehrte Weg ist möglich: vom konkreten zum allgemeinen, logischen Testfall. Dieses Vorgehen muss dann angewendet werden, wenn ein Testobjekt unzureichend spezifiziert ist und eher ein experimentelles Vorgehen einzuschlagen ist (→exploratives Testen, s. Kap. 5.3). Das Erstellen der konkreten Testfälle erfolgt im nächsten Schritt des fundamentalen Testprozesses, der Realisierung.

Die Auswahl der logischen Testfälle zu jeder Testmethode erfolgt auf Grundlage der jeweiligen Testbasis. Die Testfälle können aus der Spezifikation der Testobjekte ermittelt (→Blackbox-Verfahren) oder auf Grundlage des Programmtexts erstellt werden (→Whitebox-Verfahren). Es wird deutlich, dass die Spezifikation der Testfälle zu ganz unterschiedlichen Zeitpunkten im Softwareentwicklungsprozess erfolgen kann. Es hängt von den in der Teststrategie ausgewählten Testverfahren ab. Die zu Beginn des Kapitels 2.2 dargestellten Vorgehensmodelle zeigen in diesem Sinne nur Testdurchführungsphasen. Testplanungs- und Spezifikationsarbeiten können und sollten parallel zu früheren Entwicklungsaktivitäten erfolgen.

Testfälle umfassen mehr als nur die Testdaten

Für jeden Testfall muss die Ausgangssituation (Vorbedingung) beschrieben werden. Es muss klar sein, welche Randbedingungen für den Test gelten und einzuhalten sind. Ferner ist vor der →Testdurchführung festzulegen, welche Ergebnisse bzw. welches Verhalten erwartet wird. Zu den Ergebnissen gehören neben den Ausgaben auch Änderungen an globalen (persistenten) Daten und Zuständen sowie alle weiteren Veränderungen als Reaktion auf die Durchführung des Testfalls.

Testorakel

Um die erwarteten Ergebnisse zu bestimmen, sind adäquate Quellen zu verwenden. In diesem Zusammenhang wird auch von einem →Testorakel gesprochen, das »befragt« werden muss und die jeweiligen Sollergebnisse vorhersagt. Als ein solches Testorakel kann beispielsweise die Spezifikation dienen. Dabei gibt es zwei grundlegende Möglichkeiten:

- Der Tester leitet das Solldatum aus dem Eingabedatum auf Grundlage der Spezifikation des Testobjekts ab.
- Gibt es für eine Funktion die entsprechende »Umkehr-« oder inverse Funktion, so kann diese nach dem Test ausgeführt werden und die Ausgabe mit der ursprünglichen Eingabe des Testfalls verglichen werden. Ein Beispiel sind die Verschlüsselung und Entschlüsselung von Daten.

Hinweise zur Ermittlung der Sollergebnisse finden sich in Kapitel 5.

Testfälle für erwartete und unerwartete Eingaben

Testfälle lassen sich nach zwei Kriterien unterscheiden:

- Testfälle zur Prüfung der spezifizierten und vom Testobjekt zu liefernden Ergebnisse und Reaktionen. Dabei sind auch die Testfälle zu berücksichtigen, die die spezifizierte Behandlung von Ausnahme- und Fehlersituationen überprüfen (→Negativtest). Allerdings ist es oft schwierig, die für die Ausführung der Testfälle notwendigen Randbedingungen herzustellen (z.B. die Überlastung einer Netzverbindung).
- Testfälle zur Prüfung der Reaktion des Testobjekts auf ungültige und unerwartete Eingaben bzw. Randbedingungen, für die keine →Ausnahmebehandlungen (engl. *exception handling*) spezifiziert wurden.

Beispiel für Testfälle

Das folgende Beispiel soll die Unterschiede zwischen logischen und konkreten Testfällen verdeutlichen.

Eine Firma hat ein Programm in Auftrag gegeben, das die Weihnachtsgratifikation der Mitarbeiter in Abhängigkeit von der Firmenzugehörigkeit berechnen soll. In der Beschreibung der Anforderungen findet sich folgende Textpassage: »Mitarbeiter erhalten ab einer Zugehörigkeit zur Firma von mehr als drei Jahren 50% des Monatsgehalts als Weihnachtsgratifikation. Mitarbeiter, die länger als fünf Jahre in der Firma tätig sind, erhalten 75%. Bei einer Firmenzugehörigkeit von mehr als acht Jahren wird eine Gratifikation von 100% gewährt.«

Aus dem Text lassen sich folgende Zusammenhänge für die Gewährung der Gratifikation in Abhängigkeit der Firmenzugehörigkeit aufstellen:

Firmenzugehörigkeit <= 3 ergibt Gratifikation = 0%
3 < Firmenzugehörigkeit <= 5 ergibt Gratifikation = 50%
5 < Firmenzugehörigkeit <= 8 ergibt Gratifikation = 75%
Firmenzugehörigkeit > 8 ergibt Gratifikation = 100%

Aus dieser formaleren Angabe lassen sich folgende logische Testfälle erstellen (s. Tab. 2–1).

logischer Testfall	**1**	**2**	**3**	**4**
Eingabewert x (Firmenzugehörigkeit)	x <= 3	3<x<=5	5<x<=8	x>8
Erwartetes Ergebnis (Gratifikation in %)	0	50	75	100

Tab. 2–1
Tabelle mit logischen Testfällen

Zum Ausführen der Testfälle müssen die logischen Testfälle in konkrete Testfälle umgewandelt werden, d.h., es müssen ganz konkrete Eingabewerte festgelegt werden (s. Tab. 2–2). Besondere Ausgangssituationen oder Randbedingungen sind für diese Testfälle nicht gegeben.

konkreter Testfall	**1**	**2**	**3**	**4**
Eingabewert x (Firmenzugehörigkeit)	2	4	7	12
Erwartetes Ergebnis (Gratifikation in %)	0	50	75	100

Tab. 2–2
Tabelle mit konkreten Testfällen

Die hier gewählten Werte sollen lediglich als Beispiel für die Unterschiede zwischen logischen und konkreten Testfällen dienen. Es ist keine explizite Testmethode zur Erstellung der Testfälle verwendet worden und es wird auch nicht der Anspruch erhoben, dass die vier Testfälle das Programmstück, das die Berechnung der Gratifikation vornimmt, ausreichend genug prüfen. So sind beispielsweise keine Testfälle für die Behandlung von falschen Eingaben (z.B. eine negative Firmenzugehörigkeit) berücksichtigt worden. Genauere Angaben zur systematischen Erstellung der Testfälle mit den entsprechenden Testmethoden sind in Kapitel 5 zu finden.

Parallel zu den beschriebenen Aktivitäten der Spezifikation der Testfälle kann und sollte beurteilt und festgelegt werden, welche Testinfrastruktur benötigt wird, um das Programm unter Benutzung der spezifizierten Testfälle ablaufen zu lassen (s.u.). Damit es bei der Durchführung der Tests nicht zu zeitlichen Verzögerungen kommt, sollte die Testinfrastruktur bereits zu diesem Zeitpunkt so weit wie möglich aufgebaut, integriert und geprüft werden.

2.2.3 Testrealisierung und Testdurchführung

Die Bildung der konkreten Testfälle aus den logischen Testfällen und die Umsetzung der Voraussetzungen für deren Durchführung sind in diesem Schritt des Testprozesses vorzunehmen. Zur Testdurchführung sind Testinfrastruktur und Testrahmen nun im Detail zu realisieren. Testläufe sind durchzuführen und zu protokollieren.

Wenn der Testprozess vorangeschritten ist und mehr Klarheit über die technische Implementierung besteht, werden die logischen Testfälle konkretisiert. Die konkreten Testfälle können dann ohne weitere Änderungen oder Ergänzungen während der Testdurchführung verwendet werden, wenn die definierten →Vorbedingungen für den jeweiligen Testfall gelten.

Ablauf der Testfälle

Neben der Definition der Testfälle ist es erforderlich, den konkreten Ablauf der Tests festzulegen. Hierbei ist die Priorität der Testfälle (s. Kap. 6.2) zu berücksichtigen. Nur wenn der Entwickler seine Tests selbst durchführt, kann möglicherweise auf diese Beschreibung verzichtet werden.

Testfälle werden zweckmäßigerweise zu →Testsequenzen bzw. zu Testszenarien gruppiert, um die Testfälle effektiv durchführen zu können und eine übersichtlichere Struktur der Testfälle zu erhalten.

Testrahmen

Die entsprechenden Testrahmen müssen programmiert sein und in der Testumgebung installiert werden, bevor die Testfälle ausgeführt werden können. Da Fehlerwirkungen auch durch Fehlerzustände im Testrahmen verursacht werden können, ist der korrekte Aufbau der →Testumgebung zu prüfen.

Da nun alle vorbereitenden Aufgaben für den Test abgeschlossen sind, kann direkt nach der Programmierung und der Übergabe der zu testenden Systemteile an die Tester mit der Testdurchführung begonnen werden. Diese Durchführung kann manuell oder durch Werkzeuge erfolgen, wobei die festgelegten Sequenzen und Szenarien zur Ausführung kommen.

Prüfung auf Vollständigkeit

Zunächst erfolgt eine Prüfung auf Vollständigkeit der zu testenden Teile. Hierzu wird das Testobjekt in der bereitstehenden Testumgebung installiert und auf prinzipielle Start- und Ablauffähigkeit überprüft.

Prüfung der Hauptfunktionen

Es empfiehlt sich, die Testdurchführung mit der Überprüfung der Hauptfunktionen des Testobjekts zu beginnen. Sollten sich hier bereits Fehlerwirkungen oder Abweichungen von den Sollergebnissen zeigen, ist ein tiefes Einsteigen in den Test wenig sinnvoll, da vorab die fehlerhaften Hauptfunktionen korrigiert werden sollten. Ein solches Vorgehen muss in der Teststrategie festgelegt sein.

Tests ohne Protokollierung sind wertlos

Die Durchführung der Tests ist exakt und vollständig zu protokollieren. Es ist genau festzuhalten, welche Testläufe mit welchem Ergebnis (erfolgreich oder fehlerhaft) durchgeführt wurden. Zum einen muss anhand dieser →Testprotokolle die Testdurchführung auch für nicht direkt beteiligte Personen, zum Beispiel für den Kunden, nachvollziehbar sein. Zum anderen muss nachweisbar sein, ob die geplante Teststrategie tatsächlich umgesetzt wurde. Aus dem Testprotokoll muss hervorgehen, welche Teile wann, von wem, wie intensiv und mit welchem Ergebnis getestet wurden.

Nachvollziehbarkeit und Reproduzierbarkeit sind wichtig

Zu jeder Testdurchführung gehören neben dem Testobjekt eine ganze Reihe von Informationen und Dokumenten: Testrahmen, Eingabedateien, Testprotokoll usw. Die zu einem Testfall bzw. Testlauf gehörenden Informationen und Daten sind so zu verwalten, dass zu einem späteren Zeitpunkt eine Wiederholung der Tests mit den gleichen Daten und Randbedingungen problemlos möglich ist. Ein →Konfigurationsmanagement der Testware ist vorzunehmen (s. a. Kap. 6.7).

Fehlerwirkung gefunden?

Tritt bei der Testausführung ein Unterschied zwischen dem tatsächlichen und dem erwarteten Ergebnis auf, ist bei der Auswertung der Testprotokolle zu entscheiden, ob tatsächlich eine Fehlerwirkung vorliegt. Ist dies der Fall, ist die Fehlerwirkung entsprechend zu dokumentieren und eine erste grobe Prüfung der möglichen Ursachen vorzunehmen. Hierzu kann es auch notwendig werden, ergänzende Testfälle zu spezifizieren und auszuführen.

Die Ursache der Nichtübereinstimmung mit dem Sollergebnis kann auch in der fehlerhaften oder ungenauen Testspezifikation, in einer fehlerhaften Testinfrastruktur oder in einem fehlerhaften Testfall oder Testlauf liegen. Welche der Möglichkeiten zutrifft, muss sorgsam geprüft werden. Nichts ist für die Glaubwürdigkeit eines Testers schädlicher als eine gemeldete vermeintliche Fehlerwirkung, deren Ursache aber in einem fehlerhaften Testfall liegt. Befürchtungen in dieser Richtung oder eine Selbstzensur des Testers sollen aber nicht dazu führen, dass vorsichtshalber potenzielle Fehlerwirkungen nicht gemeldet werden. Das könnte genauso fatal sein.

Neben der reinen Protokollierung der Differenzen zwischen erwartetem und tatsächlichem Ergebnis sind Messungen für die Ermittlungen der Überdeckungen vorzunehmen (s. Kap. 2.2.4) und bei Bedarf auch eine Protokollierung des Zeitverbrauchs. Hierzu sind die entsprechenden Werkzeuge (s. Kap. 7) einzusetzen.

Korrektur kann zu neuen Fehlerzuständen führen

Anhand der →Fehlerklasse (s. Kap. 6.6.3) ist zu entscheiden, mit welcher Priorität der Fehler zu beheben ist. Nach der Korrektur des Fehlerzustands ist zu prüfen, ob die Fehlerwirkung beseitigt ist und bei der Beseitigung keine weiteren Fehlerzustände hinzugekommen sind (s. Kap. 3.7.4). Gegebenenfalls sind neue Testfälle zu spezifizieren, die den geänderten bzw. neuen Programmtext überprüfen. Es wäre günstig, Fehlerzustände einzeln zu korrigieren und erneut zu testen, um unbeabsichtigte gegenseitige Beeinflussungen der Änderungen zu vermeiden. In der Praxis wird sich dies allerdings nicht durchführen lassen. Wird der Test nicht vom Entwickler selbst ausgeführt, sondern von unabhängigen Testern, ist eine separate Korrektur der Fehlerzustände nicht praktikabel. Der Aufwand, jede Fehlerwirkung einzeln dem Entwickler zu melden und erst dann weiterzutesten, nachdem der gemeldete Fehler korrigiert wurde, ist nicht gerechtfertigt. Hier werden mehrere Fehlerzustände korrigiert und dann mit einem neuen Softwareversionsstand zum erneuten Test wieder vorgelegt.

In vielen Projekten ist trotz ausreichender Planung die Zeit zur Durchführung aller spezifizierten Testfälle nicht vorhanden. Es ist dann eine sinnvolle Auswahl der Testfälle zu treffen, um sicherzustellen, dass trotz der eingeschränkten Anzahl an durchzuführenden Testfällen noch möglichst viele kritische Fehlerwirkungen gefunden werden. Hierzu ist eine Priorisierung der Testfälle erforderlich. Die Priorisierung soll so erfolgen, dass bei einer (vorzeitigen) Beendigung der Tests zu einem beliebigen Zeitpunkt das bis dahin bestmögliche Ergebnis erreicht wird. Diese risikobasierte Auswahl wird in Kapitel 6.4.3 ausführlicher beschrieben.

Die wichtigen Testfälle zuerst

Eine Priorisierung hat darüber hinaus den Vorteil, dass die wichtigen Testfälle zuerst zur Ausführung kommen und schwer wiegende Fehlerwirkungen frühzeitig erkannt und behoben werden. Eine Gleichverteilung der beschränkten Testressourcen auf alle Testobjekte des Projekts nach dem Gießkannenprinzip ist wenig sinnvoll, da bei einem solchen Vorgehen kritische und unkritische Programmteile gleich intensiv getestet werden. Bei den kritischen Teilen ist dann nicht ausreichend genug getestet worden, bei den unkritischen Teilen sind die Ressourcen unnütz verschwendet worden.

2.2.4 Testauswertung und Bericht

Testende erreicht?

In dieser Aktivität des Testprozesses wird bewertet, ob die in der Planung festgelegten Testendekriterien erfüllt sind. Die Auswertung kann zur Beendigung der Testaktivitäten führen, wenn alle Kriterien erreicht wurden, oder es wird entschieden, dass die Durchführung von zusätzlichen Testfällen erforderlich ist oder dass die Kriterien zu umfangreich geplant waren.

Es ist zu entscheiden, ob das im Testkonzept festgelegte Kriterium zur Beendigung der Tests erfüllt ist. Für jede verwendete Testmethode ist unter Berücksichtigung des Risikos ein angemessenes Endekriterium zu bestimmen. Es kann beispielsweise spezifiziert werden, dass ein Test dann als ausreichend angesehen wird, wenn 80 % aller Anweisungen des Testobjekts bei der Testdurchführung zur Ausführung gekommen sind. Dies wäre allerdings keine sehr hohe Anforderung an den Test. Die Ermittlung solcher →Metriken (oder Maße) zur Entscheidung der Beendigung des Tests sollten von entsprechenden Testwerkzeugen vorgenommen werden (s. Kap. 7.1.4).

Ist mindestens ein Testendekriterium nach Durchführung aller Tests nicht erfüllt, müssen weitere Tests zur Ausführung kommen. Dabei ist sehr darauf zu achten, dass die zusätzlichen Tests zu einer weiteren Annäherung an das Endekriterium führen. Andere Testfälle bringen nur zusätzlichen Aufwand, aber keinen Fortschritt im Hinblick auf das Testende.

Weiterer Aufwand gerechtfertigt?

Eine nähere Analyse des Problems kann auch ergeben, dass der notwendige Aufwand zur Erfüllung des Endekriteriums nicht im angemessenen Verhältnis zum möglichen Ergebnis steht und dass auf weitere Tests verzichtet wird. Eine solche Entscheidung muss selbstverständlich das damit verbundene Risiko berücksichtigen.

Ein Beispiel für einen solchen Fall kann die Behandlung einer Ausnahmesituation sein. Mit der zur Verfügung stehenden Testumgebung kann evtl. die Ausnahmesituation nicht ausgelöst bzw. simuliert und somit der entsprechende Programmtext zur Behandlung der Ausnahmesituation auch nicht ausgeführt und getestet werden. In einem solchen Fall sind dann andere Prüfverfahren einzusetzen, zum Beispiel statische Analysen (s. Kap. 4.2).

Unerreichbarer Programmcode

Ein weiterer Fall der Nichterfüllung von Testendekriterien kann eintreten, wenn das spezifizierte Kriterium im konkreten Fall überhaupt nicht erfüllbar ist. Wenn beispielsweise →tote Programmanweisungen (engl. *dead code*) im Testobjekt enthalten sind, können diese nicht zur Ausführung gebracht werden. Eine 100 %ige Überdeckung aller Anweisungen (und dazu würden auch die toten, nicht erreichbaren Anweisungen gehören) ist somit nie erfüllbar. Auch diese Möglichkeit muss berücksichtigt werden, um nicht weitere in Bezug auf das Kriterium nutzlose Tests durchzuführen. Ein nicht erfüllbares Kriterium ist meist ein Hinweis auf mögliche Ungereimtheiten oder Ungenauigkeiten in den Anforderungen oder der Spezifikation. In dem gegebenen Beispiel macht es sicherlich Sinn, zu ermitteln, warum Anweisungen im Programm enthalten sind, die nicht zur Ausführung gebracht werden können. Weitere Fehlerzustände können so gefunden bzw. deren Wirkungen vorab vermieden werden.

Sind zusätzliche Tests durchzuführen, ist der Testprozess wieder aufzunehmen und zu entscheiden, an welcher Stelle der erneute Einstieg erfolgen kann. Es kann sogar notwendig sein, die Planung zu überarbeiten, da zusätzliche Ressourcen erforderlich sind. Genauso kann es sein, dass die Testspezifikation zu ergänzen ist, um das geforderte Endekriterium zu erfüllen.

Weitere Kriterien für die Bestimmung des Testendes

Neben den Testüberdeckungskriterien können weitere Kriterien für die Bestimmung des Testendes verwendet werden. Ein mögliches Kriterium kann die Bestimmung der →Fehlerfindungsrate sein. In Abbildung 2–5 ist die mittlere Anzahl von neuen, also bisher nicht aufgedeckten Fehlerwirkungen pro Teststunde über zehn Wochen verteilt dargestellt. In der ersten Woche wurden im Mittel pro Teststunde mehr als zwei neue Fehlerwirkungen nachgewiesen. In der zehnten Woche ist es knapp ein halber Fehler. Sinkt die Fehlerfindungsrate unter ein vorgegebenes Maß (z.B. Nachweis von weniger als einer Fehlerwirkung pro Teststunde), dann wird davon ausgegangen, dass das Verhältnis von Testaufwand und Nachweis von Fehlerwirkungen nicht mehr ökonomisch ist und der Test beendet werden kann.

Abb. 2–5
Fehlerfindungsrate

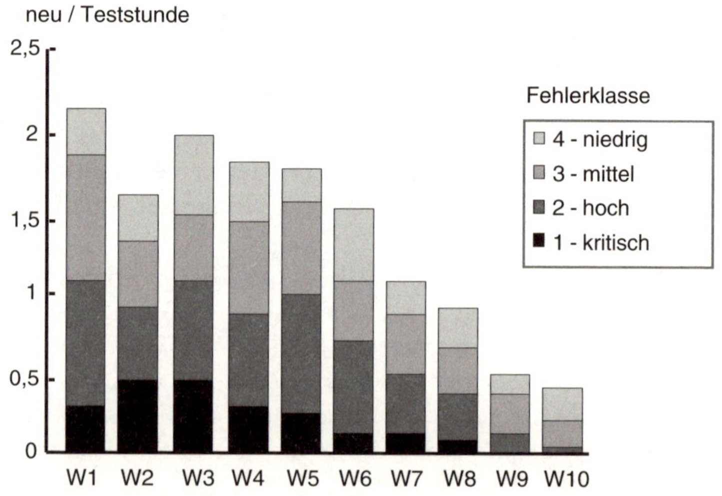

Hierbei ist allerdings zu beachten, dass Fehler sehr unterschiedliche Auswirkungen haben können. Eine Einteilung und Unterscheidung der Fehlerwirkungen nach der Schwere ihrer Auswirkungen für den Anwender ist deshalb sinnvoll und generell zu berücksichtigen (s. Kap. 6.6.3).

Mehrere Testzyklen berücksichtigen

Die beim Test nachgewiesenen Fehlerwirkungen müssen je nach Fehlerklasse beseitigt werden und ein erneuter Test wird notwendig. Oft entstehen auch Zyklen, wenn beim Test von Änderungen weitere Fehlerwirkungen entdeckt werden, die es zu beseitigen und dann erneut zu testen gilt. Es ist unrealistisch, keine solchen Korrekturzyklen einzuplanen, da dann davon ausgegangen wird, dass keine Fehlerwirkungen im Test nachgewiesen werden, die zu beheben und in einem weiteren →Testzyklus zu testen sind. Projektverzögerungen sind dann die Regel. Der benötigte Aufwand der Fehlerfindung und der folgenden Zyklen lässt sich nur schwer im Voraus kalkulieren. Liegen allerdings Daten aus früheren ähnlichen Projekten vor, kann der Aufwand auch für die Fehlerbehebung und die Zyklen präziser vorhergesagt werden. In der Projektplanung müssen entsprechende Zeitpuffer und Personalressourcen vorgesehen werden.

Endekriterien der Praxis: Zeit und Kosten

In der Praxis wird das Ende des Tests häufig durch Faktoren bestimmt, die nicht im direkten Zusammenhang mit dem Test stehen: Zeit und Kosten. Führen diese zum Abbruch der Testaktivitäten, so sind bei der Projektplanung nicht ausreichend Ressourcen zur Verfügung gestellt worden oder der Aufwand für einen angemessenen Test wurde unterschätzt.

Erfolgreiches Testen spart Kosten ein!

Auch wenn beim Testen mehr Mittel als geplant verbraucht werden, so kommt es doch im Endeffekt zu Einsparungen durch die Beseitigung der Fehlerzustände in der Software. Fehlerzustände, die nicht entdeckt werden, verursachen im Betrieb nämlich meist erheblich höhere Kosten (s. Kap. 6.3.1).

→Testbericht

Sind die Testendekriterien erfüllt bzw. eine Klärung des Sachverhalts bei deren Nichterfüllung gegeben, ist ein zusammenfassender Bericht für die Entscheidungsträger (Projektmanager, Testmanager, ggf. Kunde usw.) zu erstellen. Beim Komponententest reicht eine formlose Mitteilung über den Erfüllungsgrad der Kriterien an den Projektmanager aus, bei den höheren Teststufen sollte es ein formaler Bericht sein.

2.2.5 Abschluss der Testaktivitäten

Die in dieser abschließenden Phase des Testprozesses durchzuführenden Aktivitäten werden in der Praxis leider meist vernachlässigt. Die in den vorherigen Phasen gemachten Erfahrungen sollen analysiert werden und damit auch für weitere Projekte zur Verfügung stehen. Abweichungen zwischen Planung und Umsetzung der einzelnen Aktivitäten sind dabei ebenso von Interesse wie die Ermittlung der (vermuteten) Gründe. Folgende Daten sind beispielsweise festzuhalten: Wann wurde das Softwaresystem freigegeben, wann wurde der Test beendet oder abgebrochen, wann wurde ein Meilenstein erreicht oder ein Wartungsrelease fertig gestellt?

Wichtige Informationen zur Bewertung lassen sich gewinnen, wenn folgende Fragen beantwortet werden:

- Welche geplanten Ergebnisse wurden – wenn überhaupt – wann erreicht?
- Welche unvorhergesehenen Ereignisse sind eingetreten (Gründe und Vorgehen bei der Behebung)?
- Gibt es offene Änderungswünsche? Warum wurden sie nicht umgesetzt?
- Wie hoch war die Akzeptanz beim Einsatz des Systems?

Die Evaluation des Testprozesses, also ein kritischer Rückblick auf die durchgeführten Tätigkeiten im Testprozess unter Berücksichtigung des Aufwands und der erzielten Ergebnisse, bringt sicherlich Verbesserungspotenzial zutage. Werden diese Erkenntnisse für die nachfolgenden Projekte genutzt, ist eine kontinuierliche Prozessverbesserung gegeben. Ausführliche Hinweise zur Analyse und Bewertung des Testprozesses sind in [Pol 00] und [Black 03] nachzulesen.

Eine weitere wichtige Nachbereitung ist die »Konservierung« der Testware für die Zukunft. Softwaresysteme werden über einen längeren Zeitraum eingesetzt. In dieser Zeit werden Fehlerwirkungen auftreten, die im Test nicht gefunden wurden, oder es gibt Änderungswünsche des Kunden. Beides führt zu einer Überarbeitung des Programms, und der geänderte Programmtext muss in jedem Fall erneut getestet werden. Ein erheblicher Teil dieses Testaufwands in der →Wartung kann vermieden werden, wenn die Testware (Testfälle, Testprotokolle, Testinfrastruktur, eingesetzte Werkzeuge usw.) weiterhin zur Verfügung steht. Die Testware ist an die Wartungsabteilung zu übergeben. In der Wartung muss dann nur eine Anpassung und keine neue Erstellung der Testware vorgenommen werden. Die Testware lässt sich auch für Projekte mit ähnlicher Aufgabenstellung nach einer entsprechenden Anpassung Gewinn bringend verwenden.

2.3 Psychologie des Testens

Errare humanum est

Menschen machen Fehler, aber sie geben es nur sehr ungern zu! Ein Ziel des Testens von Software ist die Aufdeckung von Abweichungen gegenüber der Spezifikation bzw. den Kundenwünschen. Die gefundenen Fehlerwirkungen müssen den Entwicklern mitgeteilt werden. Wie mit den dabei auftretenden psychologischen Problemen umgegangen werden kann, wird in diesem Kapitel beschrieben.

Die Aufgaben der Entwicklung von Software werden oft als konstruktive und die der Prüfung der Dokumente und der Software als destruktive Tätigkeiten angesehen. Allein schon durch diese Sichtweise ergeben sich bei den beteiligten Personen meist Unterschiede in der Einstellung zu ihrer Tätigkeit. Diese Unterschiede sind allerdings nicht gerechtfertigt, denn »Testen ist eine extrem kreative und intellektuell herausfordernde Aufgabe« [Myers 82, S. 15].

Entwicklertest

»Kann der Entwickler sein eigenes Programm testen?«, ist eine oft gestellte und entscheidende Frage. Eine allgemein gültige Antwort gibt es nicht. Ist der Tester auch der Autor des Programms, muss er seine eigene Arbeit kritisch prüfen. Nur wenige Menschen sind in der Lage, den dafür notwendigen Abstand zum selbst erschaffenen Produkt herzustellen. Wer weist schon gerne seine eigenen Fehler nach? Es besteht doch eher ein Interesse daran, möglichst keine Fehlerzustände im eigenen Programmtext zu finden.

Die große Schwäche von Entwicklertests ist die, dass jeder Entwickler, der das von ihm selbst programmierte Programmstück testen muss, seinem eigenen »Werk« immer zu optimistisch begegnet. Die Gefahr ist sehr groß, dass er sinnvolle Testfälle vergisst oder – weil er sich mehr für das Programmieren statt für das Testen interessiert – nur oberflächlich testet.

Blindheit gegenüber eigenen Fehlern

Falls er einen grundsätzlichen Designfehler eingebaut hat, z.B. weil er die Aufgabenstellung falsch verstanden hat, kann er das auch durch seine Tests nicht herausfinden. Der passende Testfall wird ihm überhaupt nicht in den Sinn kommen. Eine Möglichkeit, dieses Problem der »Blindheit gegenüber eigenen Fehlhandlungen« zu verringern, ist, paarweise zusammenzuarbeiten und die eigenen Programme jeweils vom Entwicklerkollegen testen zu lassen.

Andererseits ist die gute Kenntnis des eigenen Testobjekts auch vorteilhaft. Eine Einarbeitung ist nicht notwendig und spart somit Zeit. Es ist vom Management abzuwägen, wann der Vorteil der Zeitersparnis verbunden mit dem Nachteil der Blindheit den eigenen Fehlhandlungen gegenüber zum Tragen kommen kann. Die Entscheidung muss in Abhängigkeit der Kritikalität des Testobjekts und dem damit verbundenen Risiko im Fehlerfall getroffen werden.

Unabhängiges Testteam

Förderlicher für die Qualität und Schärfe der Tests ist es, wenn ein unabhängiges Testteam die Tests durchführt. Der Tester kann dem Testobjekt unvoreingenommen gegenübertreten: Es ist nicht »sein« Produkt, und mögliche Annahmen und Missverständnisse des Entwicklers sind nicht zwangsläufig auch die Annahmen und Missverständnisse des Testers. Um Testfälle zu erstellen, muss der Tester sich aber das benötigte Wissen über das Testobjekt aneignen, was Zeit kostet. Allerdings bringt er vertieftes Test-Know-how mit, das ein Entwickler nicht hat bzw. sich erst aneignen muss (oder besser müsste, da dazu die notwendige Zeit oft nicht vorhanden ist).

Mitteilung von Fehlern

Es ist Aufgabe des Testers, die gefundenen Fehlerwirkungen und Abweichungen dem Autor und/oder dem Management mitzuteilen. Die Art und Weise, wie dies erfolgt, kann für die Zusammenarbeit zwischen Entwickler und Tester förderlich sein oder die wichtige Kommunikation zwischen den beiden Gruppen negativ beeinflussen. Anderen Fehlhandlungen nachzuweisen, ist keine leichte Aufgabe und erfordert ein gewisses Fingerspitzengefühl.

Oft besteht das Problem, dass im Test nachgewiesene Fehlerwirkungen von den Entwicklern in der Entwicklungsumgebung nicht reproduzierbar sind. Neben der genauen Beschreibung der Fehlerwirkung muss somit auch die Testumgebung ausführlich dokumentiert werden, damit Unterschiede in den Umgebungen, die Ursache für das unterschiedliche Verhalten sein können, nachvollziehbar sind.

Wann eine Fehlerwirkung oder Abweichung vorliegt und wann nicht, ist vorab festzulegen. Wenn es nicht eindeutig aus den Anforderungen oder der Spezifikation hervorgeht, ist der Kunde oder das Management gefordert, eine Entscheidung zu treffen. Eine Diskussion zwischen den beteiligten Personen, Entwickler und Tester, zum Thema »Fehler ja oder nein«, bringt keinen Fortschritt. Auch die oft gehörte Reaktion der Entwickler auf die aus ihrer Sicht vermeintliche Fehlerwirkung: »It's not a bug, it's a feature!«, ist wenig hilfreich.

Gegenseitiges Verständnis

Förderlich für die Zusammenarbeit zwischen Tester und Entwickler ist die gegenseitige Kenntnis der Aufgaben. Entwickler sollten die Grundlagen des Testens kennen und Tester sollten Grundkenntnisse der Softwareentwicklung vorweisen können. Ein Nachvollziehen der gegenseitigen Aufgaben und Probleme wird dadurch erleichtert.

Die geschilderte Problematik zwischen Entwickler und Tester besteht analog auf der Managementebene. Der Testmanager muss dem Projektmanager die →Testergebnisse mitteilen und ist damit oft Überbringer von schlechten Nachrichten. Der Projektmanager hat dann zu entscheiden, ob er den Auslieferungstermin noch halten kann und eventuell Software mit bekannten Fehlerwirkungen ausliefert oder ob die Auslieferung sich verzögert und die zusätzliche Zeit zur Fehlerkorrektur genutzt wird. Die Entscheidung hängt von der Schwere der Fehlerwirkung ab und davon, ob die Fehlerzustände in der Software gegebenenfalls umgangen werden können.

2.4 Allgemeine Prinzipien des Softwaretestens

In den letzten 40 Jahren haben sich folgende Grundsätze zum Testen herauskristallisiert, die als generelle Leitlinien beim Testen angesehen werden.

1. Grundsatz

Testen zeigt die Anwesenheit von Fehlern

Mit Testen wird das Vorhandensein von Fehlerwirkungen nachgewiesen. Ausreichendes Testen verringert die Wahrscheinlichkeit, dass noch unentdeckte Fehlerzustände im Testobjekt vorhanden sind. Mit Testen lässt sich nicht beweisen, dass keine Fehlerzustände im Testobjekt vorhanden sind. Selbst wenn keine Fehlerwirkungen im Test aufgezeigt wurden, ist dies kein Nachweis für Fehlerfreiheit.

2. Grundsatz

Vollständiges Testen ist nicht möglich

Ein vollständiger Test, bei dem alle möglichen Eingabewerte und deren Kombinationen unter Berücksichtigung aller unterschiedlichen Vorbedingungen ausgeführt werden, ist nicht durchführbar, mit Ausnahme bei sehr trivialen Testobjekten. Tests sind immer nur Stichproben, und der Testaufwand ist deshalb nach Risiko und Prioritäten zu steuern.

3. Grundsatz

Mit dem Testen frühzeitig beginnen

Testaktivitäten sollen im System- oder Softwarelebenszyklus so früh wie möglich beginnen und definierte Ziele verfolgen. Durch frühzeitiges Prüfen werden Fehler frühzeitig erkannt.

4. Grundsatz

Häufung von Fehlern

Oft finden sich in nur wenigen Teilen eines Testobjekts die meisten Fehlerwirkungen, eine Gleichverteilung der Fehlerzustände im Testobjekt ist nicht gegeben. Dort, wo Fehlerwirkungen nachgewiesen wurden, finden sich meist noch weitere. Beim Testen muss flexibel auf diesen Umstand reagiert werden.

5. Grundsatz

Zunehmende Testresistenz (Pesticide paradox)

So wie Schädlinge gegen Pflanzenschutzmittel resistent werden, lassen Tests in ihrer »Wirksamkeit« nach. Werden Tests nur wiederholt, decken sie keine neuen Fehlerwirkungen mehr auf. Verbliebene oder neu eingebaute Fehlerzustände sind in den Programmteilen enthalten, die von den Tests nicht ausgeführt werden. Damit die Effektivität der Tests nicht absinkt, sind die vorhandenen Testfälle regelmäßig zu prüfen und durch neue oder modifizierte Testfälle zu ergänzen. Bisher nicht geprüfte Teile der Software oder unberücksichtigte Konstellationen bei der Eingabe werden dann ausgeführt und somit mögliche weitere Fehlerwirkungen nachgewiesen.

6. Grundsatz

Testen ist abhängig vom Umfeld

Je nach Einsatzgebiet und Umfeld des zu prüfenden Systems ist das Testen anzupassen. Keine zwei Systeme sind auf die exakt gleiche Art und Weise zu testen. Intensität des Testens, Definition der Testendekriterien usw. sind bei jedem System entsprechend seines Einsatzumfeldes festzulegen. Sicherheitskritische Systeme verlangen andere Prüfungen als beispielsweise E-Commerce-Systeme.

7. Grundsatz

Trugschluss: Keine Fehler bedeutet ein brauchbares System

Fehlerwirkungen zu finden und zu beseitigen garantiert noch lange nicht, dass das System auch den Vorstellungen und Erwartungen der Nutzer entspricht. Frühzeitige Einbeziehung der späteren Nutzer in den Entwicklungsprozess und die Nutzung von Prototyping sind vorbeugende Maßnahmen zur Vermeidung des Problems.

2.5 Zusammenfassung

- Fachbegriffe im Gebiet des Softwaretests werden häufig sehr unterschiedlich definiert und verwendet, was zu Missverständnissen führen kann. Die Kenntnis einschlägiger Normen (u.a. [BS 7925-1], [IEEE 610.12], [ISO 9126], [DIN 66271]) und der dort enthaltenen Begriffsdefinitionen ist deshalb wichtiger Bestandteil der Ausbildung zum »Certified Tester«. Das Glossar im Anhang dieses Buches stellt die relevanten Begriffe zusammen.
- Tests sind wichtige Maßnahmen zur →Qualitätssicherung in der Softwareentwicklung. Die internationale Norm DIN ISO 9126 [ISO 9126] definiert entsprechende Qualitätsmerkmale.
- Der fundamentale Testprozess besteht aus den Phasen Planung und Steuerung, Analyse und Design, Realisierung und Durchführung, Testauswertung und Bericht sowie Abschluss der Testaktivitäten. Das Testen kann beendet werden, wenn die vorab definierten Testendekriterien erfüllt sind.
- Ein Testfall besteht aus Eingabewert, Sollergebnis und der Angabe definierter Vorbedingungen, unter denen der Testfall ablaufen muss, sowie der spezifizierten →Nachbedingungen. Wird der Testfall ausgeführt, zeigt das Testobjekt ein Istverhalten. Sind Soll- und Istverhalten verschieden, liegt eine Fehlerwirkung vor. Die Sollwerte müssen für jeden Testfall vor Testdurchführung im Rahmen der Testspezifikation bestimmt werden (Testorakel).
- Menschen machen Fehler, aber sie geben es nur ungern zu! Aus diesem Grund spielen beim Testen auch psychologische Aspekte eine nicht zu vernachlässigende Rolle.
- Die sieben Grundsätze und generellen Leitlinien sind beim Testen stets zu beachten.

3 Testen im Softwarelebenszyklus

Dieses Kapitel erklärt anhand des allgemeinen V-Modells, welche Rolle das Testen im gesamten Lebenszyklus eines Softwaresystems spielt und welche Teststufen und Testarten im Entwicklungsverlauf zum Einsatz kommen.

Jedes Softwareentwicklungsvorhaben sollte nach einem im Voraus festgelegten Vorgehensmodell geplant und durchgeführt werden. Wichtige Vertreter solcher Modelle wurden in Kapitel 2.2 erläutert. Jedes dieser Modelle enthält auch gewisse Modellvorstellungen über das Testen von Software. Aus Sicht des Testens spielt hier das allgemeine V-Modell nach [Boehm 79] eine besondere Rolle.

Testen in Vorgehensmodellen

Boehms Modell zeigt die Testaktivitäten als gleichwertig zur Entwicklung und Programmierung. Das Verständnis vom Softwaretest wurde damit nachhaltig beeinflusst. Jeder Tester, aber auch jeder Entwickler sollte das allgemeine V-Modell und die dort enthaltenen Vorstellungen über das Testen kennen. Auch wenn im Projekt nach einem anderen Vorgehensmodell gearbeitet wird, lassen sich die im Folgenden dargestellten Prinzipien übertragen.

3.1 Das allgemeine V-Modell

Die Grundidee des allgemeinen V-Modells ist, dass Entwicklungsarbeiten und Testarbeiten zueinander korrespondierende, gleichberechtigte Tätigkeiten sind. Bildlich dargestellt wird dies durch die zwei Äste eines »V«s.

Der linke Ast steht für die immer detaillierter werdenden Entwicklungsschritte, in deren Verlauf das vom Kunden gewünschte System schrittweise entworfen und schließlich programmiert wird. Der rechte Ast steht für Integrations- und Testarbeiten, in deren Verlauf elementare Programmbausteine sukzessive zu größeren Teilsystemen zusammengesetzt (integriert) und jeweils auf richtige Funktion geprüft werden. →Integration und Test enden mit der Abnahmeprüfung des auf diesem Weg entstandenen Gesamtsystems. Abbildung 3–1 zeigt ein solches V-Modell[7].

Abb. 3–1
Allgemeines V-Modell

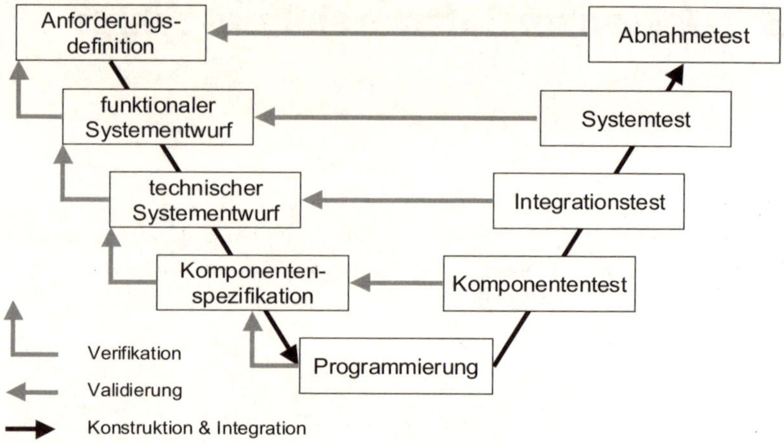

Die konstruktiven Aktivitäten im linken Ast sind aus dem Wasserfallmodell bekannt:

- →**Anforderungsdefinition**: Die Wünsche und Anforderung des Auftraggebers oder späteren Systemanwenders werden gesammelt, spezifiziert und verabschiedet. Zweck und gewünschte Leistungsmerkmale des zu erstellenden Softwaresystems liegen damit fest.
- **Funktionaler Systementwurf**: Die Anforderungen werden auf Funktionen und Dialogabläufe des neuen Systems abgebildet.
- **Technischer Systementwurf**: Die technische Realisierung des Systems wird entworfen. Hierzu gehören u.a.: Definition der Schnittstellen zur Systemumwelt und die Zerlegung des Systems in überschaubarere Teilsysteme (Systemarchitektur), die möglichst unabhängig voneinander entwickelt werden können.
- **Komponentenspezifikation**: Für jedes Teilsystem werden Aufgabe, Verhalten, innerer Aufbau und Schnittstelle zu anderen Teilsystemen definiert.
- **Programmierung**: Programmierung (Implementierung) jedes spezifizierten Bausteins (Modul, Unit, Klasse o.Ä.) in einer Programmiersprache.

Entlang dieser Konstruktionsphasen wird das Softwaresystem zunehmend detaillierter beschrieben. Da Fehler am einfachsten auf derselben Abstraktionsstufe gefunden werden, auf der sie entstanden sind, ordnet der rechte Ast nun jedem Spezifikations- bzw. Konstruktionsschritt eine korrespondierende Teststufe zu:

---

7. Das V-Modell wird in zahlreichen unterschiedlichen Versionen dargestellt. Benennung und Anzahl der Phasen variieren je nach Literaturquelle oder Interpretation der anwendenden Firma.

- Der **Komponententest** (s. Kap. 3.2) prüft, ob jeder einzelne Softwarebaustein (→Komponente) für sich die Vorgaben seiner Spezifikation erfüllt.
- Der **→Integrationstest** (s. Kap. 3.3) prüft, ob Gruppen von Komponenten wie im technischen Systementwurf vorgesehen zusammenspielen.
- Der **Systemtest** (s. Kap. 3.4) prüft, ob das System als Ganzes die spezifizierten Anforderungen erfüllt.
- Der **→Abnahmetest** (s. Kap. 3.5) prüft, ob das System aus Kundensicht die vertraglich vereinbarten Leistungsmerkmale aufweist.

In jeder Teststufe ist also zu überprüfen, ob die Entwicklungsergebnisse diejenigen Anforderungen erfüllen, die auf der jeweiligen Abstraktionsstufe relevant bzw. spezifiziert sind. Dieses Prüfen der Entwicklungsergebnisse gegen die ursprünglichen Anforderungen wird →Validierung genannt.

Löst ein Produkt die gestellte Aufgabe?

Beim Validieren[8] bewertet der Tester, ob ein (Teil-)Produkt eine festgelegte (spezifizierte) Aufgabe tatsächlich löst und deshalb für seinen Einsatzzweck tauglich bzw. nützlich ist.

Ist es das richtige System?

Untersucht wird, ob das Produkt im Kontext der beabsichtigten Produktnutzung sinnvoll ist.

Erfüllt ein Produkt seine Spezifikation?

Neben validierenden Prüfungen fordert das V-Modell auch so genannte verifizierende[9] Prüfungen. →Verifikation ist im Gegensatz zur Validierung auf eine einzelne Entwicklungsphase bezogen und soll die Korrektheit und Vollständigkeit eines Phasenergebnisses relativ zu seiner direkten Spezifikation (Phaseneingangsdokumente) nachweisen.

Ist das System richtig?

Untersucht wird, ob die Spezifikationen korrekt umgesetzt wurden, unabhängig von einem beabsichtigten Zweck oder Nutzen des Produkts.

In der Praxis beinhaltet jeder Test beide Aspekte, wobei der Validierungsanteil mit steigender Teststufe zunimmt. Zusammenfassend hier noch einmal die wichtigsten Kennzeichen und Modellvorstellungen des V-Modells:

Kennzeichen des allgemeinen V-Modells

- Konstruktions- und Testaktivitäten sind getrennt, aber gleichwertig (linke Seite/rechte Seite).
- Das »V« veranschaulicht die Prüfaspekte Verifikation und Validierung.
- Es werden arbeitsteilige Teststufen unterschieden, wobei jede Stufe »gegen« ihre korrespondierende Entwicklungsstufe testet.

---

8. validieren: bekräftigen, für gültig erklären
9. verifizieren: beweisen, nachprüfen

Das V-Modell erweckt den Eindruck, dass Testen erst relativ spät, nämlich nach der Implementierung, beginnen würde. Dies ist falsch. Die Teststufen im rechten Ast des Modells sind als Phasen der Testdurchführung zu verstehen. Die zugehörige Testvorbereitung (Testplanung, Testanalyse und -design) startet früher und wird parallel zu den Entwicklungsschritten im linken Ast durchgeführt[10].

Die Unterscheidung verschiedener Teststufen im V-Modell ist mehr als nur eine zeitliche Unterteilung von Testaktivitäten. Vielmehr werden hier technisch sehr unterschiedliche Teststufen definiert, in denen unterschiedliche Ziele verfolgt werden und deshalb unterschiedliche Testmethoden, unterschiedliche Testwerkzeuge und spezialisiertes Testpersonal zum Einsatz kommen. Die genauen Inhalte und Vorgehensweisen in jeder Teststufe werden in den folgenden Kapiteln erklärt.

3.2 Komponententest

3.2.1 Begriffsklärung

In der ersten Teststufe, dem Komponententest, werden die in der nach dem V-Modell unmittelbar vorangehenden Programmierphase erstellten Softwarebausteine erstmalig einem systematischen Test unterzogen.

Abhängig davon, welche Programmiersprache die Entwickler einsetzen, werden diese kleinsten Softwareeinheiten unterschiedlich bezeichnet, zum Beispiel als Module, Units oder Klassen (im Fall objektorientierter Programmierung). Die entsprechenden Tests werden →Modultest, →Unit Test (s. [IEEE 1008]) bzw. →Klassentest genannt.

Komponente und Komponententest

Von der verwendeten Programmiersprache abstrahiert, wird von Komponente oder Softwarebaustein gesprochen. Der Test eines solchen einzelnen Softwarebausteins wird als Komponententest bezeichnet.

3.2.2 Testobjekte

Kennzeichnend für den Komponententest ist, dass jeweils ein einzelner Softwarebaustein überprüft wird, und zwar isoliert von anderen Softwarebausteinen des Systems. Die Isolierung hat dabei den Zweck, komponentenexterne Einflüsse beim Test auszuschließen. Deckt der Test eine Fehlerwirkung auf, lässt sich deren Ursache dann klar der getesteten Komponente zuordnen.

10. Ein Vorgehensmodell, das diese Parallelisierung von Entwicklung und Test explizit darstellt, ist das so genannte W-Modell (s. [Spillner 00]).

Die zu testende Komponente kann auch eine aus mehreren Bausteinen zusammengesetzte Einheit sein. Entscheidend ist, dass komponenteninterne Aspekte geprüft werden, jedoch nicht die Wechselwirkung mit Nachbarkomponenten. Das ist Gegenstand des Integrationstests.

Der Komponententest prüft komponenteninterne Aspekte

3.2.3 Testumgebung

Die Testobjekte, mit denen sich der Komponententest als niedrigste Teststufe befasst, stammen gewissermaßen »frisch« von der Festplatte der Entwickler. Damit ist klar, dass in dieser Teststufe sehr entwicklungsnah gearbeitet wird.

Beispiel: Test einer Klassenmethode

Bei der Berechnung des Fahrzeugpreises im VSR-Teilsystem *DreamCar* ergibt sich der Fahrzeugpreis laut Spezifikation wie folgt:

- Ausgegangen wird vom Grundpreis des Fahrzeugs (`baseprice`), abzüglich Händlerrabatt (`discount`).
- Sondermodellaufschlag (`specialprice`) und Preis der weiteren Zusatzausstattung (`extraprice`) sind zu addieren.
- Werden drei oder mehr Zusatzausstattungen (nicht im gewählten Sondermodell enthalten) ausgewählt (`extras`), erfolgt nur auf diese Ausstattungsmerkmale eine Rabattierung von 10 %. Bei fünf oder mehr Zusatzausstattungen erhöht sich diese Rabattierung auf 15 %.
- Der Händlerrabatt bezieht sich auf den Grundpreis. Der Zubehörrabatt ist nur auf den Preis der Zubehörteile anzurechnen. Beide Rabatte können nicht zusammen angerechnet werden.

Die Berechnung des Gesamtpreises erfolgt durch folgende C++-Methode[11]:

```
double calculate_price
   (double baseprice, double specialprice,
   double extraprice, int extras, double discount)
{
   double addon_discount;
   double result;

   if (extras >= 3) addon_discount = 10;
   else if (extras >= 5) addon_discount = 15;
   else addon_discount = 0;
   if (discount > addon_discount)
      addon_discount = discount;

   result    = baseprice/100.0*(100-discount)
      + specialprice
      + extraprice/100.0*(100-addon_discount);
   return result;
}
```

Um die Preisberechnung zu testen, benutzt der Tester die entsprechende Klassenschnittstelle, ruft also die Methode `calculate_price()` auf und versorgt sie mit geeigneten Testdaten. Anschließend erfasst er die Reaktion der Komponente auf diesen Aufruf. Das heißt, der Rückgabewert des vorangegangenen Methodenaufrufs wird gelesen und protokolliert. Hierzu ist ein so genannter →Testtreiber notwendig. Ein Testtreiber ist ein Programm, das die jeweiligen Schnittstellenaufrufe absetzt und anschließend die Reaktion des Testobjekts entgegennimmt.

Für das Testobjekt `calculate_price()` kann ein sehr einfacher Testtreiber beispielsweise wie folgt aussehen:

```
bool test_calculate_price() {

double price;
bool   test_ok = TRUE;

// testcase 01
price = calculate_price(10000.00,2000.00,1000.00,3,0);
test_ok = test_ok && (abs (price-12900.00) < 0.01);[12]

// testcase 02
price = calculate_price(25500.00,3450.00,6000.00,6,0);
test_ok = test_ok && (abs (price-34050.00) < 0.01);

// testcase ...

// test result
return test_ok;
}
```

Der Testtreiber im Beispiel ist sehr einfach programmiert. Sinnvolle Erweiterungen wären z.B. die Protokollierung der Testdaten und Resultate mit Datum/Uhrzeit, das Einlesen der Testfälle aus einer Datentabelle usw.

Zur Erstellung des Testtreibers ist Entwickler-Know-how notwendig. Der Programmcode des Testobjekts (im Beispiel eine Klassenmethode) – zumindest der Code der Schnittstelle – muss verfügbar und verstanden sein, damit im Testtreiber der Aufruf des Testobjekts korrekt programmiert werden kann. Das heißt, die Programmiersprache muss beherrscht werden und entsprechende Programmierwerkzeuge müssen vorhanden sein, um einen passenden Testtreiber zu schreiben.

11. Das Programmstück ist fehlerhaft: Der Code zur Rabattberechnung für >=5 ist nie erreichbar. Dieser Programmierfehler dient als Beispiel zur Erklärung der Whitebox-Analyse in Kapitel 5.
12. Eine Abfrage bei float-Zahlen auf Gleichheit sollte vermieden werden, da das Ergebnis durch Rechenungenauigkeiten verfälscht werden kann. Da für »price« auch Werte berechnet werden können, die kleiner als 12900.00 sind, muss der Absolutwert der Differenz von »price« und 12900.00 ausgewertet werden.

Aus diesen Gründen werden Komponententests sehr oft von den Entwicklern selbst durchgeführt. Es wird dann vom Entwicklertest gesprochen, obwohl ein Komponententest gemeint ist. Die Nachteile, wenn ein Entwickler sein eigenes Programm testet, wurden in Kapitel 2.3 bereits aufgezählt. Oft wird der Komponententest auch mit »Debugging« verwechselt. Aber Debugging ist nicht Testen. Unter Debugging versteht man Fehlerbeseitigung, während Testen der systematische Ansatz ist, Fehler zu finden.

Tipp

Der Einsatz vorgefertigter Testtreiber kann den Komponententest erleichtern, da die aufwändige Programmierung einzelner Testtreiber für jede einzelne Komponente entfällt. Vorgefertigte Testtreiber sind am Markt erhältliche generische Testtreiber (s. [URL: xunit]) oder individuell erstellte, die für alle bzw. mehrere Komponententests im Projekt genutzt werden. Werden einheitliche Testtreiber eingesetzt, können die Testarbeiten auch leichter von Teamkollegen[13] erledigt werden, die mit der einzelnen Komponente und der Entwicklungsumgebung nicht im Detail vertraut sind. Solche Testtreiber können z.B. über eine Kommandoschnittstelle bedient werden und bieten komfortable Mechanismen zur Handhabung der Testdaten sowie zur Protokollierung und Auswertung der Tests. Da alle Testdaten und Testprotokolle vollkommen gleichartig strukturiert sind, ist auch eine komponentenübergreifende Testauswertung möglich.

3.2.4 Testziele

Die Teststufe Komponententest wird nicht nur durch die Art der Testobjekte und der Testumgebung charakterisiert, im Komponententest verfolgt der Tester auch für diese Stufe spezifische Testziele.

Test der Funktionalität

Wichtigste Aufgabe des Komponententests ist die Sicherstellung, dass das jeweilige Testobjekt die laut seiner Spezifikation geforderte Funktionalität korrekt und vollständig realisiert (→Funktionstest bzw. →funktionaler Test). Funktionalität ist dabei gleichbedeutend mit dem Ein-/Ausgabeverhalten des Testobjekts. Um Korrektheit und Vollständigkeit der Implementierung zu prüfen, wird die Komponente einer Reihe von Testfällen unterzogen, wobei jeder Testfall eine bestimmte Ein-/Ausgabekombination (Teilfunktionalität) abdeckt.

---

13. Manchmal arbeiten zwei Entwickler paarweise zusammen, um gegenseitig die vom Kollegen erstellte(n) Komponente(n) zu testen. – Dies wird auch »buddy testing« oder »code swaps« genannt.

Beispiel: Test der VSR-Preisberechnung

Bei den Testfällen zur Preisberechnung des *CarConfigurators* im vorangehenden Beispiel ist diese Prüfung der Ein-/Ausgabekombination sehr schön zu sehen. Jeder Testfall versorgt das Testobjekt mit einer bestimmten Preiskombination bei einer bestimmten Zubehöranzahl. Dann wird geprüft, ob das Testobjekt aus diesen Daten den korrekten Gesamtpreis berechnet. Testfall 2 prüft beispielsweise die Teilfunktionalität »Rabattierung bei fünf oder mehr Zusatzausstattungen«. Wird Testfall 2 ausgeführt, ist festzustellen, dass das Testobjekt einen falschen Gesamtpreis liefert. Testfall 2 erzeugt eine Fehlerwirkung. Das Testobjekt realisiert die spezifizierte Funktionalität nicht vollständig.

Typische Softwaredefekte, die beim funktionalen Komponententest aufgedeckt werden, sind Berechnungsfehler oder fehlende und falsch gewählte Programmpfade (z.B. vergessene oder falsch interpretierte Sonderfälle).

Jede Softwarekomponente muss später beim Betrieb des Gesamtsystems mit einer Vielzahl von Nachbarkomponenten zusammenarbeiten und Daten austauschen. Dabei ist nicht auszuschließen, dass die Komponente unter Umständen auch falsch, d.h. entgegen ihrer Spezifikation, angesprochen oder verwendet wird. In solchen Fällen sollte die falsch angesprochene Komponente nicht gleich den Dienst einstellen und das Gesamtsystem zum Absturz bringen. Vielmehr sollte sie die Fehlersituation abfangen und »vernünftig« bzw. robust reagieren.

Test auf Robustheit

Der Test auf →Robustheit ist deshalb ein weiterer sehr wichtiger Aspekt des Komponententests. Das Vorgehen ist dasselbe wie beim funktionalen Test. Allerdings werden als Testeingaben Methodenaufrufe, Daten und Sonderfälle verwendet, die laut Spezifikation eigentlich unzulässig oder nicht vorgesehen sind. Solche Testfälle werden auch Negativtest genannt. Als Reaktion bzw. Ausgabewert der Komponente wird eine angemessene Ausnahmebehandlung (*exception handling*) erwartet. Fehlen solche Ausnahmebehandlungen, treten möglicherweise Wertebereichsfehler auf (z.B. Division durch null, Zugriff über Null-Pointer u.Ä.), die unter Umständen zum Programmabsturz führen.

Im Preisberechnungsbeispiel sind solche Negativtests zum Beispiel Aufrufe mit negativen Zahlenwerten oder falschen Datentypen (`char` statt `int` o.Ä.)[14]:

Beispiel: Negativtest

```
// testcase 20
price = calculate_price(-1000.00,0.00,0.00,0,0);
test_ok = test_ok && (ERR_CODE == INVALID_PRICE);
...
// testcase 30
price = calculate_price("abc",0.00,0.00,0,0);
test_ok = test_ok && (ERR_CODE == INVALID_ARGUMENT);
```

Exkurs

Einige interessante Aspekte werden hier deutlich:

- Sinnvolle Negativtests finden sich mindestens so viele wie »Positivtests«.
- Der Testtreiber muss erweitert werden, um die vom Testobjekt vorgenommene Ausnahmebehandlung auswerten zu können.
- Die Ausnahmebehandlung im Testobjekt (z.B. Auswertung von `ERR_CODE` im Beispiel) erfordert dort zusätzliche Funktionalität. In der Praxis dienen nicht selten mehr als 50% des Programmcodes der Behandlung solcher Ausnahmesituationen. Robustheit hat ihren Preis.

Neben Funktionalität und Robustheit sollten im Komponententest des Weiteren alle diejenigen Komponenteneigenschaften überprüft werden, die die Qualität der Komponente maßgebend beeinflussen und die in höheren Teststufen nicht mehr oder nur mit wesentlich höherem Aufwand geprüft werden können. Dies gilt beispielsweise für die nicht funktionalen Eigenschaften Effizienz und Wartbarkeit.

Test der Effizienz

Die Effizienz gibt an, wie wirtschaftlich die Komponente mit den verfügbaren Rechnerressourcen umgeht. Teilaspekte sind hier Verbrauch von Speicherplatz, benötigte Rechenzeit bzw. Ausführungszeit komponenteninterner Funktionen/Algorithmen usw. Im Unterschied zu den meisten anderen Testzielen kann die Effizienz eines Testobjekts anhand geeigneter Teilkriterien (z.B. Speicherverbrauch in Kilobyte, Antwortzeit in Millisekunden) im Test exakt gemessen werden. Entsprechende Effizienzuntersuchungen werden selten für alle Komponenten eines Systems vorgesehen. Nur dort, wo entsprechende Forderungen in den Anforderungskatalogen oder Spezifikationen definiert sind, müssen diese dann im Komponententest auch verifiziert werden. Beispielsweise beim Test eingebetteter Systeme, wenn hardwareseitig nur limitierte Ressourcen zugeteilt werden. Oder im Falle von Echtzeitsystemen, wenn vorgegebene Zeitschranken garantiert werden müssen.

---

14. Abhängig vom eingesetzten Compiler können Datentypfehler schon beim Übersetzungslauf aufgedeckt werden.

Test auf Wartbarkeit

Unter Wartbarkeit werden all diejenigen Eigenschaften eines Programms subsumiert, die Einfluss darauf haben, wie leicht oder schwer es fällt, das Programm zu ändern oder weiterzuentwickeln. Entscheidend dabei ist, wie viel Aufwand es den Entwickler kostet, das vorhandene Programm und dessen Kontext zu verstehen. Das gilt für den Entwickler des ursprünglichen Programms, der nach Monaten oder Jahren mit einer Weiterentwicklung beauftragt wird, genauso wie für einen Entwickler, der Code eines Kollegen übernimmt. Bei der Prüfung der Wartbarkeit stehen deshalb folgende Prüfaspekte im Vordergrund: Codestruktur, Modularität, Kommentierung des Codes, Verständlichkeit und Aktualität der Dokumentation usw.

Beispiel: Schwer wartbarer Code

Der Code des Beispiels `calculate_price()` weist hier einige Defizite auf. So fehlen Kommentare völlig, und numerische Konstanten sind nicht als solche deklariert, sondern fest in den Code hineinkodiert. Muss ein solcher Wert nachträglich geändert werden, ist unklar, ob und an welchen anderen Stellen im Gesamtsystem diese Konstante außerdem vorkommt und ebenfalls zu ändern ist.

Solche Eigenschaften lassen sich natürlich nicht durch →dynamische Tests (s. Kap. 5) überprüfen. Notwendig sind Analysen der Programmtexte und Spezifikationen. Mittel hierzu ist der →statische Test und insbesondere das Review (s. Kap. 4.1). Da Eigenschaften der einzelnen Komponente untersucht werden, sind solche Analysen aber zweckmäßigerweise im Rahmen des Komponententests durchzuführen.

3.2.5 Teststrategie

Wie oben erklärt, wird im Komponententest sehr entwicklungsnah gearbeitet. Der Tester hat in der Regel Zugang zum Sourcecode, was den Komponententest zur Domäne des Whitebox-Tests (s. Kap. 5.2) macht.

Whitebox-Test

Der Tester kann Testfälle unter Ausnutzung seines Wissens über komponenteninterne Programmstrukturen, Methoden und Variablen entwerfen. Auch bei der Testdurchführung ist das Vorliegen des Programmcodes nützlich. Mit entsprechenden Werkzeugen (→Debugger, s. Kap. 7.1.4) können während des Testablaufs Programmvariablen beobachtet werden, um auf ein korrektes oder fehlerhaftes Verhalten der Komponente zu schließen. Der interne Zustand der Komponente kann aber nicht nur beobachtet, sondern per Debugger auch manipuliert werden. Dies ist besonders für →Robustheitstests hilfreich, da so bestimmte Ausnahmesituationen vom Tester gezielt ausgelöst werden können.

Bei der Analyse des Codes von `calculate_price()` kann folgende Anweisung als testrelevante Programmstelle erkannt werden:

Beispiel: Code als Testgrundlage

```
if (discount > addon_discount)
      addon_discount = discount;
```

Zusätzliche Testfälle, die dazu führen, dass die Bedingung `(discount > addon_discount)` erfüllt wird, können anhand des Codes leicht abgeleitet werden. Die Spezifikation der Preisberechnung enthält hierzu keinerlei Informationen, eine entsprechende Funktionalität ist dort überhaupt nicht vorgesehen.

In der Praxis wird aber in vielen Fällen auch der Komponententest »nur« als Blackbox-Test durchgeführt, d.h., die innere Struktur wird zur Auswahl der Testfälle nicht herangezogen[15]. Zum einen bestehen reale Softwaresysteme oft aus hunderten oder tausenden elementarer Komponenten. Ein Einstieg in den Code ist hier sicher nur bei ausgewählten Komponenten praktikabel. Zum anderen werden im Verlauf der Integration die elementaren Programmbausteine zu größeren Einheiten zusammengesetzt. Oft sind für die Tester auch in der ersten Teststufe nur solche zusammengesetzten Programmbausteine als testbare Einheiten sichtbar. Diese Testobjekte sind dann aber schon zu groß, um mit vertretbarem Aufwand Beobachtungen oder Eingriffe auf Codeebene verstehen und vornehmen zu können. Ob beim Komponententest elementare oder bereits zusammengesetzte Programmbausteine getestet werden, ist Sache der Integrations- und Testplanung und dort festzulegen.

»Test-first«-Ansatz

Ein moderner Ansatz im Komponententest ist der so genannte »Test-first«-Ansatz. Die Idee dabei ist, zuerst die Tests zu erstellen und zu automatisieren und erst danach die gewünschte Komponente zu programmieren.

Der Ansatz ist stark iterativ: Man testet den Programmcode mit den vorhandenen Testfällen und verbessert den Code so lange, bis die Tests fehlerfrei absolviert werden. Man spricht deshalb auch von testgetriebener Entwicklung (→test-first programming, test-driven development, s.a. [Link 02]).

---

15. Das ist ein ernsthaftes Versäumnis, denn dadurch bleiben oft 60 % – 80 % des Programmtextes ungetestet. Ein perfektes Versteck für Fehler aller Art!

3.3 Integrationstest

3.3.1 Begriffsklärung

Als zweite Teststufe nach dem Komponententest schließt sich im V-Modell der Integrationstest an. Der Integrationstest setzt voraus, dass die ihm übergebenen Testobjekte (d.h. einzelne Komponenten) bereits getestet sind und Defekte möglichst korrigiert wurden.

Integration

Gruppen dieser Komponenten werden dann von Entwicklern, Testern oder speziellen Integrationsteams zu größeren Baugruppen bzw. Teilsystemen verbunden. Dies wird als Integration bezeichnet.

Integrationstest

Anschließend muss getestet werden, ob das Zusammenspiel aller Einzelteile miteinander richtig funktioniert. Der Integrationstest hat also das Ziel, Fehlerzustände in Schnittstellen und im Zusammenspiel zwischen integrierten Komponenten zu finden.

Warum ist Integrationstesten notwendig, wenn doch jeder Einzelbaustein bereits getestet wurde? Unser Fallbeispiel veranschaulicht die Problematik:

Beispiel: Integrationstest VSR-DreamCar

Das VSR-Teilsystem *DreamCar* (vgl. Abb. 2–1) ist eine aus elementaren Softwarebausteinen zusammengesetzte Komponente.

Abb. 3–2
Struktur der Komponente VSR-DreamCar

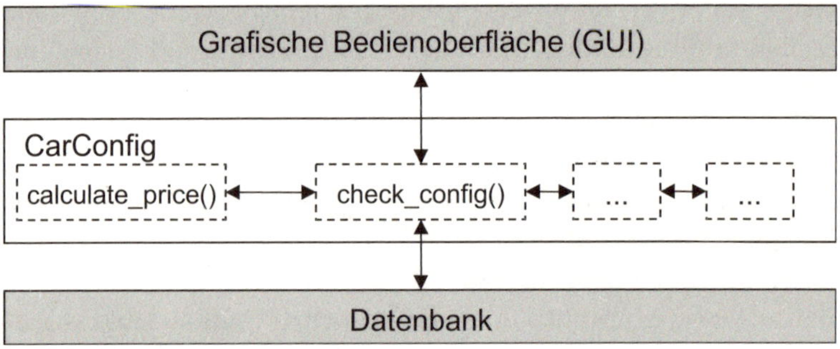

Ein Element ist die Klasse `CarConfig` mit den Methoden `calculate_price()`, `check_config()` und weiteren Methoden. `check_config()` bezieht sämtliche Fahrzeugdaten aus einer Datenbank und bietet diese dem Endanwender über eine grafische Bedienoberfläche (GUI) zur Auswahl an. Aus Sicht des Endanwenders sieht dies wie in Abbildung 3–3 gezeigt aus.

Stellt der Anwender ein Fahrzeug zusammen, überprüft `check_config()` jede →Konfiguration (Fahrzeugbasismodell, Sondermodellausstattung, Liste des weiteren Zubehörs) auf Plausibilität und sorgt parallel für die Berechnung des zugehörigen Preises. Im Beispiel (s. Abb. 3–3) müsste sich aufgrund des ausgewählten Fahrzeugs, Sondermodells und der Ausstattung ein Gesamtpreis von 29.000 EUR + 1.413 EUR + 900 EUR = 31.313 EUR ergeben.

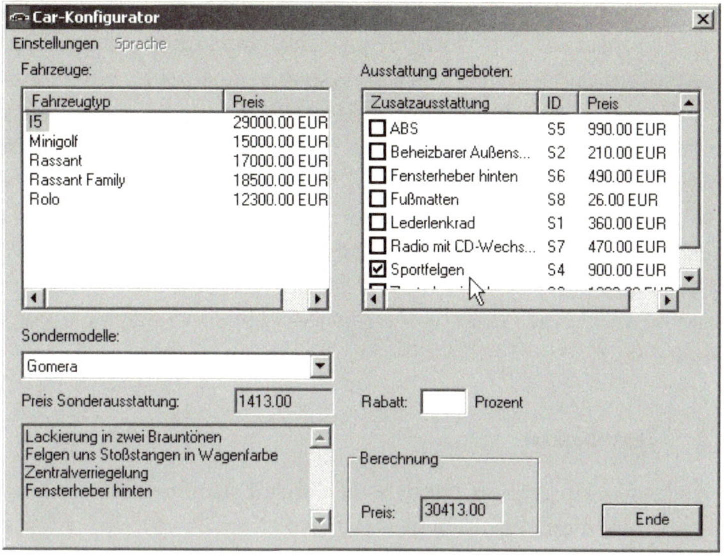

Abb. 3–3
Bedienoberfläche VSR-DreamCar

Angezeigt wird aber nur 30.413 EUR. Offensichtlich kann in der zum Test vorliegenden Programmversion Zubehör (z.B. Sportfelgen) ausgewählt werden, ohne dass dies in den Gesamtpreis eingeht. Irgendwo auf dem Weg zwischen GUI und `calculate_price()` geht verloren, dass Sportfelgen ausgewählt sind.

Zeigen die Testprotokolle des jeweils vorangegangenen Komponententests, dass der Fehlerzustand nicht in den Methoden `calculate_price()` oder `check_config()` liegt, kommt als Ursache eine fehlerhafte Datenübergabe zwischen GUI und `check_config()` oder zwischen `check_config()` und `calculate_price()` in Frage.

Auch ein vorausgehender vollständiger Komponententest kann solche Schnittstellenfehler nicht ausschließen. Der Integrationstest als weitere Teststufe ist deshalb notwendig. Er muss solche Probleme erkennen und deren Ursachen eingrenzen.

Beispiel: VSR-Integrationstest

Mit der Integration der Einzelbausteine zum Teilsystem *DreamCar* hat der Integrationstest im Projekt *VSR* allerdings erst begonnen. Die anderen VSR-Teilsysteme (s. Kap. 2, Abb. 2–1) müssen ebenfalls integriert werden. Anschließend sind diese dann untereinander zu verbinden. So muss *DreamCar* an das Teilsystem *ContractBase* angeschlossen werden, mit welchem wiederum die Teilsysteme *JustInTime* (Bestellwesen), *NoRisk* (Fahrzeugversicherung) und *EasyFinance* (Fahrzeugfinanzierung) verbunden sind. Als einer der letzten Integrationsschritte wird *VSR* mit dem externen Zentralrechner (*Host*) im Konzernrechenzentrum verbunden.

»Integrationstest im Großen«

Wie das Beispiel zeigt, sind auch die Schnittstellen zur Systemumgebung Gegenstand von Integration und Integrationstest. Werden Schnittstellen zu externen Softwaresystemen überprüft, wird manchmal auch von einem »Integrationstest im Großen« oder Systemintegrationstest gesprochen (im Gegensatz zu Modulintegration oder »Integration im Kleinen«). Ein spezielles Risiko liegt hier darin, dass das Entwicklungsteam nur »eine Hälfte« einer solchen Schnittstelle nach außen kontrolliert. Die »andere Hälfte« wird vom externen System bestimmt und kann sich unerwartet ändern. Ein bestandener Integrationstest ist also keine Garantie für eine jederzeit einwandfreie Funktion an dieser Stelle.

3.3.2 Testobjekte

Zusammengesetzte Komponenten

Im Zuge der Integration werden die Einzelbausteine schrittweise zu größeren Einheiten zusammengesetzt (s.a. Kap. 3.3.5). An jeden solchen Schritt kann und sollte sich im Idealfall ein Integrationstest anschließen. Jedes entstandene Teilsystem kann anschließend Basis für die weitere Integration noch größerer Einheiten sein. Testobjekte des Integrationstests können also auch mehrfach zusammengesetzte Einheiten sein.

Fremdsysteme oder zugekaufte Komponenten

In der Praxis wird ein Softwaresystem selten auf der grünen Wiese entwickelt, sondern ein vorhandenes System wird verändert, ausgebaut oder mit anderen Systemen gekoppelt. Auch sind viele Systemkomponenten Standardprodukte, die am Markt zugekauft werden (beispielsweise die Datenbank in *DreamCar*). Im Komponententest werden solche Alt- oder Standardkomponenten vermutlich nicht beachtet. Im Integrationstest müssen diese Systemteile jedoch berücksichtigt und deren Zusammenspiel mit anderen Teilen überprüft werden.

3.3.3 Testumgebung

Beim Integrationstest werden ebenfalls Testtreiber benötigt, die die Testobjekte mit Testdaten versorgen und Ergebnisse entgegennehmen sowie protokollieren. Da die Testobjekte zusammengesetzte Komponenten sind, die keine anderen Schnittstellen »nach außen« aufweisen als ihre Einzelkomponenten, ist es nahe liegend und sinnvoll, die vorhandenen Testtreiber des Komponententests wiederzuverwenden.

Wiederverwendung der Testumgebung

War der Komponententest gut organisiert, gibt es entweder einen gemeinsamen, generischen Testtreiber für alle Komponenten oder zumindest Testtreiber, die nach einer einheitlichen Architektur entworfen wurden und zueinander kompatibel sind. In diesem Fall können die Tester diese Treiber mit geringem Aufwand übernehmen und wiederverwenden.

Bei einem schlecht organisierten Komponententest gibt es vielleicht nur für einige wenige Testobjekte brauchbare Treiber, die dann oftmals vollkommen unterschiedlich zu bedienen sind. Der Preis dafür ist, dass die Tester jetzt zu einem sehr späten Projektzeitpunkt viel Aufwand in die Erstellung oder Nachbesserung der Testumgebung investieren müssen und somit wertvolle Zeit für die Testdurchführung verloren geht.

Monitore werden benötigt

Da Schnittstellenaufrufe und der Datenverkehr über die Testtreiberschnittstellen getestet werden müssen, werden im Integrationstest als zusätzliches Diagnoseinstrument oft so genannte →Monitore benötigt. Monitore sind Programme, die Datenbewegungen zwischen Komponenten mitlesen und protokollieren. Am Markt erhältlich sind Monitore für Standardprotokolle (z.B. Netzwerkprotokolle). Zur Beobachtung projektspezifischer Komponentenschnittstellen sind individuelle Monitore zu entwickeln.

3.3.4 Testziele

Falsche Schnittstellenformate

Die Testziele der Teststufe Integrationstest sind klar: Schnittstellenfehler aufdecken. Probleme können schon beim Versuch der Integration zweier Bausteine auftreten, wenn diese sich nicht zusammenbinden lassen, weil ihre Schnittstellenformate nicht passen, weil einige Dateien fehlen oder die Entwickler das System in ganz andere Komponenten aufgeteilt haben, als spezifiziert war (vgl. statischer Test, Kap. 4).

Typische Fehler beim Datenaustausch

Die schwerer zu findenden Probleme betreffen allerdings die Ausführung der miteinander in Wechselwirkung stehenden Programmteile, die nur durch einen dynamischen Test aufgedeckt werden können. Dies sind Fehlerzustände im Datenaustausch bzw. in der Kommunikation zwischen den Komponenten. Folgende Typen des Fehlerzustands können grob unterschieden werden:

- Eine Komponente übermittelt keine oder syntaktisch falsche Daten, so dass die empfangende Komponente nicht arbeiten kann oder abstürzt (funktionaler Fehler einer Komponente, inkompatible Schnittstellenformate, Protokollfehler).
- Die Kommunikation funktioniert, aber die beteiligten Komponenten interpretieren übergebene Daten unterschiedlich (funktionaler Fehler einer Komponente, widersprüchliche oder fehlinterpretierte Spezifikationen).
- Die Daten werden richtig übergeben, aber zum falschen oder verspäteten Zeitpunkt (Timing-Problem) oder in zu kurzen Zeitintervallen (Durchsatz-, Kapazitäts- oder Lastproblem).

Beispiel: Integrationsfehler in VSR

Im VSR-Integrationstest könnten folgende Fehlerwirkungen auftreten, die den beschriebenen Typen von Fehlerzuständen zugeordnet werden können:

- In der *DreamCar*-GUI selektiertes Zubehör wird nicht an `check_config()` übergeben. Als Folge wären Preis und Bestelldaten fehlerhaft.
- In *DreamCar* wird die Wagenfarbe durch eine bestimmte Codenummer dargestellt (z.B. 442 für blaumetallic). Im Bestellsystem auf Hostseite werden einige Codenummern aber anders interpretiert (442 steht dort beispielsweise für rot-perleffekt). Eine aus Sicht des *VSR* vollkommen korrekte Bestellung hätte zu einer falschen Lieferung geführt.
- Der Hostrechner bestätigt eine übertragene Bestellung nach Prüfung auf Lieferbarkeit mit einer Bestellbestätigung. In einigen Fällen benötigt diese Prüfung auf Lieferbarkeit so lange, dass *VSR* einen Verbindungsfehler annimmt und den Bestellvorgang abbricht. Ein Kunde hätte seinen sorgfältig zusammengestellten Wunschwagen nicht bestellen können.

Keiner dieser Typen von Fehlerzuständen kann im Komponententest gefunden werden, denn die Fehlerwirkung äußert sich erst in der Wechselwirkung zwischen zwei Softwarebausteinen.

Neben funktionalen Tests können im Integrationstest auch nicht funktionale Tests eine Rolle spielen. Nämlich dann, wenn nicht funktionale Eigenschaften der Komponentenschnittstellen (wie z.B. Last-, Performanz- und volumenabhängiges Verhalten) als relevant oder risikobehaftet eingestuft sind.

Ist der Komponententest verzichtbar?

Kann auf den Komponententest verzichtet werden, so dass alle Testfälle erst nach erfolgter Integration durchgeführt werden? Das ist natürlich möglich und leider auch eine in der Praxis anzutreffende Vorgehensweise. Damit können aber gravierende Nachteile verbunden sein:

- Die meisten Fehlerwirkungen, die in einem derart angelegten Test auftreten werden, sind durch funktionale Fehlerzustände einzelner Komponenten verursacht. Es wird also ein impliziter Komponententest in einer dazu nicht geeigneten Testumgebung durchgeführt, die den Zugang zur Einzelkomponente erschwert.
- Weil kein geeigneter Zugang zur Einzelkomponente möglich ist, können manche Fehlerwirkungen nicht provoziert und viele Fehlerzustände deshalb nicht gefunden werden.
- Wenn eine Fehlerwirkung oder ein Ausfall im Test auftritt, kann es schwierig oder sogar unmöglich sein, seinen Entstehungsort und damit seine Ursache einzugrenzen.

Der Aufwand, der durch Verzicht auf den Komponententest vermeintlich eingespart wird, wird mit einer schlechteren Fehlerfindungsrate und mit einem erhöhten Diagnoseaufwand bezahlt. Eine Kombination von Komponententest mit nachfolgendem Integrationstest ist effizienter.

3.3.5 Integrationsstrategien

In welcher Reihenfolge sollten die einzelnen Komponenten integriert werden, damit die notwendigen Testarbeiten möglichst einfach und schnell, also effizient durchführbar sind? Effizienz wird dabei verstanden als das Verhältnis zwischen Testkosten (Personalaufwand, Werkzeugeinsatz usw.) und Testnutzen (Anzahl und Schwere der aufgedeckten Fehlerwirkungen) in einer bestimmten Teststufe. Es ist Aufgabe des Testmanagers, diese Frage zu beantworten und eine für das jeweilige Projekt optimale Integrationsstrategie auszuwählen und einzuschlagen.

Komponenten werden zu unterschiedlichen Zeitpunkten fertig

In der Praxis besteht die Schwierigkeit, dass die verschiedenen im Projekt entstehenden Softwarekomponenten zu unterschiedlichen Zeitpunkten fertig gestellt werden, die eventuell Wochen oder Monate auseinander liegen können. Kein Projektmanager und auch kein Testmanager kann es tolerieren, dass seine Tester so lange untätig warten, bis alle Komponenten fertig sind und gemeinsam integriert werden können.

Eine nahe liegende Ad-hoc-Strategie besteht darin, einfach in der (zufälligen) Reihenfolge der Fertigstellung zu integrieren. Das heißt, sobald eine Komponente ihren Komponententest absolviert hat, wird geprüft, ob sie zu einer anderen schon vorhandenen und bereits getesteten Komponente oder zu einem teilintegrierten Subsystem passt. Wenn ja, werden beide Teile integriert und der Integrationstest zwischen beiden wird durchgeführt.

Beispiel: Integrationsstrategie im Projekt VSR

Im Projekt VSR zeigt sich, dass das zentrale Teilsystem *ContractBase* komplexer ist als vermutet. Seine Fertigstellung verzögert sich um mehrere Wochen, weil die Arbeiten wesentlich aufwändiger sind als ursprünglich geschätzt. Um nicht noch mehr Zeit zu verlieren, entscheidet der Projektmanager, die Tests mit den vorhandenen Bausteinen *DreamCar* und *NoRisk* zu beginnen. Diese besitzen zwar keine direkte gemeinsame Schnittstelle, aber tauschen Daten über *ContractBase* aus. Zur Kalkulation einer Versicherung benötigt NoRisk den Wagentyp, denn dieser bestimmt die Kaskoklasse und andere Parameter. Als vorläufiger Ersatz für *ContractBase* wird ein →Platzhalter (engl. *stub*) programmiert. Dieser nimmt einfache Fahrzeugkonfigurationen von *DreamCar* entgegen, ermittelt daraus den Code des Wagentyps und reicht ihn an *NoRisk* weiter. Des Weiteren ermöglicht der Platzhalter, verschiedene prämienrelevante Daten des Versicherungsnehmers einzugeben. Die von *NoRisk* daraus berechneten Prämien werden in einem Fenster zur Kontrolle angezeigt und als Testprotokoll gespeichert. Der Platzhalter dient also als provisorischer Ersatz für das nicht fertige Teilsystem *ContractBase*.

Das Beispiel macht deutlich: Je früher, um Zeit zu gewinnen, mit dem Integrationstest begonnen wird, umso mehr Aufwand muss in die Erstellung von Platzhaltern investiert werden. Der Testmanager muss seine Integrationsstrategie so wählen, dass beide Faktoren (Zeitgewinn vs. Aufwand für Testumgebung) optimiert werden.

Randbedingungen für die Integration

Welche Strategie optimal ist (am Zeit sparendsten, am kostengünstigsten), hängt von Randbedingungen ab, die in jedem Projekt individuell analysiert werden müssen:

- Die **Systemarchitektur** bestimmt, aus welchen und wie vielen Komponenten das Gesamtsystem besteht und wie diese voneinander abhängen.
- Der **Projektplan** legt fest, zu welchen Zeitpunkten im Projekt einzelne Systemteile entwickelt werden und wann diese testbereit sein sollen. In diese Planung sollte der Ratschlag des Testmanagers eingehen.
- Das **Testkonzept** legt fest, welche Systemaspekte wie intensiv getestet werden müssen und auf welcher Teststufe das jeweils geschehen soll.

Integrationsstrategie absprechen

Der Testmanager muss aus diesen Randbedingungen die für sein Projekt passende Integrationsstrategie aufstellen. Da der Lieferzeitpunkt der Komponenten mit entscheidend ist, tut er gut daran, den Projektmanager bei der Erstellung des Projektplans zu beraten und darauf hinzuwirken, dass frühzeitig eine aus Testsicht günstige Lieferreihenfolge vorgesehen wird.

Basisstrategien

An folgenden Grundstrategien kann sich der Testmanager bei seiner Planung orientieren:

- **Top-down-Integration**: Der Test beginnt mit der Komponente des Systems, die weitere Komponenten aufruft, aber selbst (außer vom Betriebssystem) nicht aufgerufen wird. Die untergeordneten Komponenten sind dabei durch Platzhalter ersetzt. Sukzessive werden die Komponenten niedrigerer Systemschichten hinzuintegriert. Die getestete höhere Schicht dient dabei jeweils als Testtreiber.
  - Vorteil: Es werden keine bzw. nur einfache Testtreiber benötigt, da übergeordnete, bereits getestete Komponenten den wesentlichen Teil der Ablaufumgebung bilden.
  - Nachteil: Untergeordnete, noch nicht integrierte Komponenten müssen durch Platzhalter ersetzt werden, was sehr aufwändig sein kann.
- **Bottom-up-Integration**: Der Test beginnt mit den elementaren Komponenten des Systems, die keine weiteren Komponenten aufrufen (außer Funktionen des Betriebssystems). Größere Teilsysteme

werden sukzessive aus getesteten Komponenten zusammengesetzt, mit anschließendem Test dieser Integration.

- Vorteil: Es werden keine Platzhalter benötigt.
- Nachteil: Übergeordnete Komponenten müssen durch Testtreiber simuliert werden.

- **Ad-hoc-Integration**: Die Bausteine werden z.B. in der (zufälligen) Reihenfolge ihrer Fertigstellung integriert (s.o.).
  - Vorteil: Zeitgewinn, da jeder Baustein frühestmöglich in seine passende Umgebung integriert wird.
  - Nachteil: Es werden sowohl Platzhalter als auch Testtreiber benötigt.
- **Backbone-Integration**: Es wird ein Programmskelett oder »Backbone« erstellt, in das schrittweise die zu integrierenden Komponenten eingehängt werden [Beizer 90].
  - Vorteil: Komponenten können in beliebiger Reihenfolge integriert werden.
  - Nachteil: Ein u.U. aufwändiger Backbone muss erstellt werden.

Top-down- oder Bottom-up-Integration lassen sich in Reinform nur bei streng hierarchisch gegliederten Programmsystemen einsetzen, was bei in der Praxis anzutreffenden Softwaresystemen selten gegeben ist. Daher wird in der Realität immer eine mehr oder minder individuelle Mischung obiger Integrationsstrategien[16] gewählt.

Big bang vermeiden!

Eine nicht inkrementelle Integration – auch *big bang* genannt – sollte vermieden werden. Eher in Ermangelung einer Strategie als geplant, wird hierbei mit der Integration gewartet, bis alle Softwarebauteile entwickelt sind, und dann wird alles auf einmal zusammengeworfen. Im schlimmsten Fall wird auch auf vorgelagerte Komponententests verzichtet. Die Nachteile sind offensichtlich:

- Die Wartezeit bis zum *big bang* ist leichtfertig verlorene Testdurchführungszeit. Da Testen ohnehin immer unter Zeitmangel leidet, sollte kein einziger Testtag verschenkt werden.
- Alle Fehlerwirkungen treten geballt auf; es wird schwierig oder unmöglich sein, das System überhaupt zum Laufen zu bringen. Die Lokalisierung und Behebung von Defekten gestaltet sich schwierig und Zeit raubend.

16. Bei objektorientierten Systemen, verteilten Systemen oder Realzeitsystemen können speziellere Integrationsstrategien angemessen sein, siehe z.B. [Sneed 02].

3.4 Systemtest

3.4.1 Begriffsklärung

Nach abgeschlossenem Integrationstest folgt als dritte Teststufe der Systemtest. Gegenstand ist der Test des integrierten Systems, um zu überprüfen, ob die spezifizierten Anforderungen vom Produkt erfüllt werden. Auch hier stellt sich die Frage, warum dies nach vorangegangenem Komponenten- und Integrationstest noch notwendig ist. Gründe dafür sind:

Gründe für den Systemtest

- In den niedrigeren Teststufen wurde gegen technische Spezifikationen geprüft, aus der Perspektive des Softwareherstellers. Der Systemtest betrachtet das System hingegen aus der Perspektive des Kunden und des späteren Anwenders[17]. Die Tester validieren, ob die Anforderungen vollständig und angemessen umgesetzt wurden.
- Viele Funktionen und Systemeigenschaften resultieren aus dem Ineinandergreifen aller Systemkomponenten und sind somit erst auf Ebene des Gesamtsystems beobachtbar und testbar.

Beispiel: VSR-Systemtest

Der Hauptzweck des VSR-Systems ist, die Bestellung eines Fahrzeugs so einfach wie möglich zu machen. Im Zuge einer Bestellung nutzt der Anwender alle Komponenten des VSR-Systems: Das Fahrzeug wird konfiguriert (*DreamCar*); Finanzierung und Versicherung werden kalkuliert (*EasyFinance, NoRisk*); die Bestellung wird übermittelt (*JustInTime*) und die Verträge werden archiviert (*ContractBase*). Nur wenn all diese Systemfunktionen quer durch alle Komponenten korrekt zusammenspielen, wird das System seinem Einsatzzweck gerecht. Ob dies der Fall ist, zeigt erst der Systemtest.

3.4.2 Testobjekt und Testumgebung

Mit abgeschlossenem Integrationstest liegt das komplett zusammengebaute Softwaresystem vor. Im Systemtest wird dieses System als Ganzes betrachtet, und zwar in einer Testumgebung, die der späteren →Produktivumgebung möglichst nahe kommt. Statt Testtreibern und Platzhaltern sollen also auf allen Ebenen möglichst die später tatsächlich zum Einsatz kommenden Hard- oder Softwareprodukte in der Testumgebung installiert sein (Hardwareausstattung, Systemsoftware,

17. Kunde (hat das System bestellt und bezahlt) und Anwender (nutzt das System) können verschiedene Personengruppen oder Organisationen sein, mit jeweils eigenen Interessen und Systemanforderungen.

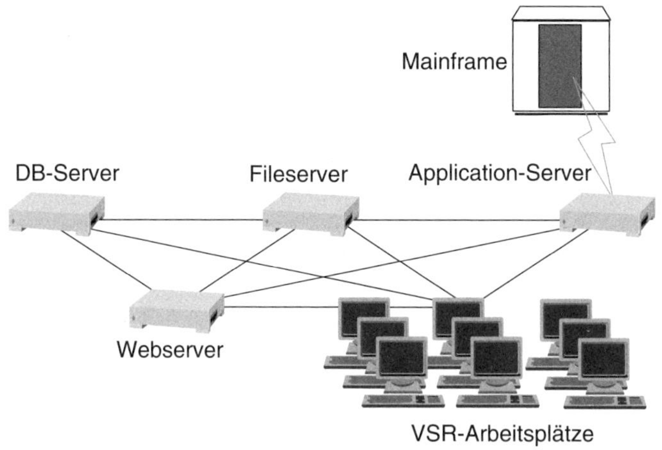

Abb. 3–4
Beispielhafte Systemtestumgebung

Treibersoftware, Netzwerk, Fremdsysteme usw.). Abbildung 3–4 veranschaulicht das am Beispiel der VSR-Systemtestumgebung.

Der Systemtest erfordert eine separate Testumgebung

Um Kosten und Aufwand zu sparen, wird oft der Fehler begangen, den Systemtest statt in einer separaten Testumgebung in der Produktivumgebung des Kunden durchzuführen. Dies ist aus folgenden Gründen schädlich:

- Im Systemtest werden Fehlerwirkungen auftreten. Dabei besteht immer die Gefahr, dass die Produktivumgebung des Kunden beeinträchtigt wird. Teure Systemausfälle und Datenverluste im produktiven Kundensystem können die Folge sein.
- Die Tester haben keine oder nur geringe Kontrolle über Parameter und Konfiguration der Produktivumgebung. Durch den gleichzeitig zum Test weiterlaufenden Betrieb der anderen Kundensysteme werden die Testbedingungen unter Umständen schleichend verändert. Die durchgeführten Systemtests sind schwer oder nicht mehr reproduzierbar (vgl. Kap. 3.7.4, Regressionstest).

Der Systemtestaufwand wird oft unterschätzt

Der Aufwand für einen hinreichenden Systemtest ist u.a. wegen der komplexen Testumgebung nicht zu unterschätzen. [Bourne 97] nennt als Erfahrungswert, dass bei Beginn des Systemtests erst die Hälfte der Test- und Qualitätssicherungsarbeiten absolviert sind (insbesondere, wenn wie im Fallbeispiel ein Client/Server-System entwickelt wird).

3.4.3 Testziele

Das Ziel des Systemtests besteht darin zu validieren, ob und wie gut das fertige System die gestellten Anforderungen (funktionale und nicht funktionale; s. Kap. 3.7.1 und 3.7.2) erfüllt. Fehler und Mängel aufgrund falsch, unvollständig oder im System widersprüchlich umgesetzter Anforderungen möchte man aufdecken. Undokumentierte oder vergessene Anforderungen sollen identifiziert werden.

3.4.4 Probleme in der Systemtestpraxis

Exkurs

In (zu) vielen Projekten erfolgt die schriftliche Dokumentation der Anforderungen nicht oder nur sehr lückenhaft. Die Tester haben dann das Problem, dass mehr oder weniger unklar ist, was als korrektes Sollverhalten des Systems anzusehen ist. Demzufolge fällt es schwer, Fehlerzustände dingfest zu machen.

Unklare Kundenanforderungen

Wo keine Anforderungen existieren, ist zunächst jedes Systemverhalten zulässig bzw. nicht bewertbar. Natürlich wird der Anwender oder Kunde eine gewisse Vorstellung davon haben, was er von »seinem« Softwaresystem erwartet. Es existieren also sehr wohl Anforderungen. Nur sind diese eben nirgends nachlesbar, sondern sie sind nur »in den Köpfen« einiger am Projekt beteiligter Personen vorhanden. Den Testern fällt dann die undankbare Rolle zu, alle diese Informationen über das gewünschte Sollverhalten nachträglich zusammenzutragen. Ein möglicher Ansatz, mit einer solchen Situation klarzukommen, ist das so genannte explorative Testen (s. a. Kap. 5.3, ausführlichere Beschreibungen sind in [Black 02] zu finden).

Versäumte Entscheidungen

Wenn die Tester die ursprünglichen Anforderungen identifizieren, werden sie feststellen, dass in den Köpfen der verschiedenen Personen zu ein und derselben Sache ganz unterschiedliche Ansichten und Vorstellungen existieren. Da im Projekt versäumt wurde, die Anforderungen schriftlich zu dokumentieren, abzustimmen und freizugeben, ist dies nicht weiter verwunderlich. Der Systemtest muss also nicht nur Anforderungen zusammensammeln, sondern auch noch Klärungs- und Entscheidungsprozesse, die viele Monate unterblieben sind, zu einem eigentlich viel zu späten Zeitpunkt erzwingen. Dieses Zusammentragen der Informationen ist sehr zeit- und kostenintensiv. Test- und Fertigstellung des Systems werden mit Sicherheit verzögert.

Projekte scheitern

Wenn Anforderungen nicht dokumentiert sind, fehlen natürlich auch den Entwicklern klare Ziele. Die Wahrscheinlichkeit, dass das konstruierte System die impliziten Kundenanforderungen erfüllt, ist deshalb außerordentlich gering. Niemand kann ernsthaft hoffen, dass unter solchen Projektbedingungen ein auch nur halbwegs brauchbares System entsteht. In derart gelagerten Projekten kann der Systemtest oftmals nur das Scheitern des Projekts »offiziell« attestieren.

3.5 Abnahmetest

Bei den bisher beschriebenen Teststufen handelt es sich um Testarbeiten, die in Verantwortung des Herstellers oder der entwickelnden Projektgruppe durchgeführt werden, bevor die Software an den jeweiligen Kunden oder Nutzer übergeben wird.

Vor Inbetriebnahme der Software (insbesondere wenn kundenspezifische →Individualsoftware erstellt wurde) erfolgt nun als abschließender Test noch ein so genannter Abnahmetest. Hierbei stehen die Sicht und das Urteil des Kunden bzw. Anwenders im Vordergrund. Der Abnahmetest ist unter Umständen der einzige Test, den der Kunde nachvollziehen kann, an dem er direkt beteiligt ist oder für den er sogar verantwortlich ist.

→Akzeptanztests können auch im Rahmen niedrigerer Teststufen oder über mehrere Teststufen verteilt vorkommen:

- Ein →Standardsoftwareprodukt kann im Rahmen seiner Integration oder Installation auf Akzeptanz geprüft werden.
- Die Benutzerfreundlichkeit einer Komponente kann innerhalb des entsprechenden Komponententests auf Akzeptanz geprüft werden.
- Die Akzeptanz einer neuen Funktionalität kann (an einem Prototyp) vor dem Systemtest überprüft werden.

Typische Formen des Abnahmetests sind:

1. Test auf vertragliche Akzeptanz
2. Test der Benutzerakzeptanz
3. Akzeptanz durch Systembetreiber
4. Feldtest (Alpha- und Beta-Tests)

Wie umfangreich sollte der Akzeptanztest sein?

Der Umfang eines Akzeptanztests ist risikoabhängig und kann sehr unterschiedlich sein. Wenn es sich um kundenspezifisch entwickelte Individualsoftware handelt, ist das Risiko hoch, und ein umfassender Akzeptanztest wie oben beschrieben ist notwendig. Wird hingegen (als anderes Extrem) ein Standardsoftwarepaket eingeführt, kann es genügen, das Paket zu installieren und einige repräsentative Anwendungsszenarien zu testen. Wenn das Paket Schnittstellen zu anderen Systemen bedient, sollte auch die Zusammenarbeit der Systeme über diese Schnittstellen geprüft werden.

3.5.1 Test auf vertragliche Akzeptanz

Falls Individualsoftware erstellt wurde, wird der Kunde (in Kooperation mit dem Lieferanten) eine vertragliche Abnahme durchführen.

Auf Basis der Ergebnisse dieser Abnahmetests entscheidet der Kunde, ob er das bestellte Softwaresystem (im Wesentlichen) als mangelfrei betrachtet und den Entwicklungsvertrag bzw. die vertraglich geschuldete Leistung als erfüllt ansieht und abnimmt. Dies kann auch ein mehr oder weniger formal gestalteter Vertrag oder Projektauftrag sein, der zwischen beauftragender Fachabteilung und realisierender IT-Abteilung einer Firma oder eines Konzerns besteht.

Testkriterien für die Abnahme

Als Testkriterien gelten die im Entwicklungsvertrag festgeschriebenen Abnahmekriterien, die deshalb dort klar und eindeutig formuliert werden müssen. Auch die Erfüllung evtl. relevanter gesetzlicher Vorschriften, Normen oder Sicherheitsrichtlinien gehört hier dazu.

In der Praxis wird natürlich der Softwarehersteller schon in seinem eigenen Systemtest diese Abnahmekriterien auf Erfüllung prüfen und entsprechende Testfälle vorsehen. Für den Abnahmetest reicht es dann aus, die gemäß Vertrag abnahmerelevanten Testfälle zu wiederholen und so dem Kunden zu demonstrieren, dass die Akzeptanzkriterien des Vertrags erfüllt sind.

Es ist außerordentlich wichtig, dass der Kunde die Akzeptanztestfälle selbst entwirft oder einem sorgfältigen Review unterzieht. Denn der Softwarehersteller kann die vertraglich vereinbarten Akzeptanzkriterien missverstanden haben.

Abnahmetest beim Kunden

Im Gegensatz zum Systemtest, der in der Systemtestumgebung des Herstellers stattfindet, werden die Abnahmetests in der Abnahmeumgebung des Kunden durchgeführt[18]. Wegen der unterschiedlichen Testumgebungen kann ein Testfall in der Abnahme durchaus fehlschlagen, der im Systemtest nie Probleme bereitet hat. Auch die Prozeduren zur Installation und Konfiguration des Systems sollten als Teil der Abnahme überprüft werden. Die Abnahmeumgebung soll so weit wie möglich der späteren Produktivumgebung entsprechen. Eine Testdurchführung in der Produktivumgebung selbst ist allerdings zu vermeiden, um den produktiven Betrieb laufender Softwaresysteme nicht zu gefährden.

Zur Ermittlung geeigneter Abnahmetests oder Abnahmekriterien können dieselben Methoden herangezogen werden wie für die Testfallermittlung im Systemtest. Nach [Wallmüller 90] sind für administrative IT-Systeme insbesondere auch Geschäftsvorfälle einer typischen Zeit- oder Abrechnungsperiode (z.B. Monatsabschluss) zu berücksichtigen.

18. Manchmal wird ein erster Abnahmetestlauf in der Systemtestumgebung durchgeführt und dann ein zweiter in der Kundenumgebung.

3.5.2 Test auf Benutzerakzeptanz

Ein weiterer Aspekt im Rahmen der Abnahme – als letzte Stufe der Validierung – ist der Test auf Benutzerakzeptanz. Ein solcher Test ist immer dann zu empfehlen, wenn Kunde und Anwender des Systems verschiedene Personen(gruppen) sind.

Beispiel: Unterschiedliche Benutzergruppen

Im Beispiel *VSR* ist der für die Softwareentwicklung verantwortliche Auftraggeber der Automobilkonzern. Eingesetzt wird das System aber bei den Händlern dieses Konzerns. Als Endanwender benutzen das System dort Mitarbeiter der Händler sowie Endverbraucher, die bei ihrem Händler ein Fahrzeug kaufen möchten. Auch in der Konzernzentrale werden Sachbearbeiter mit dem System arbeiten (z. B. um neue Preislisten in das System einzuspielen).

Akzeptanz jeder Anwendergruppe sicherstellen

Die unterschiedlichen Anwendergruppen haben in der Regel ganz verschiedene Erwartungen an das neue System. Wenn eine Anwendergruppe das System ablehnt, z. B. weil es als »umständlich« empfunden wird, kann dies das Scheitern der gesamten Systemeinführung zur Folge haben, obwohl das System funktional vollkommen in Ordnung ist. Deshalb ist es wichtig, für jede Anwendergruppe Tests auf Benutzerakzeptanz vorzusehen. Diese Tests werden meist vom Kunden selbst organisiert, der auch die Testfälle auswählt (basierend auf seinen Geschäftsprozessen und typischen Anwendungsszenarien).

Prototypen frühzeitig den Anwendern vorstellen

Wenn im Abnahmetest gravierende Akzeptanzprobleme sichtbar werden, ist es für über Kosmetik hinausgehende Gegenmaßnahmen allerdings oft zu spät. Um solchen Desastern vorzubeugen, ist es vernünftig, schon in frühen Projektphasen Prototypen durch repräsentativ ausgewählte Vertreter der späteren Anwender begutachten zu lassen.

3.5.3 Akzeptanz durch Systembetreiber

Ein Test auf Akzeptanz durch die Systembetreiber soll sicherstellen, dass sich das neue System aus Sicht der Systemadministratoren in die vorhandene IT-Landschaft einfügt. Untersucht werden zum Beispiel die Backup-Routinen (inkl. Wiedereinspielen gesicherter Daten), der Wiederanlauf nach einer Systemabschaltung, die Benutzerverwaltung oder Aspekte der (Daten-)Sicherheit.

3.5.4 Feldtest

Soll die zu liefernde Software in sehr vielen verschiedenen Produktivumgebungen betrieben werden, ist es für den Softwarehersteller sehr kostenintensiv oder gar unmöglich, im Systemtest jede dieser Produktivumgebungen mit einer entsprechenden Testumgebung nachzubilden.

In solchen Fällen wird der Softwarehersteller dem Systemtest einen so genannten →Feldtest nachschalten. Ziel des Feldtests ist es, Einflüsse aus nicht vollständig bekannten oder nicht spezifizierten Produktivumgebungen zu erkennen und ggf. zu beheben.

Test durch repräsentative Kunden

Der Hersteller liefert hierzu stabile Vorabversionen der Software an einen ausgewählten Kundenkreis, der den Markt für die Software gut repräsentiert oder dessen Produktivumgebungen die verschiedenen möglichen Umgebungen gut abdecken.

Diese ausgewählten Kunden führen dann entweder vom Hersteller vorgegebene Testszenarien durch oder sie setzen das vorläufige Produkt probehalber unter realistischen Bedingungen ein. Anschließend geben sie ihre Fehlermeldungen (aber auch allgemeine Kommentare und Eindrücke über das neue Produkt) an den Hersteller zurück. Dieser kann dann entsprechende Anpassungen vornehmen.

Alpha- und Beta-Tests

Derartige Tests von Vorabversionen durch repräsentative Kunden werden oft auch als →Alpha-Test oder →Beta-Test bezeichnet. Alpha-Tests finden dabei beim Hersteller statt, Beta-Tests beim Kunden.

Ein Feldtest darf einen hausinternen Systemtest des Herstellers natürlich nicht ersetzen (auch wenn einige Hersteller dies vielleicht so sehen). Erst wenn der Systemtest nachgewiesen hat, dass die Software hinreichend stabil ist, sollte das Produkt dem Endkunden für einen Feldtest zugemutet werden.

3.6 Test nach Änderungen

Bisher wurde stillschweigend davon ausgegangen, dass ein Softwareentwicklungsvorhaben mit bestandenem Abnahmetest und der Auslieferung des neuen Produkts beendet ist. Die Realität sieht anders aus. Mit der erstmaligen Auslieferung steht ein Softwareprodukt erst am Anfang seines Lebenszyklus. Einmal installiert, ist es oft Jahre oder Jahrzehnte lang im Einsatz und wird während dieser Zeitspanne vielfach korrigiert, geändert und erweitert. Jedes Mal entsteht eine neue →Version des ursprünglichen Produkts. Dieses Kapitel erläutert, was beim Test solcher neuen Produktversionen zu beachten ist.

3.6.1 Testen nach Softwarewartung

Im Gegensatz zu »klassischen« Industrieprodukten geht es bei der Softwarewartung nicht darum, durch regelmäßige →Pflege die Einsatzfähigkeit zu erhalten oder Schäden, die z.B. durch Abnutzung entstehen, zu reparieren. Denn Software altert nicht. Von Softwarewartung wird gesprochen, wenn ein Produkt an geänderte Einsatzbedingungen (nach Einspielen von Patches oder Updates vom Betriebssystem, Datenbanksystem, von der Middleware usw.) angepasst wird (Softwarepflege). Oder wenn Defekte beseitigt werden, die schon immer im Produkt enthalten waren (Softwarewartung im engeren Sinne). Hat man es mit Altsystemen zu tun, liegen oft keine oder sehr veraltete Spezifikationen vor. Die Wartungsarbeiten und deren Test gestalten sich dann entsprechend schwierig.

Beispiel: Auswertung der VSR-Hotline

Das *VSR*-System wurde nach intensiven Tests ausgeliefert und im Händlernetz installiert. Um herauszufinden, wo das System dennoch Schwächen hat, erstellt die zentrale Hotline eine Auswertung aller aus dem Feld eingegangenen Hotline-Anfragen. Hier einige Beispiele:

1. Einige wenige Händler betreiben das System auf einer nicht freigegebenen Plattform mit veraltetem Betriebssystemstand. Hier kommt es zu sporadischen Systemabstürzen beim Hostzugriff.
2. Die Auswahl der Zusatzausstattung empfinden viele Kunden als umständlich, insbesondere wenn sie Preisvergleiche zwischen verschiedenen Ausstattungspaketen vornehmen wollen. Viele Anwender wünschen sich deshalb, dass sie Ausstattungskombinationen zwischenspeichern und nach Änderung wieder zurückholen können.
3. Einige seltene Versicherungstarife können nicht gerechnet werden, da vergessen wurde, die entsprechende Kalkulationsvorschrift in die Versicherungskomponente einzubauen.
4. Nach einer Fahrzeugbestellung ist mitunter auch nach 15 Minuten kein Bestelleingang vom Werkrechner bestätigt. Das System trennt die Verbindung nach spätestens 15 Minuten, um offene unbenutzte Verbindungen zu vermeiden. Die Kunden reagieren verärgert, weil sie unnütz auf eine Bestellbestätigung warten mussten. Der Händler muss den Vorgang wiederholen und dem Kunden die Bestätigung nachsenden.

Problem 1 hat eigentlich der Händler zu vertreten, der das System auf einer nicht vorgesehenen Plattform betreibt. Dennoch wird der Softwarehersteller hier unter Umständen nachbessern, vielleicht um betroffenen Händlern eine teure Hardwareaufrüstung zu ersparen.

Problem 2 wird immer vorkommen, egal wie gut und umfassend die Anforderungen ursprünglich erhoben wurden, weil erst das laufende System viele neue Erfahrungen liefert und damit zwangsläufig neue Wünsche generiert.

Testplan ergänzen

Problem 3 hätte im Systemtest gefunden werden können. Aber Testen kann Fehlerfreiheit nicht garantieren, sondern ist immer nur eine Stichprobe, in der Fehlerwirkungen mit einer gewissen Wahrscheinlichkeit aufgedeckt werden. Ein guter Testmanager wird hier prüfen, durch welche Tests diese Fehlerwirkung gefunden worden wäre, und seinen Testplan ergänzen oder anpassen.

Problem 4 wurde im Integrationstest erkannt und behoben. Das *VSR*-System wartet ohne abzubrechen auch über 15 Minuten auf eine Bestellbestätigung des Werkrechners. Die lange Wartezeit entsteht in seltenen Fällen, wenn im Hostrechner bestimmte Batchprozesse ablaufen. Dass der Kunde nicht so lange im Geschäft warten will, ist eine andere Sache.

Die vier Beispiele oben stehen stellvertretend für typische Probleme, die auch beim ausgereiftesten Softwaresystem nach einer gewissen Einsatzzeit auftreten:

Typische Wartungsanlässe

1. Das System wird unter neuen, unvorhergesehenen, nicht geplanten Einsatzbedingungen betrieben.
2. Neue Kundenwünsche werden geäußert.
3. Funktionen für seltene und deshalb vergessene Sonderfälle werden benötigt.
4. Es werden Ausfälle beobachtet, die sporadisch oder erst nach sehr langer Betriebszeit auftreten. Diese sind oft durch externe Einflüsse verursacht.

Jedes Softwaresystem bedarf also nach seiner Auslieferung gewisser Korrekturen und Ergänzungen. In diesem Zusammenhang wird von Softwarewartung und Softwarepflege gesprochen. Die Tatsache, dass Wartung auf jeden Fall notwendig ist, darf aber nicht als Argument missbraucht werden, um bei Komponenten-, Integrations- oder Systemtests zu sparen. Nach dem Motto: »Wir müssen ja sowieso immer wieder neue Versionen rausbringen; also ist es nicht so schlimm, wenn wir es mit dem Testen nicht so genau nehmen und Defekte übersehen.« Wer so handelt, ist sich der wahren Kosten von Fehlern nicht bewusst.

Test nach Wartungsarbeiten

Falls die Einsatzumgebung stark verändert oder gewechselt wurde (z.B. durch die Migration auf eine neue Systemplattform), sollte wieder ein Test auf Akzeptanz durch die Systembetreiber erfolgen.

Ansonsten ist die Strategie für den Test des geänderten Systems die gleiche wie beim Test jeder neuen Produktversion: Jeder neue oder geänderte Codeteil muss getestet werden. Und darüber hinaus (um unerwartete Seiteneffekte der Änderungen zu entdecken) sollte ein möglichst umfassender Regressionstest stattfinden (vgl. Kap. 3.7.4).

Test vor Stilllegung

Ein interessanter Fall ist auch gegeben, wenn ein System endgültig stillgelegt wird. Dann muss rechtzeitig geprüft werden, ob Datenbestände archiviert oder ins Nachfolgesystem übernommen werden können.

3.6.2 Testen nach Weiterentwicklung

Außer den durch Mängel und Fehler ausgelösten Wartungsarbeiten gibt es auch Änderungs- und Erweiterungsarbeiten, die das Projektmanagement von Anfang an vorgesehen hat.

Beispiel: VSR-Entwicklungsplanung

Im *VSR*-Entwicklungsplan für Release 2 sind u.a. folgende Arbeiten vorgesehen:

1. Da der Host im Konzernrechenzentrum neue Kommunikationssoftware erhält, muss in Folge das Kommunikationsmodul des *VSR* angepasst werden.
2. Verschiedene Systemerweiterungen, die zum ersten Liefertermin nicht fertig gestellt werden konnten, werden nun in Release 2 mitgeliefert.
3. Die Installationsbasis soll auf das europäische Händlernetz ausgedehnt werden. Dazu müssen Land für Land landesspezifische Anpassungen eingebaut und sämtliche Bedientexte und Handbücher übersetzt werden.

Diese drei Arbeitspunkte sind weder durch Defekte noch durch unvorhergesehene Anwenderwünsche verursacht. Sie zählen demnach nicht zur Wartung, sondern gehören zur normalen Produktweiterentwicklung.

Punkt 1 resultiert aus einer geplanten Änderung eines Nachbarsystems. Punkt 2 ist eine von Anfang an vorgesehene Funktionalität, die aus Zeitgründen nicht zur Systemeinführung geliefert werden konnte. Punkt 3 steht für Erweiterungen, die im Zuge einer geplanten Marktausdehnung notwendig werden.

Ein Softwareprojekt ist also keinesfalls mit der Lieferung der ersten Produktversion abgeschlossen. Vielmehr findet eine kontinuierliche Weiterentwicklung statt, die z.B. jährlich verbesserte Produktversionen auf den Markt bringt. Zweckmäßigerweise werden diese Lieferungen mit den Wartungsarbeiten synchronisiert, so dass z.B. halbjährlich eine neue Version erscheint: ein Wartungsupdate und ein echtes funktionales Update.

Nach jeder Auslieferung beginnt das Projekt quasi mit einem neuen Durchlauf durch alle Projektphasen. Dieses Vorgehen wird deshalb auch iterative Softwareentwicklung genannt. Iterative Softwareentwicklung ist heute nicht die Ausnahme, sondern der Regelfall[19].

Test neuer Releases

Wie muss das Testen darauf reagieren? Müssen alle Teststufen in vollem Umfang ihre Tests bei jedem →Release des Produkts komplett wiederholen? Im Idealfall, ja. Auf jeden Fall müssen alle neuen oder

19. Im allgemeinen V-Modell ist dieser Aspekt nicht dargestellt. Erst modernere Vorgehensmodelle modellieren Iterationen explizit (hierzu s.a. [Sneed 02]).

geänderten Codeteile getestet werden. Und um unerwartete Seiteneffekte der Änderungen zu entdecken, sollte auch hier ein möglichst umfassender Regressionstest stattfinden (vgl. Kap. 3.7.4).

3.6.3 Testen bei inkrementeller Entwicklung

Wenn nach einem inkrementellen Entwicklungsmodell gearbeitet wird, dann wird das Produkt nicht an »einem Stück« erstellt, sondern in einer von vornherein geplanten Abfolge von Versionsständen und Zwischenlieferungen. Dabei wachsen die Funktionalität und die Zuverlässigkeit des Produktes über die Zeit an.

Das Ziel dabei ist, das Risiko zu verringern, dass das System an den Kundenerwartungen vorbeientwickelt wird. Die Zwischenlieferungen erlauben es, frühzeitig und regelmäßig das Kundenfeedback einzuholen.

Beispiele für inkrementelle Modelle sind: Prototyping, Rapid Application Development (RAD) [Martin 91], Rational Unified Process (RUP) [Kruchten 99], Evolutionary Development [Gilb 05], Use of the Spiralmodell [Boehm 86] und so genannte »agile« Methoden wie Extreme Programming (XP) [Beck 00], Dynamic Systems Development Method (DSDM) [Stapleton 02] oder SCRUM [Beedle 01].

Das Testen muss sich einem solchen Entwicklungsablauf anpassen. Notwendig sind kontinuierliche Integrationstests und Regressionstests. Für jede Komponente und jedes Inkrement (Zwischenlieferung) sollten wiederverwendbare Tests vorhanden sein, die mit jedem Inkrement wiederholt werden können. Wenn diese Voraussetzungen nicht erfüllt sind, besteht die Gefahr, dass im Zuge des Projektes die Systemzuverlässigkeit verringert anstatt kontinuierlich verbessert wird.

Diese Gefahr kann man reduzieren, indem für jedes Inkrement das »V-Modell« angewendet wird. In jedem Durchlauf werden vorhandene Tests wiederverwendet. Für neue Funktionalität oder höhere Zuverlässigkeitsanforderungen werden zusätzliche neue Tests ergänzt.

Abb. 3–5
Testen bei inkrementeller Entwicklung

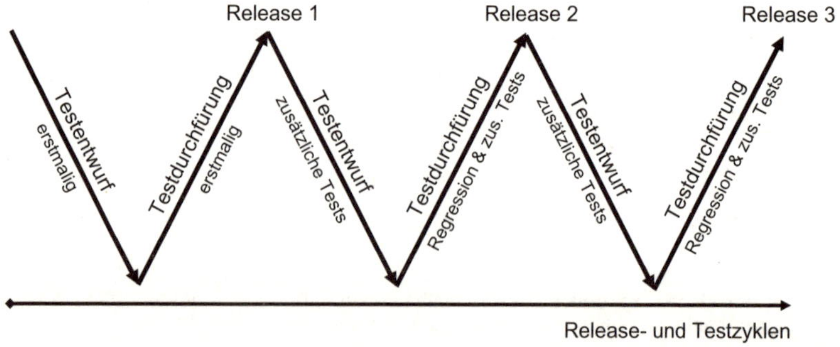

3.7 Grundlegende Testarten

In den vorangegangenen Kapiteln wurden die verschiedenen Teststufen beschrieben, die während des Softwareentwicklungsprozesses durchlaufen werden sollten. Fokus und Ziele des Testens variieren von Stufe zu Stufe. Dementsprechend kommen verschiedene Testarten in unterschiedlicher Intensität zur Anwendung.

Die folgenden grundlegenden Testarten lassen sich abgrenzen:

- funktionaler Test
- nicht funktionaler Test
- strukturbezogener Test
- änderungsbezogener Test

3.7.1 Funktionaler Test

Die Testart »funktionaler Test« subsumiert alle Testmethoden, mittels derer das von außen sichtbare Ein-/Ausgabverhalten eines Testobjekts geprüft wird. Zur Erstellung von funktionalen Testfällen werden die in Kapitel 5.1 beschriebenen Blackbox-Verfahren bzw. -Testmethoden eingesetzt. Als Testbasis bzw. Referenz für das Sollverhalten dienen funktionale Anforderungen.

Funktionale Anforderungen

→Funktionale Anforderungen spezifizieren das Verhalten, welches das System oder Systemteile erbringen müssen. Sie beschreiben, »was« das (Teil-)System leisten soll. Ihre Umsetzung ist Voraussetzung dafür, dass das System überhaupt einsetzbar ist. Merkmale der Funktionalität nach [ISO 9126] sind: Angemessenheit, Richtigkeit, Interoperabilität, Ordnungsmäßigkeit, Sicherheit.

Anforderungsdefinition

Wird ein Projekt nach dem V-Modell abgewickelt, werden die Anforderungen[20] im Rahmen der Projektphase »Anforderungsdefinition« gesammelt und in einem Anforderungsmanagement-Werkzeug erfasst (vgl. Kap. 7.1.1). Verbreitet ist auch noch die Erfassung in einem Anforderungsdokument, das oft als Lasten- oder Pflichtenheft bezeichnet wird (eine Gliederung liefert z.B. [VDE 3694] oder [IEEE 830]).

Das folgende Beispiel zeigt einige funktionale Anforderungen für das System VSR zum Thema Preisberechnung (s.a. Kap 3.2.4):

20. Anforderungen eines individuellen Auftraggebers oder die vermuteten Anforderungen des Zielmarktes.

Beispiel: Funktionale Anforderungen an das VSR-System

A 100: Der Anwender kann ein Fahrzeugmodell aus dem jeweils aktuellen Modellprogramm zur Konfiguration auswählen.

A 101: Für ein ausgewähltes Modell wird die lieferbare Zusatzausstattung angezeigt. Aus dieser Zusatzausstattung kann die individuelle Wunschausstattung zusammengestellt werden.

A 102: Zu der jeweils ausgewählten Konfiguration wird laufend der Gesamtpreis gemäß aktueller Preisliste berechnet und angezeigt.

Anforderungsbasiertes Testen

Beim →anforderungsbasierten Testen werden die freigegebenen Anforderungen als Testbasis herangezogen. Zu jeder Anforderung wird mindestens ein Testfall abgeleitet und in der Testspezifikation dokumentiert. Die Testspezifikation wird durch ein Review verifiziert. Geeignete Tests der Anforderung 102 aus obigem Beispiel könnten folgendermaßen aussehen:

Beispiel: Anforderungsbasierte funktionale Testfälle

T 102.1: Ein Modell wird ausgewählt; dessen Grundpreis wird gemäß Verkaufshandbuch angezeigt.

T 102.2: Eine Zusatzausstattung wird ausgewählt, der Fahrzeugpreis erhöht sich um den Preis dieses Zubehörteils.

T 102.3: Eine Zusatzausstattung wird abgewählt, der Fahrzeugpreis sinkt entsprechend.

T 102.4: Es werden drei Zusatzausstattungen ausgewählt; die Rabattierung erfolgt gemäß Spezifikation ...

In der Regel wird mehr als nur ein Testfall benötigt, um eine funktionale Anforderung zu testen. Im Beispiel sind in Anforderung 102 eine Reihe von Varianten der Preisberechnung enthalten, die durch eine Abfolge von Testfällen (102.1–102.4) abgedeckt werden müssen. Durch Einsatz weiterer Blackbox-Testmethoden, wie z. B. Äquivalenzklassenbildung (s. Kap. 5.1.1), können diese Beispieltestfälle noch beliebig verfeinert und ergänzt werden. Entscheidend ist: Sind die einmal definierten Testfälle (bzw. eine in der Testspezifikation definierte Mindestanzahl davon) fehlerfrei gelaufen, wird die entsprechende Funktionalität als validiert betrachtet.

Anforderungsbasiertes, funktionales Testen, wie im Beispiel gezeigt, wird vorzugsweise im Systemtest und höheren Teststufen eingesetzt. Wenn ein Softwaresystem wie in obigem Beispiel den Zweck hat, einen bestimmten Geschäftsprozess des Kunden zu automatisieren oder zu unterstützen, ist anwendungsfallbasiertes oder geschäftsprozessbasiertes Testen (s. Kap. 5.1.5) eine weitere, gut geeignete, verwandte Testmethode.

Aus Sicht des Händlers unterstützt *VSR* ihn beim Verkaufsprozess. Dieser kann beispielsweise so aussehen:

Beispiel: Zu testender Geschäftsprozess

- Der Kunde wählt aus den verfügbaren Modellen einen Typ aus, für den er sich interessiert.
- Er informiert sich zu diesem Typ über Ausstattungen und Preise und entscheidet sich für seinen »Wunschwagen«.
- Der Verkäufer schlägt Finanzierungsalternativen vor.
- Der Kunde entscheidet sich und schließt den Kaufvertrag ab.

Eine Geschäftsprozessanalyse (meist als Teil der Anforderungsanalyse erstellt) zeigt, welche Geschäftsprozesse relevant sind, wie häufig und in welchem Kontext sie auftreten, welche Personen, Firmen, Fremdsysteme daran beteiligt sind usw. Anschließend werden auf Grundlage dieser Analyse als Testbasis Testszenarien aufgestellt, die typische Geschäftsvorfälle nachbilden. Die Priorität der Testszenarien richtet sich nach Häufigkeit und Relevanz der entsprechenden Geschäftsprozesse.

Während beim anforderungsbasierten Testen einzelne Systemfunktionen im Blickpunkt stehen (z.B. Bestellung übertragen), sind dies beim geschäftsprozessbasierten Test Abläufe (z.B. Verkaufsgespräch, bestehend aus Konfigurieren, Abschluss des Kaufvertrags und Übertragung der Bestellung), also hintereinander geschaltete Tests.

Für den Anwender des Beispielsystems *VirtualShowRoom* ist natürlich nicht nur interessant, ob er Autos auswählen und kaufen kann. Für die Akzeptanz ist oft entscheidender, wie gut er mit dem System zurechtkommt. Dies hängt zum Beispiel davon ab, ob die Software leicht zu bedienen ist, ob sie schnell genug »antwortet« und übersichtliche Ausgaben liefert. Neben funktionalen Kriterien müssen im Systemtest deshalb auch die nicht funktionalen Eigenschaften geprüft und validiert werden.

3.7.2 Nicht funktionaler Test

→Nicht funktionale Anforderungen beschreiben Attribute des funktionalen Verhaltens, also »wie gut« bzw. mit welcher Qualität das (Teil-) System seine Funktion erbringen soll. Ihre Umsetzung beeinflusst stark, wie zufrieden der Kunde bzw. Anwender mit dem Produkt ist und wie gerne er es einsetzt. Merkmale nach [ISO 9126] sind: Zuverlässigkeit, Benutzbarkeit, Effizienz. Indirekt haben auch die Änderbarkeit und Übertragbarkeit Einfluss auf die Kundenzufriedenheit. Je einfacher und schneller sich ein System den geänderten Anforderungen anpassen lässt, desto zufriedener wird der Kunde und Anwender sein. Für den Softwarehersteller sind beide Eigenschaften sehr wichtig, da sie helfen, Wartungskosten zu begrenzen.

Nach [Myers 82] und [Wallmüller 90] sollten folgende nicht funktionale Systemeigenschaften in entsprechenden Tests (in der Regel im Systemtest) berücksichtigt werden:

- **Lasttest:** Messung des Systemverhaltens in Abhängigkeit steigender Systemlast (z.B. Anzahl parallel arbeitender Anwender, Anzahl Transaktionen).
- **→Performanztest:** Messung der Verarbeitungsgeschwindigkeit bzw. Antwortzeit für bestimmte Anwendungsfälle, in der Regel in Abhängigkeit steigender Last.
- **→Volumen-/Massentest:** Beobachtung des Systemverhaltens in Abhängigkeit zur Datenmenge (z.B. Verarbeitung sehr großer Dateien).
- **→Stresstest:** Beobachtung des Systemverhaltens bei Überlastung.
- **Test der (Daten-)Sicherheit** gegen unberechtigten Systemzugang oder Datenzugriff.
- **Test der Stabilität/Zuverlässigkeit** im Dauerbetrieb (z.B. Ausfälle pro Betriebsstunde bei gegebenem Benutzungsprofil).
- **Test auf Robustheit** gegenüber Fehlbedienung, Fehlprogrammierung, Hardwareausfall usw. sowie Prüfung der Fehlerbehandlung und des Wiederanlaufverhaltens (*recovery*).
- **Test auf Kompatibilität/Datenkonversion:** Prüfung der Verträglichkeit mit vorhandenen Systemen. Import/Export von Datenbeständen.
- **Test unterschiedlicher Konfigurationen** des Systems, z.B. unterschiedliche Betriebssystemversionen, Landessprache, Hardwareplattform.
- **Test auf Benutzungsfreundlichkeit:** Prüfung von Erlernbarkeit und Angemessenheit der Bedienung; Verständlichkeit der Systemausgaben usw., jeweils bezogen auf die Bedürfnisse einer bestimmten Anwendergruppe (s.a. [ISO 9126], [ISO 9241]).
- **Prüfung der Dokumentation** auf Übereinstimmung mit dem Systemverhalten (z.B. Bedienungsanleitung und GUI).
- **Prüfung auf Änderbarkeit/Wartbarkeit:** Verständlichkeit und Aktualität der Entwicklungsdokumente; modulare Systemstruktur usw.

Beim Test nicht funktionaler Anforderungen stellt sich meist das Problem, dass diese lückenhaft und »schwammig« formuliert sind. Formulierungen wie »Das System soll leicht bedienbar sein« oder »schnell reagieren« sind in dieser Form nicht testbar.

- Vertreter bei (späteren) Systemtests sollten am Review des Anforderungsdokuments teilnehmen und darauf achten, dass jede nicht funktionale Anforderung (aber selbstverständlich auch jede funktionale) messbar und damit testbar formuliert wird.

Tipp

Des Weiteren gelten viele nicht funktionale Anforderungen als derart selbstverständlich, dass niemand mehr auf die Idee kommt, sie im Anforderungsdokument erwähnen zu müssen (vorausgesetzte Anforderungen[21]). Auch solche nicht spezifizierten, aber dennoch relevanten impliziten Eigenschaften gilt es zu validieren.

Beispiel: Vorausgesetzte Anforderungen

Das *VSR*-System ist für den Ablauf unter dem Betriebssystem eines marktführenden Herstellers konzipiert. Es ist selbstverständlich, dass die *VSR*-Bedienoberfläche in Aussehen und Bedienmechanismus (*look & feel*) dem Stil und den Konventionen folgt, die für Anwendungen in dieser Betriebssystemumgebung allgemein üblich oder empfohlen sind. Die *DreamCar*-Bedienoberfläche (vgl. Abb. 3–3) verletzt diese Richtlinien an einigen Punkten. Auch wenn keine entsprechende Anforderung formuliert wurde, können und sollen solche Abweichungen von selbstverständlichen Konventionen als Mangel bzw. Defekt gewertet werden.

Exkurs: Test nicht funktionaler Eigenschaften

Zum Test nicht funktionaler Eigenschaften wird zweckmäßigerweise auf vorhandene funktionale Tests zurückgegriffen. Ein eleganter allgemeiner Testansatz ist folgender:

Aus den funktionalen Tests werden solche Szenarien ausgewählt, die einen Querschnitt durch die Funktionalität des Gesamtsystems repräsentieren. Die zu testende nicht funktionale Größe muss im betreffenden Testszenario beobachtbar sein. Beim Ablauf des Testszenarios wird dann die nicht funktionale Größe gemessen. Liegt der gemessene Wert unter einem vorgegebenen Grenzwert, gilt der Test als bestanden. Das funktionale Testszenario dient praktisch als Messvorschrift zur Ermittlung der zu untersuchenden nicht funktionalen Systemeigenschaft.

3.7.3 Strukturbezogener Test

Strukturbezogenes Testen (→struktureller Test, Whitebox-Verfahren) basiert auf der internen Struktur bzw. Architektur der Software. Analysiert werden z.B. der Kontrollfluss innerhalb von Komponenten, die Aufrufhierarchie von Prozeduren oder Menüstrukturen. Auch die Struktur abstrakter Modelle der Software kann als Ausgangspunkt

21. Das trifft leider auch für funktionale Anforderungen zu. Unausgesprochene Anforderungen nach dem Motto »Das war doch klar, dass unser System auch das können muss!« sind ein Hauptproblem beim Testen.

dienen. Ziel ist es, möglichst alle Elemente der betrachteten Struktur durch Tests zu erreichen bzw. abzudecken. Dazu sind geeignete und hinreichend viele Testfälle zu entwerfen.

Strukturelle Tests werden vorwiegend im Komponenten- und Integrationstest eingesetzt, in höheren Teststufen manchmal als Ergänzung (z.B. zur Abdeckung von Menüstrukturen). Ausführlich behandelt werden diese Techniken in den Kapiteln 4.2 und 5.2.

3.7.4 Änderungsbezogener Test und Regressionstest

Sowohl durch Wartungsarbeiten als auch bei Weiterentwicklung werden Teile vorhandener Software geändert oder neue Softwarebausteine ergänzt. In beiden Fällen muss die geänderte Software erneut getestet werden. Diese Tests heißen Regressionstests.

Regressionstest

Der Regressionstest ist ein erneuter Test eines bereits getesteten Programms nach dessen Modifikation mit dem Ziel, nachzuweisen, dass durch die vorgenommenen Änderungen keine neuen Defekte eingebaut oder bisher maskierte Fehlerzustände freigelegt wurden.

Regressionstests finden demnach in allen Teststufen statt und umfassen funktionale, nicht funktionale und strukturelle Tests. Damit Testfälle für einen Regressionstest verwendet werden können, müssen sie wiederholbar, d.h. ausreichend dokumentiert sein. Testfälle, die in Regressionstests benötigt werden, sind bevorzugte Kandidaten für die →Testautomatisierung.

Die Frage ist, was aufgrund einer Änderung getestet werden muss, d.h., wie umfangreich ein Regressionstest sein sollte. Folgende Möglichkeiten lassen sich abgrenzen:

Umfang des Regressionstests

1. Wiederholung aller Tests, die Fehlerwirkungen erzeugt haben, deren Ursache der (nun korrigierte) Defekt war (→Fehlernachtest).
2. Test aller Programmstellen, an denen korrigiert oder geändert wurde (Test geänderter Funktionalität).
3. Test aller Programmteile oder Bausteine, die neu eingefügt wurden (Test neuer Funktionalität).
4. Das komplette System (vollständiger Regressionstest).

Sowohl ein Fehlernachtest (1) als auch Tests nur am »Ort« der Modifikation (2 und 3) sind zu wenig. Denn in Softwaresystemen können scheinbar simple lokale Änderungen unerwartete Auswirkungen und Seiteneffekte auf beliebige andere (auch weit entfernte) Systemteile haben.

Änderungen können unerwartete Seiteneffekte haben

Wenn also nur die Quellcodeteile getestet werden, die geändert oder ergänzt wurden, wird versäumt zu testen, welche Konsequenzen diese Änderungen auf unveränderte Teile haben. Wo solche unerwünschten Konsequenzen auftreten könnten, lässt sich aber leider mit vertretbarem Aufwand nur grob abschätzen. Besonders schwierig ist dies, wenn Systeme geändert werden, die unzureichend dokumentiert sind, oder Spezifikationen völlig fehlen. Bei der Wartung von Altsystemen ist dies leider oft der Fall.

Vollständiger Regressionstest

Zusätzlich zum Test korrigierter Fehlerzustände und zusätzlich zum Test geänderter Funktionen müssten eigentlich alle vorhandenen Testfälle wiederholt werden. Erst dann hätte der Test die gleiche Aussagekraft wie der entsprechende Test, der an der Ausgangsversion des Programms durchgeführt wurde. Ein solcher vollständiger Regressionstest müsste ebenfalls durchgeführt werden, wenn die Systemumgebung geändert wurde, da dies potenziell auf jedes Systemteil Rückwirkungen haben kann. Es ist hilfreich, für jede Änderung eine Einflussanalyse durchzuführen, um abschätzen zu können, welche Auswirkungen und Seiteneffekte die Änderung haben könnte.

In der Praxis ist ein vollständiger Regressionstest aber fast immer zu zeit- und kostenintensiv. Gesucht sind demnach Kriterien, anhand derer entschieden werden kann, welche alten Testfälle ohne zu großen Informationsverlust weggelassen werden können. Wie immer beim Testen ist dies eine Abwägung zwischen niedrigeren Kosten und höherem Risiko. Folgende Auswahlstrategien werden häufig angewendet:

Auswahl von Regressionstestfällen

- Wiederholung nur von denjenigen Tests aus dem Testplan, denen hohe Priorität zugeordnet ist.
- Bei funktionalen Tests Verzicht auf gewisse Varianten (Sonderfälle).
- Einschränkung der Tests auf bestimmte Konfigurationen (z.B. nur Test der englischsprachigen Produktversion, nur Test auf einer bestimmten Betriebssystemversion u.Ä.).
- Einschränkung der Tests auf bestimmte Teilsysteme oder Teststufen.

Exkurs

Die aufgelisteten Regeln beziehen sich im Wesentlichen auf den Systemtest. Auf niedrigeren Teststufen können Regressionstestkriterien auch auf Designunterlagen (z.B. Klassenhierarchie) oder Whitebox-Informationen basieren. Eine weiter gehende Darstellung findet sich in [Sneed 02]. Dort behandeln die Autoren nicht nur spezielle Probleme beim Regressionstest von objektorientierten Programmen, sondern beschreiben auch die allgemeinen Grundsätze des Regressionstests sehr ausführlich.

3.8 Zusammenfassung

- Das allgemeine V-Modell definiert grundlegende Teststufen, Komponententest, Integrationstest, Systemtest und Abnahmetest, und unterscheidet zwischen verifizierender und validierender Prüfung. Diese Grundsätze für gutes Testen können in jedem Entwicklungsmodell umgesetzt werden:
  - Zu jeder Entwicklungsphase gibt es eine korrespondierende Teststufe.
  - Die Testziele sind angepasst an den Fokus der jeweiligen Teststufe.
  - Planung und Entwurf der Tests sollen möglichst früh erfolgen, schon in der korrespondierenden Entwicklungsphase.
  - Tester sollen von Beginn an beim Review von Entwicklungsdokumenten beteiligt sein.
  - Umfang und Anzahl der Teststufen müssen an die spezifischen Randbedingungen eines Projektes sinnvoll angepasst werden.
- Je früher ein Fehler nach seiner Entstehung gefunden wird, desto kostengünstiger ist seine Behebung. Das V-Modell fordert deshalb auch Verifikationsmaßnahmen (wie z.B. Reviews) nach Abschluss jeder Entwicklungsphase. Die Ausbreitung von Fehlern (Folgefehlern) wird so vermindert.
- Der Komponententest testet einzelne Softwarebausteine. Der Integrationstest prüft das Zusammenwirken solcher Bausteine. Funktionaler und nicht funktionaler Systemtest betrachten das Gesamtsystem aus Sicht des späteren Anwenders. Im Abnahmetest prüft der Auftraggeber das erstellte Produkt auf vertragliche Akzeptanz und auf Akzeptanz der Benutzer und Systembetreiber. Wenn das System in sehr vielen Produktivumgebungen betrieben werden soll, bieten Feldtests eine zusätzliche Möglichkeit, Einsatzerfahrungen mit Vorabversionen des Produktes zu sammeln.
- Durch Fehlerkorrekturen (Wartung), Weiterentwicklung (Pflege) oder bei inkrementeller Entwicklung wird ein Softwareprodukt im Laufe seines Lebenszyklus immer wieder geändert oder erweitert. Jede dieser geänderten Versionen muss erneut getestet werden. Welchen Umfang solche Regressionstests haben, muss eine individuelle Risikoabschätzung festlegen.
- Tests können nach Testzielen unterschieden werden: funktionaler Test, nicht funktionaler Test, strukturbezogener Test, änderungsbezogener Test.

4 Statischer Test

Statische Untersuchungen, wie Reviews und werkzeuggestützte Quellcode- und Dokumentenanalysen, können sehr erfolgreich zur Qualitätssteigerung eingesetzt werden. In diesem Kapitel werden die einzelnen Möglichkeiten und Vorgehensweisen dafür vorgestellt.

Eine oft unterschätzte Prüfmethode ist der so genannte statische Test, der häufig auch als statische Analyse bezeichnet wird. Im Gegensatz zum dynamischen Test (s. Kap. 5) wird das Testobjekt nicht mit Testdaten versehen und ausgeführt, sondern einer Analyse unterzogen. Diese kann in Form einer intensiven Betrachtung durch eine oder mehrere Personen erfolgen oder durch entsprechende Werkzeuge. Die Betrachtung kann bei allen Dokumenten durchgeführt werden, die relevant für die Erstellung der Software sind. Die werkzeuggestützte statische Analyse lässt sich nur bei Dokumenten anwenden, die einer formalen Struktur unterliegen.

Ziel aller Untersuchungen ist die Ermittlung von Fehlern und Verstößen gegen die vorhandenen Spezifikationen, die einzuhaltenden Standards oder auch der Nachweis der Verletzung der Projektplanung. Die Ergebnisse der Untersuchungen werden darüber hinaus dazu benutzt, den Entwicklungsprozess zu optimieren. Grundidee ist die Prävention: Fehler und Abweichungen sollen so früh wie möglich erkannt werden, noch bevor sie im weiteren Verlauf der Softwareentwicklung zum Tragen kommen und aufwändige Nach- oder Verbesserungen nach sich ziehen.

4.1 Strukturierte Gruppenprüfungen

4.1.1 Grundlagen

Gezielte Nutzung der menschlichen Analyse- und Denkfähigkeit

Bei den nicht werkzeuggestützten Verfahren wird die menschliche Analyse- und Denkfähigkeit genutzt, um komplexe Sachverhalte zu prüfen und zu bewerten. Dies erfolgt durch intensives Lesen und Nachvollziehen der untersuchten Dokumente.

Es gibt verschiedene Vorgehensweisen zur Überprüfung der Dokumente, die sich durch die Intensität und die benötigten Ressourcen (Personen und Zeit) und die verfolgten Ziele unterscheiden. Im Weiteren werden die unterschiedlichen Verfahren näher erläutert. Leider ist keine einheitliche Begrifflichkeit bei den statischen Verfahren gegeben. Die hier verwendeten Begriffe sind in Analogie zu den Begriffen im ISTQB-Lehrplan und [IEEE 1028] gewählt (s.a. Anhang Glossar). Ausführliche Beschreibungen sind in [Freedman 90], [Gilb 96] und [Frühauf 91] nachzulesen.

4.1.2 Reviews

Review[22] ist sowohl die Bezeichnung für ein bestimmtes Vorgehen bei der Prüfung von Dokumenten als auch ein gebräuchlicher Oberbegriff für die verschiedenen statischen Prüfverfahren, die von Personen durchgeführt werden. Ein weiterer Begriff, in meist analoger Bedeutung verwendet, ist →Inspektion. Unter Inspektion wird jedoch häufig ein formaler Ablauf mit der Sammlung von Daten nach definierten Regeln verstanden (s.a. [Fagan 76], [IEEE 1028], [Gilb 96]). Alle Dokumente können einem Review oder einer Inspektion unterzogen werden, beispielsweise der Vertrag, die Anforderungsbeschreibung, die Entwurfsspezifikationen, die Programmtexte, die Testpläne, das Benutzungshandbuch. Oft sind Reviews die einzige Möglichkeit, die Semantik der Dokumente zu überprüfen. Reviews werden von den Kollegen genutzt, um gegenseitige Stellungnahmen abzugeben, sie werden deshalb auch als *Peer Reviews* bezeichnet.

Mittel zur Sicherung der Qualität

Reviews sind ein effizientes Mittel zur Sicherung der Qualität der untersuchten Dokumente. Idealerweise sollten sie so früh wie möglich nach der Fertigstellung der Dokumente durchgeführt werden, um frühzeitig Fehler und Unstimmigkeiten festzustellen. So werden die verifizierenden Prüfungen bei Abschluss einer Phase im allgemeinen V-Modell in der Regel mittels Reviews geleistet. Die Beseitigung der Fehler und Unstimmigkeiten führt zu einer verbesserten Qualität der Dokumente und wirkt sich positiv auf den gesamten Entwicklungsprozess aus, da die Entwicklung mit Dokumenten fortgesetzt wird, die weniger oder sogar keine Fehler mehr enthalten.

Positive Auswirkungen

Neben der Reduzierung der Fehler haben Reviews noch folgende weitere positive Auswirkungen:

- Kostengünstige Fehlerbeseitigung. Wenn frühzeitig Fehler erkannt und beseitigt werden, führt dies zu einer Produktivitätssteigerung in der Entwicklung, da weniger Ressourcen für die Fehlererken-

22. **review**
(*survey*) Übersicht, *die* (**of** über + *Akk.*); Überblick, *der* (**of** über + *Akk.*); (*of past events*) Rückschau, *die* (**of** auf + *Akk.*); **be a review of sth.** einen Überblick *od.* eine Übersicht über etw. (*Akk.*) geben [Duden 99].

nung und -beseitigung benötigt werden und diese somit der Entwicklung zur Verfügung stehen.
- Dies hat auch zur Folge, dass sich die Entwicklungszeiträume verkürzen.
- Werden Fehler frühzeitig erkannt und behoben, führt dies zu einer Verringerung der Kosten und der benötigten Zeiten für den dynamischen Test (s. Kap. 5), da weniger Fehlerzustände im Testobjekt vorhanden sind.
- Durch die geringere Zahl an Fehlern und Ungenauigkeiten ist auch eine Kostenreduzierung während der Lebenszeit des Produkts zu erwarten. Beispielsweise können durch Reviews Ungenauigkeiten der Kundenwünsche in den Anforderungen aufgedeckt und geklärt werden. Absehbare Änderungswünsche nach der Inbetriebnahme des Softwaresystems können somit im Vorfeld verhindert werden.
- Es ist auch eine reduzierte Fehlerhäufigkeit im Einsatz des Systems zu erwarten.
- Da die Überprüfungen im Team durchgeführt werden, ergibt sich daraus ein Wissensaustausch unter den beteiligten Personen. Das wird zur Verbesserung der Arbeitsmethoden der einzelnen Personen führen und somit die Qualität der nachfolgenden Produkte verbessern.
- Da mehrere Personen an einem Review beteiligt sind, ist eine klare und verständliche Darstellung der Sachverhalte notwendig. Oft bringt der Zwang zu einer klaren Darlegung den Autor bereits zu Einsichten, die er vorher nicht hatte.
- Das gesamte Team fühlt sich verantwortlich für die Qualität des untersuchten Prüfobjekts und es entsteht ein einheitliches Verständnis über das Prüfobjekt.

Potenzielles Problem

Folgende Schwierigkeit kann auftreten: Bei einer schlecht geführten Reviewsitzung kann der Autor in eine psychologisch angespannte Situation geraten, wenn er das Gefühl hat, dass er selbst und nicht das Dokument einer kritischen Untersuchung unterzogen wird. Ein deutlicher Hinweis auf den Sinn von Reviews, nämlich die Verbesserung der Qualität des Dokuments, kann die Situation bereinigen. In [Freedman 90] werden ausführlich Lösungen für Probleme bei der Durchführung von Reviews diskutiert.

Was kosten Reviews und was sparen sie ein?

Die durch Reviews anfallenden Kosten werden mit ca. 10 %–15 % (s. [Gilb 96, S. 27]) des Entwicklungsbudgets veranschlagt. Die Kosten umfassen die Aktivitäten für den Reviewprozess selbst, die Auswertung der ermittelten Ergebnisse und den Aufwand für deren Umsetzung zur Prozessverbesserung. Einsparungen werden mit 14 %–25 %

(s. [Bush 90]) angegeben, wobei der Mehraufwand für die Durchführung der Reviews bereits eingerechnet ist.

Bei konsequenter Nutzung und effizienter Durchführung der Reviews lassen sich bis zu 70 % der Fehler in einem Dokument finden, bevor sie in die folgenden Arbeitsschritte des Entwicklungsprozesses unerkannt übernommen werden. Unter der Berücksichtigung, dass die Kosten der Fehlerbehebung in späteren Entwicklungsschritten erheblich steigen, sind »Angaben plausibel, die über eine Reduktion der Fehlerkosten in der Entwicklung von 75 % und mehr berichten« [Frühauf 91, S. 114].

Tipp

- Dokumente, die einer formalen Struktur unterliegen, sollten vorab mit einem diese Struktur überprüfenden statischen Analysewerkzeug kontrolliert werden. Das Werkzeug kann viele Aspekte untersuchen und Fehler oder Abweichungen feststellen, die dann nicht mehr bei einem Review zu kontrollieren sind (s. Kap. 4.2).

Wichtige Erfolgsfaktoren

Für den Erfolg bei der Durchführung von Reviews sind die folgenden Faktoren von entscheidender Bedeutung (in Anlehnung an [IEEE 1028]):

- Mit jedem Review wird eine klare, vorab festgelegte Zielsetzung verfolgt.
- Am Review sind die für die Zielsetzung »passenden« Personen beteiligt, also die Personen mit dem entsprechenden Fachwissen und Kenntnissen.

4.1.3 Grundlegende Vorgehensweise

Mit dem Begriff Review wird eine ganze Gruppe von statischen Überprüfungen bezeichnet. Die einzelnen Verfahren sind in Kapitel 4.1.5 ausführlich beschrieben. Die allen Prüfungen gemeinsam zugrunde liegende Vorgehensweise wird hier kurz in Anlehnung an den *IEEE Standard for Software Reviews* [IEEE 1028] erläutert.

Bei einem Review sind sechs Arbeitsschritte durchzuführen: Planung, Einführung, Vorbereitung, Reviewsitzung, Nachbereitung und Wiedervorlage.

Planung

Reviews sind selbstverständlich auch zu planen

In der Planung ist vom Management zu entscheiden, welche Dokumente des Softwareentwicklungsprozesses welchem Reviewverfahren unterzogen werden sollen. Der zu veranschlagende Aufwand für die einzelnen Reviews ist bei der Projektplanung vorzusehen. Aus zahlreichen Untersuchungen ergeben sich optimale Zeiten für ein Review eines Dokuments oder eines Programmtextes (s. [Gilb 96]). Der Manager wählt die fachlich geeigneten Personen aus und stellt ein Reviewteam zusammen. Er vergewissert sich in Kooperation mit dem Autor des Prüfobjekts, dass dieses einen →reviewfähigen Status hat, d.h. die Arbeiten am Dokument einen gewissen Abschluss gefunden und eine ausreichende Vollständigkeit erreicht haben. Bei formaleren Reviews sind Eintrittskriterien (und die entsprechenden Austrittskriterien), deren Erfüllung zu prüfen ist, definiert bzw. zu definieren.

Unterschiedliche Sichtweisen erhöhen den Erfolg

Ein Review ist meist erfolgreicher, wenn das untersuchte Dokument von unterschiedlichen Standpunkten aus betrachtet wird oder nur bestimmte Aspekte (von den einzelnen Personen) untersucht werden. Die dabei zu berücksichtigenden Sichtweisen bzw. Aspekte sind bei der Planung festzulegen. Ebenso kann entschieden werden, dass nicht das gesamte Dokument einem Review unterzogen wird. Es können nur solche Teile ausgewählt werden, bei denen Fehler ein hohes Risiko beinhalten, oder nur beispielhafte Teile, um daraus auf die Qualität des gesamten Dokuments zu schließen.

Findet eine Vorbesprechung statt, sind Ort und Zeit festzulegen.

Einführung

Die Einführung (oder auch Vorbesprechung oder Initialisierung) dient zur Versorgung der am Review beteiligten Personen mit allen benötigten Informationen. Dies kann in Form einer schriftlichen Einladung[23] erfolgen, oder ein erstes Treffen des Reviewteams wird durchgeführt, um über Bedeutung, Sinn und Zweck der durchzuführenden Reviewsitzung zu informieren. Sind die beteiligten Personen mit dem Umfeld des zu prüfenden Dokuments wenig vertraut, kann auf dem Treffen neben der kurzen Vorstellung des Prüfdokuments auch seine Einbettung in das Anwendungsgebiet dargestellt werden.

Prüfgrundlagen sind notwendig

Neben dem Dokument, das einem Review unterzogen werden soll, müssen den beteiligten Personen weitere Unterlagen zur Verfügung stehen. Dazu gehören die Dokumente, die herangezogen werden müssen, um zu entscheiden, ob eine Abweichung, ein Fehler oder eine korrekte Beschreibung des Sachverhalts vorliegen. Dies sind die Dokumente (z.B. Pflichtenheft, Designdokumente, Richtlinien oder Standards), gegen die geprüft wird. Diese Dokumente werden auch als Basisdokumente (*baseline*) bezeichnet. Darüber hinaus sind Prüfkriterien (z.B. in Form von Checklisten) sehr sinnvoll, die ein strukturiertes Vorgehen unterstützen.

---

23. Ein Beispiel einer Einladung zu einer Reviewsitzung ist in [Frühauf 91, S. 102] zu finden, ein weiteres bei [URL imbus-downloads] abrufbar.

Vorbereitung

Die beteiligten Personen des Reviewteams haben sich individuell auf die Sitzung vorzubereiten. Nur bei einer guten Vorbereitung aller Personen ist eine erfolgreiche Reviewsitzung überhaupt möglich.

Intensive Auseinandersetzung mit dem Prüfobjekt

Die Gutachter setzen sich intensiv mit dem zu prüfenden Dokument auseinander und verwenden dabei die zur Verfügung gestellten Dokumente als Prüfgrundlage. Erkannte Mängel, Fragen oder Kommentare werden notiert.

Reviewsitzung

Die Reviewsitzung wird von einem Sitzungsleiter, auch →Moderator genannt, geführt. Sowohl der Leiter als auch die Teilnehmer sollten einen guten Umgang miteinander pflegen, zum Schutz der Teilnehmer vor gegenseitigen Angriffen und als Motivation, gute Beiträge zum Review beizusteuern.

Der Moderator muss dafür sorgen, dass jeder frei seine Meinung äußern kann im Bewusstsein, dass das Dokument und nicht der Autor geprüft wird. Konflikte müssen möglichst vermieden werden. Wenn dies nicht gelingt, muss eine Lösung für diese Situation gefunden werden.

Die Reviewsitzung ist in der Regel auf einen festen Zeitrahmen beschränkt. Das Ziel sind die Beurteilung des Prüfobjekts in Bezug auf die Einhaltung und Umsetzung der Vorgaben und Richtlinien sowie das Aufzeigen von Fehlern, Abweichungen und Unstimmigkeiten. Das Ergebnis der Sitzung ist, dass das untersuchte Dokument unverändert akzeptiert wird, verbessert oder neu geschrieben werden muss. Die Bewertung der einzelnen Befunde und die Gesamtbeurteilung sollen von allen Gutachtern getragen werden.

Regeln der Reviewsitzung

In [Frühauf 91, S. 107] sind folgende allgemeine Regeln für eine Reviewsitzung aufgestellt, die hier mit einigen Ergänzungen wiedergegeben werden[24]:

1. Die Reviewsitzung wird auf zwei Stunden beschränkt. Falls nötig wird eine weitere Sitzung frühestens am nächsten Tag einberufen.
2. Der Moderator hat das Recht, eine Sitzung abzusagen oder abzubrechen, wenn einer oder mehrere Experten (Gutachter) nicht erschienen oder ungenügend vorbereitet sind.
3. Das Resultat (also das zu prüfende Dokument, das →Prüfobjekt) und nicht der Autor stehen zur Diskussion:
   - Die Gutachter müssen auf ihre Ausdrücke und Ausdrucksweisen achten.

24. Einige der Regeln treffen allerdings für bestimmte Reviewarten nach [IEEE 1028] nicht in dieser Form zu.

- Der Autor darf weder sich noch das Resultat verteidigen (d.h., der Autor sollte keinen »Angriffen« ausgesetzt werden, die ihn zur »Verteidigung« zwingen. Eine Rechtfertigung seiner Entscheidungen wird teilweise als legitim und hilfreich angesehen).

4. Der Moderator darf nicht gleichzeitig als Gutachter fungieren.
5. Allgemeine Stilfragen (außerhalb der Richtlinien) dürfen nicht diskutiert werden.
6. Die Entwicklung und Diskussion von Lösungen ist nicht Aufgabe des Reviewteams.
7. Jeder Gutachter muss Gelegenheit haben, seine Befunde angemessen präsentieren zu können.
8. Der Konsens der Gutachter zu einem Befund ist laufend zu protokollieren.
9. Befunde sind nicht in Form von Anweisungen an den Autor zu protokollieren (zusätzliche konkrete Korrektur- und Verbesserungsvorschläge werden allerdings teilweise durchaus als sinnvoll und hilfreich für die Qualitätsverbesserung angesehen).
10. Die einzelnen Befunde sind zu gewichten[25] als
    - kritischer Fehler (Prüfobjekt ist für den vorgesehenen Zweck unbrauchbar, Fehler muss vor der Freigabe behoben werden),
    - Hauptfehler (Nutzbarkeit des Prüfobjekts beeinträchtigt, Fehler sollte vor der Freigabe behoben werden),
    - Nebenfehler (geringfügige Abweichung, z.B. Rechtschreibfehler oder Mangel im Ausdruck, beeinträchtigt den Nutzen kaum),
    - gut (fehlerfrei, bei Überarbeitung nicht ändern).
11. Vom Reviewteam ist eine Empfehlung über die Annahme des Prüfobjekts abzugeben (s.a. Nachbereitung):
    - akzeptieren (ohne Änderungen),
    - akzeptieren (mit Änderungen, kein weiteres Review),
    - nicht akzeptieren (weiteres Review oder andere Prüfmaßnahme erforderlich).
12. Am Schluss haben alle Sitzungsteilnehmer das Protokoll zu unterschreiben.

Protokoll und Übersicht der Ergebnisse

Das Protokoll enthält eine Liste aller Befunde, die in der Sitzung diskutiert wurden. In einer zusätzlichen Zusammenfassung des Reviews sind alle wichtigen Informationen aufzunehmen, wie die Informationen zum Prüfobjekt und den verwendeten Dokumenten, die beteiligten Personen und ihre Rollen (s. Kap. 4.1.4), eine kurze Zusammenfassung der wichtigen Punkte und das Ergebnis der Reviewsitzung mit der

25. Siehe hierzu auch Kapitel 6.6.3, Fehler der Klasse 2 und 3 können als Hauptfehler angesehen werden und die der Klasse 4 und 5 als Nebenfehler.

Empfehlung der Gutachter. Bei formaleren Reviews ist das Erreichen der Austrittskriterien nachzuweisen.

Nachbereitung

Der Manager entscheidet, ob er der Empfehlung folgt oder eine andere Entscheidung trifft, für die er dann aber die alleinige Verantwortung trägt. Im Regelfall wird der Autor die Mängel auf Grundlage der Reviewergebnisse beseitigen.

Wiedervorlage

Die ordnungsgemäße Durchführung der Überarbeitung ist zu kontrollieren, meist durch den Manager oder Moderator bzw. eine für diese Aufgabe ausgewählte Person.

Zweites Review

War das Resultat des ersten Reviews nicht akzeptabel und muss ein weiteres Review durchgeführt werden, so ist die hier beschriebene Vorgehensweise für das zweite Review entsprechend durchzuführen, jedoch meist verkürzt nur für die geänderten Stellen im Dokument.

Eine umfassende Auswertung der jeweiligen Reviewsitzungen und deren Ergebnisse soll dazu genutzt werden, den Reviewprozess zu verbessern und die verwendeten Dokumente (Richtlinien und Checklisten) den jeweiligen Gegebenheiten anzupassen und aktuell zu halten. Das Erfassen und die Auswertung von Daten (Metriken) sind hierzu notwendig.

Defizite im Entwicklungsprozess erkennen und beheben

Wiederkehrende oder häufig vorkommende Fehlerarten weisen auf Defizite im Softwareentwicklungsprozess oder im Fachwissen der jeweiligen Personen hin. Notwendige Verbesserungen des Entwicklungsprozesses sind entsprechend zu planen und umzusetzen. Die Checklisten sind ggf. um diese Fehlerarten zu ergänzen. Mangel an Fachwissen ist durch Schulung auszugleichen.

4.1.4 Rollen und Verantwortlichkeiten

Ein Großteil der Rollen und ihrer Verantwortlichkeiten im Reviewprozess geht aus der Beschreibung des allgemeinen Vorgehens bereits hervor. Im Folgenden werden die beteiligten Personen und ihre Aufgaben übersichtsartig beschrieben.

Manager

Der Manager sorgt für die Auswahl der Prüfobjekte und die zu verwendenden Dokumente. Er stellt die notwendigen Ressourcen zur Verfügung und das Reviewteam zusammen.

Jedoch sollten Vertreter der Managementebene an den Sitzungen nicht teilnehmen, da eine Bewertung der Qualifikation des Autors (und nicht eine Bewertung des Dokuments) durch das Management nicht auszuschließen ist und eine »freie« Diskussion unter den Teilnehmenden dann möglicherweise eingeschränkt wird. Ein weiterer Grund ist, dass normalerweise Managern das aktuelle detaillierte Fachwissen fehlt und sie in dieser Hinsicht keine Beiträge auf der Sitzung beisteuern können. Für Reviews von Projektplänen und ähnlichen Dokumenten trifft dieses allerdings nicht zu. Hier ist Managementwissen gefragt.

Moderator

Der Moderator ist zuständig für den Ablauf des Reviews. Planung, Vorbereitung, Durchführung und Wiedervorlage sollen so erfolgen, dass die Ziele des Reviews erreicht werden. Er ist für die Sammlung der Daten und die Erstellung des Protokolls verantwortlich.

Der Moderator ist die entscheidende Person, was den Erfolg des Reviews betrifft. Er muss ein sehr guter Sitzungsleiter sein, d.h. diplomatisch vorgehen bei der Vermittlung von gegensätzlichen Standpunkten und der Beendigung von unnützen Diskussionen, ohne dabei Beteiligte zu verletzen oder zu kränken. Dabei muss er auch auf »Untertöne« achten. Er darf nicht voreingenommen sein und keine eigene Meinung zum Prüfobjekt äußern.

Autor

Der Autor ist der Ersteller des Dokuments, das einem Review unterzogen wird. Sind mehrere Personen an der Erstellung beteiligt gewesen, sollte ein Hauptverantwortlicher benannt werden, der die Rolle des Autors übernimmt. Er ist verantwortlich dafür, dass die Eintrittskriterien vor dem Review erfüllt sind, d.h., dass sich das Dokument in einem »reviewfähigen« Zustand befindet, und eine eventuelle Nachbereitung zur Erfüllung der Austrittskriterien führt.

Wichtig ist, dass der Autor die geäußerte Kritik nicht als Kritik an seiner Person auffasst, sondern dass es ausschließlich um die Verbesserung der Qualität des Prüfobjekts geht.

Gutachter

Die Gutachter, auch Reviewer oder Inspektoren genannt, sind mehrere (i.d.R. bis zu fünf) Fachexperten, die nach der entsprechenden Vorbereitung an der Sitzung teilnehmen.

Ihre Aufgabe ist das Identifizieren und Beschreiben der problematischen Stellen im Prüfobjekt. Die Gutachter sollen dabei unterschiedliche Sichten auf das Dokument berücksichtigen (z.B. aus Sicht der Anforderungen, des Designs, des Programmtextes, der Sicherheit, des Tests). Dabei sollen selbstverständlich nur die Sichten berücksichtigt werden, die einen Bezug zum Prüfobjekt haben.

Einzelne Gutachter sollen sich um spezielle Aspekte kümmern, um die Effizienz der Prüfung zu erhöhen. So kann beispielsweise ein Gutachter die Konformität mit einem einzuhaltenden Standard und ein anderer die Einhaltung der Syntax prüfen. Die Verteilung der Zuständigkeiten ist vom Manager bei der Planung vorzunehmen.

Die Gutachter haben darauf zu achten, dass die als gut befundenen Teile der Dokumente auch so benannt werden. Mangelhafte Teile des Prüfobjekts sind als solche zu kennzeichnen und die Mängel sind so zu dokumentieren, dass die Nachvollziehbarkeit und damit die Beseitigung der Mängel gegeben ist.

Protokollant

Der Protokollant hat die vom Reviewteam diskutierten und gefundenen Unklarheiten (z.B. noch zu lösende Probleme, durchzuführende Arbeiten, zu entscheidende Fragestellungen und Ablehnungen) zu dokumentieren.

Er muss knapp und präzise formulieren können. Er muss während der Sitzung meist nicht ausreichend formulierte Diskussionsbeiträge verfälschungsfrei aufschreiben. Aus pragmatischen Gründen kann es manchmal sinnvoll sein, den Autor selbst das Protokoll führen zu lassen. Er weiß genau, was im Einzelnen und wie präzise und ausführlich die Anmerkungen der Gutachter zu protokollieren sind, um ausreichend Information für die später von ihm durchzuführenden Änderungen zu haben.

Mögliche Schwierigkeiten

Gründe für wenig erfolgreiche Reviews

Wenn Reviews nicht den gewünschten Erfolg erzielen, kann es mehrere Ursachen haben:

- Das benötigte Personal ist nicht in ausreichendem Maße vorhanden oder verfügt nicht über die erforderliche Ausbildung oder fachlichen Fähigkeiten. Schulungsmaßnahmen sind durchzuführen oder entsprechendes Personal ist von Consulting-Firmen auszuleihen. Die letztgenannte Möglichkeit trifft besonders für den Moderator zu, da dieser eher psychologische als fachbezogene Fähigkeiten mitbringen muss.
- Ist fehlende Zeit Ursache für unbefriedigende Reviewergebnisse, so liegen Fehleinschätzungen bei der Ressourcenplanung durch das Management vor. Eventuell kann eine weniger aufwändige Reviewart Abhilfe schaffen.
- Scheitern Reviews an der fehlenden Vorbereitung, so liegt es meist an der falschen Auswahl der Gutachter. Sollte fehlende Einsicht der Gutachter in die Bedeutung der Reviews und den hohen Wirkungsgrad zur Qualitätssteigerung der untersuchten Dokumente Ursache für das Scheitern sein, dann ist die Nützlichkeit der Reviews mit entsprechendem Zahlenmaterial zu belegen.

- Ein Scheitern eines Reviews kann auch an der fehlenden oder unzureichenden Dokumentation liegen. Es muss vorab geprüft werden, ob alle benötigten Dokumente in ausreichender Beschreibungstiefe vorhanden sind. Nur wenn das der Fall ist, ist ein Review durchzuführen.
- Bei fehlender Unterstützung durch das Management kann ein Reviewprozess nicht erfolgreich sein, da die benötigten Ressourcen nicht bereitgestellt und die erzielten Ergebnisse nicht zur Prozessverbesserung genutzt werden. In der Praxis ist dies leider häufig der Fall.

Ausführliche Hinweise zu Lösungen der Schwierigkeiten sind in [Freedman 90] beschrieben.

4.1.5 Reviewarten

Zwei grobe Gruppen von Reviews lassen sich anhand des untersuchten Prüfobjekts unterscheiden:

- Reviews, die sich auf Produkte oder Teilprodukte beziehen, die während des Entwicklungsprozesses erstellt werden, und
- Reviews, die den Projektablauf oder den Entwicklungsprozess als solches analysieren.

Exkurs

Die zweite Gruppe wird auch als →Managementreview [IEEE 1028][26] oder Projektreview bezeichnet. Ziel von Managementreviews ist die Analyse des Entwicklungsprozesses an sich. Es werden beispielsweise die Einhaltung von Vorgaben und Plänen, die Umsetzung der erforderlichen Arbeitsaufgaben oder die Effektivität der Verbesserungen bzw. Veränderungen im Prozess untersucht.

Prüfobjekt ist das Projekt als Ganzes und die Feststellung seines augenblicklichen Zustands. Der Projektzustand wird hinsichtlich technischer, wirtschaftlicher, zeitlicher und managementmäßiger Aspekte bewertet.

Managementreviews werden oft beim Erreichen eines Meilensteins der Projektplanung durchgeführt, wenn eine Hauptphase im Softwareentwicklungsprozess abgeschlossen werden soll, oder als Postmortem-Analyse, um aus dem beendeten Projekt zu lernen.

Im Folgenden wird die erste Gruppe der Reviews weiter präzisiert. Es können folgende Ausprägungen unterschieden werden: →Walkthrough, Inspektion, →technisches Review und →informelles Review. Bei den einzelnen Beschreibungen wird auf die hauptsächlichen Unterschiede zur grundlegenden Vorgehensweise (Kap. 4.1.3) eingegangen.

---

26. In [ISO 8402] wird ein Managementreview enger gefasst und definiert als eine formelle Bewertung des Standes und der Angemessenheit des Qualitätsmanagementsystems in Bezug auf die Qualitätspolitik sowie auf Zielsetzungen durch die oberste Leitung.

Walkthrough

Nach [Balzert 98] ist ein Walkthrough[27] eine »manuelle, informale Prüfmethode, um Fehler, Defekte, Unklarheiten und Probleme in schriftlichen Dokumenten zu identifizieren. Der Autor präsentiert das Dokument in einer Sitzung den Gutachtern«.

Weitere Ziele eines Walkthrough sind nach [IEEE 1028] die Verteilung des Wissens über das Prüfobjekt auf alle Beteiligte, die Verbesserung des Produkts, die Diskussion von Lösungsalternativen und die Prüfung der Einhaltung der Spezifikation und von Standards.

Schwerpunkt des Walkthrough bildet die Sitzung (mit unbestimmtem Ende). Die Vorbereitung hat im Vergleich zu den anderen Reviewarten den geringsten Umfang, teilweise kann sogar auf sie verzichtet werden[28].

Nachvollziehen typischer Benutzungssituationen

Meist werden typische Benutzungssituationen, auch Szenarien genannt, ablauforientiert durchgespielt. Es können auch einzelne Testfälle nachgespielt werden. Die Gutachter versuchen durch meist spontane Fragen, mögliche Fehler und Probleme aufzudecken.

Geeignet für kleine Entwicklungsteams

Das Vorgehen ist für kleine Entwicklungsteams von bis zu fünf Personen geeignet und verursacht wenig Aufwand, da Vor- und Nachbereitungen von geringem Umfang bzw. nicht zwingend erforderlich sind. Es lässt sich bei der Prüfung von »unkritischen« Dokumenten einsetzen.

Da der Autor auch die Sitzungsleitung inne haben kann, hat er die Möglichkeit, den Verlauf der Sitzung stark zu beeinflussen. Dies kann sich nachteilig auf das Ergebnis auswirken, wenn der Autor die Diskussion der kritischen Stellen des Prüfobjekts nicht intensiv genug oder erst gar nicht durchführen lässt. Für die Nacharbeit ist der Autor verantwortlich, eine Kontrolle findet nicht statt.

Abweichend hierzu sind auch folgende Vorgehensweisen beim Walkthrough möglich: Vorbereitung der Gutachter vor dem Treffen, Protokollierung der Ergebnisse, Erstellung einer Liste der Befunde, und der Autor protokolliert nicht selbst. In der Praxis existiert somit eine breite Spannweite vom informellen bis zum formalen Walkthrough.

---

27. *walk through* – durchgehen, oft auch als *Structured Walkthrough* bezeichnet.
28. Nach [IEEE 1028] sollten die Teilnehmer die Dokumente vorab erhalten und vorbereitet an der Sitzung teilnehmen.

Inspektion

Formaler Ablauf

Eine Inspektion ist die formalste Reviewart und folgt einem formalen Ablauf. Jede beteiligte Person, die meist aus dem direkten Kollegenkreis kommt, hat eine vorgeschriebene Rolle auszufüllen. Der Ablauf ist durch Regeln definiert und es werden zu den einzelnen Aspekten Prüfkriterien, meist in Form von Checklisten, von den Gutachtern verwendet. Für die einzelnen Prüfschritte sind Eintritts- und Austrittskriterien definiert.

Ziel der Inspektion sind die Aufdeckung von Unklarheiten, möglichen Fehlern und Defekten, die Bestimmung der Qualität des Prüfobjekts sowie die Verbesserung der Qualität des Prüf- und des Entwicklungsprozesses. Die konkreten Ziele der Inspektion werden bei der Planung festgelegt und es wird eine begrenzte Anzahl von Aspekten behandelt, auf die sich die Gutachter vorbereiten. Das Prüfobjekt wird vor der Inspektion formal geprüft, ob es reviewfähig ist und ob die Eintrittskriterien erfüllt sind. Die individuelle Vorbereitung der Gutachter bzw. Inspektoren erfolgt nach Vorschriften oder Standards unter der Verwendung von Checklisten.

Häufig wird diese Reviewart auch als Design- oder Code-/Softwareinspektion bezeichnet. Der Name weist damit auf die Dokumente hin, die einer Inspektion unterzogen werden (s. [Fagan 76]). Es können aber alle Dokumente einer Inspektion unterzogen werden, wenn formale Prüfkriterien existieren.

Inspektionssitzung

Eine Sitzung wird wie folgt durchgeführt: Sie wird von einem Moderator geleitet und beginnt neben der Vorstellung der beteiligten Personen und ihrer Rollen mit einer kurzen Einführung zur Thematik des Prüfobjekts. Der Moderator fragt alle Gutachter, ob sie ausreichend auf das Treffen vorbereitet sind. Darüber hinaus kann nachgefragt werden, wie viel Zeit die Gutachter für ihre Vorbereitung verwendet und wie viele Unstimmigkeiten sie gefunden haben.

Die für die Inspektion ausgewählten Checklisten können gemeinsam durchgegangen werden, um sicherzustellen, dass alle sich ausreichend auf das Treffen vorbereitet haben.

Unstimmigkeiten genereller Art, die das gesamte Prüfobjekt betreffen, werden zuerst diskutiert und protokolliert.

Ein Gutachter[29] trägt in einer straffen und möglichst logischen Weise die Inhalte des Prüfobjekts vor. Wenn es sinnvoll erscheint, werden auch Passagen vorgelesen. Die Gutachter stellen dabei ihre Fragen, wobei die ausgewählten Aspekte der Inspektion intensiv diskutiert werden. Der Autor beantwortet an ihn gerichtete Fragen. Der Modera-

29. Oft auch als Inspektoren bezeichnet, in [IEEE 1028] als Leser *(reader)* benannt.

tor sorgt dafür, dass eine Liste der Unstimmigkeiten vom Protokollanten erstellt wird. Sind Autor und Gutachter uneins über eine Unstimmigkeit, so wird am Ende der Sitzung darüber entschieden.

Wenn die Diskussion abschweift, ist es die Aufgabe des Moderators, einzugreifen. Er muss auch dafür sorgen, dass alle ausgewählten Aspekte und das gesamte Dokument berücksichtigt und die Unstimmigkeiten ausreichend protokolliert werden.

Am Ende der Sitzung werden alle aufgezeichneten Fehler vorgestellt und von allen Beteiligten auf Vollständigkeit geprüft. Eine kurze Diskussion über die zurückgestellten Unstimmigkeiten schließt sich an, ohne dabei Lösungsmöglichkeiten zu diskutieren. Gibt es keine Einigung über die Einschätzung (Fehler oder nicht), wird dies im Protokoll vermerkt.

Eine abschließende umfassende Bewertung beendet die Inspektion und legt fest, ob eine Überarbeitung des Prüfobjekts erforderlich ist. Eine Nachbearbeitung und die Wiedervorlage sind bei der Inspektion formal geregelt.

Zusätzliche Bewertung des Entwicklungs- und Inspektionsprozesses

Bei einer Inspektion werden auch Daten gesammelt, die zur Qualitätsbeurteilung des Entwicklungs- und Inspektionsprozesses herangezogen werden. Die Inspektion dient somit neben der Beurteilung der untersuchten Dokumente auch zur Optimierung des Entwicklungsprozesses. Die gesammelten Daten werden dahingehend analysiert, die Ursachen für Schwachstellen im Entwicklungsprozess zu finden. Nach einer Verbesserung des Prozesses wird der Erfolg der Änderung kontrolliert, indem die gesammelten Daten vor der Änderung mit den aktuellen Daten verglichen werden.

Technisches Review

Erfüllt das Prüfobjekt seinen Zweck?

Bei einem technischen Review steht die Übereinstimmung des zu prüfenden Dokuments mit der Spezifikation, die Eignung für den beabsichtigten Einsatz und die Einhaltung von Standards im Mittelpunkt der Untersuchungen. Das Prüfobjekt wird in der Vorbereitungsphase durch die Gutachter einer individuellen Prüfung anhand der festgelegten Prüfkriterien unterzogen.

Fachexperten als Gutachter

Es ist darauf zu achten, dass Fachexperten als Gutachter am technischen Review teilnehmen. Einige sollten aus anderen Projekten kommen, um einer gewissen »Blindheit« dem eigenen Projekt gegenüber vorzubeugen. Das Management nimmt an der Sitzung nicht teil. Den Gutachtern stehen ausschließlich die »offizielle« Spezifikation und die Vorgaben zur Bewertung des Prüfobjekts zur Verfügung. Die Anmerkungen der Gutachter zu den einzelnen Prüfkriterien werden schriftlich festgehalten und dem Sitzungsleiter vorab übergeben[30]. Der idealerweise speziell geschulte Moderator priorisiert diese nach vermuteter Wichtigkeit und in der Sitzung werden dann nur die wesentlichen Anmerkungen diskutiert.

Hoher Vorbereitungsaufwand

Es ist ein hoher Aufwand in der Vorbereitungsphase gegeben. In der Sitzung, an welcher der Autor des Prüfobjekts nicht teilnimmt, dokumentiert der Protokollant alle Aussagen und erstellt die abschließende Ergebnisdokumentation.

Das Ergebnis muss einstimmig im Gesamturteil gefällt und von allen Personen getragen und unterzeichnet werden. Eventuelle Sondervoten können zu Protokoll gegeben werden. Es ist nicht Aufgabe der am technischen Review Beteiligten, über die Konsequenzen des Ergebnisses zu entscheiden, dies ist Aufgabe des Managements. Bei einem hohen Formalisierungsgrad des Reviews können auch Eintritts- und Austrittskriterien der einzelnen Prüfschritte definiert sein.

Auch beim technischen Review sind in der Praxis sehr unterschiedliche Ausprägungen anzutreffen: von einem rein informellen Ablauf bis zu einem strikten, formal festgelegten Vorgehen.

Informelles Review

Das informelle Review ist eine abgeschwächte Version eines Reviews, folgt aber mehr oder weniger der grundlegenden Vorgehensweise (s. Kap. 4.1.3), allerdings in stark vereinfachter Form. Meist wird ein informelles Review durch den Autor initiiert. Die Planung beschränkt sich auf die Auswahl der Gutachter und der Festlegung des Abgabetermins der Ergebnisse. Auf eine Sitzung oder einen Austausch der Ergebnisse zwischen den Gutachtern wird oft verzichtet. In diesem Fall ist das informelle Review ein einfacher Autor-Leser-Zyklus. Das informelle Review ist dann ein bloßes Gegenlesen des Prüfobjekts durch ein oder mehrere Kollegen. Eine schriftliche Rückmeldung mit einer Liste der Anmerkungen oder das korrigierte Exemplar des Prüfobjekts genügen meistens. Vorgehensweisen wie »pair programming« (paarweises Programmieren), »buddy testing« (gegenseitiger Test unter Kollegen) und »code swaps« (Austausch von Programmtext) können als informelle Reviews angesehen werden. Das informelle Review hat wegen des geringeren Aufwands eine hohe Akzeptanz und weite Verbreitung in der Praxis gefunden.

30. In [IEEE 1028] gilt das auch für die Inspektion.

Kriterien zur Auswahl

Auswahl der Reviewart

Wann welche Reviewart eingesetzt werden soll, hängt stark von der geforderten Qualität und dem einzusetzenden Aufwand ab. Das Projektumfeld ist entscheidend, direkte Empfehlungen können nicht gegeben werden. Es ist im Einzelfall zu entscheiden, welche Reviewart in der jeweiligen Projektsituation angemessen ist. Nachfolgend sind einige Fragen und Kriterien zur Erleichterung der Auswahl der Arten aufgeführt:

- Die Form, in der das Ergebnis der Prüfung vorliegen soll, kann zur Auswahl herangezogen werden. Ist eine ausführliche Dokumentation erforderlich oder reicht eine undokumentierte Umsetzung der Prüfergebnisse?
- Lässt sich die Terminkoordination einfach oder schwierig vornehmen? Fünf bis sieben Fachkräfte für einen oder mehrere Termine zu verpflichten, kann sehr aufwändig sein.
- Ist die Berücksichtigung von Fachwissen aus mehreren Gebieten erforderlich?
- Wie umfangreich muss das Fachwissen der Gutachter für das jeweilige Prüfobjekt sein? Wie hoch ist das Engagement der vorgesehenen Gutachter?
- Steht der Vorbereitungsaufwand in einem angemessenen Verhältnis zum erwarteten Ergebnis?
- Wie hoch ist der Formalisierungsgrad des Prüfobjekts? Lassen sich werkzeuggestützte Analysen durchführen?
- Wie groß ist die Unterstützung durch das Management? Wird bei zunehmendem Zeitdruck im Projekt die Durchführung von Reviews eingeschränkt oder gar ganz gestrichen?

Anmerkungen

Wie am Anfang des Kapitels bereits erwähnt, gibt es keine einheitlichen Beschreibungen und Abgrenzungen zu den einzelnen Reviewarten. Die Grenzen sind eher fließend und die gleichen Begriffe werden mit unterschiedlicher Bedeutung verwendet.

Firmenspezifische Ausprägungen

Generell lässt sich feststellen, dass Reviews firmenspezifischen Ausprägungen unterliegen. Sie werden auf die jeweiligen Bedürfnisse und Erfordernisse der Projekte zugeschnitten. Ihr Wirkungsgrad wird dadurch positiv beeinflusst.

Allgemein ist eine kooperative Zusammenarbeit zwischen den an der Softwareentwicklung beteiligten Personen als qualitätssteigernd einzustufen. Wenn Arbeitsergebnisse untereinander begutachtet und kontrolliert werden, können Fehler und Unstimmigkeiten aufgedeckt werden. In diesem Sinn kann das paarweise Programmieren, wie es im →Extreme Programming vorgeschlagen wird, auch als eine permanente Form eines »Zweipersonenreviews« angesehen werden [Beck 00].

Bei verteilten Projektteams können Reviews auch als strukturierte Diskussionen im Internet und in Form von Video- oder Telefonkonferenzen durchgeführt werden.

Erfolgsfaktoren

Beim Einsatz von Reviews sind folgende Erfolgsfaktoren gegeben und müssen entsprechend berücksichtigt werden:

- Reviews dienen zur Verbesserung der untersuchten Dokumente. Das Aufzeigen von Fehlern, Ungenauigkeiten oder Abweichungen ist daher erwünscht bzw. gefordert. Die Mitteilung darüber muss wertfrei und objektiv erfolgen.
- Belange der beteiligten Personen und auch psychologische Aspekte haben beim Review einen nicht zu unterschätzenden Einfluss. Es soll erreicht werden, dass der Autor des untersuchten Dokuments das Review als eine positive Erfahrung empfindet.
- In Abhängigkeit von der Art und dem Niveau des untersuchten Dokuments und in Abhängigkeit des Kenntnisstands der beteiligten Personen ist unter den verschiedenen Vorgehensweisen die passende für das Review auszuwählen.
- Checklisten und Richtlinien werden eingesetzt, um die Effektivität bei der Aufdeckung von Unstimmigkeiten beim Review zu erhöhen.
- Schulungsmaßnahmen sind erforderlich, dies gilt verstärkt für die mehr formaleren Reviewarten, wie die Inspektion.
- Das Management kann einen guten Reviewprozess unterstützen, indem ausreichend Ressourcen (Zeit und Personal) im Softwareentwicklungsprozess für die Reviews der Dokumente eingeplant werden.
- Ein wichtiger Aspekt beim Review ist ein ständiges Lernen aus durchgeführten Reviews und somit ein Verbessern des Verfahrens.

4.2 Statische Analyse

Analyse ohne Programmausführung

Das Ziel der statischen Analyse ist, ähnlich dem der Reviews, die Aufdeckung vorhandener Fehler oder fehlerträchtiger Stellen in einem Dokument, allerdings wird die Analyse durch Werkzeuge vorgenommen. So sind beispielsweise auch Rechtschreibprüfprogramme als eine

Art statische Analysatoren anzusehen, die Fehler in Texten nachweisen und damit zur Qualitätsverbesserung beitragen.

Ohne Ausführung

Die Bezeichnung »statische Analyse« weist darauf hin, dass diese Form der Prüfung auch keine Ausführung der Prüfobjekte (eines Programms) beinhaltet. Ein weiteres Ziel ist die Ermittlung von Messgrößen oder Metriken, um eine Qualitätsbewertung durchführen und somit Qualität messen und nachweisen zu können.

Formale Dokumente

Das zu analysierende Dokument muss allerdings nach einem vorgegebenen Formalismus aufgebaut sein, also einer formalen Struktur unterliegen, um durch ein Werkzeug überprüft werden zu können. Die Anwendung der statischen Analyse ist nur mit entsprechender Werkzeugunterstützung sinnvoll. Dokumente, die einem Formalismus unterliegen können, sind beispielsweise die technischen Anforderungen, die Softwarearchitektur oder der Softwareentwurf, wie zum Beispiel die Modellierung von Klassendiagrammen in UML.[31] Generierte Ausgaben in HTML[32] oder XML[33] lassen sich ebenso einer statischen werkzeuggestützten Prüfung unterziehen. Somit lassen sich die während der Entwurfsphasen erstellten formalen Modelle analysieren und Inkonsistenzen aufzeigen. In der Praxis ist oft der Programmcode das erste und einzige formale Dokument der Softwareentwicklung, das einer statischen Analyse unterzogen werden kann.

Statische Analysewerkzeuge werden typischerweise von Entwicklern vor oder auch während des Komponenten- oder Integrationstests eingesetzt, um die Einhaltung von Richtlinien oder Programmierkonventionen zu prüfen. Beim Integrationstest wird die Einhaltung der Schnittstellendefinition analysiert.

Analysewerkzeuge produzieren meist eine lange Liste von Warnungen und Hinweisen. Um die Werkzeuge effektiv einzusetzen, ist ein sinnvoller Umgang mit der Fülle an bereitgestellter Information erforderlich. Sonst kann es leicht passieren, dass die Werkzeuge nicht genutzt werden.

Statische Analyse und Reviews

Statische Analyse und Reviews stehen in einem engen Zusammenhang. Wird vor dem Review eines formalen Dokuments eine statische Analyse durchgeführt, können bereits eine Anzahl von Fehlern und Unstimmigkeiten nachgewiesen werden, und die Menge der im Review zu berücksichtigenden Aspekte ist erheblich geringer. Da die statischen Analysen werkzeuggestützt durchgeführt werden, ist der Aufwand wesentlich geringer als bei einem Review.

---

31. UML – Unified Modeling Language [Hitz 05], [URL: UML].
32. HTML – HyperText Markup Language [URL: HTML].
33. XML – Extensible Markup Language [URL: XML].

Tipp

- Haben Dokumente einen Grad an Formalität erreicht, der es erlaubt, eine statische Analyse werkzeuggestützt durchzuführen, dann sollte dies auf jeden Fall vor den Reviews der Dokumente erfolgen, da dadurch relativ kostengünstig Fehler und Unstimmigkeiten aufgedeckt und die Reviews verkürzt werden.
- Generell sollte die statische Analyse durchgeführt werden, auch wenn kein Review geplant ist. Jede entdeckte Unstimmigkeit erhöht die Qualität des analysierten Dokuments.

Mit der statischen Analyse lassen sich allerdings nicht alle Fehler und Unstimmigkeiten nachweisen. Es gibt Fehler oder präziser Fehlerzustände, die erst bei der Ausführung, also zur Laufzeit des Programms, zur Wirkung kommen und vorher nicht ermittelbar sind. Wird beispielsweise bei einer Division der Wert des Divisors in einer Variablen gehalten, so kann diese Variable zur Laufzeit den Wert null annehmen, was zu einer Fehlerwirkung führt. Statisch ist dieser Fehlerzustand meist nicht erkennbar, es sei denn, der Variablen wird eine Konstante mit dem Wert null zugewiesen. Es können einerseits alle möglichen Abläufe des Testobjekts vom Werkzeug analysiert werden und auf solche möglichen Fehlerstellen, wenn sie denn vorhanden sind, hingewiesen werden.

Andererseits gibt es aber auch Unstimmigkeiten oder fehlerträchtige Stellen im Programm, die durch dynamisches Testen nur schwer nachweisbar sind. So lässt sich die Nichteinhaltung von Programmierstandards oder die Verwendung von verbotenen fehleranfälligen Programmkonstrukten nur mit der statischen Analyse (oder mit Reviews) nachweisen

Compiler ist ein Analysewerkzeug

Alle Compiler führen eine statische Analyse des Programmtextes durch, indem sie die Einhaltung der Syntax der jeweiligen Programmiersprache prüfen. Die meisten Compiler bieten darüber hinaus noch zusätzliche Informationen, die durch die statische Analyse ermittelt werden können (s. Kap. 4.2.1). Neben den Compilern gibt es Werkzeuge, so genannte →Analysatoren, die speziell zur gezielten Durchführung einzelner oder ganzer Gruppen von Analysen eingesetzt werden.

Fehlerzustände bzw. fehlerträchtige Situationen, die mit der statischen Analyse von Programmcode nachgewiesen werden können, sind beispielsweise

- Verletzung der Syntax,
- Konventions- und Standardabweichungen,
- →Kontrollflussanomalien und
- →Datenflussanomalien.

Nachweis von Sicherheitsverstößen

Statische Analysen können zum Aufdecken von Sicherheitslücken herangezogen werden. Viele Sicherheitsprobleme treten dadurch auf, dass bestimmte fehleranfällige Programmkonstrukte verwendet oder notwendige Überprüfungen nicht durchgeführt werden. Das Fehlen des Abfangens von Speicherüberläufen oder keine Überprüfung der Einhaltung von Datenbeschränkungen in der Eingabe sind Beispiele hierfür. Diese Mängel können Analysewerkzeuge aufdecken, da sie meist einem bestimmten »Muster« unterliegen, das von den Werkzeugen gesucht und analysiert werden kann.

4.2.1 Compiler als statisches Analysewerkzeug

Die Verletzung der Syntax der Programmiersprache wird durch statische Analyse erkannt und als Fehler oder Warnung gemeldet. Viele Compiler erstellen darüber hinaus weitere Informationen und führen Überprüfungen durch.

Beispiele hierfür sind:

- Erstellung der Verwendungsnachweise (auch mit *cross reference list* bezeichnet) der einzelnen Programmelemente (z. B. Variablen, Funktionen)
- Prüfung der typgerechten Verwendung der Daten und Variablen bei den strenggetypten Programmiersprachen
- Ermittlung von nicht deklarierten Variablen
- Nicht erreichbarer Code
- Über- oder Unterschreitung von Feldgrenzen (bei statischer Adressierung)
- Prüfung der Konsistenz von Schnittstellen
- Prüfung der Verwendung aller Marken als Sprunganweisung und Sprungziel

Die Informationen werden meist in Form von Listen zur Verfügung gestellt. Nicht immer kann anhand der Ergebnisse sofort auf einen Fehlerzustand geschlossen werden, es sind dann weitere Untersuchungen anzuschließen.

4.2.2 Prüfung der Einhaltung von Konventionen und Standards

Mithilfe von Analysatoren kann auch die Einhaltung von Konventionen und Standards überprüft werden. Ob beispielsweise Vorschriften der Programmierkonventionen eingehalten wurden, lässt sich durch die entsprechenden Analysatoren nachweisen. Diese Art der Überprüfung benötigt wenig Zeit und so gut wie keine Personalressourcen. Es sollten überhaupt nur solche Richtlinien in einem Projekt zugelassen werden, zu denen Prüfwerkzeuge vorhanden sind. Alle anderen Vorschriften erweisen sich in der Praxis ohnehin schnell als bürokratischer Ballast. Darüber hinaus ist meist ein weiterer Vorteil gegeben: Ist den Programmierern bewusst, dass der Programmcode von einem Werkzeug auf Einhaltung der Programmierkonventionen überprüft wird, ist deren Bereitschaft, die Richtlinien umzusetzen, bedeutend höher als ohne automatische Prüfung.

4.2.3 Durchführung der Datenflussanalyse

Analyse der Verwendung der Daten

Eine weitere Möglichkeit der Fehleraufdeckung ist die →Datenflussanalyse. Hierbei wird die Verwendung von Daten auf →Pfaden durch den Programmcode untersucht. Nicht immer können Fehlerzustände nachgewiesen werden, oft wird in diesem Zusammenhang dann von →Anomalien oder Datenflussanomalien gesprochen. Mit Anomalie wird eine Unstimmigkeit bezeichnet, die zu einer Fehlerwirkung führen kann, aber nicht zwingend muss. Anomalien sollen als mögliches Risiko angezeigt werden.

Datenflussanomalien sind beispielsweise die referenzierende Verwendung einer Variablen ohne vorherige Initialisierung oder die Nichtverwendung eines Wertes einer Variablen. Zur Analyse wird der Gebrauch jeder einzelnen Variablen untersucht. Folgende drei Verwendungen oder Zustände der Variablen werden unterschieden:

- **definiert (d):** Die Variable erhält einen Wert zugewiesen.
- **referenziert (r):** Der Wert der Variablen wird gelesen bzw. verwendet.
- **undefiniert (u):** Die Variable hat keinen definierten Wert.

Datenflussanomalien

Dabei lassen sich drei Arten von Datenflussanomalien unterscheiden:

- **ur-Anomalie:** Ein undefinierter Wert (u) einer Variablen wird auf einem Programmpfad gelesen (r).
- **du-Anomalie:** Die Variable erhält einen Wert (d), der allerdings ungültig (u) wird, ohne dass er zwischenzeitlich verwendet wurde.
- **dd-Anomalie:** Die Variable erhält auf einem Programmpfad ein zweites Mal einen Wert (d), ohne dass der erste Wert (d) verwendet wurde.

Beispiel für die Anomalien

Die unterschiedlichen Anomalien sollen an einem Beispiel (in C++) erläutert werden. Gegeben sei folgende Funktion, die die ganzzahligen Werte der Parameter `Max` und `Min` unter Zuhilfenahme der Variablen `Hilf` tauschen soll, falls der Wert der Variablen `Min` größer ist als der Wert der Variablen `Max`:

```
void tausch (int& Min, int& Max) {
   int Hilf;
   if (Min > Max){
   Max  = Hilf;
   Max  = Min;
   Hilf = Min;
   }
}
```

Nach der Analyse des Gebrauchs der einzelner Variablen lassen sich folgende Anomalien feststellen:

- **ur-Anomalie der Variablen `Hilf`**: Der Gültigkeitsbereich der Variablen ist auf die Funktion beschränkt. Die erste Verwendung der Variablen ist auf der rechten Seite einer Zuweisung. Die Variable hat zu diesem Zeitpunkt noch einen undefinierten Wert, der an dieser Stelle referenziert wird. Eine Initialisierung bei der Deklaration der Variablen wurde nicht vorgenommen (diese Anomalie erkennen auch übliche Compiler, sofern eine entsprechend hohe Warnstufe aktiviert ist).
- **dd-Anomalie der Variablen `Max`**: Die Variable wird hintereinander jeweils auf der linken Seite einer Zuweisung verwendet, bekommt somit zweimal einen Wert zugewiesen. Entweder kann die erste Zuweisung entfallen oder eine Verwendung des ersten Wertes (vor der erneuten Zuweisung) ist vergessen worden.
- **du-Anomalie der Variablen `Hilf`**: In der letzten Anweisung der Funktion bekommt die Variable Hilf noch einen Wert zugewiesen, der nirgends verwendet werden kann, da die Variable nur innerhalb der Funktion gültig ist.

Datenflussanomalien sind meist nicht so offensichtlich

Im Beispiel sind die Anomalien sehr offensichtlich. Zu bedenken ist aber, dass zwischen den jeweils betroffenen Anweisungen, die zu den Anomalien führen, beliebig viele andere Anweisungen mit anderen Variablen stehen können. Die Anomalien sind dann nicht mehr so deutlich erkennbar und können bei einer manuellen Prüfung, z.B. einem Review, leicht übersehen werden. Ein Werkzeug zur Datenflussanalyse kann die Anomalien aufdecken.

Nicht jede Anomalie führt direkt zu einem fehlerhaften Verhalten. Beispielsweise hat eine du-Anomalie nicht immer direkte Auswirkungen, das Programm kann korrekt laufen. Es stellt sich nur die Frage, warum die Zuweisung an dieser Stelle des Programms vor dem Ende des Gültigkeitsbereichs der Variablen vorhanden ist. Meist lohnt sich eine genauere Untersuchung der anomalen Programmstellen, um weitere Unstimmigkeiten ausfindig zu machen.

4.2.4 Durchführung der Kontrollflussanalyse

Kontrollflussgraph

In Abbildung 4–1 ist ein Programmstück als Kontrollflussgraph dargestellt. In dem gerichteten Graphen sind die Anweisungen des Programms als Knoten angegeben. Sequenzen von Anweisungen werden ebenfalls als ein einziger Knoten dargestellt, da es innerhalb der Sequenz zu keiner Änderung des Programmablaufs kommen kann. Wenn die erste Anweisung der Sequenz zur Ausführung kommt, dann auch alle weiteren.

Änderungen des Ablaufs im Programmtext werden durch Entscheidungen, z.B. in IF-Anweisungen, herbeigeführt. Ist der ermittelte Wahrheitswert der Bedingung »wahr«, dann wird die Ausführung des Programms mit dem THEN-Teil der IF-Anweisung fortgeführt, im anderen Fall (»unwahr«) wird der ELSE-Teil durchlaufen. Schleifen führen beispielsweise zu vorherigen Anweisungen zurück, wodurch ein Teil des Graphen mehrfach durchlaufen wird.

Kontrollflussanomalien

Durch die Anschaulichkeit des Kontrollflussgraphen lassen sich die Abläufe durch ein Programmstück leicht erfassen und mögliche Anomalien erkennen. Dies können Sprünge aus Schleifen heraus sein oder ein Programmstück, das mehrere Ausgänge hat. Diese Unstimmigkeiten müssen keine Fehlerzustände sein, widersprechen aber den Grundsätzen der strukturierten Programmierung. Voraussetzung ist, dass der Graph nicht manuell, sondern von einem Werkzeug erstellt wird, das eine Eins-zu-eins-Abbildung zwischen Programmtext und Graph gewährleistet.

Sind Teile des Graphen oder der ganze Graph sehr unübersichtlich und die Zusammenhänge und der Ablauf kaum nachvollziehbar, sollte eine Überarbeitung des Programmtextes erfolgen, da komplexe Ablaufstrukturen oft fehlerträchtig sind.

Exkurs: Vorgänger-Nachfolger-Tabelle

Neben den Graphen können durch Analysewerkzeuge auch Vorgänger-Nachfolger-Tabellen erstellt werden, aus denen hervorgeht, wie jede Anweisung mit anderen Anweisungen in Beziehung steht. Gibt es zu einer Anweisung keine Vorgänger, so ist diese Anweisung nicht erreichbar (so genannter *dead code*). Ein Fehlerzustand oder zumindest eine Unstimmigkeit ist erkannt. Nur für die erste und letzte Anweisung eines Programms gelten die Ausnahmen, dass es keine Vorgänger- bzw. Nachfolgeanweisung geben darf. Für Programme mit mehreren Einstiegs- bzw. Ausstiegspunkten gilt Entsprechendes.

4.2.5 Ermittlung von Metriken

Messung von Qualitätsmerkmalen

Neben den Analysen des Daten- und Kontrollflusses und der Einhaltung der Konventionen werden von den Werkzeugen der statischen Analyse auch Messwerte geliefert. Mit den Maßzahlen oder Metriken können Qualitätsmerkmale gemessen werden. Die gemessenen Werte müssen allerdings dahingehend beurteilt werden, ob sie den spezifizierten Anforderungen genügen (s. [ISO 9126]). Eine Übersicht gängiger Maßzahlen ist in [Fenton 91] zu finden.

»Die Definition von Metriken für bestimmte Eigenschaften von Software basiert auf dem Wunsch, eine quantitative Aussage bezüglich des von Natur aus abstrakten Produktes Software zu gewinnen« (aus [Liggesmeyer 90, S. 215]). Eine Metrik liefert somit immer nur Aussagen bezüglich eines untersuchten Aspekts, und die ermittelten Maßzahlen sind erst im Vergleich zu den Zahlen aus anderen untersuchten Programm(teil)en aussagekräftig.

Zyklomatische Zahl

Auf eine Maßzahl, die →zyklomatische Zahl [McCabe 76], soll im Weiteren näher eingegangen werden. Die zyklomatische Zahl misst die strukturelle Komplexität des Quellcodes. Grundlage zur Berechnung der zyklomatischen Zahl ist der Kontrollflussgraph.

Für einen Kontrollflussgraphen G eines Programms oder eines Teils eines Programms einer Programmkomponente wird die zyklomatische Zahl nach folgender Formel errechnet:

$$v(G) = e - n + 2$$

v(G) – zyklomatische Zahl des Graphen G
e – Anzahl der Kanten des Kontrollflussgraphen
n – Anzahl der Knoten des Kontrollflussgraphen

Beispiel zur Berechnung der zyklomatischen Zahl

Das Programmstück zum Graphen der Abbildung 4–1 ist eine Funktion, die aufgerufen wird. Die zyklomatische Zahl für diese Funktion berechnet sich wie folgt:

$$v(G) = e - n + 2 = 17 - 13 + 2 = 6$$

mit
e (Anzahl der Kanten des Graphen) = 17 und
n (Anzahl der Knoten des Graphen) = 13.

Der Messwert 6, den McCabe für akzeptabel hält, liegt im mittleren Bereich. Er geht davon aus, dass ein Messwert höher als 10 nicht tolerabel ist und eine Überarbeitung des Programmteils erfolgen sollte.

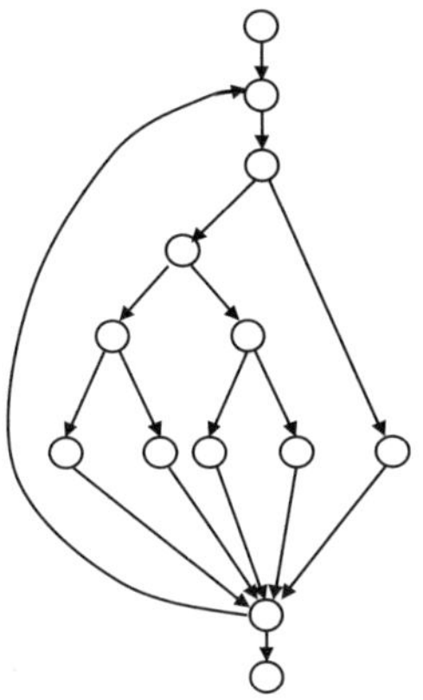

Abb. 4–1
Kontrollflussgraph zur Berechnung der zyklomatischen Zahl (identisch mit Abb. 2–2)

Die zyklomatische Zahl gibt Auskunft über den Testaufwand

Die zyklomatische Zahl kann genutzt werden, um Abschätzungen in Bezug auf die Testbarkeit und die Wartbarkeit des Programmteils vorzunehmen. Die zyklomatische Zahl gibt die Anzahl der unabhängigen Pfade[34] im Programmstück an. Soll eine Zweigüberdeckung (s. Kap. 5.2.2) zu 100 % erfüllt werden, dann sind diese Pfade des Kontrollflussgraphen mindestens einmal zur Ausführung zu bringen. Die zyklomatische Zahl liefert somit wichtige Hinweise zum Umfang des Tests.

Für die Wartbarkeit ist die Verständlichkeit eines Programmstücks von entscheidender Bedeutung. Je höher die ermittelte zyklomatische Zahl ist, desto schwieriger ist meist ein Nachvollziehen des Ablaufs des Programmstücks.

Exkurs

Die zyklomatische Zahl ist nach ihrer Veröffentlichung viel diskutiert worden, unter anderem deshalb, weil die Komplexität der Bedingungen, die zur Auswahl des Kontrollflusses führen, nicht in das Maß eingeht. Ob es sich um eine einfache Bedingung oder um eine Bedingung handelt, die aus mehreren Teilbedingungen verbunden mit logischen Operatoren besteht, hat keinen Einfluss auf die Berechnung der zyklomatischen Zahl. Viele Erweiterungen und Ergänzungen sind in diesem Zusammenhang veröffentlicht worden.

34. Gemeint sind alle linear unabhängigen vollständigen Pfade (s. [Liggesmeyer 90, S. 219]).

4.3 Zusammenfassung

- Mehrere Augenpaare sehen mehr als ein Augenpaar – auch in der Softwareentwicklung. Reviews zur Kontrolle und Qualitätssteigerung nehmen diesen Grundsatz auf. Dokumente werden von mehreren Personen begutachtet und in einer Sitzung diskutiert. Die Ergebnisse werden protokolliert.
- Ein grundlegender Reviewprozess besteht aus den folgenden Aktivitäten: Planung, Einführung, Vorbereitung, Reviewsitzung, Nachbereitung und Wiedervorlage. Rollen und damit zu verteilende Aufgaben sind: Manager, Moderator, Autor, Gutachter und Protokollant.
- Es gibt eine ganze Reihe von unterschiedlichen Ausprägungen oder Arten von Reviews und leider keine einheitliche, durchgängige Begriffsfestlegung zwischen den verschiedenen Standards und Normen.
- Der Walkthrough ist eine informelle Vorgehensweise, bei der der Autor sein Dokument den Gutachtern in der Sitzung präsentiert. Die Vorbereitung hat einen geringen Umfang. Der Walkthrough ist besonders für kleine Entwicklungsteams geeignet, zum Diskutieren von Alternativen und zur Verbreitung von Wissen im Team.
- Die Inspektion ist die formalste Reviewart. Eine Vorbereitung erfolgt anhand von Checklisten, für die einzelnen Prüfschritte sind Eintritts- und Austrittskriterien definiert, die Sitzung wird von einem geschulten Moderator geleitet. Ziel von Inspektionen ist neben der Qualitätskontrolle des Prüfobjekts auch die Verbesserung des Entwicklungs- und Inspektionsprozesses.
- Bei dem technischen Review sind vorab die Ergebnisse der Gutachter in schriftlicher Form dem Sitzungsleiter zu übergeben, damit er eine Priorisierung nach vermuteter Wichtigkeit vornehmen kann. Der Autor bleibt anonym, den fachkompetenten Gutachtern stehen nur die Spezifikation und eventuell weitere Dokumente zur Verfügung.
- Das informelle Review unterliegt keinem formalisierten Prozess und auch die Form der Ergebnisdokumentation ist nicht vorgeschrieben. Wegen des geringeren Aufwands hat diese Form des Reviews eine hohe Akzeptanz und weite Verbreitung in der Praxis gefunden.
- Allgemein unterliegen Reviews firmenspezifischen Ausprägungen. Sie werden auf die jeweiligen Bedürfnisse und Erfordernisse zugeschnitten, wodurch ihr Wirkungsgrad erhöht wird. Wichtig ist, dass eine kooperative Zusammenarbeit zwischen den an der Softwareentwicklung beteiligten Personen etabliert ist.

- Neben den Reviews lassen sich auch werkzeuggestützt eine ganze Reihe von Analysen an den Dokumenten durchführen, die einen gewissen Formalisierungsgrad haben. Die Untersuchungen werden unter dem Oberbegriff statische Analysen zusammengefasst und ohne Ausführung des Test- oder Prüfobjekts durchgeführt.
- Der Compiler ist wohl das gebräuchlichste Analysewerkzeug und deckt Fehlerzustände in der Syntax des Programmcodes auf. Compiler bieten aber meist noch weitere Untersuchungen und Informationsaufbereitungen an.
- Der Verstoß gegen Standards und andere Konventionen kann ebenfalls mithilfe von sprachspezifischen Analysewerkzeugen ermittelt werden.
- Zum Nachweis von Anomalien im Daten- und Kontrollfluss der Programmtexte stehen Werkzeuge zur Verfügung. Hilfreiche Aussagen zum Ablauf und zur Datenverwendung werden ermittelt, die oft auf fehlerträchtige Stellen hinweisen.
- Der Einsatz von Metriken dient zur Messung von Qualität. Die zyklomatische Zahl errechnet die Anzahl der unabhängigen Pfade im untersuchten Programmtext. Aussagen zum strukturellen Aufbau und zum Testaufwand lassen sich gewinnen.
- Generell sollten erst die statischen Analysen durchgeführt werden, bevor das Dokument einem Review unterzogen wird. Es werden relativ kostengünstig Fehlerzustände und Unstimmigkeiten aufgedeckt und die Reviews in ihrem Umfang verkürzt.

5 Dynamischer Test

In diesem Kapitel wird das Testen von Software durch Ausführen der Testobjekte auf einem Rechner beschrieben. Hierzu werden die unterschiedlichen Vorgehensweisen zur Spezifikation von Testfällen und zur Festlegung von Kriterien zum Beenden der Tests erläutert und anhand von Beispielen erklärt. Diese Verfahren lassen sich in Blackbox- und Whitebox-Verfahren unterteilen. Ergänzende Verfahren zur Testfallermittlung runden das Kapitel ab.

Ausführen des Testobjekts auf einem Rechner

Meist wird unter Testen von Software das Ausführen des Testobjekts auf einem Rechner verstanden. Zur Verdeutlichung wird auch der Begriff dynamischer Test verwendet. Das Testobjekt wird mit Eingabedaten versehen und zur Ausführung gebracht. Es muss ein ablauffähiges Programm vorliegen. Da dies in den unteren Teststufen (Komponenten- und Integrationstest) nicht der Fall ist, muss dort das Testobjekt in einen Testrahmen (engl. *test bed*, s. Abb. 5–1) eingebettet werden, um ein ablauffähiges Programm zu erhalten.

Testrahmen erforderlich

Das Testobjekt wird meist weitere Programmteile über definierte Schnittstellen aufrufen. Diese Programmteile werden durch Platzhalter (→Stellvertreter, →*stub*) realisiert, wenn sie noch nicht fertig imple-

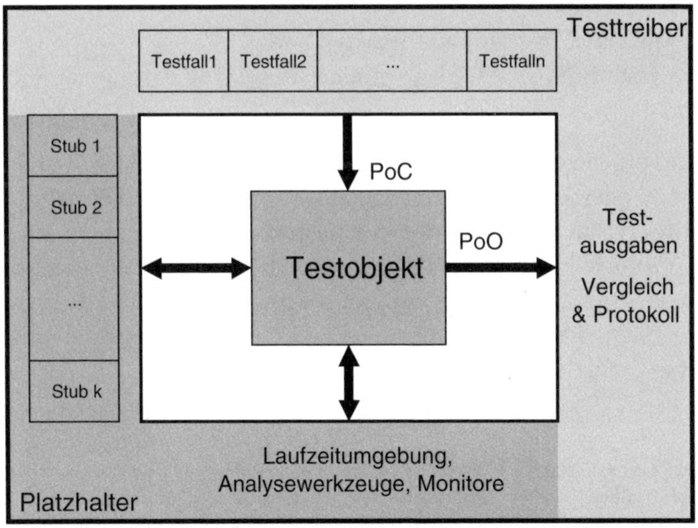

Abb. 5–1
Testrahmen

mentiert und damit einsatzbereit sind oder für diesen Test des Testobjekts nur simuliert werden sollen. Platzhalter simulieren das Ein-/Ausgabeverhalten des eigentlich aufzurufenden Programmteils[35].

Weiterhin ist vom Testrahmen das Testobjekt mit den Eingabedaten zu versorgen. Meist muss dazu ein das Testobjekt aufrufendes Programmteil simuliert werden. Ein Testtreiber übernimmt diese Aufgabe. Treiber und Stellvertreter bilden zusammen den Testrahmen, der mit dem Testobjekt zusammen das ablauffähige Programm ergibt.

Der Testrahmen ist häufig vom Tester zu entwickeln bzw. durch Ausbau von generischen oder Standardtestrahmen auf die Schnittstellen des Testobjekts hin anzupassen. Es können auch Testrahmengeneratoren eingesetzt werden (s. Kap. 7.1.4). Nachdem ein ablauffähiges Testobjekt vorliegt, kann der dynamische Test durchgeführt werden.

Systematisches Vorgehen bei der Erstellung der Testfälle

Ziel des Testens ist der Nachweis der Erfüllung der festgelegten Anforderungen durch das implementierte Programmstück und die Aufdeckung von eventuellen Abweichungen und Fehlerwirkungen. Dabei sollen mit möglichst wenig Aufwand möglichst viele Anforderungen überprüft bzw. Fehlerwirkungen nachgewiesen werden. Um diesem Ziel nahe zu kommen, muss ein systematisches Vorgehen bei der Erstellung der Testfälle gewählt werden. Ein unstrukturiertes Testen, meist »aus dem Bauch heraus«, bietet keine Gewähr dafür, dass möglichst viele, wenn es geht, sogar alle Situationen getestet wurden, die vom Testobjekt unterschiedlich verarbeitet werden.

Schrittweises Vorgehen

Folgende Schritte sind notwendig, um die Tests durchzuführen:

- Bedingungen und Voraussetzungen für den Test und die verfolgten Ziele festlegen,
- die einzelnen Testfälle spezifizieren und
- die Testausführung festlegen (in der Regel eine Aneinanderreihung von mehreren Testfällen).

Dieses Vorgehen kann sehr informell ablaufen, beispielsweise undokumentiert, oder formal, wie es hier im Kapitel beschrieben wird. Der Grad der Formalisierung hängt von mehreren Faktoren ab. Einen starken Einfluss haben z.B. das Einsatzgebiet des Systems (z.B. sicherheitskritische Software), der Reifegrad des Entwicklungs- und Testprozesses, zeitliche Randbedingungen und der Ausbildungsstand der am Projekt Beteiligten, um nur einige zu nennen.

---

35. Im Gegensatz zum Stub mit seiner rudimentären Funktionalität bietet ein →Dummy einen nahezu vollwertigen Ersatz für die echte Implementierung. Ein →Mock unterscheidet sich vom Dummy durch zusätzliche Funktionalität für Testzwecke (nach [Link 02]).

Bedingungen, Voraussetzungen, Ziele

Auf Grundlage der Testbasis wird zuerst analysiert, was zu testen ist (z.B. die korrekte Durchführung einer Transaktion). Die Testziele zum Nachweis der Erfüllung von Anforderungen durch die Testfälle werden festgelegt. Das im Fehlerfall eintretende Risiko soll hierbei besonders berücksichtigt werden. Notwendige Voraussetzungen und Bedingungen für den Test werden ermittelt, beispielsweise der benötigte Datenbestand in einer Datenbank.

Der Zusammenhang zwischen den einzelnen Anforderungen und den zu prüfenden Testfällen ist herzustellen. Dadurch wird erreicht, dass eine Überdeckung der Anforderungen durch die Tests ermittelt und dass bei Änderungen der Anforderungen die Auswirkungen auf den Test (Neuerstellung oder Änderung von Testfällen) erheblich besser abgeschätzt werden kann.

→Testfallspezifikation

Zur Spezifikation der einzelnen Testfälle gehören die Eingabedaten des Testobjekts, die mithilfe der Testmethoden, die in diesem Kapitel beschrieben sind, ermittelt werden. Zum Testfall gehören aber auch die einzuhaltenden Vorbedingungen, um den Testfall ausführen zu können, die erwarteten Ergebnisse und die erwarteten Nachbedingungen, um entscheiden zu können, ob eine Fehlerwirkung vom Testfall aufgezeigt wird (s. ausführliche Beschreibungen in [IEEE 829]).

Erwartetes Ergebnis und Verhalten festlegen

Die erwarteten Ergebnisse (Ausgaben, Änderung von internen Zuständen usw.) müssen vor der Ausführung der Testfälle feststehen und dokumentiert werden. Sonst kann es leicht passieren, dass nach der Testausführung ein fehlerhaftes Ergebnis als korrekt interpretiert und somit eine Fehlerwirkung übersehen wird.

Ausführung der Testfälle

Es macht wenig Sinn, Testfälle einzeln auszuführen, sondern es sollte eine Reihe von Testfällen nacheinander zur Ausführung kommen (Testsequenz oder Testszenario). Wie die Zusammenstellung erfolgt, ist in der →Testprozedurspezifikation festzulegen. Im Dokument sind die Testfälle in der Regel thematisch bzw. nach Testzielen gruppiert aufgeführt. Informationen zu Prioritäten, technischen und logischen Abhängigkeiten zwischen den Tests und den Regressionstestfällen sollten ebenfalls dem Dokument zu entnehmen sein. Der zeitliche Ablauf der Testdurchführung (Zuordnung der Testfälle zu Testern und Festlegung des Durchführungszeitpunktes) wird im Testplan festgelegt.

Um eine Testsequenz ausführen zu können, ist ein →Testskript erforderlich. Das Testskript enthält, meist in einer Programmiersprache oder ähnlichen Notation, Anweisungen zur automatischen Ausführung einer Testsequenz. Im Testskript können auch die entsprechenden Vorbedingungen gesetzt und ein Vergleich zwischen Soll- und Istergebnis vorgenommen werden. JUnit ist beispielsweise ein Framework, das es ermöglicht, sehr einfach Testskripts in Java zu programmieren (s.a. [URL: xunit]).

Blackbox- und Whitebox-Testverfahren

Zur systematischen Erstellung der einzelnen Testfälle gibt es eine ganze Reihe von unterschiedlichen Verfahren, die verwendet werden können. Die Verfahren lassen sich in zwei Kategorien einteilen: Blackbox- und Whitebox[36]-Verfahren. Präziser ausgedrückt: Blackbox- und Whitebox-Testfallentwurfsverfahren, denn die Verfahren dienen zur Ermittlung der jeweiligen Testfälle.

Bei den Blackbox-Verfahren wird das Testobjekt als schwarzer Kasten angesehen. Über den Programmtext und den inneren Aufbau sind keine Informationen notwendig. Beobachtet wird das Verhalten des Testobjekts von außen (→PoO – *Point of Observation* liegt außerhalb des Testobjekts). Es ist keine Steuerung des Ablaufs des Testobjekts außer durch die entsprechende Wahl der Eingabetestdaten möglich (auch der →PoC – *Point of Control* liegt außerhalb des Testobjekts). Die Überlegungen zu den Testfällen beruhen auf der Spezifikation bzw. den Anforderungen an das Testobjekt.

Bei den Whitebox-Verfahren wird auch auf den Programmtext zurückgegriffen. Während der Ausführung der Testfälle wird der innere Ablauf im Testobjekt analysiert (der *Point of Observation* liegt innerhalb des Testobjekts). Ein Eingriff in den Ablauf des Testobjekts ist in Ausnahmefällen möglich, z.B. wenn Negativtests durchzuführen sind und über die Komponentenschnittstelle die zu provozierende Fehlbedienung nicht ausgelöst werden kann (der *Point of Control* kann innerhalb des Testobjekts liegen). Testfälle können aufgrund der Programmstruktur des Testobjekts gewonnen werden (s. Abb. 5–2).

Abb. 5–2
PoC und PoO bei Blackbox- und Whitebox-Verfahren

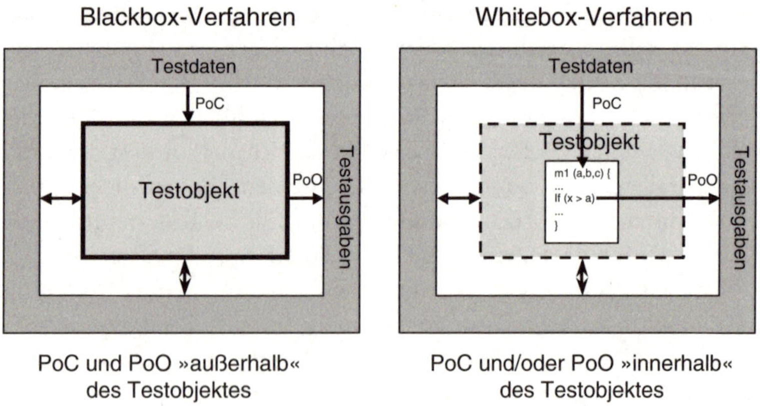

36. Manchmal auch als »Glassbox-Verfahren« oder »Open-Box-Verfahren« benannt, weil in einen weißen Kasten auch nicht hineingesehen werden kann. Diese Begriffe haben sich allerdings nicht durchgesetzt.

Die Whitebox-Verfahren werden auch als strukturelle Testverfahren bezeichnet, da sie die Struktur (Komponentenhierarchie, Kontrollfluss, Datenfluss) des Testobjekts berücksichtigen, und die Blackbox-Verfahren werden auch funktionale oder spezifikationsbasierte Testverfahren genannt, da die Prüfung des spezifizierten Ein-/Ausgabeverhaltens, also hauptsächlich die Funktionalität des Testobjekts, im Mittelpunkt steht.

Die Whitebox-Testverfahren lassen sich auf den unteren Teststufen wie Komponenten- und Integrationstest anwenden. Ein Systemtest, der sich am Programmtext orientiert, ist in der Regel wenig sinnvoll. Die Blackbox-Verfahren eignen sich überwiegend für die höheren Teststufen, wobei auch beim Komponententest ein Einsatz sinnvoll ist. Alle Vorgehensweisen, bei denen vor der Kodierung die Testfälle definiert werden (*test-first programming*, *test-driven development*), sind Blackbox-Verfahren.

Die meisten Testmethoden lassen sich eindeutig den beiden Kategorien zuordnen, einige haben Elemente von beiden. Diese werden manchmal als »Greybox-Verfahren« bezeichnet. In den folgenden beiden Kapiteln werden die Blackbox- und Whitebox-Verfahren ausführlich behandelt. Das intuitive oder erfahrungsbasierte Testen ist zwar den Blackbox-Verfahren zuzuordnen, wird aber in einem eigenen Kapitel behandelt, da keine Systematik verwendet wird bzw. werden kann.

5.1 Blackbox-Verfahren

Da bei Blackbox-Verfahren der innere Aufbau des Testobjekts nicht bekannt ist bzw. nicht herangezogen wird, werden Testfälle aus der Spezifikation abgeleitet oder liegen bereits als Teil derselben vor. Ein Test mit allen möglichen Eingabedaten und deren Kombination wäre ein vollständiger Test. Dies ist aber wegen der großen Zahl von möglichen Eingabewerten und Kombinationen unrealistisch (s. Kap. 2.1.4). Eine sinnvolle Auswahl aus den möglichen Testfällen muss getroffen werden. Dazu gibt es mehrere Verfahren, die im Folgenden vorgestellt werden.

5.1.1 Äquivalenzklassenbildung

Eingabewertebereiche werden in Äquivalenzklassen unterteilt

Die Menge der möglichen konkreten Eingabewerte für ein Eingabedatum wird in →Äquivalenzklassen unterteilt (→Äquivalenzklassenbildung). Zu einer Äquivalenzklasse gehören alle Eingabedaten, bei denen der Tester davon ausgeht, dass sich das Testobjekt bei Eingabe eines beliebigen Datums aus der Äquivalenzklasse gleich verhält. Der Test eines Repräsentanten einer Äquivalenzklasse wird als ausreichend angesehen, da davon ausgegangen wird, dass das Testobjekt für alle anderen Eingabewerte derselben Äquivalenzklasse keine andere Reaktion zeigt.

Neben den Äquivalenzklassen, die gültige Eingaben umfassen, sind auch solche für ungültige Eingaben zu berücksichtigen.

Beispiel: Äquivalenzklassenbildung

Das Beispiel zur Berechnung der Weihnachtsgratifikation aus Kapitel 2.2.2 soll hier erneut aufgegriffen werden und den Sachverhalt verdeutlichen. Zur Erinnerung: Eine Firma hat ein Programm in Auftrag gegeben, das die Weihnachtsgratifikation der Mitarbeiter in Abhängigkeit von der Firmenzugehörigkeit berechnen soll. In der Beschreibung der Anforderungen findet sich folgende Textpassage: »Mitarbeiter erhalten ab einer Zugehörigkeit zur Firma von mehr als drei Jahren 50 % des Monatsgehalts als Weihnachtsgratifikation. Mitarbeiter, die länger als fünf Jahre in der Firma tätig sind, erhalten 75 %. Bei einer Firmenzugehörigkeit von mehr als acht Jahren wird eine Gratifikation von 100 % gewährt.«

Es lassen sich sehr einfach vier unterschiedliche Äquivalenzklassen mit gültigen Werten (gültige Äquivalenzklasse, gÄK) für die Berechnung der Gratifikation anhand der Dauer der Firmenzugehörigkeit ableiten:

Tab. 5–1 *Gültige Äquivalenzklassen und Repräsentanten*

Parameter	Äquivalenzklasse	Repräsentant
Gratifikation	$gÄK_1$: 0 <= x <= 3	2
	$gÄK_2$: 3 < x <= 5	4
	$gÄK_3$: 5 < x <= 8	7
	$gÄK_4$: x > 8	12

In Kapitel 2.2.2 wurden die Eingabewerte 2, 4, 7 und 12 (vgl. Tab. 2–2) gewählt. Jeder Wert ist ein Repräsentant aus einer der vier Äquivalenzklassen. Es wird davon ausgegangen, dass Testläufe mit beispielsweise den Eingabewerten 1, 6, 9 und 17 zu keinen weiteren Erkenntnissen führen, also auch keine weiteren Fehlerwirkungen aufdecken und damit nicht durchgeführt zu werden brauchen.

Äquivalenzklassen mit ungültigen Werten

Neben den gültigen Eingabewerten müssen auch ungültige Eingaben beim Test überprüft werden. Es müssen also auch Äquivalenzklassen für ungültige Werte überlegt und Testläufe mit Repräsentanten dieser Klassen durchgeführt werden.

In dem Beispiel sind es die folgenden beiden ungültigen Äquivalenzklassen[37] (uÄK):

37. Eine korrektere Bezeichnung wäre »Äquivalenzklassen für ungültige Werte« statt ungültige Äquivalenzklassen, da die Äquivalenzklasse ja nicht ungültig ist, sondern die Werte der Äquivalenzklasse in Bezug auf die spezifizierte Eingabe.

Parameter	Äquivalenzklasse	Repräsentant
Gratifikation	$uÄK_1$: x < 0 (»negative« – also falsche – Betriebszugehörigkeit)	-3
	$uÄK_2$: x > 70 (unrealistisch lange, falsche Betriebszugehörigkeit[a])	80

a. Der Wert 70 ist hier relativ willkürlich gewählt. Es muss mit dem Kunden abgestimmt werden, was für ihn der maximale Wert für die Firmenzugehörigkeit ist.

Tab. 5–2 Ungültige Äquivalenzklassen und Repräsentanten

Systematische Herleitung der Testfälle

Um die Testfälle systematisch herzuleiten, wird wie folgt vorgegangen. Für jede zu testende Eingabevariable (z.B. Funktions-/Methodenparameter beim Komponententest oder Maskenfeld beim Systemtest) wird der Definitionsbereich ermittelt. Dieser Definitionsbereich ist die Äquivalenzklasse aller zulässigen bzw. erlaubten Eingabewerte. Diese Werte muss das Testobjekt gemäß der Spezifikation verarbeiten. Die Werte außerhalb des Definitionsbereichs werden als Äquivalenzklassen mit unzulässigen Werten betrachtet. Auch für diese Werte ist zu prüfen, wie das Testobjekt sich verhält.

Weitere Aufteilung der Äquivalenzklassen

Als nächster Schritt sind die Äquivalenzklassen zu verfeinern. Äquivalenzklassenelemente, die vom Testobjekt laut Spezifikation unterschiedlich verarbeitet werden, sind einer neuen (Unter-)Äquivalenzklasse zuzuordnen. Die Äquivalenzklassen werden so lange aufgeteilt, bis sich alle unterschiedlichen Anforderungen mit den jeweiligen Äquivalenzklassen decken. Für jede einzelne Äquivalenzklasse ist dann ein Repräsentant für einen Testfall auszuwählen.

Zur Vervollständigung der Testfälle muss zu jedem Repräsentanten auch das erwartete Ergebnis und ggf. die Vorbedingungen für den Testlauf festgelegt werden.

Äquivalenzklassen für Ausgabewerte

Das Prinzip der Zerlegung kann genauso für die Ausgabedaten genutzt werden. Die Ermittlung der einzelnen Testfälle ist allerdings aufwändiger, da für jeden »Ausgaberepräsentanten« (Ergebniswert) die ihn erzeugenden Eingabewerte zu ermitteln sind. Auch bei den Ausgabewerten sind die Äquivalenzklassen mit ungültigen Werten nicht zu vernachlässigen.

Die Aufteilung in Äquivalenzklassen und die Wahl der Repräsentanten sind sehr sorgfältig vorzunehmen, da es stark von der Güte der Aufteilung abhängt, welche Testfälle durchgeführt und mit welcher Wahrscheinlichkeit Fehlerwirkungen gefunden werden. In der Regel ist es nicht trivial, die Äquivalenzklassen aus der Spezifikation oder aus anderen Dokumenten herzuleiten.

Grenzen der Äquivalenzklassen

Aussichtsreiche Testfälle sind sicherlich solche, die die Grenzen der Äquivalenzklassen prüfen. Oft sind an diesen Stellen Missverständnisse oder Ungenauigkeiten in den Anforderungen enthalten, da aus einer umgangssprachlichen Formulierung nicht (im mathematischen Sinne) genau hervorgeht, welcher Grenzwert einer Äquivalenzklasse zuzuordnen ist oder nicht. Eine umgangssprachliche Formulierung »... mehr als drei Jahre ...« in den Anforderungen kann den exakten Wert 3 innerhalb (ÄK: x >= 3) oder auch außerhalb der Äquivalenzklasse (ÄK: x > 3) meinen. Ein zusätzlicher Testfall mit x=3 kann eine mögliche Fehlinterpretation und damit eine Fehlerwirkung aufdecken. Im Kapitel 5.1.2 wird auf die Analyse der Grenzwerte der Äquivalenzklassen ausführlich eingegangen.

Beispiel: Äquivalenzklassenbildung für ganzzahlige Eingabewerte

Zur Verdeutlichung des Vorgehens bei der Bildung der Äquivalenzklassen sollen die möglichen Äquivalenzklassen für einen ganzzahligen Eingabewert ermittelt werden. Für den ganzzahligen Parameter `extras` der Methode `calculate_price()` ergeben sich folgende Äquivalenzklassen:

Tab. 5–3 *Äquivalenzklassen für ganzzahlige Eingabewerte*

Parameter	Äquivalenzklasse
extras	$gÄK_1$: [MIN_INT, ... , MAX_INT] [a] $uÄK_1$: NaN

a. Mit MIN_INT und MAX_INT ist jeweils die kleinste und größte ganze darstellbare Zahl im Rechner gemeint. Diese können je nach verwendeter Hardware von Rechner zu Rechner unterschiedlich sein.

Dabei ist darauf zu achten, dass der Wertebereich im Gegensatz zur reinen Mathematik im Rechner durch die Maxima und Minima beschränkt ist. Über- oder Unterschreitungen dieser Werte führen häufig zu Fehlerwirkungen, da mögliche Überschreitungen nicht abgefangen werden.

Die Äquivalenzklasse unzulässiger Werte ergibt sich aus folgender Überlegung: Unzulässige Werte sind Zahlen, die größer oder kleiner sind als die jeweiligen Intervallgrenzen, oder sämtliche nicht numerischen Werte[38]. Wird angenommen, dass die Reaktion der Methode auf einen unzulässigen Wert immer gleich ist (z.B. eine Ausnahmebehandlung, die den Fehlercode `NOT_VALID` liefert), genügt es, alle möglichen Arten unzulässiger Werte auf eine gemeinsame Äquivalenzklasse (hier bezeichnet mit `NaN` für »Not a Number«) abzubilden. Zu dieser gemeinsamen Äquivalenzklasse zählen hier auch Gleitpunktzahlen, da erwartet wird, dass auf eine Eingabe von beispielsweise »3,5« das Testobjekt mit einer Fehlermeldung reagiert. Die Äquivalenzklassenbildung verlangt in diesem Fall keine weitere Unterteilung, da bei allen falschen Eingaben die gleiche Reaktion erwartet wird. Ein erfahrener Tester wird allerdings auch den

38. Es hängt von der gewählten Programmiersprache und dem eingesetzten Compiler ab, ob und welche unzulässigen Werte der Compiler erkennt, z.B. beim Versuch, die Methode vom Testtreiber aufzurufen. Im Beispiel wird angenommen, dass der Compiler unzulässige Parameterwerte nicht erkennt und deren Verarbeitung daher im dynamischen Test mit untersucht werden muss.

Testfall mit einer Gleitpunktzahl vorsehen, um festzustellen, ob das Programm nicht möglicherweise eine Rundung der Zahl vornimmt und mit dem dann ermittelten ganzzahligen Wert die Berechnung fortsetzt. Grundlage für diesen ergänzenden Testfall ist demnach das intuitive oder erfahrungsbasierte Testen (s. Kapitel 5.3).

Da negative und positive Werte erfahrungsgemäß unterschiedlich behandelt werden, macht es Sinn, die Äquivalenzklasse mit den gültigen Werten ($gÄK_1$) weiter aufzuteilen. Auch ist die Null ein Eingabewert, der häufig zu Fehlerwirkungen führt.

Parameter	Äquivalenzklasse	Repräsentant
extras	$gÄK_1$: [MIN_INT,...,0[[a]	-123
	$gÄK_2$: [0,...,MAX_INT]	654
	$uÄK_1$: NaN	"f"

a. ´[´ bezeichnet ein offenes Intervall ohne Intervallgrenze. Die Angabe [MIN_INT, ... , -1] ist äquivalent, da es sich um ganze Zahlen handelt.

Tab. 5-4
Äquivalenzklassen und Repräsentanten für ganzzahlige Eingabewerte

Als Repräsentant wurde relativ willkürlich je ein Wert aus den insgesamt drei Äquivalenzklassen gewählt. Hinzu kommen noch die Grenzwerte (s. a. Kap. 5.1.2) der jeweiligen Äquivalenzklassen: `MIN_INT`, `-1`, `0`, `MAX_INT`. Für die Äquivalenzklasse der ungültigen Werte gibt es im engeren Sinne keine Grenzwerte.

Damit ergeben sich nach der Äquivalenzklassenmethode mit Berücksichtigung der Grenzwerte für den Test des ganzzahligen Parameters `extras` folgende sieben zu prüfende Werte:

```
{"f", MIN_INT, -123, -1, 0, 654, MAX_INT}.
```

Zu jedem dieser Eingabewerte sind die erwarteten Ausgaben bzw. Reaktionen des Testobjekts festzulegen, um nach dem Testlauf entscheiden zu können, ob ggf. eine Fehlerwirkung vorliegt.

Äquivalenzklassen von Eingabedaten, die keine Basisdatentypen sind

Bei den im Beispiel verwendeten Eingabedaten mit ganzzahligem Wertebereich lassen sich sehr leicht Äquivalenzklassen bilden und die entsprechenden Repräsentanten auswählen. Es können als Wertebereiche außer den elementaren Datentypen auch zusammengesetzte Datenstrukturen oder Objektmengen zugrunde gelegt werden. Es ist dann jeweils zu entscheiden, mit welchen Repräsentanten ein Testfall durchzuführen ist.

Beispiel für Eingabedaten, die aus einer Menge auszuwählen sind

Folgendes Beispiel soll den Sachverhalt verdeutlichen. Eine reisende Person kann ein Kind, ein Jugendlicher, ein Erwachsener, ein Student, ein Sozialhilfeempfänger oder ein Rentner sein. Wenn das Testobjekt auf die jeweilige Ausprägung der reisenden Person unterschiedlich reagiert bzw. reagieren sollte, dann sind alle Möglichkeiten mit einem extra Testfall zu überprüfen.

Wird kein unterschiedliches Verhalten gefordert oder erwartet, kann auch ein Testfall ausreichend sein und ein beliebiger der möglichen Werte für eine reisende Person gewählt werden.

Ist das Testobjekt die Komponente, die den Fahrpreis ermittelt, so sind sicherlich sechs unterschiedliche Testfälle für die reisende Person vorzusehen. Der Fahrpreis wird bei den verschiedenen reisenden Personen vermutlich unterschiedlich berechnet. Genaues muss aus den Anforderungen hervorgehen. Jede Berechnung ist einem Test zu unterziehen, um die Korrektheit der Berechnung zu überprüfen und ggf. Fehlerwirkungen nachzuweisen.

Beim Test der Komponente, die die Platzreservierung vornimmt, kann es ausreichend sein, dass für eine reisende Person nur ein Repräsentant, zum Beispiel ein Erwachsener, gewählt wird. Vermutlich – auch hier muss Genaues in den Anforderungen zum Sachverhalt definiert sein – spielt es bei der Platzreservierung keine Rolle, ob der Platz von einem Jugendlichen oder von einem Rentner eingenommen wird. Dem Tester muss aber klar sein, dass er, wenn er nur den Testfall mit dem Eingabedatum »Erwachsener« durchführt, keinerlei Aussagen treffen kann, ob die Platzreservierung auch für die anderen fünf reisenden Personengruppen ordnungsgemäß durchgeführt wird.

Tipp zur Ermittlung der Äquivalenzklassen

Als Richtlinie für die Ermittlung der Äquivalenzklassen können folgende Hinweise dienen:

- Ermitteln der spezifizierten Einschränkungen und Bedingungen aus der Spezifikation sowohl für die Eingaben als auch für die Ausgaben.
- Für jede Einschränkung bzw. Bedingung ist die Äquivalenzklassenbildung vorzunehmen:
  - Ist ein zusammenhängender Wertebereich spezifiziert, dann sind eine gültige und zwei ungültige Äquivalenzklassen zu berücksichtigen.
  - Ist spezifiziert, dass eine Anzahl von Werten einzugeben ist, sind eine gültige (mit allen möglichen gültigen Werten) und zwei ungültige Äquivalenzklassen (Unter- und Überschreitung der gültigen Anzahl) zu bilden.
  - Ist eine Menge von Werten spezifiziert, die möglicherweise unterschiedlich zu behandeln sind, so ist für jeden Wert der Menge eine gültige Äquivalenzklasse (bestehend aus diesem einen Wert) vorzusehen und eine zusätzliche ungültige Äquivalenzklasse.
  - Falls die Einschränkung oder Bedingung eine Situation beschreibt, die zwingend erfüllt werden muss, ist jeweils eine gültige und ungültige Äquivalenzklasse zu berücksichtigen.
- Bestehen Zweifel an der Gleichbehandlung von Werten innerhalb einer Äquivalenzklasse, sollte die Äquivalenzklasse weiter unterteilt werden.

Testfälle

Kombination der Repräsentanten

In der Regel besitzt ein Testobjekt mehr als nur einen Eingabeparameter. Die Äquivalenzklassenmethode liefert für jeden einzelnen dieser Parameter des Testobjekts mindestens zwei Äquivalenzklassen (eine gültige und eine ungültige). Damit gibt es je Parameter mindestens zwei Repräsentanten, die als Testeingaben zu verwenden sind.

Zur Spezifikation eines Testfalls muss jedem Parameter ein Eingabewert zugeordnet werden. Dazu muss entschieden werden, welche der verfügbaren Repräsentanten miteinander zu einem Eingabedatensatz zu kombinieren sind. Um alle (durch die vorgenommene Äquivalenzklassenzerlegung modellierten) Testobjektreaktionen sicher auszulösen, sind die Eingabewerte, also die Repräsentanten der jeweiligen Äquivalenzklassen, nach folgenden Regeln zu kombinieren:

Regeln zur Testfallerstellung

- Die Repräsentanten aller gültigen Äquivalenzklassen sind zu Testfällen zu kombinieren, d.h., alle möglichen Kombinationen der jeweiligen Repräsentanten sind vorzusehen. Jede dieser Kombinationen bildet einen »gültigen Testfall«.

Ungültige Werte separat testen

- Der Repräsentant einer ungültigen Äquivalenzklasse ist nur mit Repräsentaten von anderen gültigen Äquivalenzklassen zu kombinieren. Für jede ungültige Äquivalenzklasse ist somit ein extra »Negativ«-Testfall zu spezifizieren.

Einschränkung der Testfallmenge

Die Anzahl der »gültigen« Testfälle ergibt sich also aus dem Produkt der Zahl gültiger Äquivalenzklassen je Parameter. Wegen dieser multiplikativen Kombination können sich schon bei wenigen Parametern sehr schnell einige hundert »gültige Testfälle« ergeben. Da es selten machbar ist, so viele Testfälle zu beachten, werden weitere Regeln benötigt, wie die Menge »gültiger« Testfälle reduziert werden kann:

Regeln zur Testfalleinschränkung

- Die Testfälle aus allen Repräsentanten kombinieren und anschließend nach »Häufigkeit« sortieren (typische Benutzungsprofile). Testfälle in dieser Reihenfolge priorisieren. Zum Test herangezogen werden so nur die »benutzungsrelevanten« Testfälle (oder häufig vorkommende Kombinationen oder Benutzungen).
- Es werden Testfälle bevorzugt, die Grenzwerte oder Grenzwertkombinationen enthalten.
- Sicherstellen, dass jeder Repräsentant einer Äquivalenzklasse mit jedem Repräsentanten der anderen Äquivalenzklassen in einem Testfall zur Ausführung kommt (d.h. paarweise Kombination statt vollständiger Kombination).

- Als Minimalkriterium sicherstellen, dass jeder Repräsentant einer Äquivalenzklasse in mindestens einem Testfall vorkommt.
- Repräsentanten ungültiger Äquivalenzklassen nicht mit Repräsentanten anderer ungültiger Äquivalenzklassen kombinieren.

Ungültige Werte separat testen

Die Repräsentanten ungültiger Äquivalenzklassen werden nicht »multiplikativ« kombiniert. Ein ungültiger Wert soll nur mit »gültigen« kombiniert werden. Denn ein ungültiger Parameterwert löst eine Ausnahmebehandlung aus, unabhängig davon, welche Werte die übrigen Parameter haben. Kombiniert ein Testfall mehrere ungültige Werte, kann es leicht zu einer gegenseitigen Fehlermaskierung kommen, und nur eine der möglichen Ausnahmesituationen wird ausgelöst. Auch ist dann beim Auftreten einer Fehlerwirkung nicht klar, welcher ungültige Wert die Wirkung ausgelöst hat. Vermeidbarer Aufwand zur Fehleranalyse ist dann notwendig.

Beispiel: Test der DreamCar-Preisberechnung

Im Folgenden dient wieder die Methode `calculate_price()` des VSR-Teilsystems *DreamCar* als Testobjekt (s. Kap. 3.2.3). Zu testen ist, ob die Methode aus ihren Eingabedaten stets einen gemäß Spezifikation korrekten Gesamtpreis berechnet. Es wird angenommen, dass der innere Aufbau der Methode nicht bekannt ist, sondern nur die funktionale Spezifikation der Methode und die Methodenschnittstelle:

```
double calculate_price (
double baseprice,      // Grundpreis des Fahrzeugs
double specialprice,   // Sondermodellaufschlag
double extraprice,     // Preis der Zusatzausstattung
int extras,            // Anzahl Zusatzausstattungen
double discount        // Haendlerrabatt
)
```

Schritt 1: Definitionsbereich ermitteln

Zur Herleitung der nötigen Testfälle aus den Eingabeparametern wird die Äquivalenzklassenmethode eingesetzt. Im ersten Schritt wird für jeden Eingabeparameter sein Definitionsbereich ermittelt. Hieraus resultieren je Parameter Äquivalenzklassen gültiger und ungültiger Werte (s. Tab. 5–5).

Damit wurden, alleine aus der Schnittstellenspezifikation, je Parameter eine gültige und eine ungültige Äquivalenzklasse abgeleitet (Testdatengeneratoren gehen entsprechend vor; s. Kap. 7.1.2).

Parameter	Äquivalenzklasse
baseprice	$gÄK_{11}$: [MIN_DOUBLE, ... , MAX_DOUBLE] $uÄK_{11}$: NaN
specialprice	$gÄK_{21}$: [MIN_DOUBLE, ... , MAX_DOUBLE] $uÄK_{21}$: NaN
extraprice	$gÄK_{31}$: [MIN_DOUBLE, ... , MAX_DOUBLE] $uÄK_{31}$: NaN
extras	$gÄK_{41}$: [MIN_INT, ... , MAX_INT] $uÄK_{41}$: NaN
discount	$gÄK_{51}$: [MIN_DOUBLE, ... , MAX_DOUBLE] $uÄK_{51}$: NaN

Tab. 5–5
Gültige und ungültige Äquivalenzklassen der Parameter der Methode

Schritt 2: Äquivalenzklassen verfeinern, basierend auf der Spezifikation

Um diese Äquivalenzklassen weiter zu zerlegen, wird Information über die Funktionalität der Methode benötigt. Diese Information liefert die Methodenspezifikation (s. Kap. 3.2.3). Aus dieser können folgende testrelevanten Aussagen gefolgert werden:

- Die Parameter 1 bis 3 sind (Fahrzeug-)Preise. Preise sind nicht negativ. Die Spezifikation legt keine Preisgrenzen fest.
- Abhängig vom Wert `extras` berechnet sich der Rabatt auf die Zusatzausstattung (10 % falls `extras` >=3 bzw. 15 % falls `extras` >=5). `extras` stellt die Anzahl der gewählten Zusatzausstattungsteile dar und ist somit nicht negativ[39]. Die Spezifikation legt keine Anzahlobergrenze fest.
- Der Parameter `discount` ist ein Rabatt, er wird prozentual angegeben und liegt zwischen 0 und 100. Da im Spezifikationstext die Zubehörrabattgrenzen in Prozent angegeben sind, kann der Tester annehmen, dass auch der Händlerrabatt prozentual eingegeben wird. Sicherheit gibt eine Rücksprache beim Kunden.

Diese Überlegungen basieren nicht nur auf der funktionalen Spezifikation. Vielmehr bringt die Analyse einige Lücken in der Spezifikation ans Licht. Diese Lücken »füllt« der Tester, indem er plausible Annahmen trifft, basierend auf Alltagswissen und seiner Testerfahrung, oder bei Kollegen (Tester oder Entwickler) nachfragt. In Zweifelsfällen ist eine Rücksprache beim Kunden ratsam. Aufgrund der Analyse können die bereits gefundenen Äquivalenzklassen verfeinert werden. Je feiner die Äquivalenzklassenzerlegung, umso genauer wird der Test. Sind alle aus der Spezifikation ersichtlichen Bedingungen für die einzelnen Eingabeparameter und auch das Erfahrungswissen des Testers berücksichtigt, ist die Zerlegung abgeschlossen.

39. Gleitpunktzahlen fallen in die Äquivalenzklasse NaN, s. Beispiel: Äquivalenzklassenbildung für ganzzahlige Eingabewerte.

Tab. 5-6
Weitere Aufteilung der Äquivalenzklassen der Parameter der Methode `calculate_price()` mit Repräsentanten

Parameter	Äquivalenzklasse	Repräsentant
baseprice	$gÄK_{11}$: [0,..., MAX_DOUBLE]	20000.00
	$uÄK_{11}$: [MIN_DOUBLE,...,0[$uÄK_{12}$: NaN	-1.00 "abc"
specialprice	$gÄK_{21}$: [0,..., MAX_DOUBLE]	3450.00
	$uÄK_{21}$: [MIN_DOUBLE,...,0[$uÄK_{22}$: NaN	-1.00 "abc"
extraprice	$gÄK_{31}$: [0,..., MAX_DOUBLE]	6000.00
	$uÄK_{31}$: [MIN_DOUBLE,...,0[$uÄK_{32}$: NaN	-1.00 "abc"
extras	$gÄK_{41}$: [0,...,2] $gÄK_{42}$: [3,4] $gÄK_{43}$: [5,..., MAX_INT]	1 3 20
	$uÄK_{41}$: [MIN_INT,...,0[$uÄK_{42}$: NaN	-1 "abc"
discount	$gÄK_{51}$: [0,...,100]	10.00
	$uÄK_{51}$: [MIN_DOUBLE,...,0[$uÄK_{52}$:]100,...,MAX_DOUBLE] $uÄK_{53}$: NaN	-1.00 101.00 "abc"

Als Resultat ergeben sich insgesamt 18 Äquivalenzklassen, 7 für gültige Parameterwerte und 11 für ungültige.

Schritt 3: Repräsentanten auswählen

Um Eingabedaten zu erhalten, muss für jede Äquivalenzklasse ein Repräsentant ausgewählt werden. Dazu kann laut Äquivalenzklassentheorie jeder beliebige Wert einer Äquivalenzklasse herangezogen werden. In der Praxis gelingt die Zerlegung aber selten perfekt. Aus Mangel an Detailinformation, aus Zeitmangel oder einfach weil der Aufwand gescheut wird, wird die Zerlegung auf einer bestimmten Stufe abgebrochen. Einzelne Äquivalenzklassen überschneiden sich eventuell[40]. Bei der Repräsentantenwahl muss daher beachtet werden, dass es innerhalb einer Äquivalenzklasse Werte geben kann, auf die das Testobjekt doch unterschiedlich reagieren könnte, oder Werte, die im Produkteinsatz häufiger vorkommen als andere.

Im Fallbeispiel werden deshalb aus den gültigen Äquivalenzklassen Repräsentanten ausgesucht, die plausible Werte darstellen und im Produkteinsatz vermutlich häufig vorkommende Fälle abdecken. Für die ungültigen Äquivalenzklassen werden möglichst »unkomplizierte« Repräsentanten ausgesucht. Die gewählten Repräsentanten sind in obiger Tabelle aufgeführt.

Schritt 4: Testfälle kombinieren

Im nächsten Schritt müssen die Repräsentanten zu Testfällen kombiniert werden. Nach obigen Grundregeln ergeben sich 1*1*1*3*1 = 3 »gültige« Testfälle (durch Kombination der jeweiligen Repräsentanten der gültigen

40. Im Idealfall sind die ermittelten Klassen (wie Äquivalenzklassen in der Mathematik) überschneidungsfrei (disjunkt). Das Zerlegungsverfahren garantiert dies aber nicht.

Äquivalenzklassen) und 2+2+2+2+3 = 11 Negativtests (durch separaten Test des jeweiligen Repräsentanten jeder ungültigen Äquivalenzklasse). Insgesamt werden aus den 18 Äquivalenzklassen somit 14 Testfälle abgeleitet (s. Tab. 5–7).

Tab. 5-7
Testfälle für die Methode calculate_price()

	Parameter					
Testfall	**baseprice**	**specialprice**	**extraprice**	**extras**	**discount**	**result**
1	20000.00	3450.00	6000.00	1	10.00	27450.00
2	20000.00	3450.00	6000.00	3	10.00	26850.00
3	20000.00	3450.00	6000.00	20	10.00	26550.00
4	-1.00	3450.00	6000.00	1	10.00	NOT_VALID
5	"abc"	3450.00	6000.00	1	10.00	NOT_VALID
6	20000.00	-1.00	6000.00	1	10.00	NOT_VALID
7	20000.00	"abc"	6000.00	1	10.00	NOT_VALID
8	20000.00	3450.00	-1.00	1	10.00	NOT_VALID
9	20000.00	3450.00	"abc"	1	10.00	NOT_VALID
10	20000.00	3450.00	6000.00	-1	10.00	NOT_VALID
11	20000.00	3450.00	6000.00	"abc"	10.00	NOT_VALID
12	20000.00	3450.00	6000.00	1	-1.00	NOT_VALID
13	20000.00	3450.00	6000.00	1	101.00	NOT_VALID
14	20000.00	3450.00	6000.00	1	"abc"	NOT_VALID

Bei den gültigen Äquivalenzklassen sind jeweils die gleichen Repräsentanten verwendet worden, um sicherzustellen, dass nur die Veränderung des einen Parameters die Reaktion des Testobjekts bewirkt.

Da vier der fünf Parameter nur jeweils eine gültige Äquivalenzklasse aufweisen, ergeben sich nur wenige »gültige« Testfälle. Es besteht kein Anlass, die Testfallmenge weiter zu reduzieren.

Sind die Testfälle aufgestellt, muss zu jedem Testfall das Sollergebnis ermittelt werden. Im Falle obiger Negativtests ist dies einfach. Hier muss nur der vom Testobjekt zu generierende Fehlercode eingetragen werden. Bei den »gültigen« Tests muss (z.B. per Tabellenkalkulation) das erwartete Ergebnis berechnet werden.

Festlegung der Testendekriterien

Ein Testendekriterium nach der Äquivalenzklassenbildung lässt sich anhand der durchgeführten Tests der Repräsentanten der jeweiligen Äquivalenzklassen im Verhältnis zur Gesamtzahl aller definierten Äquivalenzklassen festlegen:

ÄK-Überdeckung = (Anzahl getestete ÄK / Gesamtzahl ÄK) * 100 %

Sind wie im Beispiel 18 Äquivalenzklassen aus den Anforderungen bzw. der Spezifikation für ein Eingabedatum ermittelt worden und sind von diesen 18 nur 15 in den Testfällen getestet worden, so ist eine Äquivalenzklassenüberdeckung von 83 % erreicht.

ÄK-Überdeckung = (15 / 18) * 100 % = 83,33 %

Beispiel: Äquivalenzklassen-überdeckung

In den insgesamt 14 Testfällen (s. Tab. 5–7) sind alle 18 Äquivalenzklassen mit mindestens einem Repräsentanten vertreten. Bei Ausführung der 14 Testfälle wird eine 100 %ige Äquivalenzklassenüberdeckung erreicht. Werden aus Zeitgründen die letzten drei Testfälle aus der Tabelle weggelassen, also nur 11 statt 14 Testfälle durchgeführt, so sind alle drei ungültigen Äquivalenzklassen für den Parameter `discount` nicht getestet, und es wird eine Überdeckung von 15/18 also 83,33 % erreicht.

Überdeckungsgrad legt Testintensität fest

Je intensiver ein Testobjekt getestet werden soll, desto höher ist der zu erreichende Überdeckungsgrad anzusetzen. Er dient dabei vor der Testausführung zur Festlegung des Kriteriums, wann die Testintensität als ausreichend angesehen werden soll, und nach der Testdurchführung zur Prüfung, ob das geforderte Ziel erreicht wurde.

Wird in dem oben gegebenen Beispiel eine Überdeckung der Äquivalenzklassen von 80 % in der Testplanung festgelegt, so ist diese mit dem Test von 15 der insgesamt 18 Äquivalenzklassen erreicht, und der Test nach Äquivalenzklassenbildung kann beendet werden. Ein messbares Kriterium zur Beendigung der Tests ist somit gegeben.

An dem Beispiel wird auch deutlich, wie wichtig die Ermittlung der jeweiligen Äquivalenzklassen ist. Werden nicht alle Äquivalenzklassen erkannt und somit zu wenige ermittelt und mit Repräsentanten getestet, wird zwar ein hoher Überdeckungsgrad erreicht, der aber aufgrund einer falschen Gesamtzahl der Äquivalenzklassen berechnet wird. Das vermeintlich gute Ergebnis spiegelt aber nicht die tatsächliche Testintensität wider. Die Testfallermittlung mithilfe der Äquivalenzklassenbildung ist nur so gut, wie die Bildung der Äquivalenzklassen sorgfältig vorgenommen wurde.

Bewertung der Methode

Die Systematik bei der Äquivalenzklassenbildung trägt dazu bei, dass spezifizierte Bedingungen und Einschränkungen beim Test nicht übersehen und keine unnützen Testfälle durchgeführt werden. Unnütz sind Testfälle, deren Daten aus derselben Äquivalenzklasse kommen und somit ein gleiches Verhalten des Testobjekts bewirken.

Äquivalenzklassen lassen sich nicht nur für Ein- und Ausgaben von Methoden oder Funktionen bilden. Auch für interne Werte oder

Zustände, zeitabhängige Werte (z.B. vor und nach einem Ereignis) und Schnittstellenparameter können Äquivalenzklassen gebildet und die Methode angewandt werden. Sie kann somit beim System-, Integrations- und Komponententest eingesetzt werden.

Es werden allerdings nur einzelne Ein- oder Ausgabebedingungen betrachtet, mögliche Abhängigkeiten oder Wechselwirkungen zwischen den Bedingungen werden nicht berücksichtigt bzw. sind sehr aufwändig zu berücksichtigen (durch weitere Aufteilung der Äquivalenzklassen und entsprechende Kombinationen). Bereichstests sind Testverfahren, die Kombinationen berücksichtigen (s. [Liggesmeyer 02]).

In Kombination mit fehlerorientierten Verfahren, wie der Grenzwertanalyse, ist die Äquivalenzklassenanalyse jedoch ein sehr wirkungsvolles Verfahren.

5.1.2 Grenzwertanalyse

Sinnvolle Ergänzung

Die →Grenzwertanalyse liefert eine sehr sinnvolle Ergänzung zu den Testfällen, die durch die Äquivalenzklassen ermittelt wurden. Denn Fehlerzustände in Programmen treten häufig an den Grenzbereichen der Äquivalenzklassen auf, da hier fehlerträchtige Fallunterscheidungen in den Programmen vorzusehen sind. Ein Test mit Grenzwerten deckt daher oft Fehlerwirkungen auf. Die Methode lässt sich nur anwenden, wenn die Menge der Daten, die in eine Äquivalenzklasse fallen, geordnet ist und sich Grenzen identifizieren lassen.

Bei der Grenzwertanalyse werden die »Ränder« der Äquivalenzklassen einer Überprüfung unterzogen. An jedem Rand wird der exakte Grenzwert und die beiden (innerhalb und außerhalb der Äquivalenzklasse) benachbarten Werte getestet. Für Fließkommazahlen ist eine entsprechende Toleranz der Rechengenauigkeit zu wählen. Dabei sollte das kleinste mögliche Inkrement in beiden Richtungen verwendet werden, um die Grenzen einem genauen Test zu unterziehen. Für jede Grenze ergeben sich somit drei Testfälle. Fällt die obere Grenze einer Äquivalenzklasse mit der unteren Grenze der benachbarten Äquivalenzklasse zusammen, dann fallen auch die entsprechenden Testfälle zusammen.

In vielen Fällen existiert gar kein »wirklicher« Grenzwert, da der Wert zu einer Äquivalenzklasse gehört. In solchen Fällen kann es ausreichend sein, die Grenze durch zwei Werte zu überprüfen: ein Wert, der gerade noch innerhalb der Äquivalenzklasse liegt, und ein Wert, der gerade außerhalb liegt.

Beispiel: Grenzwerte für Gratifikation

Für die Auszahlung der Gratifikation (s. Tab. 5–1) wurden vier gültige Äquivalenzklassen gebildet und entsprechende Werte aus den Klassen als Repräsentanten ausgewählt. Die Äquivalenzklassen 3 und 4 sind spezifiziert mit: gÄK3: 5 < x <= 8 und gÄK4: x > 8. Als Testdaten zur Überprüfung der gemeinsamen Grenze der beiden Äquivalenzklassen können die Werte 8 und 9 gewählt werden. Der Wert 8 liegt in gÄK3 und ist dort der größtmögliche Wert innerhalb der Äquivalenzklasse, und der Wert 9 liegt in gÄK4 und ist dort der kleinstmöglichste Wert der Äquivalenzklasse. Die Werte 7 und 10 bringen keinen weiteren Erkenntnisgewinn, da sie sich »weiter drin« in den jeweiligen Äquivalenzklassen befinden. Wann reichen nun zwei Tests mit den Werten 8 und 9 aus und wann sollte noch der Wert 7 zur Überprüfung herangezogen werden?

Eine Betrachtung der späteren Realisierung kann hier helfen und zur Klärung des Problems beitragen. Im Programm wird es wohl die Abfrage `if (x>8)` geben. Welche fehlerhafte Implementierung der Bedingung kann nun durch welche Testdaten ermittelt werden? Mit den Testdaten 7, 8 und 9 werden die Wahrheitswerte `false`, `false` und `true` durch die Abfrage ermittelt, und die entsprechenden Programmteile kommen zur Ausführung. Testdatum 7 scheint keinen zusätzlichen Nutzen zu bringen, da der Wert 8 ja bereits den Wert `false` liefert. Die fehlerhafte Realisierung der Abfrage `if (x>=8)` führt zu den Wahrheitswerten `false`, `true` und `true`. Auch hier kann auf den Test mit 7 verzichtet werden, da der Wert 8 zu einem falschen Ergebnis führt. Erst bei einer fehlerhaften Umsetzung der Abfrage mit `if (x<>8)` und den Wahrheitswerten `true`, `false` und `true` wird deutlich, dass nur der Test mit dem Wert 7 diese falsche Realisierung nachweist. Die Werte 8 und 9 ergeben die erwarteten Ergebnisse bzw. die gleichen wie bei der korrekten Umsetzung der Bedingung.

Hinweis: Die fehlerhafte Umsetzung der Abfragen in `if (x<8)` mit `true`, `false` und `false` und in `if (x<=8)` mit `true`, `true` und `false` ergeben jeweils zwei Abweichungen von den geforderten Wahrheitswerten, und somit reichen zu deren Aufdeckung die zwei Testfälle (mit den Werten 8 und 9) aus.

Da die Äquivalenzklassen gÄK3 und gÄK4 benachbarte Klassen sind, muss der Test mit den Eingabedaten 7 und 8 zu dem spezifizierten Ausgabeergebnis der gÄK3 führen (75 % Gratifikation). Eine fehlerhafte Umsetzung einer Abfrage führt zu falschen Ausgaben und wird so erkannt.

Es ist zu entscheiden, wann der Test mit zwei Testwerten als ausreichend angesehen wird und wann es Sinn macht, die Grenze mit drei Werten zu prüfen. Die falsche Abfrage im Programmtext des Beispiels (`if (x<>8)`) kann bei der Durchführung eines Code-Reviews erkannt werden, da nicht wie gefordert eine Bereichsgrenze (`if (x>8)`), sondern auf Ungleichheit des Wertes abgefragt wird. Allerdings kann dieser Fehlerzustand auch leicht übersehen werden. Nur mit einem Grenzwerttest mit drei Werten an jeder Grenze werden fehlerhafte Implementierungen der Abfragen erkannt.

Beispiel: Ganzzahlige Eingabe

Für das oben angegebene Beispiel für den Test eines ganzzahligen Eingabewertes ergeben sich somit fünf weitere Testfälle, so dass es insgesamt zwölf Testfälle sind mit folgenden Testeingabedaten:

```
{"f",
MIN_INT-1, MIN_INT, MIN_INT+1,
-123,
-1, 0, 1,
654,
MAX_INT-1, MAX_INT, MAX_INT+1}
```

Der Testfall mit dem Eingabewert `-1` prüft den größten Wert der Äquivalenzklasse $ÄK_1$: `[MIN_INT, ... , 0[`. Dieser Testfall prüft aber auch die kleinste Unterschreitung der unteren Grenze (`0`) der Äquivalenzklasse $ÄK_2$: `[0, ... , MAX_INT]`. Von dieser Äquivalenzklasse aus betrachtet liegt der Wert außerhalb. Zu beachten ist hierbei, dass Werte oberhalb der obersten Grenze bzw. unterhalb der untersten Grenze aus technischen Gründen manchmal nicht als konkrete Eingabewerte eingegeben werden können.

Im Beispiel sind nur die Testwerte für die Eingabevariable angegeben. Damit die Testfälle komplett sind, muss zu jedem der zwölf einzelnen Werte das jeweils erwartete Verhalten des Testobjekts bzw. die jeweils erwarteten Ausgaben unter Verwendung des Testorakels sowie die jeweiligen Vor- und Nachbedingungen aufgelistet werden.

Testaufwand gerechtfertigt?

Auch hier ist wieder zu entscheiden, ob der Testaufwand gerechtfertigt ist und jede Grenze mit den benachbarten Werten jeweils für einen extra Testfall berücksichtigt werden soll. Es können auch die Testfälle mit den Repräsentanten der Äquivalenzklassen weggelassen werden, die keine Grenzen prüfen. Im Beispiel wären das die Testfälle mit den Eingabetestdaten `-123` und `654`. Es wird dann davon ausgegangen, dass die Testfälle mit den Werten aus der Mitte einer Äquivalenzklasse keine zusätzlichen Erkenntnisse liefern, da Testfälle mit dem maximalen und dem minimalen Wert innerhalb der Äquivalenzklasse in jeweils einem Testfall überprüft werden. Im Beispiel sind das die innerhalb der Äquivalenzklasse liegenden Werte `MIN_INT+1` sowie `1` und `MAX_INT-1`.

Grenzwerte bei Mengen nicht vorhanden

Für das oben erwähnte Beispiel mit dem Eingabedatum »reisende Person« lassen sich keine Grenzen für den Eingabewertebereich angeben. Die Möglichkeiten für das Eingabedatum sind im mathematischen Sinne aus einer Menge zu wählen, die aus sechs Elementen (Kind, Jugendlicher, Erwachsener, Student, Sozialhilfeempfänger, Rentner) besteht. Grenzen lassen sich hier nicht identifizieren. Eine mögliche Ordnung über das Alter der Personen ist nicht eindeutig festzulegen, da beispielsweise Sozialhilfeempfänger jedes Alter haben können.

Die Grenzwertanalyse kann selbstverständlich auch für solche Äquivalenzklassen angewendet werden, die für Ausgabedaten gebildet wurden.

Testfälle

In Analogie zur Testfallermittlung bei der Äquivalenzklassenbildung können die gültigen Grenzen innerhalb einer Äquivalenzklasse miteinander zu Testfällen kombiniert werden. Die ungültigen Grenzen sind wieder separat zu überprüfen und können nicht mit anderen ungültigen Grenzen kombiniert werden.

Wie im Beispiel oben erwähnt, müssen die Werte aus dem mittleren Bereich einer Äquivalenzklasse nicht für einen extra Testfall verwendet werden, wenn die beiden Randwerte innerhalb der Äquivalenzklasse für Testfälle vorgesehen sind.

***Beispiel: Grenzwerttests für** calculate_price()*

Wird die Grenzwertanalyse auf die gültigen Äquivalenzklassen zur Prüfung der Methode `calculate_price()` angewendet, ergeben sich die in folgender Tabelle aufgelisteten grenzwertbasierten Testdaten je Parameter:

***Tab. 5–8** Grenzwerte der Parameter der Methode calculate_price()*

Parameter	unterer Grenzwert [Äquivalenzklasse] oberer Grenzwert
baseprice	0-δ[a],[0, 0+δ, ..., MAX_DOUBLE-δ, MAX_DOUBLE], MAX_DOUBLE+δ
specialprice	gleiche Werte wie baseprice
extraprice	gleiche Werte wie baseprice
extras	-1, [0, 1, 2], 3 2, [3, 4], 5 4, [5, 6, ..., MAX_INT-1, MAX_INT], MAX_INT+1
discount	0-δ, [0, 0+δ, ..., 100-δ, 100], 100+δ

a. Die zu berücksichtigende Genauigkeit δ hängt von der Aufgabenstellung und der Zahlendarstellung des Rechners ab.

Bei alleiniger Berücksichtigung der Grenzwerte, die innerhalb der Äquivalenzklassen liegen, ergeben sich 4+4+4+9+4=25 grenzwertbasierte Repräsentanten. Von diesen sind zwei (extras: 1, 3) bereits durch Testfälle (Testfall 1 und 2 in Tab. 5–7) geprüft. Somit sind folgende 23 Grenzwerte für weitere Testfälle zu berücksichtigen:

```
baseprice:    0.00, 0.01[41], MAX_DOUBLE-0.01, MAX_DOUBLE
specialprice: 0.00, 0.01, MAX_DOUBLE-0.01, MAX_DOUBLE
extraprice:   0.00, 0.01, MAX_DOUBLE-0.01, MAX_DOUBLE
extras:       0, 2, 4, 5, 6, MAX_INT-1, MAX_INT
discount:     0.00, 0.01, 99.99, 100.00
```

Da alle Werte gültige Grenzwerte sind, können sie miteinander zu Testfällen kombiniert werden (s. Tab. 5–9).

Die Sollergebnisse eines Grenzwerttests sind oft aus der Spezifikation des Testobjektes nicht klar ersichtlich. Der erfahrene Tester muss dann ein sinnvolles Sollverhalten über die Definition »seiner« Testfälle festlegen:

41. Bei den Testfällen wurde 0.01 als ausreichende Genauigkeit angenommen.

- Testfall 15 prüft alle gültigen unteren Grenzen der Äquivalenzklassen der Parameter der Methode `calculate_price()`. Der Testfall scheint keinen Bezug zur Realität zu haben[42]. Das liegt allerdings an der ungenauen Spezifikation der Methode, bei der keine Unter- und Obergrenzen für die Parameterwerte angegeben sind (s. u.). [43]

	Parameter					
Testfall	**baseprice**	**specialprice**	**extraprice**	**extras**	**discount**	**result**
15	0.00	0.00	0.00	0	0.00	0.00
16	0.01	0.01	0.01	2	0.01	0.03
17	MAX_DOUBLE-0.01	MAX_DOUBLE-0.01	MAX_DOUBLE-0.01	4	99.99	>MAX_DOUBLE
18	MAX_DOUBLE-0.01	3450.00	6000.00	1	10.00	>MAX_DOUBLE
19	20000.00	MAX_DOUBLE-0.01	6000.00	1	10.00	>MAX_DOUBLE
20	20000.00	3450.00	MAX_DOUBLE-0.01	1	10.00	>MAX_DOUBLE
...						

Tab. 5–9
Weitere Testfälle für die Methode `calculate_price()`

- Testfall 16 ist analog zu Testfall 15, allerdings wird mit diesem Testfall die Rechengenauigkeit geprüft.[44]
- Testfall 17 kombiniert die nächsten Grenzwerte aus der obigen Auflistung. Das erwartete Ergebnis ist eher spekulativ bei einem Rabatt von 99,99 %. Ein Blick in die Spezifikation der Methode `calculate_price()` ergibt, dass die Preise addiert werden. Es ist daher sinnvoll, die jeweiligen Maximalwerte einzeln zu prüfen. Was in den Testfällen 18 bis 20 erfolgt. Als Werte für die anderen Parameter wurden die Werte des Testfalls 1 (s. Tab. 5–7) verwendet. Weitere sinnvolle Testfälle ergeben sich, wenn die Werte der anderen Parameter auf 0.00 gesetzt werden, um zu prüfen, ob die Maximalwerte ohne zusätzliche Addition (kein Überlauf?) korrekt bearbeitet werden.
- Analog zu den Testfällen 17 bis 20 sind Testfälle für den Wert `MAX_DOUBLE` durchzuführen.
- Für die noch nicht getesteten Grenzwerte (extras = `5, 6, MAX_INT-1, MAX_INT` und discount = `100.00`) sind weitere Testfälle aufzustellen.

Nicht berücksichtigt wurden die Grenzwerte außerhalb der gültigen Äquivalenzklassen.

42. Anmerkung: Ein Test mit `0.00` für den Basispreis ist durchaus sinnvoll, allerdings sollte dieser beim Systemtest durchgeführt werden, da für die Behandlung dieses Eingabewertes nicht unbedingt die Methode `calculate_ price()` zuständig ist.
43. Die Abhängigkeit, die zwischen der Anzahl der Extras und dem Extrapreis besteht (sind keine Extras angegeben, so darf kein Preis angegeben sein), kann durch die Äquivalenzklassenmethode oder die Grenzwertanalyse nicht geprüft werden. Hierzu ist die Ursache-Wirkungs-Analyse [Myers 82] zu verwenden.
44. Zur exakten Prüfung der (kaufmännischen) Rundungsgenauigkeit werden Werte mit z.B. 0.005 benötigt.

Frühzeitig – schon bei der Spezifikation – an das Testen zu denken lohnt!

Am Beispiel wird sehr deutlich, welche Auswirkungen eine ungenaue Spezifikation auf den Test[45] hat. Nimmt der Tester vor Erstellung der Testfälle Rücksprache mit dem Kunden und konnten dadurch die Wertebereiche der Parameter genauer angegeben werden, führt das zu einer Verringerung des Testaufwands. Das soll kurz verdeutlicht werden.

Der Kunde hat folgende Informationen gegeben:

- Der Basispreis liegt zwischen 10000 und 150000.
- Der Aufpreis für das Sondermodell liegt zwischen 800 und 3500.
- Es gibt maximal 25 zusätzliche Extras, deren Einzelpreise zwischen 50 und 750 liegen.
- Der gewährte Händlerrabatt kann maximal 25 % betragen.

Nach entsprechender Erstellung der Äquivalenzklassen ergeben sich für den Grenzwerttest folgende gültige Werte der Parameter:

```
baseprice:      10000.00, 10000.01, 149999.99, 150000.00
specialprice:   800.00, 800.01, 3499.99, 3500.00
extraprice:     50.00, 50.01, 18749.99, 18750.00[46]
extras:         0, 1, 2, 3, 4, 5, 6, 24, 25
discount:       0.00, 0.01, 24.99, 25.00
```

Alle diese Werte sind frei zu Testfällen kombinierbar. Für die Werte, die außerhalb der Äquivalenzklassen liegen, ist jeweils ein Testfall zu erstellen. Folgende Werte sind dabei zu berücksichtigen:

```
baseprice:      9999.99, 150000.01
specialprice:   799.99, 3500.01
extraprice:     49.99, 18750.01
extras:         -1, 26
discount:       -0.01, 25.01
```

Es wird sehr deutlich, dass nach der genaueren Spezifikation weniger Testfälle zu erstellen und auch die jeweiligen Sollergebnisse klar vorherzusagen sind.

Eine Ergänzung der Testfälle mit den »Grenzwerten des Rechners« (MAX_DOUBLE, MIN_DOUBLE usw.) ist anzuraten. Mögliche Fehlerwirkungen bei Berechnungen in Zusammenhang mit den Hardwarebeschränkung können so aufgedeckt werden.

---

45. Und selbstverständlich auch auf die Programmierung.
46. Der maximale Preis für die Zusatzausstattung kann nicht exakt angegeben werden, da die Abhängigkeit zwischen Anzahl der Zusatzausstattungen und dem Gesamtpreis nicht berücksichtigt werden kann. Es wurde von 25 * 750 = 18750 ausgegangen. Ein Extrapreis von 0 wurde nicht als weiterer Grenzwert aufgenommen, da die Abhängigkeit von der Anzahl der Extras und dem Gesamtpreis der Extras nicht mit der Äquivalenzklassenmethode oder der Grenzwertanalyse überprüft werden kann.

Wie oben diskutiert, ist zu entscheiden, ob es ausreicht, eine Grenze mit zwei statt mit drei Testdaten zu überprüfen. Bei den folgenden Tipps wird davon ausgegangen, dass ein Test mit zwei Werten ausreicht, da Code-Reviews vorab durchgeführt und die möglichen falschen Bereichsabfragen dabei aufgedeckt wurden.

Tipp zur Testfallerstellung nach der Grenzwertanalyse

- Bei einem Eingabewertebereich sind die Grenzen und die benachbarten Werte außerhalb des Bereichs heranzuziehen. Bereich: [-1.0; +1.0], Testdaten: -1.0 und +1.0 sowie -1.001 und +1.001[47].
- Sind für eine Eingabedatei die Anzahl der Werte vorgegeben, so ergeben sich nach der Grenzwertanalyse folgende Überlegungen: Eingabedatei hat zwischen 1 und 100 Eingabesätze, Testdaten: 1 und 100 sowie 0 und 101.
- Dienen Ausgabebereiche als Grundlage, kann beispielsweise wie folgt vorgegangen werden: Die Ausgabe des Testobjekts ist ein ganzzahliger Wert zwischen 500 und 1000. Zu erzielende Ergebnisse: 500 und 1000 sowie 499 und 1001. Es kann allerdings einen gewissen Aufwand erfordern, die entsprechenden Eingabetestdaten zu ermitteln, um genau die geforderten Ausgaben zu erhalten. Es kann auch unmöglich sein, einen falschen Ausgabewert zu erhalten, Überlegungen hierzu können aber helfen, weitere Fehlerzustände aufzudecken.
- Ist bei den Ausgabewerten die erlaubte Anzahl entscheidend, ist in Analogie zur Anzahl bei den Eingabewerten zu verfahren: Ausgabe von 1 bis 4 Daten, zu erzeugende Ausgaben: 1 und 4 sowie 0 und 5 Daten.
- Bei geordneten Mengen sind das erste und das letzte Element für den Test von besonderem Interesse.
- Sind als Ein- oder Ausgaben komplexe Datenstrukturen gegeben, so können beispielsweise eine leere Liste oder die Nullmatrix als Grenzwerte angesehen und für den Test berücksichtigt werden.
- Bei numerischen Berechnungen sollten als Grenzen sowohl eng beieinander liegende Werte als auch weit entfernte Werte für die Testfallermittlung herangezogen werden.
- Für ungültige Äquivalenzklassen ist eine Grenzwertanalyse nur dort sinnvoll, wo abhängig von einer Äquivalenzklassengrenze eine unterschiedliche Ausnahmebehandlung des Testobjekts erwartet wird.
- Zusätzlich sollten Testfälle mit sehr großen Datenstrukturen, Listen und Tabellen usw. durchgeführt werden, um beispielsweise Puffer-, Datei- oder Speichergrenzen zu überschreiten und somit das Verhalten des Testobjekts in diesen Extremfällen zu prüfen. Bei Listen und Tabellen sind leere und volle Listen und das erste und das letzte Element von Interesse, da durch falsche Programmierung oft Fehlerwirkungen nachweisbar sind (*off-by-one*-Problem).

47. Die zu wählende Genauigkeit hängt von der spezifizierten Aufgabe ab.

Festlegung der Testendekriterien

In Analogie zum Testendekriterium bei der Äquivalenzklassenbildung lässt sich auch eine anzustrebende Überdeckung der Grenzwerte (GW) vorab festlegen und nach der Durchführung der Tests berechnen.

GW-Überdeckung = (Anzahl getestete GW / Gesamtzahl GW) * 100 %

Wobei zu beachten ist, dass nicht nur der direkte Grenzwert, sondern auch die jeweiligen benachbarten Werte ober- und unterhalb der Grenze zu berücksichtigen sind. Es werden allerdings nur unterschiedliche Werte zur Berechnung herangezogen. Zusammenfallende Werte benachbarter Äquivalenzklassen werden als ein Wert gezählt, da ja auch nur ein Testfall mit dem entsprechenden Eingabewert durchgeführt wird.

Bewertung der Methode

In Verbindung mit der Äquivalenzklassenbildung

Die Grenzwertanalyse sollte in Verbindung mit der Äquivalenzklassenbildung durchgeführt werden, da an den Grenzen der Äquivalenzklassen häufiger Fehlerwirkungen nachzuweisen sind als innerhalb der Klassen. Beide Verfahren lassen sich sehr sinnvoll kombinieren, geben aber dennoch genügend Freiheitsgrade in der Wahl der konkreten Testdaten.

Das Verfahren erfordert eine hohe Kreativität, um die entsprechenden Testdaten an den Grenzen festzulegen. Dieser Aspekt wird oft nicht genügend beachtet, da das Verfahren sehr einfach erscheint, obwohl die Bestimmung der relevanten Grenzen nicht trivial ist.

5.1.3 Zustandsbezogener Test

Historie berücksichtigen

Bei einer ganzen Reihe von Systemen hat neben den Eingabewerten auch der bisherige Ablauf des Systems Einfluss auf die Berechnung der Ausgaben bzw. auf das Systemverhalten. Die Historie ist zu berücksichtigen, die das System durchlaufen hat. Zur Veranschaulichung der Historie werden →Zustandsmodelle verwendet, die Grundlage für den Test sind (→zustandsbezogener Test).

Das System oder Testobjekt kann beginnend von einem Startzustand unterschiedliche Zustände annehmen. Zustandsänderungen oder -übergänge werden durch Ereignisse, zum Beispiel Funktionsaufrufe, ausgelöst. Bei den Zustandsänderungen können Aktionen durchzuführen sein. Neben dem Startzustand gibt es als weiteren speziellen Zustand den Endzustand. Modelliert wird das Verhalten in →Zustandsautomaten oder →endlichen Automaten.

Definition Zustandsautomat

[Balzert 00] gibt folgende Definition: »Ein endlicher Automat oder ein Zustandsautomat (*finite automation, finite state machine, sequential machine*) besteht aus einer endlichen Anzahl von internen Konfigurationen – Zustände genannt. Der Zustand eines Systems beinhaltet implizit die Informationen, die sich aus den bisherigen Eingaben ergeben haben und die benötigt werden, um die Reaktion des Systems auf noch folgende Eingaben zu bestimmen.«

Beispiel: Stapel

Das verbreitete Beispiel eines Stapels (s. Abb. 5–3) soll den Sachverhalt verdeutlichen. Der Stapel, zum Beispiel ein Tellerstapel in einem Wärmegerät, kann drei unterschiedliche Zustände annehmen: ein leerer Stapel, ein gefüllter Stapel und ein voller Stapel.

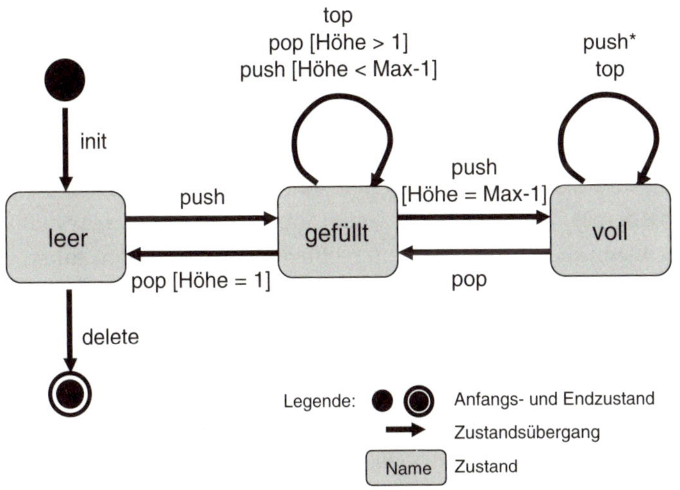

Abb. 5–3 *Zustandsdiagramm eines Stapels*

Der Stapel ist nach der Initialisierung (init), bei der die maximale Höhe (Max) festgelegt wird, leer (aktuelle Höhe = 0). Durch Hinzufügen eines Elements (Aufruf von push) ändert sich der Zustand des Stapels in gefüllt und die aktuelle Höhe wird inkrementiert. In diesem Zustand können weitere Elemente hinzugefügt (push, Höhe inkrementieren) oder weggenommen werden (pop, Höhe dekrementieren). Auch kann das oberste Element angezeigt werden (top, Höhe unverändert). Das Anzeigen bewirkt allerdings keine Änderung des Stapels, es wird also kein Element entfernt. Ist die aktuelle Höhe einen Wert vom Maximum entfernt (Höhe = Max-1) und wird ein Element hinzugefügt (push), ändert sich der Zustand des Stapels von gefüllt in voll. Es können keine weiteren Elemente mehr hinzugefügt werden. Wird in diesem Zustand ein Element entfernt (pop), ändert sich der Zustand von voll zurück zu gefüllt. Eine Zustandsänderung von gefüllt nach leer tritt ein, wenn der Stapel aus nur einem Element besteht und dieses entfernt wird (pop). Nur im leeren Zustand kann der Stapel gelöscht werden.

Je nach Spezifikation kann festgelegt sein, welche Funktionen (pop, push, top usw.) bei welchen Zuständen des Stapels aufgerufen werden können. Zu klären ist, was passiert, wenn ein Element zu einem vollen Stapel hinzugefügt werden soll (push*). In diesem Fall muss die Funktion anders reagieren als bei einem gefüllten Stapel. Die Funktionen müssen sich also in Abhängigkeit vom Zustand des Stapels unterschiedlich verhalten. Der Zustand des Testobjekts spielt somit eine entscheidende Rolle und muss beim Test entsprechend berücksichtigt werden.

Ein möglicher konkreter Testfall

Ein möglicher Testfall mit Vor- und Nachbedingung für einen Stapel, der Zeichenketten (Typ: string) aufnehmen kann, ist folgender:

- Vorbedingung: Stapel ist initialisiert; Zustand: leer
- Eingabe: push (»hello«)
- Sollreaktion: Stapel enthält »hello«
- Nachbedingung: Zustand des Stapels: gefüllt

Weitere Funktionen des Stapels (Anzeigen der aktuellen Höhe, Anzeigen der maximalen Höhe, Abfrage, ob der Stapel leer ist usw.) werden in diesem Beispiel nicht berücksichtigt, da sie keine Änderung des Zustands bewirken.

Testobjekt beim zustandsbezogenen Test

Das Testobjekt kann beim zustandsbezogenen Test ein komplettes System mit unterschiedlichen Systemzuständen, aber auch eine Klasse mit verschiedenen Zuständen in einem objektorientierten System sein. Immer wenn die Historie zu unterschiedlichem Verhalten führt, ist ein zustandsbezogener Test durchzuführen.

Weitere Testfälle für das Stapelbeispiel

Beim zustandsbezogenen Test können unterschiedliche Abstufungen der Testintensität festgelegt werden. Eine minimale Forderung ist die Erreichung aller möglichen Zustände. In dem gegebenen Stapelbeispiel sind dies die Zustände leer, gefüllt und voll[48]. Bei einer angenommenen maximalen Höhe von 4 sind alle drei Zustände nach dem Aufruf der folgenden Funktionen erreicht:

Testfall 1[49]: init [leer], push [gefüllt], push, push, push [voll]

Es sind allerdings nicht einmal alle Funktionen des Stapels im Test aufgerufen worden.

Eine andere Forderung für den Test ist der Aufruf aller Funktionen. Bei gleichen Randbedingungen ist im Beispiel folgende Reihenfolge von Funktionsaufrufen ausreichend zur Erfüllung der Forderung:

Testfall 2: init [leer], push [gefüllt], top, pop [leer], delete

Bei dieser Reihenfolge sind allerdings nicht einmal alle Zustände des Stapels im Test erreicht worden.

---

48. Um den Testaufwand gering zu halten, ist der Maximalwert des Stapels nicht allzu hoch anzusetzen, da ja eine entsprechende Anzahl von push-Funktionen aufzurufen ist, um den Zustand voll zu erreichen.
49. Die folgenden Testfälle sind vereinfacht dargestellt, um sie übersichtlich zu halten.

Testkriterien

Ein zustandsbezogener Test sollte bei jedem Zustand alle für diesen Zustand spezifizierten Funktionen mindestens einmal zur Ausführung bringen. Die Übereinstimmung zwischen dem im Zustandsautomaten spezifizierten gewünschten Verhalten und dem tatsächlichen Verhalten des Testobjekts kann dann festgestellt werden.

Übergangsbaum erstellen

Zur Ermittlung der notwendigen Testfälle wird aus dem Zustandsdiagramm ein so genannter Übergangsbaum erstellt, der bestimmte Folgen von Zustandswechseln enthält (s.a. [Sneed 02]). Aus dem zyklischen Zustandsdiagramm mit potenziell unendlich vielen Folgen von Zuständen wird im Übergangsbaum eine repräsentative Menge von Zuständen ohne Zyklen. Dabei sollen mindestens alle Zustände erreicht und alle Übergänge des Zustandsdiagramms vorkommen.

Nach Sneed und Winter wird der Übergangsbaum aus einem Zustandsdiagramm wie folgt gebildet:

1. Der Anfangszustand wird die Wurzel des Baums.
2. Für jeden möglichen Übergang vom Anfangszustand zu einem Folgezustand im Zustandsdiagramm erhält der Übergangsbaum von der Wurzel aus eine Verzweigung zu einem Knoten, der den Nachfolgezustand repräsentiert.
3. Der letzte Schritt wird für jedes Blatt des Übergangsbaums so lange wiederholt, bis eine der beiden Endbedingungen eintritt:
   - Der dem Blatt entsprechende Zustand ist auf dem Weg von der Wurzel zum Blatt bereits einmal im Baum enthalten. Diese Endbedingung entspricht einem Durchlauf von einem Zyklus im Zustandsdiagramm.
   - Der dem Blatt entsprechende Zustand ist ein Endzustand und hat somit keine weiteren Übergänge, die zu berücksichtigen wären.

Für den Stapel ergibt sich der in Abbildung 5–4 dargestellte Übergangsbaum.

Es lassen sich acht unterschiedliche Pfade von der Wurzel zu jeweils einem Blatt feststellen. Jeder dieser Pfade präsentiert einen Testfall, also eine Abfolge von Funktionsaufrufen. Dabei wird jeder Zustand mindestens einmal erreicht und jede Funktion wird gemäß der Spezifikation durch das Zustandsdiagramm in den jeweiligen Zuständen aufgerufen.

Fehlerhafte Verwendung der Funktionen

Darüber hinaus ist die Reaktion auf spezifikationsverletzende Benutzungen zu prüfen. Eine Verletzung der Spezifikation ist gegeben, wenn Funktionen in Zuständen aufgerufen werden, in denen sie nicht verwendet werden sollten (z.B. das Löschen des Stapels im gefüllten Zustand). Es ist ein Robustheitstest durchzuführen, der prüft, wie sich das Testobjekt bei fehlerhafter Verwendung verhält. Getestet wird, ob

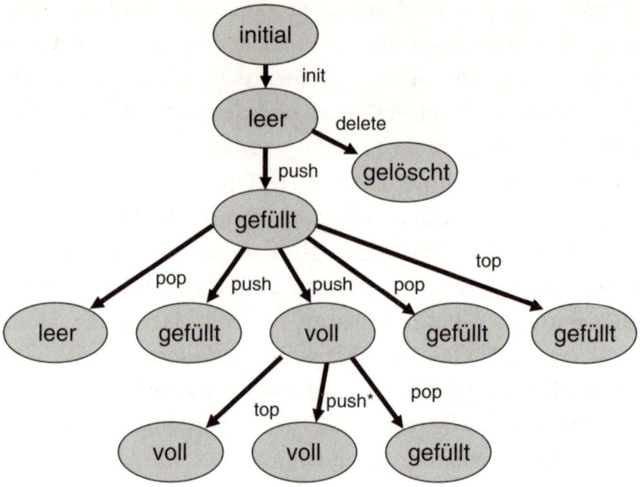

Abb. 5–4
Übergangsbaum des Stapelbeispiels

unerwartete Übergänge auftreten können. Der Test ist in Analogie zum Test von unerwarteten Eingabewerten zu sehen.

Der Übergangsbaum ist dahingehend zu erweitern, dass von jedem Zustand aus alle Funktionen ausgeführt werden oder zumindest der Versuch unternommen wird (s. Abb. 5–5).

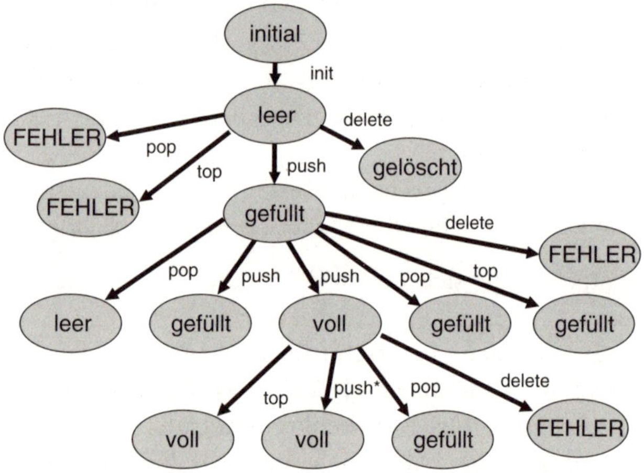

Abb. 5–5
Erweiterter Übergangsbaum für den Robustheitstest

Zustandbezogenes Testen eignet sich auch gut als Technik beim Systemtest, wenn Tests der grafischen Bedienoberfläche des Testobjekts erfolgen. Die Bedienoberfläche besteht in der Regel aus einer Menge von Masken oder Dialogboxen, zwischen denen durch Eingabeaktionen (Menüauswahl, »OK«-Button usw.) hin und her gewechselt werden kann. Werden Masken bzw. Dialogboxen als Zustände aufgefasst und Eingabeaktionen als Zustandsübergänge, so können die Navigationsmöglichkeiten durch die Bedienoberfläche als Zustandsautomat modelliert werden. Geeignete Testfälle und die Testüberdeckung können mit oben beschriebener Methode des zustandsbasierten Testens ermittelt werden.

Beispiel: Test der DreamCar-GUI

Beim Test der *DreamCar*-GUI kann dies beispielsweise wie folgt aussehen:

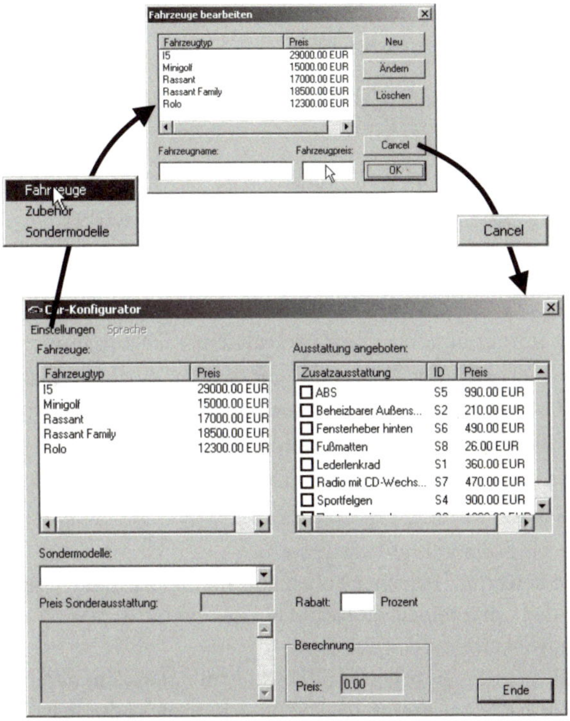

Abb. 5–6
GUI-Navigation als Zustandsgraph

Der Test beginnt in der *DreamCar*-Hauptmaske (Zustand 1). Über die Aktion[50] »Einstellungen/Fahrzeuge« erfolgt der Wechsel in den Dialog »Fahrzeuge bearbeiten« (Zustand 2). Die Aktion »Cancel« beendet diesen Dialog und es erfolgt der Rücksprung in Zustand 1. Innerhalb eines Zustands können dann »zustandslokale« Tests erfolgen, die die eigentliche Funktionalität der angesteuerten Maske prüfen. Auf analoge Weise kann die Navigation durch beliebige komplexe Dialogketten dargestellt werden. Das Zustandsmodell der Bedienoberfläche hilft sicherzustellen, dass alle Dialoge im Test beachtet und geprüft werden.

50. Die zweistufige Menüauswahl wird hier als eine einzige Aktion aufgefasst.

Testfälle

Zur vollständigen Definition eines zustandsbezogenen Testfalls gehören folgende Informationen:

- der Anfangszustand des Testobjekts (Komponente oder System),
- die Eingaben für das Testobjekt,
- die erwarteten Ausgaben bzw. das erwartete Verhalten,
- der erwartete Endzustand.

Ferner sind für jeden im Testfall erwarteten Zustandsübergang folgende Aspekte festzulegen:

- der Zustand vor dem Übergang,
- das auslösende Ereignis, das den Übergang bewirkt,
- die erwartete Reaktion, ausgelöst durch den Übergang,
- der nächste erwartete Zustand.

Es ist nicht immer einfach, die Zustände eines Testobjekts zu ermitteln. Oft manifestiert sich der Zustand nicht in einer einzigen Variablen, sondern der Zustand ergibt sich aus der entsprechenden Konstellation der unterschiedlichen Werte der Variablen. Die Überprüfung und Bewertung der einzelnen Testfälle kann dadurch sehr aufwändig werden.

Tipp

- Das Zustandsdiagramm bereits bei der Spezifikation unter Testgesichtspunkten bewerten. Bei einer hohen Anzahl von Zuständen und Übergängen auf den erhöhten Testaufwand hinweisen und auf eine Vereinfachung dringen, so weit dies möglich ist.
- Ebenfalls bei der Spezifikation darauf achten, dass die unterschiedlichen Zustände leicht zu ermitteln sind und sich nicht aus einer vielfältigen Kombination von Werten von unterschiedlichen Variablen ergeben.
- Zustandsvariablen sollten einfach abfragbar sind. Zusätzliche Funktionen zum Lesen, Setzen und Zurücksetzen der Zustände sind beim Testen sehr hilfreich.

Festlegung der Testendekriterien

Kriterien zur Intensität und zur Beendigung lassen sich auch beim zustandsbezogenen Test angeben:

- Jeder Zustand wurde mindestens einmal erreicht.
- Jeder Zustandsübergang wurde mindestens einmal ausgeführt.
- Alle spezifikationsverletzenden Zustandsübergänge wurden geprüft.

Entsprechende Prozentzahlen lassen sich durch das Verhältnis der jeweils möglichen zu den tatsächlich durchgeführten Anforderungen in Analogie zu den anderen Überdeckungsmaßen angeben.

Weiter gehende Prüfungen

Bei hoch kritischen Anwendungen lassen sich noch weiter gehende zustandsbezogene Prüfungen vornehmen:

- alle Kombinationen von Zustandsübergängen,
- alle Zustandsübergänge in jeder beliebigen Reihenfolge mit allen möglichen Zuständen, auch mehrfach hintereinander.

Allerdings ist das Erreichen einer ausreichenden Überdeckung durch die große Zahl an benötigten Testfällen meist nicht möglich. Sinnvoll ist dann eine Einschränkung der Anzahl von zu prüfenden Kombinationen bzw. Reihenfolgen.

Bewertung der Methode

Der zustandsbezogene Test ist überall dort anzuwenden, wo Zustände eine Rolle spielen und wo die Funktionalität durch den jeweiligen Zustand des Testobjekts unterschiedlich beeinflusst wird. Die anderen bisher vorgestellten Testverfahren berücksichtigen diese Aspekte nicht, da sie nicht auf das unterschiedliche Verhalten von Funktionen in Abhängigkeit vom Zustand eingehen.

Besonders geeignet zum Test objektorientierter Systeme

In objektorientierten Systemen können Objekte unterschiedliche Zustände annehmen. Die jeweiligen Methoden zur Manipulation der Objekte müssen dann entsprechend auf die unterschiedlichen Zustände reagieren. Beim objektorientierten Testen hat der zustandsbezogene Test deshalb eine herausgehobene Bedeutung, da er diesen speziellen Aspekt der Objektorientierung berücksichtigt.

5.1.4 Ursache-Wirkungs-Graph-Analyse und Entscheidungstabellentechnik

Die bisher vorgestellten Methoden betrachten mehrere Eingabeparameter eines Testobjekts unabhängig voneinander. Zur Erstellung der Testfälle wird jedes Eingabedatum einzeln herangezogen. Abhängigkeiten zwischen den verschiedenen Eingabeparametern und deren Auswirkungen auf die Ausgaben gehen nicht explizit bei der Spezifikation der Testfälle ein.

Ursache-Wirkungs-Graph-Analyse

[Myers 82] beschreibt ein Verfahren, das solche Abhängigkeiten bei der Ermittlung der Testfälle berücksichtigt: die →Ursache-Wirkungs-Graph-Analyse (s.a. [Sneed 02]). Die logischen Beziehungen zwischen Ursachen und deren Wirkungen in einer Komponente oder einem System werden in einem sog. Ursache-Wirkungs-Graph dargestellt. Voraussetzung ist, dass Ursachen und deren Wirkungen aus der Spezifikation ermittelt werden können. Jede Ursache wird als eine Bedingung beschrieben, die aus Eingabedaten (oder Kombinationen von Eingabedaten) besteht. Die Eingaben werden über logische Operatoren (z.B. AND, OR und NOT) verknüpft. Die Bedingung, und damit die Ursache, kann `wahr` oder `falsch` sein. Die Wirkungen werden analog behandelt und im Graphen vermerkt (s. Abb. 5–7).

Beispiel: Ursache-Wirkungs-Graph für einen Geldautomaten

An einem Beispiel, dem Geldabheben von einem Geldautomaten, soll das Erstellen eines Ursache-Wirkungs-Graphen verdeutlicht werden. Um Geld aus einem Automaten zu bekommen, sind folgende Bedingungen zu erfüllen[51]:

- Die Bankkarte ist gültig.
- Die PIN ist korrekt eingegeben.
- Es dürfen nur maximal drei PIN-Eingaben erfolgen.
- Geld steht zur Verfügung (im Automat und auf dem Konto).

Als Aktion des Geldautomaten sind folgende Möglichkeiten gegeben:

- Karte zurückweisen
- Aufforderung, erneut die PIN einzugeben
- Karte einbehalten
- Aufforderung, neuen Geldbetrag einzugeben
- Geldbetrag auszahlen

Abbildung 5–7 zeigt das Beispiel als Ursache-Wirkungs-Graph.

Abb. 5–7
Ursache-Wirkungs-Graph Geldautomat

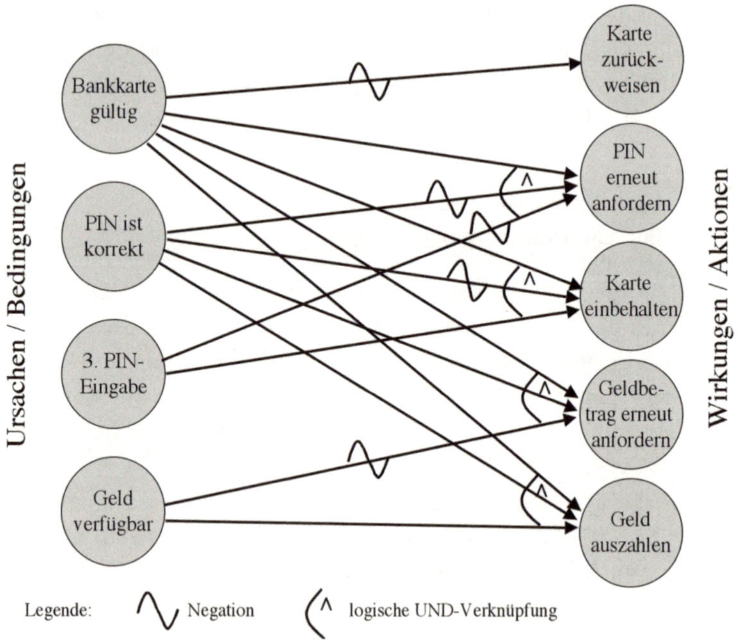

---

51. Hinweis: Es ist keine vollständige Beschreibung, das Vorgehen soll nur beispielhaft verdeutlicht werden.

Welche Bedingungen miteinander zu kombinieren sind, um die entsprechenden Wirkungen bzw. Aktionen zu erzeugen, wird im Graphen deutlich.

Der Graph ist in eine →Entscheidungstabelle umzuformen, aus der dann die Testfälle abzulesen sind. Die einzelnen Schritte vom Graphen zur Tabelle sind folgende (s.a. [Liggesmeyer 02], S. 65):

1. »Auswahl einer Wirkung.
2. Durchsuchen des Graphen nach Kombinationen von Ursachen, die den Eintritt der Wirkung hervorrufen bzw. nicht hervorrufen.
3. Erzeugung jeweils einer Spalte der Entscheidungstabelle für alle gefundenen Ursachenkombinationen und die verursachten Zustände der übrigen Wirkungen.
4. Überprüfung, ob Entscheidungstabelleneinträge mehrfach auftreten und ggf. Entfernen dieser Einträge.«

Test mit Entscheidungstabellen

Der Test auf Basis von Entscheidungstabellen hat das Ziel, Testfälle zur Prüfung von »interessanten« Kombinationen von Eingaben zu erstellen. Interessant in dem Sinne, dass mögliche Fehlerwirkungen aufgedeckt werden. Neben den Ursachen und Wirkungen können auch Zwischenresultate mit entsprechenden Wahrheitswerten in der Entscheidungstabelle aufgenommen werden.

Eine Entscheidungstabelle besteht aus zwei Teilen. In der oberen Hälfte sind die Bedingungen, die Ursachen, aufgeführt, in der unteren die Wirkungen bzw. Reaktionen. Die Spalten einer Entscheidungstabelle definieren die einzelnen Testsituationen, d.h. die Kombination von Bedingungen und die bei dieser Kombination erwarteten Wirkungen bzw. Ausgaben.

Im einfachsten Fall führt jede Kombination der Bedingungen zu einem Testfall. Aber Bedingungen können sich gegenseitig ausschließen oder beeinflussen, so dass nicht alle möglichen Kombinationen sinnvoll sind. In der Tabelle wird die Erfüllung der Bedingungen (Eingaben) mit »ja« oder »nein« vermerkt, ebenso das Auftreten jeder möglichen Aktion (Ausgaben). Jede Bedingung und jede Aktion sollte in der Tabelle mindestens einmal den Wert »ja« und einmal den Wert »nein« erhalten.

Aus der Entscheidungstabelle lässt sich ein Entscheidungsbaum ableiten. Der Entscheidungsbaum ist analog zum Übergangsbaum beim zustandsbezogenen Test zu sehen. Jeder Weg von der Wurzel des Entscheidungsbaums zu einem Blatt entspricht einem Testfall. Jeder Knoten auf dem Weg zum Blatt enthält eine Bedingung, die je nach Wahrheitswert den weiteren Weg bestimmt.

Beispiel: Entscheidungstabelle für einen Geldautomaten

Da es insgesamt vier Bedingungen (von »Bankkarte gültig« bis »Geld steht zur Verfügung«) gibt, ergeben sich daraus 16 (2^4) theoretisch mögliche Kombinationen. Dabei sind allerdings gegenseitige Abhängigkeiten nicht berücksichtigt. Ist beispielsweise die Bankkarte ungültig, so sind die weiteren Bedingungen ohne Bedeutung und die Karte ist vom Automaten zurückzuweisen.

Eine optimierte Entscheidungstabelle enthält nicht mehr alle möglichen Kombinationen, sondern die unnötigen bzw. unmöglichen Kombinationen werden nicht mehr aufgeführt. Die Abhängigkeiten, die zwischen den Bedingungen der Eingaben und den zu erfolgenden Aktionen bzw. Ausgaben vorhanden sind, lassen sich in folgender optimierter Entscheidungstabelle (s. Tab. 5–10) übersichtlich darstellen.

Tab. 5–10 *Optimierte Entscheidungstabelle Geldautomat*

Entscheidungs-tabelle		TF1	TF2	TF3	TF4	TF5
Bedingungen	Bankkarte gültig?	Nein	Ja	Ja	Ja	Ja
	PIN ist korrekt?	–	Nein	Nein	Ja	Ja
	Dritte PIN-Eingabe?	–	Nein	Ja	–	–
	Geld verfügbar?	–	–	–	Nein	Ja
Aktionen	Karte zurückweisen	Ja	Nein	Nein	Nein	Nein
	PIN erneut anfordern	Nein	Ja	Nein	Nein	Nein
	Karte einbehalten	Nein	Nein	Ja	Nein	Nein
	Geldbetrag erneut anfordern	Nein	Nein	Nein	Ja	Nein
	Geld auszahlen	Nein	Nein	Nein	Nein	Ja

Jede Spalte der Tabelle ist als ein Testfall zu interpretieren. Aus der Tabelle können die erforderlichen Eingangsbedingungen und die erwarteten Aktionen direkt abgelesen werden. Testfall 5 (TF5) gibt folgenden Sachverhalt wieder: Nur dann wird der gewünschte Geldbetrag ausgegeben, wenn die Karte gültig ist, die PIN in höchstens drei Versuchen korrekt eingegeben wurde und ausreichend Geld zur Verfügung steht.

Wie aus dem relativ einfachen Beispiel ersichtlich ist, entstehen bei mehr Bedingungen bzw. Abhängigkeiten sehr schnell große umfangreiche Tabellen und unübersichtliche Graphen.

Testfälle

Jede Spalte ist ein Testfall

Aus den Entscheidungstabellen lassen sich die Bedingungen und Abhängigkeiten für die Eingaben und die durch diese Konstellation der Eingaben erwarteten Aktionen für jeden einzelnen Testfall direkt aus den einzelnen Spalten ablesen. In der Tabelle sind die logischen Testfälle definiert, die vor der Durchführung der Testfälle noch mit den entsprechenden Werten konkretisiert und ggf. mit weiteren Vor-, Nach- und Randbedingungen versehen werden müssen.

Festlegung der Testendekriterien

Einfache Kriterien für das Testende

Wie bei den bisherigen Methoden lassen sich auch hier recht einfach Kriterien für das Testende festlegen. Eine minimale Forderung ist, dass jede Spalte der Entscheidungstabelle durch mindestens einen Testfall überdeckt wird. Dann werden alle sinnvollen Kombinationen von Bedingungen und der durch sie ausgelösten Reaktionen überprüft.

Bewertung der Methode

Durch das systematische und sehr formale Vorgehen beim Erstellen der Entscheidungstabelle mit allen möglichen Kombinationen können Kombinationen auftreten, die andere Methoden zur Testfallermittlung nicht berücksichtigen oder die bisher übersehen wurden. Allerdings können beim Erstellen der optimierten Entscheidungstabelle Fehler auftreten, wenn beispielsweise zu berücksichtigende Kombinationen von Eingaben und deren Bedingungen nicht mit in die Tabelle übernommen werden.

Wie oben bereits erwähnt, können der Graph und die entsprechende Tabelle sehr schnell an Umfang zunehmen und damit an Übersichtlichkeit verlieren, wenn die Zahl der Bedingungen und abhängigen Aktionen ansteigt. Ohne eine entsprechende Werkzeugunterstützung ist das Verfahren dann nur noch schwer zu handhaben.

5.1.5 Anwendungsfallbasierter Test

UML weit verbreitet

Mit zunehmender Verbreitung des objektorientierten Vorgehens bei der Softwareentwicklung hat auch die Unified Modeling Language (UML) (s. [Hitz 05], [URL: UML]) immer mehr Anwendung in der Praxis gefunden. Die UML stellt mehr als zehn grafische Notationen zur Verfügung, die im Rahmen der Softwareentwicklung – und nicht nur bei objektorientierter Entwicklung – eingesetzt werden. Es gibt eine ganze Reihe von (Forschungs-)Arbeiten und Überlegungen, um aus UML-Diagrammen direkt Testfälle abzuleiten oder weitestgehend automatisch zu

→Anwendungsfall-basierter Test

generieren. An dieser Stelle soll nur auf die Anwendungsfälle bzw. Anwendungsfalldiagramme eingegangen werden.

Ermittlung der Anforderungen

Zur Ermittlung der Anforderungen werden Anwendungsfälle oder Geschäftsvorfälle erstellt, die dann zu Anwendungsfalldiagrammen (Use-Case-Diagrammen) zusammengefasst werden. Die Diagramme dienen zur Spezifikation der Anforderungen auf einem relativ abstrakten Niveau und beschreiben typische Nutzer-System-Interaktionen. Abbildung 5–8 zeigt ein Use-Case-Diagramm für einen Teil des Ablaufs beim Geldabheben an einem Geldautomaten.

Abb. 5–8
Use-Case-Diagramm Geldautomat

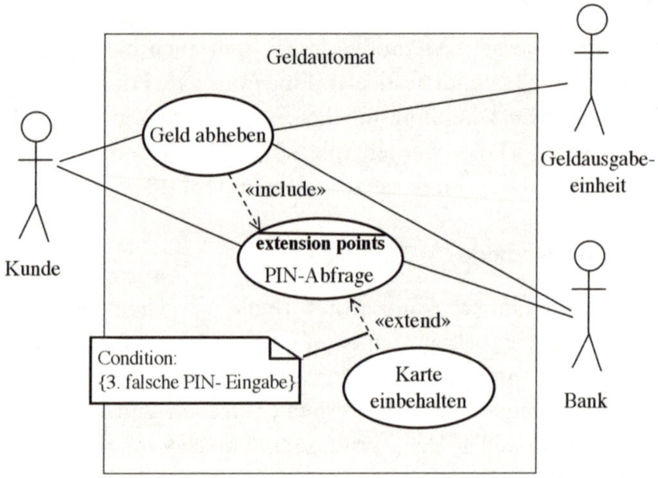

Die einzelnen Use Cases sind im Beispiel »Geld abheben«, »PIN-Abfrage« und »Karte einbehalten«. Beziehungen zwischen den Use Cases werden nach «include» und «extend» unterschieden. «include»-Beziehungen kommen immer zum Tragen, «extend»-Beziehungen können bei bestimmten Bedingungen zur Erweiterung eines Use Cases (an einer bestimmten Stelle, *extension point*) führen. Die «extend»-Beziehung muss also nicht zur Ausführung kommen, es gibt dafür Alternativen.

Darstellung der Außensicht

Use-Case-Diagramme dienen hauptsächlich zur Darstellung der Außensicht auf ein System. Das externe Verhalten eines Systems aus Sicht der Nutzer und die Beziehungen zu Nachbarsystemen sollen verdeutlicht werden. Außenbeziehungen werden als Linien zu Akteuren (z.B. Strichmännchen) gekennzeichnet. Es gibt noch weitere Elemente in Use-Case-Diagrammen, auf die hier nicht weiter eingegangen wird.

Vor- und Nachbedingungen

Für jeden →Anwendungsfall gelten bestimmte Vorbedingungen, die eingehalten werden müssen, damit er durchgeführt werden kann. Eine Vorbedingung zum Abheben von Geld aus dem Geldautomaten ist beispielsweise, dass die Bankkarte gültig ist. Nach Abschluss jedes Anwendungsfalls gelten Nachbedingungen. So ist bei erfolgreicher PIN-Eingabe eine Abhebung möglich, allerdings müssen erst noch die Höhe der Abhebung ermittelt und die Verfügbarkeit der Geldsumme geprüft werden. Vor- und Nachbedingungen gelten auch für die Abfolge der Anwendungsfälle in einem Diagramm, sozusagen für den »Weg« im Diagramm.

Für System- und Akzeptanztest gut geeignet

Use Cases und Use-Case-Diagramme dienen beim anwendungsfallbasierten Test als Grundlage für die Erstellung der Testfälle. Da die Außensicht modelliert wird, ist das Vorgehen für den System- und Akzeptanztest sehr gut geeignet. Werden mit den Diagrammen die Interaktion und die Beeinflussung zwischen einzelnen Systemkomponenten modelliert, dann können auch Integrationstestfälle abgeleitet werden.

»Übliche« Systembenutzung wird getestet

Die Diagramme stellen die »üblichen« oder wahrscheinlichen Abfolgen von Vorgängen und meist auch deren Alternativen dar. Der anwendungsfallbasierte Test prüft somit die typische Benutzung des Systems. Sicherlich ist es für die Akzeptanz eines Systems besonders wichtig, dass die »normale« Verwendung des Systems möglichst fehlerfrei läuft. Insofern hat der anwendungsfallbasierte Test eine hohe Bedeutung für den Kunden und somit auch für die Entwickler bzw. Tester.

Testfälle

Mit jedem Use Case ist eine bestimmte Aufgabe verbunden und ein vorgegebenes Ziel (Resultat) soll erreicht werden. Ereignisse können eintreten, die zu weiteren Aktivitäten oder Alternativen führen, und nach der Durchführung sind Nachbedingungen gegeben. Alle diese Informationen werden auch für die Erstellung der Testfälle benötigt und stehen somit zur Verfügung:

- Ausgangssituation und Vorbedingung
- Mögliche Randbedingungen
- Erwartete Ergebnisse und Resultate
- Nachbedingungen

Die konkreten Eingabedaten und Ergebnisse für die einzelnen Testfälle lassen sich allerdings nicht aus den Use Cases direkt ableiten. Die Testfälle müssen noch konkretisiert werden. Auch sind die im Diagramm enthaltenen Alternativen («extend»-Beziehung) durch jeweils einen Testfall abzudecken.

Festlegung der Testendekriterien

Ein mögliches Kriterium ist, dass jeder Use Case bzw. jede mögliche Abfolge von Use Cases im Diagramm mindestens einmal mit einem Testfall zu überprüfen ist. Da auch die Alternativen (bzw. Erweiterungen) Use Cases sind, wird durch das Kriterium auch deren Ausführung verlangt.

Bewertung der Methode

Der anwendungsfallbasierte Test ist sehr gut geeignet, um typische Benutzer-System-Interaktionen zu prüfen. Sein Einsatz empfiehlt sich daher für den Akzeptanztest und den Systemtest. Auch sind Testspezifikationswerkzeuge verfügbar, die diesen Ansatz unterstützen (vgl. Kap. 7.1.4). »Vorhersehbare« Ausnahmen und Sonderbehandlungen sind im Diagramm darstellbar und werden bei den Testfällen berücksichtigt, z.B. die dreifache falsche Eingabe einer PIN (s. Abb. 5–8). Es ist allerdings kein methodischer Ansatz vorhanden, zu weiteren Testfällen zu kommen, die über das im Diagramm beschriebene Verhalten hinausgehen. Hierzu bieten die anderen Testmethoden Hilfestellung, wie beispielsweise die Grenzwertanalyse.

5.1.6 Weitere Blackbox-Verfahren

Es wurden hier bei weitem nicht alle Blackbox-Verfahren beschrieben. Im Folgenden werden einige weitere gängige Verfahren kurz erläutert, um bei deren Auswahl eine erste Hilfestellung zu geben. Weitere Verfahren finden sich in [Myers 82], [Pol 00], [Riedemann 97] und [Sneed 02].

Syntaxtest

Mit →Syntaxtest wird ein Verfahren zur Ermittlung der Testfälle bezeichnet, das bei Vorliegen einer formalen Spezifikation für die Syntax der Eingaben angewendet werden kann. Die Regeln der syntaktischen Beschreibung werden genutzt, um Testfälle zu spezifizieren, die sowohl die Einhaltung als auch die Verletzung der syntaktischen Regeln für die Eingaben berücksichtigen.

Zufallstest

Der →Zufallstest wählt aus der Menge der möglichen Werte eines Eingabedatums zufällig Repräsentanten für die Testfälle aus. Ist eine statistische Verteilung der Werte gegeben (z.B. eine Normalverteilung), so soll diese auch für die Wahl der Repräsentanten herangezogen werden, um möglichst realitätsnahe Testfälle und Aussagen zur Zuverlässigkeit des Systems zu erhalten [IEEE 982].

Smoke-Test

Häufig erfolgt ein so genannter →Smoke-Test. Beim Smoke-Test handelt es sich um einen *quick and dirty*-Test, der primär minimale

Anforderungen an die Robustheit des Testobjekts prüft. Der meist automatisierte Test beschränkt sich auf die Hauptfunktionalität ohne detaillierten Vergleich der Ergebnisse. Es wird nur geprüft, ob ein Systemabsturz oder offensichtliche Fehlerwirkungen auftreten. Auf ein Testorakel zur Ermittlung der Sollwerte wird verzichtet, was den Test einfach und kostengünstig macht. Der Begriff Smoke-Test ist in Analogie zum Ausfall bei älteren elektrischen Geräten gewählt, bei denen Rauch im Fehlerfall aufsteigt. Ein Smoke-Test wird oft als erster Test durchgeführt, um zu entscheiden, ob das Testobjekt die notwendige Reife hat, um mit den umfangreicheren Testverfahren geprüft zu werden. Eine weitere Verwendung des Smoke-Tests ist die schnelle erste Prüfung neuer Software-Updates.

5.1.7 Allgemeine Bewertung der Blackbox-Verfahren

Fehlerhafte Spezifikation wird nicht erkannt

Grundlage aller Blackbox-Verfahren sind die Anforderungen sowie die Spezifikation des Systems bzw. der einzelnen Komponenten und ihres Zusammenwirkens. Sind fehlerhafte Festlegungen in den Anforderungen getroffen oder war eine fehlerhafte Spezifikation Grundlage für die Implementierung, so können diese Fehler nicht erkannt werden, da es keine Abweichungen zwischen der fehlerhaften Anforderung und dem tatsächlichen Verhalten gibt. Das Testobjekt verhält sich so, wie die Spezifikation (bzw. die Anforderungen) es fordert, auch wenn diese fehlerhaft ist. Wenn der Tester den Anforderungen kritisch gegenübersteht und seinen »gesunden Menschenverstand« einsetzt, können fehlerhafte Anforderungen auch beim Erstellen der Testfälle nachgewiesen werden. Ansonsten sind zur Auffindung von Unstimmigkeiten und Fehlern in der Spezifikation Reviews (s. Kap. 4.1.2) durchzuführen.

Nicht geforderte Funktionalität wird nicht erkannt

Mit den Blackbox-Verfahren kann auch nicht festgestellt werden, ob das Testobjekt noch weitere Funktionalität bereitstellt, die über die Spezifikation hinausgeht (dies ist oft der Grund für auftretende Sicherheitsprobleme). Die zusätzlichen Funktionen sind weder spezifiziert noch vom Kunden gefordert. Testfälle, die diese zusätzlichen Funktionen zur Ausführung bringen, werden – wenn überhaupt – nur zufällig durchgeführt. Die Überdeckungskriterien, die zur Beendigung des Tests dienen, werden ausschließlich auf der Grundlage der Anforderungen bzw. der Spezifikation ermittelt und nicht auf der Grundlage von nicht beschriebenen und nur vermuteten Funktionen.

Prüfung der Funktionalität

Im Mittelpunkt aller Blackbox-Verfahren steht die Prüfung der Funktionalität des Testobjekts. Es ist sicherlich unumstritten, dass das korrekte Funktionieren eines Softwaresystems höchste Priorität hat und somit auch die Blackbox-Testverfahren stets einzusetzen sind.

5.2 Whitebox-Verfahren

Codebasierte Testverfahren

Grundlage der Whitebox-Verfahren ist der Programmtext des Testobjekts. Die Verfahren werden daher oft auch als →codebasierte Testverfahren bezeichnet. Der Programmtext muss vorliegen und unter Umständen auch manipuliert, d.h. ergänzt werden können.

Alle Codeteile sollen zur Ausführung kommen

Die grundlegende Idee der Whitebox-Verfahren ist, dass alle Quellcodeteile eines Testobjekts mindestens einmal zur Ausführung gebracht werden sollen. Aufgrund der Programmlogik werden ablauforientierte Testfälle ermittelt und ausgeführt. Dabei ist selbstverständlich auch die Spezifikation zu berücksichtigen, um den Testfall zu erstellen und insbesondere nach seiner Ausführung bewerten und entscheiden zu können, ob ein fehlerhaftes Verhalten vorliegt.

Betrachtungsgegenstand eines Whitebox-Verfahrens können beispielsweise die Anweisungen eines Testobjekts sein. Ziel der Methode ist dann das Erreichen einer zuvor festgelegten Überdeckung der Anweisungen beim Testen, d.h., möglichst viele der im Programm enthaltenen Anweisungen zur Ausführung zu bringen.

Es lassen sich folgende Whitebox-Testfallentwurfsmethoden unterscheiden:

- →Anweisungsüberdeckung
- →Zweigüberdeckung
- Test der Bedingungen
    - →Einfache Bedingungsüberdeckung
    - →Mehrfachbedingungsüberdeckung
    - →Minimale Mehrfachbedingungsüberdeckung
- →Pfadüberdeckung

Im Folgenden werden die Verfahren näher beschrieben.

5.2.1 Anweisungsüberdeckung

Kontrollflussgraph erforderlich

Die einzelnen Anweisungen (engl. *statements*) des Testobjekts stehen im Mittelpunkt der Untersuchung. Es sind Testfälle zu identifizieren, die eine zuvor festgelegte Mindestquote oder auch alle Anweisungen des Testobjektes zur Ausführung bringen. Als erster Schritt ist der Programmtext in einen Kontrollflussgraphen zu transferieren. Anhand des Graphen werden dann die geforderten Überdeckungen genauer spezifiziert. Im Graphen werden die Anweisungen als Knoten und der Kontrollfluss zwischen den Anweisungen als Kanten repräsentiert. Sind Sequenzen von Anweisungen im Programmstück vorhanden, werden diese als ein Knoten dargestellt, da bei Ausführung der ersten Anweisung der Sequenz alle weiteren Anweisungen ausgeführt werden. Abfrageanweisungen (IF, CASE) und Schleifen (WHILE, FOR) haben mehr als eine Ausgangskante.

Es ist nach Ausführung der Testfälle nachzuweisen, welche einzelnen Anweisungen ausgeführt wurden (s. Kap. 5.2.1). Wenn der zuvor festgelegte Überdeckungsgrad erreicht ist, wird der Test als ausreichend angesehen und beendet.

Beispiel

Ein Beispiel soll das Vorgehen verdeutlichen. Für das Beispiel wird ein sehr einfaches Programmstück gewählt, das lediglich aus zwei Abfragen und einer Schleife besteht (s. Abb. 5–9).

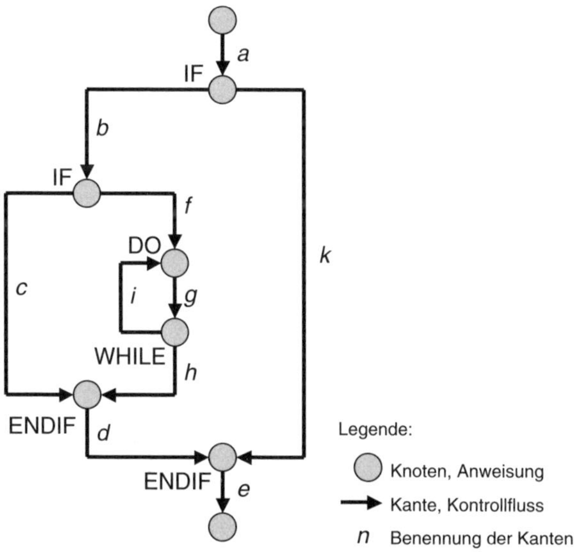

Abb. 5–9
Use-Case-Diagramm Geldautomat

Testfälle

Überdeckung der Kanten des Kontrollflussgraphen

Im Beispiel können alle Anweisungen (alle Knoten) bereits durch einen einzigen Testfall erreicht werden. Bei diesem Testfall müssen die folgenden Kanten des Graphen durchlaufen werden, d.h. die Anweisungen (Knoten) in der entsprechenden Reihenfolge zur Ausführung kommen:

a, b, f, g, h, d, e

Ein Testfall reicht aus

Nach dem Durchlaufen der Kanten sind alle Anweisungen einmal ausgeführt worden. Die vollständige Überdeckung lässt sich sicherlich auch durch andere Kombinationen von Kanten des Graphen erreichen.

Beim Testen ist jedoch immer der Aufwand zu minimieren, d.h. mit möglichst wenigen Testfällen das zu erfüllende Ziel zu erreichen.

Für die einzelnen Testfälle sind auch die erwarteten Ergebnisse und das erwartete Verhalten des Testobjekts vorab anhand der Spezifikation zu bestimmen. Nach der Ausführung ist das erwartete und das tatsächliche Ergebnis bzw. Verhalten zu vergleichen, um Abweichungen und Fehlerwirkungen festzustellen.

Festlegung der Testendekriterien

Kriterien zur Beendigung der Tests lassen sich hier sehr einsichtig definieren:

Anweisungsüberdeckung =
(Anzahl durchlaufene Anweisungen / Gesamtzahl Anweisungen) * 100 %

C0-Maß

Das obige Maß zur Berechnung der Überdeckung der Anweisungen ist auch als C0-Maß bekannt. Es ist ein in der Aussage sehr schwaches Kriterium. Manchmal ist eine 100 %ige Überdeckung der Anweisungen schwer erreichbar, z.B. wenn Ausnahmebedingungen im Programm vorkommen, die während der →Testphase nur mit erheblichem Aufwand oder gar nicht herzustellen sind.

Bewertung der Methode

Nicht erreichbarer Code erkennbar

Wird eine vollständige Überdeckung aller Anweisungen gefordert und können Anweisungen durch keine Testfälle zur Ausführung gebracht werden, kann das ein Hinweis auf nicht erreichbaren Programmtext (tote Programmanweisungen) sein.

Leere ELSE-Teile bleiben unberücksichtigt

Ist bei einer Bedingung (IF) nur bei deren Erfüllung (THEN-Teil) die Ausführung von Anweisungen vorgesehen, so ist im entsprechenden Kontrollflussgraphen eine von der Bedingung ausgehende (THEN-)Kante mit (mindestens) einem Knoten und eine zweite ausgehende (ELSE-)Kante ohne Knoten vorhanden. Der Kontrollfluss beider Kanten wird beim abschließenden (ENDIF-)Knoten wieder vereint. Für die Anweisungsüberdeckung ist eine leere (ELSE-)Kante (zwischen IF und ENDIF) ohne Bedeutung. Möglicherweise fehlende Anweisungen in diesem Programmteil werden nicht erkannt!

Die Messung der Überdeckung der Anweisungen wird mittels entsprechender Werkzeuge durchgeführt (s. Kap. 7.1.4).

5.2.2 Zweigüberdeckung

Ein weiter gehendes Kriterium im Whitebox-Test ist die Überdeckung der →Zweige des Kontrollflussgraphen, d.h., die Kanten im Graphen stehen im Mittelpunkt der Untersuchung. Nicht die Ausführung der einzelnen Anweisungen wird betrachtet, sondern die Auswertung einer Bedingung. Aufgrund des Ergebnisses der Auswertung wird entschieden, welche Anweisung als nächste ausgeführt wird. Dies soll beim Testen berücksichtigt werden.

Leere ELSE-Teile werden berücksichtigt

Dabei spielt es im Gegensatz zur Anweisungsüberdeckung für die Zweigüberdeckung keine Rolle, ob beispielsweise bei einer IF-Anweisung sowohl im THEN- als auch im ELSE-Teil Anweisungen auszuführen sind. Ein leerer ELSE-Teil ist bei der Zweigüberdeckung ebenfalls zu berücksichtigen. Die Zweigüberdeckung verlangt, dass bei einer Verzweigung des Kontrollflusses (bei einer Bedingung) beide bzw. (bei einer CASE-Anweisung) alle Möglichkeiten und bei Schleifen neben dem Schleifenkörper auch die Umgehung bzw. ein Rücksprung zum Schleifenanfang zu berücksichtigen sind.

Testfälle

Zusätzliche Testfälle erforderlich

Im Beispiel (s. Abb. 5–9) sind nun weitere Testfälle erforderlich, wenn alle Zweige des Kontrollflussgraphen beim Test berücksichtigt werden sollen. Für eine 100 %ige Anweisungsüberdeckung war folgende Kantenabfolge ausreichend:

a, b, f, g, h, d, e

Die Kanten c, i und k sind durch diesen Testfall nicht ausgeführt worden. Die Kanten c und k sind leere Zweige einer Bedingung, die Kante i ist der Rücksprung zum Anfang einer Schleife. Es sind zusätzlich drei Testfälle erforderlich:

a, b, c, d, e
a, b, f, g, i, g, h, d, e
a, k, e

Überdeckung der Kanten des Kontrollflussgraphen

Alle vier Testfälle zusammen ergeben eine vollständige Überdeckung der Kanten des Kontrollflussgraphen, womit alle möglichen Verzweigungen des Kontrollflusses im Programmtext des Testobjektes durch einen Testfall überprüft worden sind.

Es sind jetzt Kanten mehrfach ausgeführt worden, dies lässt sich allerdings nicht immer vermeiden. Im Beispiel werden die Kanten a und e bei jedem Testfall ausgeführt, da es keine Alternativen zu diesen Kanten gibt.

Für die einzelnen Testfälle sind, neben den Vor- und Nachbedingungen, auch hier wieder die erwarteten Ergebnisse und das erwartete Verhalten des Testobjekts vorab zu bestimmen und danach mit dem tatsächlichen Ergebnis bzw. Verhalten zu vergleichen. Darüber hinaus ist es sinnvoll, festzuhalten, welche Zweige bei welchem Testfall durchlaufen werden sollen, um Abweichungen im Ablauf feststellen zu können. Dies trifft besonders für fehlende Anweisungen in leeren Zweigen zu.

Festlegung der Testendekriterien

In Analogie zur Anweisungsüberdeckung wird der Überdeckungsgrad der Zweigüberdeckung wie folgt definiert:

Zweigüberdeckung =
(Anzahl durchlaufene Zweige / Gesamtzahl Zweige) * 100 %

C1-Maß

Die Überdeckung der Zweige wird als C1-Maß bezeichnet. Bei der Berechnung wird nur gezählt, ob ein Zweig bei der Ausführung überhaupt durchlaufen wurde, die Häufigkeit der Ausführung spielt keine Rolle, so sind im Beispiel die Zweige a und e jeweils viermal, nämlich bei jedem Testlauf einmal, durchlaufen worden.

Unter der Annahme, dass im obigen Beispiel der letzte Testfall mit der Kante k nicht ausgeführt wurde, ergibt sich eine Zweigüberdeckung von

(9 / 10) * 100 % = 90 %.

Zum Vergleich: Eine 100 %ige Anweisungsüberdeckung ist bereits nach dem ersten Testfall erreicht.

Je nach Kritikalität des Testobjekts und je nach erwartetem Risiko im Fehlerfall kann das Testendekriterium unterschiedlich festgelegt werden. Es können beispielsweise 85 % Zweigüberdeckung einer Komponente in einem Projekt als ausreichend angesehen werden, während für eine andere Komponente eine Überdeckung von 100 % erreicht werden muss. Wie im Beispiel zu sehen, ist der Testaufwand bei hoher geforderter Überdeckung entsprechend umfangreich.

Bewertung der Methode

Mehr Testfälle erforderlich

Bei der Zweigüberdeckung ist die Ausführung von mehr Testfällen als bei der Anweisungsüberdeckung erforderlich. Wie viel mehr, das hängt von der Struktur des Testobjekts ab. Mit der Zweigüberdeckung können fehlende Anweisung in leeren Zweigen im Gegensatz zur Anweisungsüberdeckung erkannt werden. 100 % Zweigüberdeckung garantiert 100 % Anweisungsüberdeckung, aber nicht umgekehrt. Zweigüberdeckung ist das umfassendere Kriterium.

Die einzelnen Zweige werden unabhängig voneinander betrachtet und es werden keine bestimmten Kombinationen der einzelnen Zweige gefordert.

Tipp

- Eine Zweigüberdeckung von 100 % ist anzustreben.
- Nur wenn neben allen Anweisungen auch jede mögliche Verzweigung des Kontrollflusses in der Testphase berücksichtigt wird, kann der Test als ausreichend eingestuft werden.

Für objektorientierte Systeme unzureichend

Sowohl die Anweisungs- als auch die Zweigüberdeckung ist für objektorientierte Systeme nur unzureichend geeignet, da die Methoden in den Klassen normalerweise wenig umfangreich und deren Kontrollfluss meist nur von geringer Komplexität ist. Die geforderten Überdeckungen lassen sich dann mit wenig Aufwand erreichen. Die Komplexität bei objektorientierten Systemen ist meist in den Beziehungen zwischen den Klassen verborgen. Zusätzliche adäquate Überdeckungskriterien sind hierfür erforderlich. Da oft eine Werkzeugunterstützung zur Ermittlung der Werte für Anweisungs- und/oder Zweigüberdeckung vorhanden ist, kann diese genutzt werden, um nicht aufgerufene Methoden oder Programmteile zu erkennen.

5.2.3 Test der Bedingungen

Berücksichtigung der Komplexität bei zusammengesetzten Bedingungen

Bei der Zweigüberdeckung wird ausschließlich der ermittelte Ergebniswahrheitswert einer Bedingung berücksichtigt (`wahr`/`TRUE` oder `falsch`/`FALSE`). Anhand dieses Wertes wird entschieden, welche Verzweigung im Kontrollflussgraphen verfolgt wird bzw. welche Anweisung als nächste im Programm zur Ausführung kommt. Setzt sich eine Bedingung aus mehreren Teilbedingungen zusammen, die über logische Operatoren miteinander verknüpft sind, so muss im Test diese Komplexität der Bedingung berücksichtigt werden. Unterschiedliche Anforderungen und damit auch Abstufungen der Testintensität unter Berücksichtigung der zusammengesetzten Bedingungen werden im Folgenden beschrieben (s. a. [Liggesmeyer 02]).

Einfache Bedingungsüberdeckung

(branch condition testing)[52]

Ziel der einfachen Bedingungsüberdeckung ist, dass jede →atomare Teilbedingung im Test sowohl den Wert `wahr` als auch den Wert `falsch` angenommen hat.

Definition atomare Teilbedingung

Eine atomare Teilbedingung ist eine Bedingung, die keine logischen Operatoren wie AND, OR oder NOT, sondern höchstens Relationssymbole wie »>« oder »=« enthält.

Eine Bedingung im Programmtext des Testobjekts kann aus mehreren atomaren Teilbedingungen zusammengesetzt sein.

Beispiel für zusammengesetzte Bedingungen

Ein Beispiel für eine zusammengesetzte Bedingung ist: x > 3 OR y < 5. Die Bedingung besteht aus zwei atomaren Teilbedingungen (x>3, y<5), die mit einem logischen ODER (OR) verknüpft sind. Ziel der einfachen Bedingungsüberdeckung ist, dass jede atomare Teilbedingung einmal jeden der beiden Wahrheitswerte annimmt. Die Testdaten x=6 und y=8 ergeben für die erste Teilbedingung (x>3) den Wahrheitswert `wahr` und für die zweite Teilbedingung (y<5) den Wahrheitswert `falsch`. Der Wahrheitswert der gesamten Bedingung ist `wahr` (`wahr` ODER `falsch = wahr`). Das zweite Testdatenpaar mit den Werten x=2 und y=3 ergibt für die erste Teilbedingung den Wahrheitswert `falsch` und für die zweite den Wahrheitswert `wahr`. Der Wert der Gesamtbedingung ergibt sich erneut zu `wahr (falsch` ODER `wahr = wahr)`. Beide Teilbedingungen haben jeweils die beiden Wahrheitswerte angenommen. Die Auswertung der Gesamtbedingung ist allerdings bei beiden Kombinationen gleich.

Schwaches Kriterium

Die einfache Bedingungsüberdeckung ist somit ein schwächeres Kriterium als die Anweisungs- oder auch Zweigüberdeckung, da nicht verlangt wird, dass unterschiedliche Wahrheitswerte bei der Auswertung der Gesamtbedingung im Test zu berücksichtigen sind.

Mehrfachbedingungsüberdeckung

(*branch condition combination testing*)

Alle Kombinationen der Wahrheitswerte

Bei der Mehrfachbedingungsüberdeckung wird gefordert, dass Kombinationen der Wahrheitswerte der atomaren Teilbedingungen berücksichtigt werden. Es sollen möglichst alle Variationen gebildet werden.

Fortführung des Beispiels

Für das obige Beispiel sind bei den zwei atomaren Teilbedingungen (x>3, y<5) vier Kombinationen von Testfällen mit den obigen Testdaten möglich:

x=6 (T), y=3 (T), x>3 OR y<5 (T)
x=6 (T), y=8 (F), x>3 OR y<5 (T)
x=2 (F), y=3 (T), x>3 OR y<5 (T)
x=2 (F), y=8 (F), x>3 OR y<5 (F)

Mehrfachbedingungsüberdeckung subsumiert Anweisungs- und Zweigüberdeckung

Bei der Auswertung der Gesamtbedingung ergeben sich nun auch beide Wahrheitswerte. Die Mehrfachbedingungsüberdeckung erfüllt somit auch die Kriterien der Anweisungs- und Zweigüberdeckung. Sie ist ein umfassenderes

52. Die entsprechenden englischen Bezeichnungen sind zur Verdeutlichung hier mit aufgenommen worden.

Kriterium, da sie auch die Komplexität bei zusammengesetzten Bedingungen berücksichtigt. Allerdings ist sie auch sehr aufwändig, da bei steigender Anzahl der atomaren Bedingungen die Zahl der möglichen Kombinationen exponenziell ansteigt (auf 2^n bei n atomaren Bedingungen).

Ein Problem ergibt sich daraus, das nicht immer alle Kombinationen auch durch Testdaten realisierbar sind.

Nicht alle Kombinationen sind immer möglich

Ein Beispiel soll das verdeutlichen. Für die zusammengesetzte Bedingung 3<=x AND x<5 lassen sich nicht alle Kombinationen mit den entsprechenden Werten für die Variable x herstellen, da die Teilbedingungen nicht unabhängig voneinander sind:

Beispiel für nicht realisierbare Kombinationen von Teilbedingungen

x=4: 3<=x (T), x<5 (T), 3<=x AND x<5 (T)
x=8: 3<=x (T), x<5 (F), 3<=x AND x<5 (F)
x=1: 3<=x (F), x<5 (T), 3<=x AND x<5 (F)
x=?: 3<=x (F), x<5 (F), Kombination nicht möglich, weil der Wert für x kleiner als 3 und zugleich größer oder gleich 5 sein müsste.

Minimale Mehrfachbedingungsüberdeckung
(modified branch condition decision testing)[53]

Die minimale Mehrfachbedingungsüberdeckung beseitigt die oben geschilderten Probleme. Es müssen nicht alle Kombinationen berücksichtigt werden, sondern nur jede mögliche Kombination von Wahrheitswerten, bei denen die Änderung des Wahrheitswertes einer atomaren Bedingung den Wahrheitswert der logischen Verknüpfung ändern kann. Oder anders ausgedrückt: Nur die atomaren Bedingungen sind in Testfällen zu berücksichtigen, deren Änderung des booleschen Wertes auch eine Änderung des Gesamtausdrucks bewirken (s.a. [Riedemann 97]).

Beschränkung der Kombinationen

Zur Verdeutlichung wird das Beispiel mit den zwei atomaren Teilbedingungen (x>3, y<5) und der ODER-Verknüpfung erneut betrachtet. Vier Kombinationen sind möglich (2^2):

Fortführung des Beispiels

1) x=6 (T), y=3 (T), x>3 OR y<5 (T)
2) x=6 (T), y=8 (F), x>3 OR y<5 (T)
3) x=2 (F), y=3 (T), x>3 OR y<5 (T)
4) x=2 (F), y=8 (F), x>3 OR y<5 (F)

Für die erste Kombination gilt Folgendes: Wird der Wahrheitswert für die erste Teilbedingung fehlerhaft berechnet, ist also eine falsche Bedingung realisiert, so kann sich der Wahrheitswert der ersten Teilbedingung von `wahr` (T) durch den

Änderung einer Teilbedingung ohne Auswirkung

53. Zwischen den Verfahren gibt es geringe Unterschiede in den Definitionen (s. Glossar).

Fehlerzustand auf `falsch` (F) ändern, allerdings bleibt das Ergebnis der Gesamtbedingung unverändert (T). Analoges gilt für die zweite Teilbedingung.

Bei der ersten Kombination werden somit fehlerhafte Auswertungen der jeweiligen Teilbedingung maskiert, da sie keine Auswirkungen auf das Ergebnis der Gesamtbedingung haben und Fehlerwirkungen somit nicht auftreten. Der Test der ersten Kombination kann somit entfallen.

Wird beim zweiten Testfall der Wahrheitswert der ersten Teilbedingung durch einen Fehlerzustand `falsch` berechnet, ändert sich der Wert von `wahr` (T) zu `falsch` (F). Hier kommt es zu einer Fehlerwirkung, da sich auch der Wert der Gesamtbedingung ändert. Analoges gilt für den dritten Testfall und dort die zweite Teilbedingung. Im vierten Testfall wird eine falsche Realisierung der Teilbedingungen ebenfalls erkannt, da sich dann auch der Wahrheitswert der Gesamtbedingung ändert.

Geringe Anzahl der Testfälle

Für jede logische Verknüpfung der zusammengesetzten Bedingung ist zu entscheiden, welche Testfälle sensitiv auf Fehlerzustände reagieren und bei welchen Kombinationen Fehlerzustände maskiert werden können und diese Kombinationen somit im Test nicht berücksichtigt zu werden brauchen. Die Anzahl der Testfälle ist erheblich geringer als bei der Mehrfachbedingungsüberdeckung, die Anzahl liegt zwischen n+1 und 2n, mit n=Anzahl der booleschen Operanden der Bedingung.

Testfälle

Bei den Testfällen ist jeweils zu berücksichtigen, welche Eingabedaten zu welcher Auswertung der Bedingungen bzw. Teilbedingungen führen und welche Programmteile nach der Auswertung zur Ausführung kommen sollen. Die erwartete Ausgabe bzw. das erwartete Verhalten des Testobjekts ist ebenfalls vorab festzulegen, um das korrekte bzw. fehlerhafte Verhalten festzustellen.

Tipp

- Wegen der geringen Aussagekraft soll auf die einfache Bedingungsüberdeckung verzichtet werden.
- Bei zusammengesetzten Bedingungen ist die minimale Mehrfachbedingungsüberdeckung anzuwenden, da die Komplexität der Bedingung von dem Verfahren zur Testfallerstellung berücksichtigt wird und das Verfahren die Anweisungs- und Zweigüberdeckung subsumiert. Diese beiden Verfahren sind dann nicht zusätzlich durchzuführen.

Bei der minimalen Mehrfachbedingungsüberdeckung kann es allerdings sehr aufwändig sein, die Eingabedaten so zu wählen, dass eine bestimmte Teilbedingung den im Testfall geforderten Wahrheitswert annimmt.

Festlegung der Testendekriterien

Wie bei den bisherigen Verfahren auch, lassen sich als Kriterien für die Beendigung der Tests die Verhältnisse zwischen den bereits erreichten und allen geforderten Wahrheitswerten der (Teil-)Bedingungen bilden. Bei den Verfahren, welche die Komplexität der Bedingungen im Programmtext des Testobjekts in den Mittelpunkt der Prüfung stellen, ist es sinnvoll, eine vollständige Prüfung (100 % Überdeckung) anzustreben. Ist die Komplexität der Bedingungen im Test ohne Bedeutung, kann eine Zweigüberdeckung als ausreichend angesehen werden.

Bewertung der Methode

Komplexe Bedingungen sind oft fehlerhaft

Sind komplexe Bedingungen im Programmtext vorhanden, dann müssen diese intensiv getestet werden, um mögliche Fehlerwirkungen aufzudecken. Gerade bei der Kombination von logischen Ausdrücken werden oft Fehlhandlungen begangen, weshalb der Test sehr wichtig ist. Die minimale Mehrfachbedingungsüberdeckung ist allerdings auch ein sehr aufwändiges Verfahren zur Testfallerstellung.

Tipp

- Es kann auch sinnvoll sein, komplexe zusammengesetzte Bedingungen in verschachtelte, einfache Abfragen aufzuteilen und dann für diese Abfolge von Abfragen einen Zweigüberdeckungstest durchzuführen.
- Auf die intensive Prüfung oder Aufteilung von komplexen Bedingungen kann möglicherweise ganz verzichtet werden, wenn diese vor dem dynamischen Test einem Review (s. Kap. 4.1.2) unterzogen werden und deren Korrektheit dort nachgewiesen wird.

Exkurs

Ein Nachteil der Bedingungsüberdeckungen ist, dass sie boolesche Ausdrücke beispielsweise nur innerhalb einer IF-Anweisung prüfen. Bei dem folgenden Beispiel eines Programmstücks wird nicht erkannt, dass die IF-Bedingung aus mehreren Teilbedingungen zusammengesetzt ist und die minimale Mehrfachbedingungsüberdeckung angewendet werden sollte.

```
...
Flag = (A || (B && C));
if (Flag)
        ...;
else  ...;
...
```

Werden im Programm alle vorkommenden booleschen Ausdrücke für die Erstellung der Testfälle herangezogen, kann dieser Nachteil ausgeglichen werden.

Compiler bricht Auswertung von Ausdrücken ab

Ein weiteres Problem tritt bei der Messung der Überdeckung der Teilbedingungen auf. Einige Compiler verkürzen die Auswertung von booleschen Ausdrücken, sobald das Ergebnis feststeht. Zum Beispiel ist bei einer AND-Verknüpfung von zwei Teilbedingungen für eine Teilbedingung der Wert FALSE ermittelt, dann ist die

Gesamtbedingung ebenfalls FALSE, egal welchen Wert die zweite Teilbedingung liefert. Einige Compiler ändern auch die Reihenfolge der Auswertung in Abhängigkeit von den booleschen Operatoren, um möglichst schnell ein Endergebnis zu erhalten und die weiteren Teilbedingungen nicht auswerten zu müssen. Testfälle, die eine Überdeckung von 100% erreichen sollen, können zwar ausgeführt werden, wegen der Verkürzung der Auswertung lässt sich die Überdeckung allerdings nicht nachweisen.

5.2.4 Pfadüberdeckung

Alle möglichen Pfade durch ein Testobjekt

Bisher standen Anweisungen oder Verzweigungen des Kontrollflusses oder die Komplexität von Bedingungen im Mittelpunkt der Testfallermittlung. Enthält das Testobjekt Schleifen bzw. Wiederholungen, so reichen die bisherigen Überlegungen nicht für einen angemessenen Test aus. Die Pfadüberdeckung fordert die Ausführung aller unterschiedlichen Pfade durch ein Testobjekt.

Beispiel für einen Pfadtest

Anhand des Kontrollflussgraphen (Abb. 5–9) soll der Begriff Pfad näher erläutert werden. Das Programmstück, das der Graph repräsentiert, enthält eine Schleife. Die DO-WHILE-Schleife wird auf jeden Fall einmal durchlaufen. In der WHILE-Bedingung am Ende der Schleife wird ermittelt, ob eine Wiederholung der Schleife, also ein Rücksprung zum Schleifenanfang, erfolgen soll. Bei der Ermittlung der Zweigüberdeckung ist die Schleife in zwei Testfällen berücksichtigt worden:

- Schleife ohne Rücksprung:
  a, b, f, g, h, d, e
- Schleife mit einmaligem Rücksprung (i) und einmaliger Wiederholung:
  a, b, f, g, i, g, h, d, e

In der Regel wird eine Schleife aber häufiger als einmal durchlaufen werden. Mögliche weitere Abfolgen von Zweigen durch den Programmgraphen sind:

a, b, f, g, i, g, i, g, h, d, e
a, b, f, g, i, g, i, g, i, g, h, d, e
a, b, f, g, i, g, i, g, i, g, i, g, h, d, e
usw.

Es wird deutlich, dass es beliebig viele Pfade im Kontrollflussgraphen gibt. Auch bei einer Beschränkung der Anzahl der Schleifenwiederholungen steigt die Zahl von Pfaden ins Unermessliche an (s.a. Kap. 2.1.4).

Kombination der Programmteile

Ein Pfad beschreibt die mögliche Abfolge von einzelnen Programmteilen in einem Programmstück. Im Gegensatz dazu werden Zweige unabhängig voneinander betrachtet, jeder für sich. Die Pfade berücksichtigen Abhängigkeiten zwischen den Zweigen, wie zum Beispiel bei

Schleifen, bei denen ein Zweig an den Anfang eines anderen Zweiges zurückführt.

Beispiel: Anweisungs- und Zweigüberdeckung in VSR

In Kapitel 5.1.1 wurden für die Methode `calculate_price()` des VSR-Teilsystems *DreamCar* Testfälle aus gültigen und ungültigen Äquivalenzklassen der Parameter hergeleitet. Im Folgenden werden Testfälle dahingehend bewertet, inwieweit sie den Programmtext überdecken, d.h. entsprechende Teile der Methode zur Ausführung gekommen sind. Es soll eine 100%ige Zweigüberdeckung erreicht werden, um sicherzustellen, dass während der Testläufe alle Zweige mindestens einmal zur Ausführung gekommen sind.

Zum besseren Verständnis wird hier der Programmtext der Methode aus Kapitel 3.2.3 wiederholt:

```
double   calculate_price(
         double baseprice, double specialprice,
         double extraprice, int extras, double discount)
{
         double addon_discount;
         double result;
         if (extras >= 3) addon_discount = 10;
         else if (extras >= 5) addon_discount = 15;
         else addon_discount = 0;
         if (discount > addon_discount)
                  addon_discount = discount;
         result   = baseprice/100.0*(100-discount)
                  + specialprice
                  + extraprice/100.0*(100-addon_discount);
         return (result);
}
```

Der Kontrollflussgraph der Methode `calculate_price` ist in Abbildung 5–10 dargestellt.

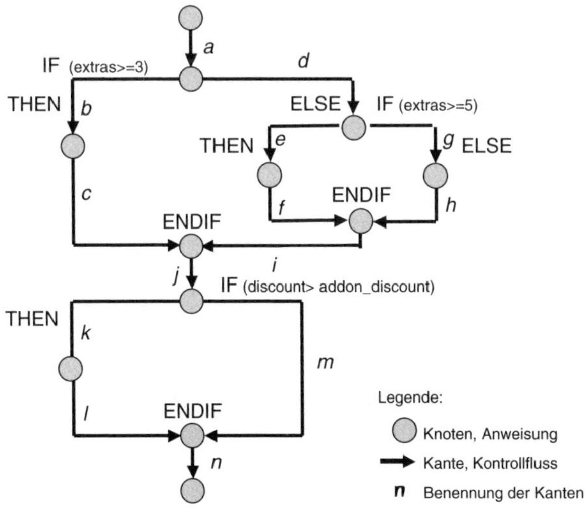

Abb. 5–10 *Kontrollflussgraph der Methode* `calculate_price`

In Kapitel 3.2.3 wurden folgende zwei Testfälle angegeben:

```
// testcase 01
price = calculate_price(10000.00,2000.00,1000.00,3,0);
test_ok = test_ok && (abs (price-12900.00) < 0.01);

// testcase 02
price = calculate_price(25500.00,3450.00,6000.00,6,0);
test_ok = test_ok && (abs (price-34050.00) < 0.01);
```

Die Testfälle bewirken die Ausführung folgender Kanten des Graphen:

Testfall 01: a, b, c, j, m, n
Testfall 02: a, b, c, j, m, n

43 % Zweigüberdeckung erreicht

Die Kanten d, e, f, g, h, i, k, l sind nicht zur Ausführung gekommen. Durch die beiden Testfälle wurden insgesamt nur 43 % der Zweige (6 von insgesamt 14) überdeckt. Testfall 02 hat keine Verbesserung der Überdeckung gebracht und ist aus Sicht der Zweigüberdeckung unnütz. Nach Spezifikation sollte der Testfall 02 allerdings zur Ausführung weiterer Anweisungen führen, da ein anderer Rabatt berechnet werden sollte (bei fünf oder mehr Zusatzausstattungen).

Zur Erhöhung der Überdeckung werden folgende weitere Testfälle spezifiziert:

```
// testcase 03
price = calculate_price(10000.00,2000.00,1000.00,0,10);
test_ok = test_ok && (abs (price-12000.00) < 0.01);

// testcase 04
price = calculate_price(25500.00,3450.00,6000.00,6,15);
test_ok = test_ok && (abs (price-30225.00) < 0.01);
```

Diese Testfälle bewirken die Ausführung folgender Kanten des Graphen:

Testfall 03: a, d, g, h, i, j, k, l, n
Testfall 04: a, b, c, j, k, l, n

86 % Zweigüberdeckung erreicht

Die Testfälle führen zur Ausführung von weiteren Kanten (d, g, h und i) und damit zur Erhöhung der Überdeckung auf 86 %. Die Kanten e und f sind nicht ausgeführt worden.

Auswertung der Bedingungen

Bevor mit weiteren Testfällen versucht wird, die beiden fehlenden Kanten zu erreichen, werden die Bedingungen der IF-Anweisungen näher betrachtet, d.h., der Programmtext wird zur Ermittlung weiterer Testfälle herangezogen. Um die Kante e und f zu erreichen, muss die Bedingung der ersten Abfrage `(extras >= 3)` den Wert `FALSE` liefern, damit der ELSE-Teil ausgeführt wird. In diesem ELSE-Teil muss die Bedingung `(extras >= 5)` den Wert `TRUE` liefern. Es muss somit ein Wert für den Parameter `extras` gefunden werden, der folgender Bedingung genügt:

```
¬(extras >= 3) AND (extras >= 5)
```

Einen solchen Wert gibt es nicht, die fehlenden Kanten sind nie erreichbar. Es liegt ein Fehlerzustand im Programmtext vor.

Beispiel: Zusammenhang der Maße

Der Zusammenhang zwischen Anweisungs-, Zweig- und Pfadüberdeckung soll ebenfalls an diesem Beispiel verdeutlicht werden. Das Testobjekt besteht aus insgesamt drei IF-Anweisungen, wovon zwei verschachtelt sind und die dritte separat zu den anderen steht (s. Abb. 5–10).

Alle Anweisungen (Knoten) werden durch folgende Abfolgen der Kanten des Graphen erreicht:

a, b, c, j, k, l, n
a, d, e, f, i, j, k, l, n
a, d, g, h, i, j, k, l, n

Diese Abfolgen reichen aus, um eine Anweisungsüberdeckung von 100 % zu erhalten. Alle Zweige (Kanten) wurden allerdings noch nicht überdeckt, es fehlt die Kante m. Ein Ablauf könnten wie folgt aussehen:

a, b, c, j, m, n

Diese zusätzliche Abfolge sollte die obige erste Abfolge ersetzen. Mit den dann drei möglichen Testfällen, die diese drei Abfolgen bewirken, ist eine 100 %ige Zweigüberdeckung erreicht.

Weitere Pfade durch den Graphen

Es gibt allerdings auch bei diesem einfachen Programmstück noch weitere Möglichkeiten, den Graphen zu durchlaufen und somit alle Pfade durch den Graphen zu berücksichtigen. Bisher sind die folgenden Pfade nicht zur Ausführung gekommen:

a, d, e, f, i, j, m, n
a, d, g, h, i, j, m, n

Insgesamt ergeben sich somit sechs unterschiedliche Pfade durch den Programmtext (die möglichen drei Wege durch den Graphen vor der Kante j multipliziert mit den zwei möglichen Wegen nach der Kante j). Voraussetzung ist, dass die Abfragen unabhängig voneinander und die Kanten somit frei kombinierbar sind.

Kommen im Programmstück noch Schleifen hinzu, so zählt jede mögliche Anzahl von Schleifenwiederholungen als ein möglicher Pfad durch das Programmstück. Es ist klar, dass eine 100 %ige Überdeckung aller Pfade in einem Programm während der Testphase nie erreichbar ist, sobald das Programm nicht trivial ist.

5.2.5 Weitere Whitebox-Verfahren

Auch bei den Whitebox-Verfahren gibt es neben den gebräuchlichsten Verfahren, die hier vorgestellt wurden, eine ganze Reihe von weiteren Verfahren, die zur Prüfung eines Testobjekts herangezogen werden können, hier aber nicht beschrieben sind. Erläuterungen zu diesen Verfahren sind in [Myers 82], [Pol 00], [Riedemann 97] und [Sneed 02] zu finden. Im Folgenden wird auf ein weiteres Verfahren etwas näher eingegangen.

Datenflussbasierte Verfahren

Einige Verfahren verwenden den Datenfluss durch das Testobjekt als Grundlage für die Ermittlung der Testfälle. Es werden im Wesentlichen die Datenbenutzungen im Testobjekt überprüft. Für jede Variable wird deren Verwendung analysiert, dabei werden die Definition von Variablen und die lesenden und schreibenden Zugriffe auf Variablen unterschieden. Mit dem Verfahren kann geprüft werden, ob der Wert einer Variablen im Testobjekt bei der Verwendung des Wertes an einer anderen Stelle zu einer Fehlerwirkung führt. Darüber hinaus wird betrachtet, ob der Wert der Variablen zur Berechnung einer anderen Variablen oder zur Ermittlung eines Wahrheitswertes in einer Bedingung verwendet wird. Anhand dieser Information können unterschiedliche Kriterien in Bezug auf den Datenfluss festgelegt werden, die durch die Testfälle zu überdecken sind. Eine ausführliche Beschreibung der datenflussbasierten Verfahren ist in [Balzert 98] und [Riedemann 97] zu finden.

5.2.6 Allgemeine Bewertung der Whitebox-Verfahren

Intensität der Tests festlegen

Grundlage aller Whitebox-Verfahren ist der vorliegende Programmtext. In Abhängigkeit der Komplexität der Programmstruktur können die adäquaten Testfallentwurfsverfahren ausgewählt und angewendet werden. Anhand des Programmtextes und der ausgewählten Verfahren wird die Intensität der Tests festgelegt.

Für untere Teststufen geeignet

Die Whitebox-Verfahren eignen sich für die unteren Teststufen. Es ist beispielsweise wenig sinnvoll, beim Systemtest eine Überdeckung einzelner Anweisungen oder Zweige zu fordern, da der Systemtest sich nicht zur Überprüfung von einzelnen Anweisungen oder Bedingungen eignet.

Nicht vorhandener Programmcode bleibt unberücksichtigt

Anforderungen, die übersehen und daher nicht realisiert wurden, werden durch die Whitebox-Verfahren nicht aufgedeckt. Nur die Anforderungen, die auch im Programm umgesetzt worden sind, werden bei den Whitebox-Verfahren überprüft. Zur Aufdeckung von »fehlenden« Programmteilen sind andere Testverfahren einzusetzen.

5.2.7 Instrumentierung und Werkzeugunterstützung

Ermittlung der ausgeführten Programmteile

Bei den Whitebox-Verfahren wird gefordert, dass bestimmte Programmteile zur Ausführung kommen bzw. Bedingungen unterschiedliche Wahrheitswerte annehmen. Um den Test auswerten zu können, muss ermittelt werden, welche Programmteile bereits ausgeführt wurden und welche noch nicht zur Ausführung gekommen sind. Dazu muss das Testobjekt an strategisch wichtigen Stellen vor der Testausführung instrumentiert werden. Bei einer →Instrumentierung werden beispielsweise Zähler eingebaut und mit null initialisiert, die dann beim Durchlauf an den entsprechenden Stellen inkrementiert werden. Am Ende der Testläufe enthalten die Zähler die Anzahl von Durchläufen durch die jeweiligen Programmteile. Ist ein Zähler auf null geblieben, so sind die entsprechenden Programmteile nicht ausgeführt worden.

Werkzeuge verwenden

Die Instrumentierung, die Auswertung der Testläufe und die Ermittlung der erreichten Überdeckungen sind nicht von Hand vorzunehmen, da dies zu viele Ressourcen benötigt und eine manuelle Instrumentierung fehleranfällig wäre. Es gibt eine große Zahl von Werkzeugen, die diese Aufgaben übernehmen (s. Kap. 7.1.4). Diese Werkzeuge sind beim Whitebox-Test sehr wichtig, denn sie erhöhen die Produktivität und steigern dadurch auch indirekt die Qualität des Testobjekts.

5.3 Intuitive und erfahrungsbasierte Testfallermittlung

Neben den methodischen Ansätzen ist die intuitive Ermittlung der Testfälle durchzuführen. Durch die →intuitive Testfallermittlung werden die systematisch ermittelten Testfälle sinnvoll ergänzt. Intuitives Testen kann Fehlerwirkungen aufdecken, die durch systematisches Testen übersehen werden können.

Intuitive Fähigkeit und Erfahrung der Tester

Grundlage der Überlegungen ist die intuitive Fähigkeit und die Erfahrung, Testfälle nach erwarteten Fehlerzuständen und -wirkungen auszuwählen. Ein methodisches Vorgehen hierzu kann nicht angegeben werden. Die Testfälle basieren auf der Erfahrung, wo Fehler in der Vergangenheit aufgetreten sind, oder der Vermutung des Testers, wo Fehler in Zukunft wahrscheinlich auftreten werden. Diese Art der Erstellung der Testfälle wird auch als »error guessing« bezeichnet und ist in der Praxis häufig anzutreffen.

Neben dem Erfahrungswissen in Bezug auf das Testen sind auch Kenntnisse bei der Entwicklung von ähnlichen Anwendungen und über die eingesetzten Technologien bei den Überlegungen zur Erstellung der Testfälle zu berücksichtigen. Liegen beispielsweise Erfahrungen mit dem Einsatz einer Programmiersprache aus vorherigen Projekten vor, ist es sinnvoll, die dort aufgetretenen Fehlerwirkungen, deren Ursache in der Verwendung der Programmiersprache lag, auch für die Testüberlegungen im aktuellen Projekt zu berücksichtigen. Auf ein intuitives Vorgehen soll im Folgenden etwas näher eingegangen werden, das explorative Testen.

Exploratives Testen

Sind die Dokumente, die als Grundlage für die Erstellung der Testfälle heranzuziehen sind, von sehr schlechter Qualität oder sogar gar nicht vorhanden, kann so genanntes »exploratives Testen« helfen. Im Extremfall liegt nur das ausführbare Programm vor. Das Vorgehen lässt sich auch bei starken zeitlichen Restriktionen einsetzen, da es im Vergleich zu anderen Verfahren wenig Zeit in Anspruch nimmt. Es beruht ebenfalls überwiegend auf der Intuition und den Erfahrungen der Tester.

Vorgehen beim »explorativen Test«

Beim explorativen Testen werden die Testaktivitäten nahezu »parallel« durchgeführt. Es gibt in diesem Sinne keine Anwendung des strukturierten Testprozesses, und eine vorherige Planung der Aktivitäten findet nicht statt. Die möglichen Elemente des Testobjekts, die einzelnen Aufgaben und Funktionen werden »erforscht«. Dann wird entschieden, welche Teile getestet werden sollen. Dabei werden wenige Testfälle zur Ausführung gebracht, und das Ergebnis wird analysiert. Mit der Ausführung wird sozusagen das »unbekannte« Verhalten des Testobjekts weiter geklärt. Auffälligkeiten und weitere Informationen dienen zur Erstellung der nächsten Testfälle. Schritt für Schritt wird so Wissen über das zu testende Programm angesammelt. Es wird klarer, was das Testobjekt macht und wie es arbeitet, welche Qualitätsprobleme sich ergeben könnten und welche Erwartungen an das Programm erfüllt sein sollten. Ein Ergebnis des explorativen Tests kann sein, dass klar wird, welche Testverfahren sinnvollerweise einzusetzen sind, wenn es die verbleibende Projektzeit erlaubt.

»test charter«

Eine Beschränkung auf bestimmte Elemente des Programms, auf bestimmte Aufgaben oder Funktionen ist beim explorativen Testen sinnvoll. Die Elemente werden weiter zergliedert. In dem Zusammenhang wird auch der Begriff »test charter« für die kleineren Einheiten verwendet. Der Test eines »charters« soll nicht mehr als ein bis zwei Stunden in Anspruch nehmen. Beim Testen der Einheiten sind folgende Fragen von Interesse:

- Warum wird getestet (mit welchem Ziel)?
- Was soll getestet werden?
- Wie soll getestet werden (mit welcher Methode)?
- Welche Probleme sollen nachgewiesen werden?

Hauptmerkmale des explorativen Testens

Grundideen des explorativen Testens sind:

- Ergebnisse eines Testfalls beeinflussen die Erstellung und die Ausführung der weiteren Testfälle.

- Während des Testens entsteht ein »mentales« Modell des zu testenden Programms. Das Modell umfasst dabei, was das Programm leistet bzw. wie es »funktioniert« und wie sein Verhalten ist bzw. wie es sein sollte.
- Gegen dieses Modell wird getestet, wobei die Aufmerksamkeit darauf gerichtet ist, weitere Aspekte und Verhalten des Testobjekts aufzuzeigen, die bisher nicht oder in anderer Form im »mentalen« Modell vorhanden sind.

Weder White- noch Blackbox-Verfahren

Alle Vorgehensweisen der intuitiven Ermittlung der Testfälle lassen sich nicht eindeutig den Black- oder Whitebox-Verfahren zuordnen, da weder die Anforderungen noch der Programmtext ausschließliche Grundlage für die Überlegungen und Prüfungen sind. Ihr Anwendungsbereich liegt aber eher in den höheren Teststufen, da auf den niedrigeren meist ausreichende Informationen für die anderen Verfahren zur Verfügung stehen, wie beispielsweise der Programmtext oder eine detaillierte Spezifikation.

Nicht als erstes oder einziges Vorgehen verwenden

Als primäres Testverfahren sollte die intuitive Testfallermittlung nicht eingesetzt werden, sondern sie sollte der Fertigstellung von Testfällen und zur Unterstützung von methodischen Testverfahren dienen.

Testfälle

Das Erfahrungswissen der Tester zur Erstellung der ergänzenden Testfälle kann aus vielen Quellen gespeist werden.

Beispiel: Wissen der Tester beim CarConfigurator

Im Falle des Projekts zur Entwicklung des *CarConfigurator* sind die Tester sehr gut mit dem Vorgängersystem vertraut. Viele von ihnen haben auch dieses System schon getestet. Sie wissen, welche Schwächen dieses System hatte, und kennen (aus Daten der Hotline und aus persönlichen Gesprächen) auch die Probleme der Autohäuser beim Betrieb der alten Software. Mitarbeiter aus dem Konzernmarketing wissen beim fachlichen Test, welche Fahrzeuge in welcher Konstellation oft verkauft werden und welche theoretisch möglichen Sonderausstattungsvarianten vielleicht gar nicht lieferbar sind. Diese Erfahrung nutzen sie, indem sie intuitiv ihre systematisch hergeleiteten Testfälle priorisieren und durch zusätzliche Testfälle ergänzen. Der Testmanager schließlich weiß, welche Entwicklerteams besonders unter Druck stehen und auch an Wochenenden durcharbeiten. Er wird daher die Komponenten dieser Teams intensiver testen lassen.

Gesamtes Wissen nutzen

Der Tester soll sein gesamtes Wissen nutzen, um zu ergänzenden Testfällen zu gelangen. Die Vor- und Nachbedingungen, die erwarteten Ausgaben und das erwartete Verhalten des Testobjekts ist selbstverständlich auch bei den intuitiven Testfällen vorab festzulegen.

Tipp

- Da umfangreiches Erfahrungswissen oft nur in den Köpfen der erfahrenen Tester vorhanden ist, kann das Führen einer Liste mit möglichen Fehlhandlungen, Fehlerzuständen und fehlerverdächtigen Situationen sehr nützlich sein. In der Liste werden die Erfahrungen über immer wieder auftretende Fehlerwirkungen vermerkt und stehen somit allen Testern zur Verfügung. Anhand der identifizierten möglichen Fehler und kritischen Situationen werden die zusätzlichen Testfälle erstellt.
- Die Liste kann auch für Entwickler von großem Nutzen sein, da vor der Implementierung schon auf eventuelle Probleme und Schwierigkeiten hingewiesen wird, die dann in der Implementierung berücksichtigt werden können und somit der Fehlervermeidung dienen.

Festlegung der Testendekriterien

Das Endekriterium ist nicht definierbar

Ein Endekriterium wie bei den systematischen Verfahren lässt sich nicht angeben. Existiert die oben erwähnte Liste, kann anhand der Liste eine gewisse Vollständigkeit überprüft werden.

Bewertung der intuitiven Testfallermittlung

Meist erfolgreich in der Aufdeckung weiterer Fehler

Die intuitive Testfallermittlung und das explorative Testen lassen sich meist mit gutem Erfolg einsetzen. Sie sollten allerdings nur zur Ergänzung der systematischen Verfahren dienen. Der Erfolg der Vorgehensweisen und deren Effektivität hängen sehr stark von den Fähigkeiten und der Intuition der Tester und ihren bisherigen Erfahrungen mit ähnlichen Anwendungen und den verwendeten Technologien ab. Die Vorgehensweisen können auch dazu beitragen, Lücken und Fehler bei der Risikoanalyse aufzuzeigen. Wird das intuitive Testen zusätzlich zum systematischen Testen durchgeführt, können auch bisher übersehene Unstimmigkeiten in der Testspezifikation entdeckt werden. Es können keine Messungen der Intensität oder Vollständigkeit der intuitiven und explorativen Testfallermittlung durchgeführt werden.

5.4 Zusammenfassung

Wann welches Verfahren?

In diesem Kapitel wurden eine ganze Reihe von Verfahren zum Testen von Software vorgestellt[54]. Es drängt sich die Frage auf, wann welches Verfahren verwendet werden soll? Im Folgenden wird zusammenfas-

54. Es gibt viele weitere Verfahren, die nicht in diesem Buch beschrieben sind, speziell Verfahren für den Integrationstest, Test von verteilten Systemen und Test von Realzeit – und eingebetteten Systemen. Im Aufbaukurs Certified Tester (Advanced Level) werden diese Themen teilweise behandelt. Der interessierte Leser sei an dieser Stelle auf die entsprechende weiterführende Literatur verwiesen.

send eine Hilfestellung bei der Beantwortung dieser Frage gegeben und ein sinnvolles Vorgehen aufgezeigt. Allgemeines Ziel ist, mit wenig Aufwand ausreichend unterschiedliche Testfälle zu erstellen, die mit einer gewissen Wahrscheinlichkeit vorhandene Fehlerwirkungen nachweisen. Die Verfahren zur Erstellung der Testfälle sollten dabei »passend« ausgewählt werden.

Vorab sind aber Faktoren zu klären, die erheblichen Einfluss auf die Auswahl haben oder sogar den Einsatz von bestimmten Testmethoden vorschreiben. Die Auswahl der Verfahren kann dabei beispielsweise von den folgenden unterschiedlichen Gegebenheiten und Randbedingungen abhängen:

- **Art des Testobjekts**
  Die Komplexität des Programmtextes kann sehr unterschiedlich sein, dementsprechend sind adäquate Testverfahren zu wählen. Sind beispielsweise Bedingungen im Programm aus atomaren Teilbedingungen zusammengesetzt, reicht eine Zweigüberdeckung nicht aus. Ein entsprechendes Verfahren zum Prüfen der Bedingungen ist in Abhängigkeit der Kritikalität und dem im Fehlerfall verbundenen Risiko zu wählen.
- **Formale Dokumentation und Verfügbarkeit von Werkzeugen**
  Liegen Modelle oder Spezifikationen in formaler Notation vor, so können sie direkt für Testwerkzeuge übernommen werden, die daraus Testfälle ableiten. Der Aufwand zur Erstellung der Testfälle wird dadurch erheblich reduziert.
- **Einhaltung von Standards**
  Industriestandards oder gesetzliche Vorschriften können die Verwendung von bestimmten Testverfahren und die Erfüllung von Überdeckungsmaßen vorschreiben. Solche Standards und Vorschriften sind meist bei sicherheitskritischen Anwendungen oder wenn hohe Zuverlässigkeit gefordert ist einzuhalten.
- **Erfahrung der Tester**
  Hat ein Tester gute Erfahrungen beim Einsatz einer Testmethode gemacht und somit frühzeitig Fehlerwirkungen nachgewiesen, dann wird er auch weiterhin die Methode einsetzen.
- **Kundenwünsche**
  Der Kunde schreibt die Verwendung von Testmethoden und ggf. zu erreichende Überdeckungen (bei Whitebox-Verfahren) vor. Der Vorteil dabei ist, dass zumindest diese Verfahren während der Entwicklung ausgeführt werden, was dann hoffentlich auch zu weniger Fehlerwirkungen beim Abnahmetest führt.

- **Risikobewertung**
  Das erwartete Risiko bestimmt mehr oder weniger die Testaktivitäten, d.h. die Auswahl der Testmethoden und die Intensität der Durchführung. Programmteile, bei denen ein Fehlerzustand mit einem hohen Risiko verbunden ist, sind intensiver zu testen als andere.
- **Weitere Faktoren**
  Verfügbarkeit und Qualität der Spezifikation und der anderen Dokumente, Kenntnisse und Fähigkeiten des Testpersonals sowie Zeit und Budget sind ebenfalls Faktoren, welche die Testmethodenauswahl stark beeinflussen können. Außerdem spielt auch eine Rolle, auf welcher Teststufe die auszuwählende Testmethode eingesetzt werden soll, welche Fehlerzustände in früheren Projekten häufig vorgekommen sind und mit welchen Testmethoden diese aufgedeckt wurden.

Die Methoden zur Erstellung der Testfälle sollten niemals standardmäßig festgelegt werden. Für die Auswahl der Methoden ist eine wohldurchdachte Entscheidung erforderlich. Die folgende Aufzählung soll dabei helfen, das passende Testverfahren auszuwählen.

Prüfung der Funktionalität

- Von zentraler Bedeutung bei einem Softwaresystem ist sicherlich das korrekte Funktionieren des Systems. Eine ausreichende Prüfung der Funktionalität des Testobjekts ist auf jeden Fall zu gewährleisten. Da bei der Aufstellung aller Testfälle, egal nach welchem Vorgehen oder Verfahren, die erwarteten Ergebnisse und Reaktionen des Testobjekts mit vermerkt werden müssen, erfolgt eine Prüfung der Funktionalität bei jeder Auswertung der durchgeführten Testfälle. Im Vergleich der erwarteten und tatsächlichen Ausgabedaten bzw. Reaktionen ist die Überprüfung der Funktionalität mit enthalten. Es kann entschieden werden, ob eine Fehlerwirkung vorliegt oder die korrekte Funktionalität realisiert wurde.

Äquivalenzklassenbildung in Kombination mit der Grenzwertanalyse

- Bei jedem Testobjekt sollte die Äquivalenzklassenbildung in Kombination mit der Grenzwertanalyse zur Erstellung der Testfälle eingesetzt werden. Bei der Ausführung dieser Testfälle sollten die entsprechenden Werkzeuge zur Messung der codebasierten Überdeckungen verwendet werden, um die bereits erreichte Überdeckung zu ermitteln (s. Kap. 7.1.4).

Historie berücksichtigen

- Haben unterschiedliche Zustände einen Einfluss auf den Ablauf innerhalb des Testobjekts, muss ein zustandsbezogener Test durchgeführt werden. Nur der zustandsbezogene Test überprüft das Zusammenspiel der Zustände, der Zustandsübergänge und das entsprechende Verhalten der Funktionen in adäquater Weise.
- Sind Abhängigkeiten zwischen den Eingabedaten gegeben, die beim Test zu berücksichtigen sind, dann kann mithilfe von Ent-

scheidungstabellen oder mit der Ursache-Wirkungs-Graph-Analyse dieser Zusammenhang modelliert werden. Die entsprechenden Testfälle können der Entscheidungstabelle entnommen werden.

- Auf der Ebene des Systemtests können Anwendungsfälle (dargestellt in einem Use-Case-Diagramm) als Ausgangsbasis für die Testfallerstellung herangezogen werden.
- Beim Komponenten- und Integrationstest sollten Messungen zur erreichten Überdeckung auch bei diesen Blackbox-Verfahren mit durchgeführt werden. Die bisher nicht ausgeführten Teile des Testobjekts werden dann gezielt einem Whitebox-Testverfahren unterzogen. Je nach Kritikalität und Beschaffenheit des Testobjekts muss ein entsprechend aufwändiges Whitebox-Verfahren gewählt werden.
- Als minimales Kriterium sollte die Zweigüberdeckung verwendet werden. Sind komplexe Bedingungen im Testobjekt vorhanden, so ist die minimale Mehrfachbedingungsüberdeckung das adäquate Verfahren, um fehlerhafte Bedingungen zu erkennen.

Minimales Kriterium: Zweigüberdeckung

- Bei den Überdeckungsmessungen sollte darauf geachtet werden, dass Schleifen auch mehr als einmal wiederholt werden. Bei kritischen Systemteilen muss die Prüfung der Schleifen anhand von entsprechenden Methoden erfolgen (siehe hierzu *boundary interior*-Pfadtest und strukturierter Pfadtest [Balzert 98]).
- Die Pfadüberdeckung ist eher als theoretisches Maß anzusehen und hat aufgrund des riesigen Aufwands für die Praxis keine Bedeutung.
- Die Whitebox-Verfahren lassen sich sinnvollerweise auf den unteren Teststufen einsetzen; Blackbox-Verfahren sind auf allen Stufen, vorzugsweise aber auf den höheren Teststufen einzusetzen.
- Auf die intuitive Ermittlung der Testfälle sollte als Ergänzung zu den systematischen Methoden der Testfallermittlung nicht verzichtet werden. Es ist immer sinnvoll, die Erfahrungen der Tester zu nutzen, um weitere Fehlerwirkungen aufzudecken.

Tipp

- Testen umfasst immer die Kombination von unterschiedlichen Verfahren, da es kein Testverfahren gibt, das alle Aspekte, die beim Testen zu berücksichtigen sind, gleich gut abdeckt.
- Die Auswahl der Testverfahren und die Intensität der Durchführung sind anhand der Kritikalität und dem zu erwartenden Risiko im Fehlerfall festzulegen.
- Bei den Whitebox-Verfahren soll die Struktur des Testobjekts die Grundlage bei der Auswahl der Verfahren sein. Sind beispielsweise keine komplexen Bedingungen im Testobjekt vorhanden, macht die Verwendung der minimalen Mehrfachbedingungsüberdeckung keinen Sinn.

---

6 Testmanagement

Dieses Kapitel behandelt, wie Testteams organisiert sein sollten, welche Mitarbeiterqualifikationen wichtig sind, welche Aufgaben ein Testmanager hat und welche testunterstützenden Prozesse vorhanden sein müssen, um effizient testen zu können.

6.1 Testorganisation

6.1.1 Testteams

Testarbeiten sind über den gesamten Lebenszyklus eines Softwareprodukts hinweg durchzuführen (s. Kap. 3). Sie sind mit den Entwicklungsarbeiten gut und eng zu koordinieren. Die einfachste Lösung besteht darin, die Entwickler selbst testen zu lassen.

Vorteile unabhängigen Testens

Wegen des Problems der »Blindheit gegenüber eigenen Fehlhandlungen« ist es aber wesentlich effizienter, Test und Entwicklung personell zu trennen und möglichst unabhängig zu organisieren:

- Unabhängige Tester finden zusätzliche und andere Fehler als die Entwickler, denn sie arbeiten objektiver
- und können (implizite) Annahmen, die in der Spezifikation oder bei der Programmierung getroffen wurden, kritisch hinterfragen.

Mögliche Nachteile unabhängigen Testens

Aber es können sich auch Nachteile ergeben:

- Zu starke Isolation kann die notwendige Kommunikation zwischen Testern und Entwicklern behindern;
- mit zu geringen Ressourcen kann der unabhängige Test zum Flaschenhals werden;
- die Verantwortung der Entwickler für Qualität kann nachlassen, da »die Testmannschaft die Fehler schon finden wird«.

Folgende Modelle bzw. Optionen einer Aufgabenteilung zwischen Entwicklern und Testern bieten sich an:

Modelle für unabhängiges Testen

1. Testen liegt zwar in der Verantwortlichkeit des Entwicklungsteams, aber getestet wird immer »gegenseitig«. Ein Entwickler testet die Programme eines Kollegen, aber nicht die eigenen.
2. Mitglieder eines Entwicklerteams sind ausschließlich für Testarbeiten abgestellt. Diese Tester erledigen alle Testarbeiten ihres Teams.

3. Es gibt ein oder mehrere dedizierte Testteams innerhalb des Projekts (die nicht an der Entwicklung beteiligt sind). Hier arbeiten oft Mitarbeiter aus der Fachabteilung oder IT-Abteilung als unabhängige Tester mit.
4. Für spezielle Testaufgaben werden (zeitweise) unabhängige Tester herangezogen (z.B. für den Test nicht funktionaler Eigenschaften wie →Performanz, Benutzbarkeit, Sicherheit oder für den Nachweis der Konformität mit Standards und Regularien).
5. Eine separate Organisation (Testabteilung, externer Testdienstleister, Testlabor) übernimmt das Testen (oder wesentliche Teile davon, wie z.B. den Systemtest).

Wann welches Modell?

In jedem dieser Modelle ist es vorteilhaft, Test-Consultants verfügbar zu haben, die mehreren Projekten beratend zur Seite stehen und diese bei ihren Testarbeiten methodisch unterstützen (Training, Coaching, Testautomatisierung usw.). Welches der oben genannten Modelle zweckmäßig ist, hängt unter anderem von der betrachteten Teststufe ab.

Komponententest: Hier muss relativ entwicklungsnah gearbeitet werden. Obwohl oft anzutreffen, ist es sicher die schlechteste Wahl, Entwickler ihre eigenen Programme testen zu lassen. Ein unabhängigerer Test nach Modell 1 kann in den meisten Fällen organisiert werden und bringt sicher Qualitätsgewinne. Modell 2 ist sinnvoll, sofern in Relation zur Entwicklungsmannschaft genügend viele Tester abgestellt werden. Bei beiden Varianten besteht die Gefahr, dass sich die beteiligten Personen im Wesentlichen als Entwickler verstehen und die Testarbeiten deshalb vernachlässigt werden. Um dies auszugleichen, sind zwei Maßnahmen empfehlenswert:

Tipp

- Projekt- oder Testleitung sollten Testpläne vorgeben und von den Entwicklern Testprotokolle einfordern.
- Zur methodischen Unterstützung sollten zumindest zeitweise Testspezialisten als Coach hinzugezogen werden.

Integrationstest: Sofern Komponenten zu integrieren und zu testen sind, die vom selben Team entwickelt wurden, kann ein Vorgehen analog zum Komponententest organisiert werden (Modelle 1, 2).

Müssen Komponenten zusammengeführt werden, die von verschiedenen Teams stammen, sollte ein gemischtes Integrationsteam mit Vertretern aus den betroffenen Entwicklungsgruppen oder ein unabhängiges Integrationsteam tätig werden. Das einzelne Entwicklungsteam wird eine einseitige Sichtweise auf die eigene Komponente haben und deshalb Fehler übersehen. Je nach Größe des Entwicklungsvorhabens und Anzahl der Komponenten kommen hier die Modelle 3–5 in Frage.

Systemtest: Das Gesamtprodukt muss aus dem Blickwinkel des Kunden und späteren Anwenders betrachtet werden. Unabhängigkeit von der Entwicklung ist hier unabdingbar. Damit kommen nur die Modelle 3, 4 und 5 in Betracht.

Beispiel: Organisation der VSR-Tests

Im *VSR*-Projekt liegen die Komponententests in der Verantwortung der jeweiligen Entwicklungsteams und sind dort individuell nach den oben beschriebenen Modellen 1 und 2 organisiert. Parallel zu den Entwicklungsgruppen ist eine unabhängige Testgruppe eingerichtet. Diese ist verantwortlich für den Integrations- und Systemtest. Abbildung 6–1 zeigt diese Organisation.

Abb. 6–1
VSR-Projektorganisation

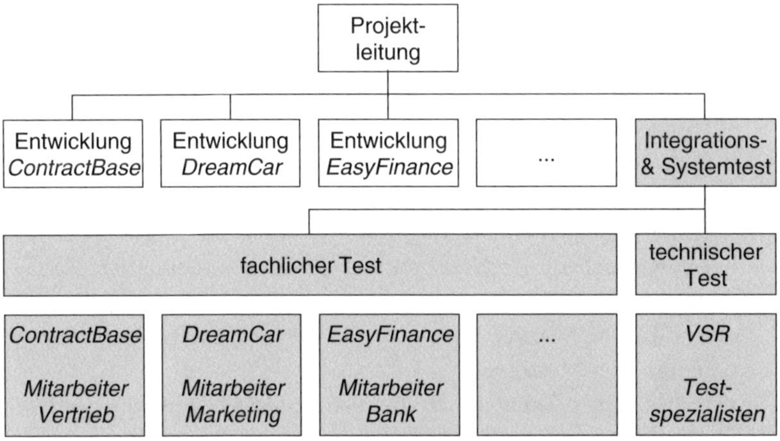

Für den funktionalen oder fachlichen Test jedes Teilsystems (*ContractBase*, *DreamCar* usw.) sind zwei bis drei Mitarbeiter des jeweils zuständigen Konzernfachbereichs abgestellt (Vertrieb, Marketing u.a.). Diese kennen die vom jeweiligen Teilsystem realisierten Geschäftsprozesse und wissen, welche Anforderungen »ihr« Testobjekt aus Anwendersicht erfüllen muss. Sie sind erfahren im Umgang mit dem PC, aber keine DV-Spezialisten. Ihre Aufgabe ist es, die Testspezialisten bei der Spezifikation fachlich sinnvoller Testfälle zu unterstützen und diese Tests auch durchzuführen. Zu Beginn der Testarbeiten wurden sie in den Grundlagen des Testens geschult (Testprozess, -spezifikation, -durchführung, -protokollierung).

→Testprotokollierung

Zum Testpersonal gehören des Weiteren drei bis fünf IT- und Testspezialisten, die für Integrationsarbeiten, nicht funktionale Tests, Testautomatisierung und die Betreuung der Testwerkzeuge zuständig sind (»technischer Test«).

Geleitet wird die Testgruppe von einem Testmanager, der Testplanung und Teststeuerung verantwortet. Zu seinen Aufgaben gehört auch das Coaching des Testpersonals, insbesondere die Anleitung der Mitarbeiter beim Testen der fachlichen Anforderungen.

6.1.2 Aufgaben und Qualifikation

Zur Durchführung der Testarbeiten sollten Spezialisten zur Verfügung stehen, deren Know-how alle Aufgabenbereiche im Testprozess abdeckt. Folgende Rollen sind auszufüllen und im Idealfall mit speziell qualifizierten Mitarbeitern zu besetzen:

Rollen und Qualifikationsprofile

- **Testmanager (Testleiter)**: Experte(n) für Testplanung und Teststeuerung mit Know-how/Erfahrung in den Bereichen Softwaretest, Qualitätsmanagement, Projektmanagement, Personalführung. Typische Aufgaben sind:
  - Formulierung und Abstimmung der Testpolitik des Unternehmens
  - Erstellung und Abstimmung des Testkonzepts gemäß Kapitel 6.2.2
  - Vertreten der Testinteressen gegenüber dem Projektmanagement und anderen Parteien
  - Beschaffung der nötigen Testressourcen
  - Auswahl und Einführung von Testwerkzeugen, Organisation erforderlicher Werkzeugtrainings, Entscheidung über Art und Umfang der Testumgebung und der Testautomatisierung
  - Einführung oder Optimierung unterstützender Prozesse (u.a. Fehlermanagement, Konfigurationsmanagement) zur Rückverfolgbarkeit von Änderungen und zur Sicherstellung der Reproduzierbarkeit der Tests
  - Einführung, Anwendung und Auswertung der im Testkonzept definierten Metriken
  - regelmäßiges Anpassen der Testpläne auf Basis gewonnener Testergebnisse und des Testfortschritts
  - Erstellen und Kommunizieren von Testberichten
- **Testdesigner (Testanalyst)**: Experte(n) für Testmethoden und Testspezifikation mit Know-how/Erfahrung in den Bereichen Softwaretest, Software-Engineering und (formalen) Spezifikationsmethoden. Typische Aufgaben sind:
  - Review von Requirements, Spezifikationen und Systemmodellen bzgl. Testbarkeit und Analyse dieser Dokumente zur Ableitung von Testfällen
  - Erstellung von Testspezifikationen
  - Ermittlung und Aufbereitung von Testdaten
- **Testautomatisierer**: Experte(n) für Testautomatisierung (Testgrundlagenwissen, Programmiererfahrung und sehr gute Kenntnis der eingesetzten Testwerkzeuge und Skriptsprachen). Automatisiert spezifizierte Tests unter Nutzung der im Projekt vorhandenen Toolumgebung.

- **Testadministrator**: Experte(n) für Installation und Betrieb der Testumgebung (Systemadministrator-Know-how). Setzt die Testumgebung auf und betreut sie (in Zusammenarbeit mit der allgemeinen Systemadministration und dem Netzwerkmanagement).
- **Tester**[55]: Experte(n) für Testdurchführung und Fehlerberichte (IT-Grundlagen, Testgrundlagenwissen, Bedienung der eingesetzten Testwerkzeuge, Verständnis des Testobjekts). Typische Aufgaben sind:
  - Review von Testplänen und Testfällen
  - Anwendung von Testtools und Testüberwachungstools (z.B. zur Performanzmessung)
  - Ausführung und Protokollierung von Tests mit Auswertung und Dokumentation der Resultate und festgestellter Abweichungen

Certified Tester

Was leistet in diesem Zusammenhang die Ausbildung zum Certified Tester? Die Grundlagenausbildung (Foundation Level) qualifiziert zur Rolle des »Testers« (ohne die erforderlichen IT-Grundlagen). Das heißt, ein Certified Tester weiß, warum Disziplin und strukturiertes Vorgehen notwendig sind, und kann unter Leitung eines Testmanagers Tests manuell durchführen und dokumentieren. Basistechniken aus dem Bereich Testspezifikation und -management sind ihm bekannt. Auch jeder Softwareentwickler sollte über Grundlagenkenntnisse im Testen verfügen, um die im Rahmen der Organisationsmodelle 1 und 2 sich ergebenden Testaufgaben erledigen zu können. Um aber die Aufgaben eines »Testdesigners« oder »Testmanagers« in der Praxis ausführen zu können, muss entsprechende Erfahrung als Tester erst noch gesammelt werden. Die Ausbildung für diese Aufgaben leistet die nächste Ausbildungsstufe (Advanced Level).

Auch soziale Kompetenz ist wichtig

Neben seinen technischen und testspezifischen Fähigkeiten benötigt ein Tester, um erfolgreich zu sein, auch soziale Kompetenz:

- Teamfähigkeit, politisches und diplomatisches Geschick
- Bereitschaft, scheinbare Tatsachen zu hinterfragen
- Durchsetzungskraft, sicheres Auftreten
- Exaktheit und Kreativität
- Fähigkeit, sich schnell in komplexe Anwendungsgebiete und Applikationen einzuarbeiten

Multidisziplinäres Team

Besonders beim Systemtest ist es oft notwendig, die Testmannschaft durch weitere IT-Spezialisten zu ergänzen, die zumindest zeitweise zuarbeiten. Dies sind zum Beispiel: Datenbankadministratoren, Datenbankdesigner oder Netzwerkspezialisten. Unverzichtbar sind oft auch Branchen- oder Fachspezialisten aus dem Anwendungsbereich des zu

55. Der Begriff »Tester« wird teilweise auch als Oberbegriff für die genannten Rollen verwendet.

testenden Softwaresystems. Ein solches multidisziplinäres Testteam zu führen, ist auch für erfahrene Testmanager nicht immer einfach.

Spezialisierte Softwaretestdienstleister

Sind entsprechende Ressourcen firmenintern nicht ausreichend verfügbar, so können – analog zur Vergabe von Softwareentwicklungsaufträgen an externe Entwicklungshäuser – auch die Testaufgaben an spezialisierte Softwaretestdienstleister vergeben werden. Solche Testspezialisten können aufgrund ihrer Erfahrung und »schlüsselfertiger« Vorgehensweisen den für das jeweilige Projekt optimalen Testbetrieb sehr schnell aufsetzen sowie fehlendes Spezialwissen aus jedem der oben angesprochenen Qualifikationsprofile in das Projekt einbringen.

6.2 Testplanung

Testen sollte nicht als einzige Maßnahme zur Qualitätssicherung (QS) eingesetzt werden, sondern im Verbund mit anderen QS-Maßnahmen stehen. Dazu ist eine übergreifende Planung aller qualitätssichernden Maßnahmen in einem Projekt notwendig. Diese wird im Qualitätssicherungsplan dokumentiert.

6.2.1 Qualitätssicherungsplan

Gliederungsschemata für einen Qualitätssicherungsplan liefert z.B. die Norm [IEEE 730] oder das Vorgehensmodell des Bundes und der Länder [URL: V-Model-XT]. Folgende Themen sind zu behandeln:

Gliederung eines Qualitätssicherungsplans nach IEEE 730

1. Zweck und Anwendungsbereich
2. Referenzierte Dokumente
3. Projektorganisation und Management
4. Dokumentation
5. Standards, Verfahren, Konventionen, Metriken
6. Software-Reviews
7. Softwaretests
8. Problemmelde- und Korrekturverfahren
9. Werkzeuge, Techniken und Methoden
10. Verwaltung der Medien und Datenträger
11. Lieferantenmanagement
12. Qualitätsaufzeichnungen
13. Trainingsmaßnahmen
14. Risikomanagement
15. Glossar
16. Änderungsverfahren und Änderungsverzeichnis

Im Rahmen der QS-Planung wird nur grob festgelegt, welche Rolle Tests als spezielle, analytische QS-Maßnahme spielen. Details hierzu werden dann im Zuge der Testplanung beschlossen und im Testkonzept dokumentiert.

6.2.2 Testkonzept

Eine so umfangreiche Aufgabe wie das Testen erfordert ein sorgfältiges Konzept für deren Umsetzung. Die Planung und die Vorbereitung beginnen so früh wie möglich im Projekt. Einfluss darauf haben die Testpolitik des Unternehmens, aber auch Risiken, Ziele und Randbedingungen des Projekts sowie die Kritikalität des Produktes.

Testplanungsarbeiten

Die Planungsarbeiten des Testmanagers umfassen u.a.:

- Festlegung der Teststrategie mit Auswahl angemessener Testmethoden (s. Kap. 6.4)
- Entscheidung über Art und Umfang der Testumgebung und der Testautomatisierung
- Festlegung des Zusammenspiels der verschiedenen Teststufen und Integration der Testaktivitäten mit anderen Projektaktivitäten
- Entscheidung, wie Testergebnisse ausgewertet und evaluiert werden
- Festlegung von Metriken zur Messung und Überwachung des Testverlaufs und der Produktqualität sowie Definition der Kriterien für das Testende
- Festlegen des Umfangs der Testdokumente, u.a. durch das Bereitstellen von Templates
- Erstellung des Testplans mit Entscheidung, wer, was, wann und in welchem Umfang testet
- Schätzung des Testaufwandes und der Testkosten; Aktualisierung von Schätzungen und Plänen im Testverlauf

Die Ergebnisse dieser Überlegungen beschreibt und begründet der Testmanager im »Testkonzept«. Die internationale Norm [IEEE 829] stellt eine Referenzgliederung bereit:

Testkonzept nach IEEE 829

1. Testkonzeptbezeichnung
2. Einführung
3. Testobjekte
4. Zu testende Leistungsmerkmale
5. Leistungsmerkmale, die nicht getestet werden
6. Teststrategie

7. Abnahme- und Testendekriterien
8. Kriterien für Testabbruch und Testfortsetzung
9. Testdokumentation
10. Testaufgaben
11. Testinfrastruktur
12. Verantwortlichkeiten/Zuständigkeiten
13. Personal, Einarbeitung, Ausbildung
14. Zeitplan/Arbeitsplan
15. Planungsrisiken und Unvorhergesehenes
16. Genehmigung/Freigabe

Diese Gliederung[56] hat sich in der Praxis bewährt. Eine detailliertere Charakterisierung dieser Gliederungspunkte findet sich in Anhang A des Buches. Die genannten Kapitel werden in dieser oder leicht modifizierter Form in vielen Projekten wiederzufinden sein. So können separate Testpläne für den Systemtest oder andere Teststufen sinnvoll sein.

Die Testplanung ist eine kontinuierliche Aufgabe des Testmanagers über alle Phasen des Entwicklungsprojekts hinweg. Testkonzept und zugehörige Pläne müssen regelmäßig aktualisiert werden, wobei die Ergebnisse aus dem Testverlauf einfließen und auf veränderte Projektrisiken reagiert wird.

6.2.3 Priorisierung des Tests

Trotz ausreichender Planung und guter Teststeuerung kommt es vor, dass generell oder in einzelnen Testzyklen die Zeit oder das Budget zur Durchführung aller geplanten Testfälle nicht vorhanden ist. Es ist dann eine sinnvolle Auswahl der Testfälle zu treffen, um sicherzustellen, dass trotz der eingeschränkten Anzahl an durchführbaren Testfällen dennoch möglichst viele kritische Fehlerwirkungen gefunden werden. Hierzu ist eine Priorisierung der Testfälle erforderlich.

Priorisierungsregel

Die Priorisierung von Testfällen soll so erfolgen, dass bei einer (vorzeitigen) Beendigung der Tests zu einem beliebigen Zeitpunkt das bis dahin bestmögliche Ergebnis erreicht wird.

Die wichtigen Testfälle zuerst

Eine Priorisierung hat darüber hinaus den Vorteil, dass die hochprioren, also wichtigen Testfälle zuerst zur Ausführung kommen und

56. Der aktuelle Entwurf des neuen IEEE 829 (2005) liefert eine Gliederung für einen »Master Test Plan« und eine weitere Gliederung für einen Teststufenplan. Für die Teststrategieplanung in komplexeren Projekten bietet auch [IEEE 1012] eine Gliederung für einen »Verifikations- und Validierungsplan«.

damit schwer wiegende Fehlerwirkungen möglichst frühzeitig erkannt werden können.

Im Folgenden werden Kriterien für die Priorisierung und damit für die Festlegung der Reihenfolge der durchzuführenden Testfälle aufgeführt. Welches Kriterium herangezogen werden soll, hängt vom Projekt, dem Anwendungsbereich und den Kundenanforderungen ab.

Kriterien zur Priorisierung

Kriterien für die Priorisierung der durchzuführenden Testfälle können sein:

- Die *Nutzungshäufigkeit* einer Funktion bzw. die *Eintrittswahrscheinlichkeit* einer Fehlerwirkung beim Betrieb der Software: Werden bestimmte Funktionen der Software oft genutzt, so ist, falls dort ein Fehlerzustand enthalten ist, eine hohe Wahrscheinlichkeit gegeben, dass dieser Fehlerzustand im Betrieb ausgelöst wird und zu einer Fehlerwirkung oder einem Ausfall führt. Testfälle zur Prüfung dieser Funktionen sollten daher mit einer höheren Priorität versehen werden als Tests von Funktionen mit einer sehr geringen Nutzungshäufigkeit.
- *Fehlerrisiko*: Die kombinierte Betrachtung von Fehlerschwere und Eintrittswahrscheinlichkeit führt zum Begriff des Fehlerrisikos. Das Risiko ergibt sich aus dem erwarteten Schaden im Fehlerfall multipliziert mit der Wahrscheinlichkeit des Eintretens der Fehlersituation. Solche Risiken können z.B. darin bestehen, dass der Geschäftsablauf des Kunden, der die Software einsetzt, durch einen Ausfall behindert wird und dies zu finanziellen Einbußen beim Kunden führt. Tests, die risikoreiche Fehlerwirkungen aufdecken könnten, erhalten höhere Priorität als Tests, die risikoarme Ausfälle aufdecken sollen (s.a. Kap. 6.4.3).
- Die *Wahrnehmung* einer Fehlerwirkung durch den Endanwender ist ein weiteres Kriterium zur Priorisierung der Testfälle. Dies ist besonders bei interaktiven Systemen wichtig. Beispielsweise wird der Benutzer eines Stadtinformationssystems durch offensichtliche Fehlerwirkungen des Systems in der Bedienoberfläche verunsichert und vertraut dann auch der Gültigkeit der restlichen Informationen nicht mehr.
- Testfälle können in Abhängigkeit der *Priorität der Anforderungen* ausgewählt werden. Die einzelnen Funktionen, die ein System liefert, haben für den Kunden unterschiedliche Bedeutung. Er kann auf bestimmte Teile der Funktionalität möglicherweise verzichten, wenn sie fehlerhaft sind, bei anderen Teilen ist dies nicht möglich.
- Neben den funktionalen Anforderungen sind auch die *Qualitätsmerkmale* zu berücksichtigen, die für den Kunden unterschiedliche Gewichtung haben. Die korrekte Umsetzung der Qualitätsmerk-

male mit hoher Bedeutung für den Kunden muss geprüft werden. Testfälle zum Nachweis der Einhaltung der geforderten Qualitätsmerkmale erhalten eine hohe Priorität.
- Die Priorisierung kann auch aus Sicht der Entwicklung oder Systemarchitektur vorgenommen werden. Besonders intensiv sollen Komponenten getestet werden, bei deren Versagen mit schwer wiegenden Auswirkungen, z.B. dem Ausfall des Systems, zu rechnen ist.
- Die *Komplexität* der einzelnen Komponenten und Systemteile kann zur Priorisierung der Testfälle herangezogen werden. Komplizierte Programmstücke sollten intensiver getestet werden, da Entwickler hier vermutlich häufiger fehlerhaft programmiert haben. Allerdings kann es auch vorkommen, das vermeintlich einfache Programmteile eine ganze Reihe von Fehlerzuständen enthalten, da die Entwicklung dieser Programmteile nicht mit der erforderlichen Sorgfalt durchgeführt wurde. Liegen Erfahrungswerte aus früheren Projekten vor, kann eher entschieden werden, welche der beiden Möglichkeiten im konkreten Projektumfeld zutrifft.
- Fehlerwirkungen mit einem hohen *Projektrisiko* müssen frühzeitig erkannt werden. Gemeint sind Fehlerwirkungen, die eine aufwändige Überarbeitung erfordern, Ressourcen binden und eine erhebliche zeitliche Verzögerung des Projekts verursachen (s.a. Kap. 6.4.3).

Im Testkonzept sollte der Testmanager die für das Projekt sinnvollen Prioritätskriterien sowie sinnvolle Prioritätsklassen definieren. Jeder im Testplan enthaltene Testfall wird anhand der Prioritätskriterien einer Prioritätsklasse zugeordnet. Anhand dieser Prioritätsvergabe kann dann später schnell entschieden werden, welche Tests bei Ressourcenmangel entfallen können.

Wo viele Fehler sind, finden sich meist noch mehr

In Projekten tritt auch folgendes Phänomen häufig auf: Wo schon viele Fehlerzustände gefunden wurden, sind meist noch weitere vorhanden. Um auf solche Gegebenheiten reagieren zu können, muss es möglich sein, Prioritäten der Testfälle ändern zu können. Im nächsten Testzyklus (s. Kap. 6.5) sollten zusätzliche Testfälle für diese fehlerträchtigen Testobjekte durchgeführt werden.

Ohne eine Priorisierung der Testfälle ist eine angemessene und erfolgreiche Verteilung der beschränkten Ressourcen nicht möglich. Eine Konzentration auf die wichtigen Testfälle ist unabdingbar.

6.2.4 Testendekriterien

Ein wichtiger Teil der Testplanung ist die Definition von Testendekriterien. Diese legen fest, wann das Testen (insgesamt oder innerhalb einer Teststufe) beendet werden kann. Ohne klare Testendekriterien besteht die Gefahr, dass die Testarbeiten zufällig, meist jedoch aus Zeitdruck oder Ressourcenmangel beendet bzw. abgebrochen werden. Typische Testendekriterien und zugehörige Metriken oder Indikatoren sind:

- erreichter Testumfang: gelaufene Tests (→Testabdeckung), abgedeckte Anforderungen, Codeabdeckung u.a.
- erreichte Produktqualität: Fehlerdichte, Fehlerschwere, Ausfallraten bzw. Zuverlässigkeit des Testobjekts
- verbleibendes Risiko: nicht gelaufene Tests, nicht behobene Defekte, unvollständige Anforderungs- oder Codeabdeckung etc.
- wirtschaftliche Rahmenbedingungen: Kostenrahmen, Projektrisiken, Liefertermine und Marktchancen

Der Testmanager definiert die projektspezifischen Testendekriterien im Testkonzept. Im Testverlauf werden diese Kriterien dann regelmäßig gemessen und verfolgt und dienen dem Test- und Projektmanagement als Entscheidungsgrundlage.

6.3 Kosten- und Wirtschaftlichkeitsaspekte

Testen kann sehr aufwändig werden und ein bedeutender Kostenfaktor innerhalb eines Entwicklungsprojekts sein. Die Frage ist, wie viel Testaufwand ist für ein bestimmtes Softwareprojekt angemessen? Ab wann übersteigt der Aufwand den möglichen Nutzen?

Um dies zu beantworten, muss betrachtet werden, welche Fehlerkosten ein Verzicht auf Prüfungen und Tests nach sich zieht. Zwischen Fehlerkosten und Testkosten gilt es dann abzuwägen.

6.3.1 Fehlerkosten

Werden Prüfungen und Tests im Umfang reduziert oder ganz eingespart, erhöht sich als Folge die Zahl der unentdeckten Fehlerwirkungen und Mängel. Diese Defekte und Mängel verbleiben im Produkt und führen ggf. zu folgenden Kosten:

Kosten durch Produktmängel

- **Direkte Fehlerkosten**: Kosten, die dem Kunden durch Fehlerwirkungen beim Betrieb des Softwareprodukts entstehen (und für die der Hersteller evtl. haften muss). Zum Beispiel Kosten von Berechnungsfehlern (Datenverlust, Fehlbuchung, Schaden an Hardware oder Anlagenteilen, Personenschäden); Kosten wegen Ausfalls softwaregesteuerter Maschinen, Anlagen oder Geschäftsprozesse; Kosten durch Einspielen neuer Versionen ggf. verbunden mit Neueinweisung von Mitarbeitern usw. An diese Kosten denken die wenigsten, sie sind aber riesig, wenn bedacht wird, wie viel Zeit beim Einspielen einer neuen Version bei allen Kunden insgesamt anfällt.

- **Indirekte Fehlerkosten**: Kosten bzw. Umsatzverlust für den Hersteller, weil der Kunde mit dem Produkt unzufrieden ist. Zum Beispiel Vertragsstrafen oder Minderung wegen nicht erfüllten Vertrags, erhöhter Aufwand für Kundenhotline und Support, Imageschaden, Verlust der Marktzulassung (z.B. bei sicherheitskritischer Software) usw.
- **Fehlerkorrekturkosten**: Kosten, die dem Hersteller im Zuge der Fehlerkorrektur entstehen. Beispielsweise Zeit für Fehleranalyse und Korrektur, Zeit für Regressionstest, erneute Auslieferung und Installation, Nachschulung des Kunden, Verzug bei Neuprodukten wegen Bindung der Entwicklerkapazität im Wartungsbereich, sinkende Konkurrenzfähigkeit.

Risikoanalyse

Welche dieser Kostenarten eintreten, mit welcher Wahrscheinlichkeit und in welcher Höhe, wie hoch also das Fehlerkostenrisiko für ein Projekt tatsächlich ist, kann nur schwer ermittelt werden. Abhängig ist dieses Risiko sicherlich von Art und Größe des Softwareprodukts, von Art und Branche des Kunden (Vertragsgestaltung, gesetzliche Rahmenbedingungen), von Art und Anzahl auftretender Ausfälle, von der Anzahl der betroffenen Produktinstallationen bzw. Endanwender. Große Unterschiede bestehen sicherlich auch zwischen Individualsoftware und Standardsoftware. Im Zweifelsfall müssen alle diese Einflussfaktoren in einer projektspezifischen Risikoanalyse abgeschätzt werden.

Fehler möglichst früh finden, senkt Kosten

Unabhängig davon, wie hoch das Risiko eines Fehlers genau ausfällt, gilt: Es ist wichtig, den Fehler möglichst früh nach seiner Entstehung zu finden. Denn Fehlerkosten steigen rapide über die Entwicklungsphasen an.

- Ein Fehler, der sehr früh entsteht (z.B. ein Fehler in der Anforderungsdefinition), kann, solange er unentdeckt bleibt, in den anschließenden Entwicklungsphasen viele Folgefehler produzieren (Multiplikation des Effekts des ursprünglichen Fehlers).
- Je später ein Fehler entdeckt wird, umso mehr Korrekturen sind notwendig. Unter Umständen müssen vorangegangene Phasen (Anforderungsdefinition, Design, Programmierung) zumindest teilweise wiederholt werden.

Als Richtwert kann davon ausgegangen werden, dass sich mit jeder Konstruktionsphase und mit jeder Teststufe die Korrekturkosten, die ein Defekt verursacht, gegenüber der Vorphase in etwa verdoppeln.

Entsprechende Untersuchungen finden sich in [Möller 96] oder [URL: NIST Report].

Ist die Software schon beim Kunden installiert, kommt zusätzlich das Risiko direkter und indirekter Fehlerkosten hinzu. Im Falle sicherheitskritischer Software (Steuerung von Anlagen, Verkehrsmitteln, medizintechnischen Geräten u.a.) können die potenziellen Kosten und Fehlerfolgen katastrophal sein. Zahlreiche gravierende Beispiele sind in [Thaller 00] oder [Wiener 94] dokumentiert.

6.3.2 Testkosten

Die wichtigste Maßnahme, das Fehlerrisiko zu senken oder wenigstens zu begrenzen, besteht darin, Prüfungen und Tests vorzusehen. Doch auch die Faktoren, die die Testkosten[57] beeinflussen, sind vielfältig und in der Praxis schwer zu quantifizieren. Die folgende Liste zeigt die wichtigsten Einflussfaktoren, die ein Testmanager bei seiner Aufwandschätzung in Rechnung stellen sollte:

Testkostenbeeinflussende Faktoren

- **Reifegrad**[58] des Entwicklungsprozesses
  - Stabilität der Organisation
  - Fehlerhäufigkeit der Entwickler
  - Rate der Softwareänderungen
  - Zeitdruck durch unrealistische Pläne
  - Gültigkeit, Bestand und Aussagekraft von Plänen
  - Reife des Testprozesses und Disziplin bei Konfigurations-, Änderungs- und Fehlermanagement
- **Qualität und Testbarkeit der Software**
  - Anzahl, Schwere und Verteilung der Fehler in der Software
  - Qualität, Aussagekraft und Aktualität der Dokumentation und anderer testrelevanter Informationen
  - Größe und Art der Software und Systemumgebung
  - Komplexität der Anwendungsdomäne und der Software (z.B. nach McCabe, s. Kap. 4.2.5)
- **Testinfrastruktur**
  - Verfügbarkeit von Testwerkzeugen
  - Verfügbarkeit von Testumgebung und Testinfrastruktur
  - Verfügbarkeit und Bekanntheit von Testprozess, Standards und Verfahren

57. Eine ausführliche Diskussion des Themas findet sich auch in [Pol 00].
58. Es gibt verschiedene Methoden zur Bewertung von Softwareentwicklungsprozessen. Eine vergleichende Darstellung findet sich z.B. in [Mellis 96].

- **Mitarbeiterqualifikation**
  - Erfahrung und Know-how der Tester bzgl. »Testen«
  - Erfahrung und Know-how der Tester bzgl. »Testwerkzeugen« und »Testumgebung«
  - Erfahrung und Know-how der Tester bzgl. »Testobjekt«
  - Zusammenarbeit Tester – Entwickler – Management – Kunde
- **Qualitätsziele**
  - Angestrebte Testabdeckung
  - Angestrebte Restfehlerrate bzw. Zuverlässigkeit nach dem Test
  - Anforderungen an die Systemsicherheit
  - Anforderungen an die Testdokumentation[59]
- **Teststrategie**
  - Testziele (abgeleitet aus den Qualitätszielen) und Mittel zur Zielerreichung, u.a. Anzahl und Umfang der Teststufen (Komponenten-, Integrations-, Systemtest usw.)
  - Wahl der Testmethoden (Blackbox- oder Whitebox-Verfahren)
  - Zeitliche Planung der Tests (Beginn und Durchführung der Testarbeiten im Projekt bzw. im Softwarelebenszyklus)

Nur wenige dieser Faktoren kann der Testmanager direkt beeinflussen. Aus seiner Sicht sieht die Situation folgendermaßen aus:

Einfluss des Testmanagers

- **Reifegrad** des Softwareentwicklungsprozesses ist eine kurzfristig nicht zu beeinflussende, gegebene Größe, die hingenommen werden muss, wie sie ist; der Reifegrad ist nur langfristig beeinflussbar durch ein Prozessverbesserungsprogramm.
- **Testbarkeit** der Software hängt stark vom Reifegrad des Prozesses ab. Ein gut strukturierter Prozess mit entsprechenden Reviews führt zu besser strukturierter Software, die einfacher zu testen ist. Daher nur langfristig beeinflussbar durch ein Prozessverbesserungsprogramm.
- **Testinfrastruktur** ist in der Regel vorgegeben, kann aber im Projektverlauf gezielt ausgebaut werden, um punktuell Zeit und Kosten einzusparen.
- **Mitarbeiterqualifikation** ist kurzfristig bedingt beeinflussbar durch Auswahl des Testpersonals, mittelfristig durch Aus- und Weiterbildung.
- **Qualitätsziele** werden vom Kunden und anderen Interessengruppen vorgegeben und sind bedingt beeinflussbar (Priorisierung).

59. Medizintechnische Geräte erfordern u.U. die Zulassung durch eine Regulierungsbehörde wie z.B. FDA [URL: FDA], die bestimmte Anforderungen an die Testdokumentation stellt.

- **Teststrategie** ist frei wählbar und die einzige Stellgröße, die der Testmanager auch kurzfristig beeinflussen und kontrollieren kann.

6.3.3 Schätzung des Testaufwands

Bevor der Testmanager daran geht, einen Zeitplan aufzustellen und Ressourcen anzufordern, muss er abschätzen, welcher Testaufwand zu erwarten ist.

Grundsätzliche Schätzverfahren

Für kleine Projekte kann dies in einem Zug geschätzt werden. Für größere Projekte können separate Schätzungen für jede Teststufe und jeden Testzyklus notwendig sein. Zwei grundsätzliche Herangehensweisen sind möglich:

- Der Aufwand aller geplanten Testaufgaben wird Aufgabe für Aufgabe geschätzt; dies kann durch die Person, welche die Aufgabe übernommen hat, oder durch Experten mit entsprechender Schätzerfahrung erfolgen.
- Der Aufwand wird aus bekannten Aufwandsdaten vergangener oder ähnlicher Projekte abgeleitet oder aus typischen Kennzahlen (z.B. im Mittel durchgeführte Testfälle pro Stunde).

Der aufgabenspezifische Aufwand hängt von den im voranstehenden Kapitel über Testkosten genannten Faktoren ab. Die meisten dieser Faktoren beeinflussen sich gegenseitig, und es ist nahezu ausgeschlossen, alle Faktoren vollständig zu analysieren. Auch wenn der Testmanager keine einzige Testaufgabe vergisst, tendiert eine solche aufgabenorientierte Methode dazu, den Testaufwand zu unterschätzen. Eine Schätzung, basierend auf Erfahrungswerten aus ähnlich gelagerten Projekten oder basierend auf Kennzahlen, liefert meist realistischere Prognosen.

Daumenregel

Wenn keinerlei Erfahrungswerte verfügbar sind, kann folgende Daumenregel weiterhelfen: Der Testaufwand (über alle Teststufen) in typischen Anwendungsentwicklungsprojekten beträgt etwa 50% der Gesamtentwicklungsaufwände.

6.4 Wahl der Teststrategie

Eine Teststrategie definiert die Testziele und die Maßnahmen, die geeignet scheinen, diese zu erreichen. Sie bestimmt damit den Testaufwand und die Testkosten. Mit der Wahl der Teststrategie trifft der Testmanager eine seiner wichtigsten Entscheidungen. Ziel dabei ist, einen Maßnahmenmix zu finden, der die Relation zwischen Testkosten und drohenden Fehlerkosten optimiert.

Kosten-Nutzen-Relation

Die Kosten des Testens sollen dabei natürlich deutlich niedriger bleiben als die Kosten, die durch nicht beseitigte Defekte und Mängel im Endprodukt verursacht würden. Datenmaterial, das es erlaubt, diese Kosten-Nutzen-Relation zu quantifizieren, besitzt jedoch kaum eine softwareentwickelnde Organisation, und nur wenige versuchen, solche Daten systematisch zu sammeln. Oft wird deshalb über den richtigen Testumfang mehr intuitiv als rational entschieden.

6.4.1 Vorbeugender vs. reaktiver Ansatz

Wesentlichen Einfluss auf die Strategie hat der Zeitpunkt, ab dem Tester in ein Projekt involviert werden. Zwei typische Situationen werden unterschieden:

- Vorbeugender Ansatz, bei dem Tester ab Projektbeginn involviert werden. Testplanung und Testdesign beginnen frühestmöglich. Der Testmanager hat die Möglichkeit, optimierend und kostenreduzierend einzugreifen. Die Anwendung des allgemeinen V-Models (s. Abb. 3–1) mit Einsatz von z.B. Designreviews wird viel zur Vermeidung von Fehlern beitragen. Die frühzeitige Testspezifikation, Reviews und statische Analysetechniken helfen, Fehler frühzeitig zu entdecken, und reduzieren die Fehlerdichte beim späteren dynamischen Test. Bei der Entwicklung sicherheitskritischer Anwendungen kann ein vorbeugender Ansatz deshalb verpflichtend sein.
- Reaktiver Ansatz, wenn Tester (zu) spät involviert werden und deshalb eine vorbeugende Herangehensweise nicht mehr möglich ist. Die Testplanung und der Testentwurf beginnen erst, nachdem das Softwaresystem schon erstellt ist. Dennoch muss ein Testmanager auch in einer solchen Situation eine Lösung finden. Eine in der Praxis sehr erfolgreiche Strategie ist »exploratives Testen«, ein heuristischer Ansatz, bei dem der Tester das Testobjekt »erkundet« und im Zuge der Erkundung Testentwurf, Testdurchführung und Testauswertung quasi simultan erfolgen (s.a. Kap. 5.3).

Wann soll mit Testen begonnen werden?

Wann immer möglich, sollte ein vorbeugender Ansatz gewählt werden. Eine Analyse der Kosten zeigt klar:

- Testen und Prüfen sollen so früh wie möglich im Projekt beginnen und
- alle Phasen des Projekts kontinuierlich begleiten.

Beispiel: *VSR-Testplanung*

Im Projekt *VSR* wurde direkt nach Freigabe des Anforderungsdokuments mit der Testplanung und der Testspezifikation begonnen. Zu jeder Anforderung wurde mindestens ein Testfall entworfen. Die so entstandene noch sehr grobe Testspezifikation wurde einem Review unterzogen, an dem Vertreter des Kunden, der Entwicklung und des späteren Systemtests beteiligt waren. Als Ergebnis dieses Reviews der Testspezifikation wurde eine ganze Reihe von Anforderungen als »unklar« oder »lückenhaft« identifiziert. Ebenso wurden falsche oder unzureichende Testfälle aufgedeckt.

Allein das Aufschreiben sinnvoller Tests und die Diskussion darüber mit den Entwicklern haben somit auf viele Probleme aufmerksam gemacht, lange bevor der erste Test tatsächlich ausgeführt wurde.

6.4.2 Analytischer vs. heuristischer Ansatz

Bei Auswahl und Planung der Tests stützt sich der Testmanager auf unterschiedliche Informationsquellen. Zwei extreme Herangehensweisen sind denkbar:

- Analytischer Ansatz: Die Testplanung stützt sich auf Daten und deren (mathematische) Analyse. Die in Kapitel 6.3 besprochenen Einflussfaktoren werden (ausschnittsweise) quantifiziert und ihr wechselseitiger Zusammenhang modelliert. Testumfang und Intensität werden so gewählt, dass einzelne oder mehrere Parameter (Kosten, Zeitbedarf, Testabdeckung etc.) optimiert werden.
- Heuristischer Ansatz: Die Testplanung stützt sich auf Erfahrungswissen (beteiligter oder externer Experten) und/oder auf Daumenregeln, weil keine Daten verfügbar sind, weil die Modellbildung zu aufwändig ist oder weil das nötige Know-how fehlt.

Die in der Praxis üblichen Herangehensweisen liegen zwischen diesen beiden Extremen und nutzen (in unterschiedlichem Grad) analytische und heuristische Elemente:

- Modellbasiertes Testen nutzt abstrakte funktionale Modelle des Testobjektes zur Ableitung von Testfällen, zur Definition von Testendekriterien und zur Messung der Testabdeckung. Ein Beispiel ist der zustandsbezogene Test (s. Kap. 5.1.3), wo Zustandsautomaten als Modelle dienen.
- Beim statistischen (modellbasierten) Test werden statistische Modelle über die Verteilung von Defekten im Testobjekt, über Ausfallraten im Betrieb der Software (Zuverlässigkeitsmodelle) oder über die statistische Verteilung von Anwendungsfällen (Einsatz- bzw. Benutzungsprofile) zur Bestimmung der Teststrategie heran-

gezogen. Mit Hilfe der ermittelten Daten werden eine entsprechende Verteilung der Testaktivitäten und die Auswahl der Testmethoden festgelegt.

- Risikoorientiertes Testen nutzt Informationen über Projekt- und Produktrisiken und legt den Testschwerpunkt auf Bereiche hohen Risikos. Näheres zum risikoorientierten Test ist im nächsten Kapitel beschrieben.
- Prozess- oder standardkonforme Ansätze (z.B. V-Modell oder IEEE 829) nutzen Handlungsanweisungen oder Empfehlungen[60], die bei der Festlegung der Teststrategie als eine Art »Kochrezept« genutzt werden können.
- Beim wiederverwendungsorientierten Ansatz übernimmt man vorhandene Tests und Testumgebungen (aus früheren Projekten) als Ausgangsbasis. Ziel ist, die Tests schnell und pragmatisch aufzusetzen.
- Ein checklistenorientierter Ansatz nutzt Fehlerlisten aus früheren Testzyklen[61], Listen potenzieller Fehler oder Risiken[62] oder priorisierte Qualitätskriterien und andere wenig formelle Methoden.
- Der expertenorientierte Ansatz nutzt die Expertise und das »Bauchgefühl« beteiligter Experten. Ihre »Einstellung« zu den eingesetzten Technologien und/oder zur Anwendungsdomäne beeinflusst und steuert die Auswahl der Teststrategie.

Die hier kurz aufgeführten Möglichkeiten sind nie in »Reinform« anzutreffen. Es ist eher eine Mischung mit unterschiedlichen Einflüssen, die dann zur Bestimmung der Teststrategie führt.

6.4.3 Testen und Risiko

Wenn nach Kriterien gesucht wird, anhand derer Testziele, Testmethoden oder Testfälle ausgewählt und priorisiert werden können, dann ist »Risiko« eines der besten Kriterien.

Risiko = Schaden x Schadenswahrscheinlichkeit

Risiko ist definiert als Produkt aus der Höhe eines Schadens und der Wahrscheinlichkeit (oder Häufigkeit) des Eintritts des betreffenden Schadens. Schaden beinhaltet dabei alle in Kapitel 6.3.1 beschriebenen Konsequenzen und Kosten einer Fehlfunktion des Produkts. Die Scha-

60. Solche Vorgaben oder Empfehlungen enthalten wiederum eine Menge implizites Erfahrungswissen bzw. Heuristiken.
61. Wo schon Fehler sind, sind oft noch mehr zu finden! Defekte sind ein Symptom für weitere Probleme. Für defektbehaftete Regionen ist es sinnvoll, zusätzliche Tests in die folgenden Testzyklen aufzunehmen.
62. Eine analytische Standardmethode hierzu ist die »Fehlermöglichkeits- und Einflussanalyse« (FMEA [URL: FMEA]).

denswahrscheinlichkeit hängt davon ab, wie das Softwareprodukt benutzt wird. Das Einsatzprofil der jeweiligen Software muss hier beachtet werden. Eine genaue Risikoschätzung ist daher schwierig.[63] Risikofaktoren, die einkalkuliert werden müssen, können aus dem Entwicklungsprojekt (Projektrisiken) wie auch aus dem Produkt (Produktrisiken) resultieren.

Projektrisiken

Projektrisiken sind Risiken, die die Fähigkeit des Projektes, das Produkt abzuliefern, bedrohen. Dazu zählen:

- Lieferantenseitige Risiken wie z. B. das Risiko, dass ein Unterauftragnehmer ausfällt, oder Vertragsstreitigkeiten. Verzögerungen im Projektverlauf bis hin zu gerichtlichen Auseinandersetzungen sind in solchen Fällen nicht auszuschließen.
- Oft unterschätzte organisationsbezogene Risiken sind Ressourcenknappheit (Mitarbeiter mit den benötigten Fähigkeiten stehen nicht oder in zu geringem Umfang zur Verfügung), zwischenmenschliche Probleme (wenn Tester bzw. Testergebnisse keine angemessene Resonanz finden) oder interne machtpolitische Rangeleien (z. B. mangelnde Kooperation zwischen einzelnen Abteilungen).
- Technische Probleme bergen ein weiteres Projektrisiko. Falsche, unvollständige, missverständliche, unrealisierbare Anforderungen führen leicht zum Scheitern des gesamten Projektes. Werden neue Technologien, Werkzeuge, Programmiersprachen oder Methoden eingesetzt, ohne dass ausreichende Erfahrungen vorliegen, kann die erhoffte Wirkung – schneller zu besseren Ergebnissen zu kommen – leicht ins Gegenteil umschlagen. Haben Zwischenergebnisse (Designdokumente, Programmcode oder Testfälle) schlechte Qualität oder Mängel, die weder erkannt noch beseitigt werden, wird dies zu einem Risiko für das Projekt.

Produktrisiken

Zu den Produktrisiken werden solche Risiken gezählt, die aus Problemen mit dem gelieferten Produkt resultieren. Dazu zählen:

- Das gelieferte Produkt hat unzureichende Produkteigenschaften in funktionaler und/oder nicht funktionaler Hinsicht.
- Das Produkt erfüllt den geforderten Einsatzzweck nicht und ist unbrauchbar.
- Der Einsatz des Produktes führt zu Schäden an Geräten oder sogar zur Gefährdung für Menschenleben.

63. Eine tabellenbasierte Schätzmethode mittels Risikoklassen ist bei [URL: Schaefer] zu finden.

Risikomanagement

Die Normen [IEEE 730] und [IEEE 829] fordern ein systematisches Risikomanagement. Dies umfasst:

- die (regelmäßige) Identifikation von Risiken (herausfinden, was schiefgehen kann)
- die Priorisierung identifizierter Risiken
- gezielte Maßnahmen zur Minderung oder Abwehr von Risiken

Eine wichtige risikomindernde Maßnahme ist das Testen. Denn Testen liefert Informationen über tatsächlich vorhandene Probleme und über Erfolg oder Misserfolg der Problembehebung. Testen verringert die Ungewissheit bzgl. Risiken, hilft Risiken einzuschätzen und neue Risiken zu erkennen.

Risikobasiertes Testen

Risikobasiertes Testen hilft, Produktrisiken gezielt zu mindern und zu bekämpfen, und zwar vom Beginn des Projektes an. Risikobasiertes Testen nutzt Informationen über identifizierte Risiken für die Planung, Spezifikation, Vorbereitung und Durchführung der Tests. Alle wesentlichen Elemente der Teststrategie werden risikoorientiert festgelegt:

- die einzusetzenden Testmethoden
- der Testumfang
- die Priorität von Testfällen

Weitere risikomindernde Maßnahmen (wie z.B. Weiterbildung für unerfahrene Softwaredesigner) können als Ergänzung zu den auf den Testprozess bezogenen Maßnahmen in Betracht kommen.

Risikoorientierte Testpriorisierung

Die risikoorientierte Testpriorisierung stellt sicher, dass risikoreiche Produktteile intensiver und früher getestet werden als risikoärmere. Schwer wiegende Probleme (die hohe Korrekturarbeit erfordern und ernsthafte Projektverzögerungen verursachen) werden so möglichst frühzeitig aufgedeckt.

Bei einer Gleichverteilung der beschränkten Testressourcen auf alle Testobjekte werden kritische und unkritische Programmteile gleich intensiv getestet. Bei den kritischen Teilen wird dann nicht ausreichend genug getestet, bei den unkritischen Teilen werden Ressourcen unnütz verschwendet.

6.5 Management der Testarbeiten

Aufgaben des Testmanagers

Aus jedem Durchlauf durch den Testprozess (vgl. Kap. 2.2, Abb. 2–4) resultieren in der Regel Fehlerkorrektur- oder Änderungsaufträge für die Entwickler. Werden Fehler korrigiert oder Änderungen umgesetzt, entsteht eine neue Version der Software, die wiederum getestet werden muss. Der Testprozess läuft deshalb auf jeder Teststufe mehrmals wiederholt bzw. zyklisch ab.

Zu den Aufgaben des Testmanagers gehört es, diese Testzyklen zu initiieren, ihren Fortschritt zu überwachen und die Testarbeiten zu steuern. Je nach Projektgröße kann für jede Teststufe ein eigener Testmanager zuständig sein.

6.5.1 Testzyklusplanung

In Kapitel 6.2 wurde die initiale Testplanung (Teststrategie und grober Zeitablauf) vorgestellt. Diese wird zu einem möglichst frühen Zeitpunkt im Projekt erstellt und im Testkonzept festgehalten.

Feinplanung je Testzyklus

Diese Grobplanung muss jedoch durch eine Feinplanung für den jeweils anstehenden konkreten Testzyklus ergänzt und regelmäßig der aktuellen Projektsituation angepasst werden. Folgende Punkte sind zu berücksichtigen:

- **Entwicklungsstand:** Die zu Beginn des Testzyklus tatsächlich verfügbare Software kann eine gegenüber den ursprünglichen Plänen möglicherweise eingeschränkte oder veränderte Funktionalität aufweisen. Daraus resultieren unter Umständen Anpassungen von Testspezifikationen und Testfällen.
- **Testergebnisse:** Die in vorangehenden Testzyklen aufgedeckten Probleme machen eventuell eine Änderung der Testpriorisierung notwendig. Korrigierte Defekte erfordern zusätzliche Fehlernachtests, die ebenfalls neu einzuplanen sind; zusätzliche Tests können auch notwendig sein, weil Probleme noch nicht vollständig reproduziert und analysiert werden konnten.
- **Ressourcen:** Die Planung des aktuellen Testzyklus muss mit dem aktuellen Projektplan in Einklang stehen; zu beachten sind z.B. Auswirkungen der aktuellen Personaleinsatz- und Urlaubsplanung, die momentane Verfügbarkeit der Testumgebung und spezieller Testwerkzeuge usw.

Planung des Testaufwands

Unter Berücksichtigung dieser Ausgangsdaten schätzt der Testmanager Aufwand und Zeitbedarf der Testarbeiten und legt im Detail fest, welche Testfälle, von welchem Tester, in welcher Reihenfolge, zu welchen Zeitpunkten auszuführen sind. Ergebnis dieser Feinplanung ist der (Regressions-)Testplan für den anstehenden Testzyklus.

6.5.2 Testzyklusüberwachung

Die Überwachung und Erfolgskontrolle der laufenden Tests geschieht anhand objektiver →Testmetriken, die im Testkonzept vereinbart wurden. Dabei ist darauf zu achten, dass nur solche Metriken verwendet werden, die regelmäßig, zuverlässig und einfach zu messen[64] sind. Zu unterscheiden sind u.a. folgende Ansätze:

Maße für die Verfolgung des Testprozesses

- **Fehlerbasierte Metriken:** Anzahl gefundener Fehlerzustände bzw. erstellter Fehlermeldungen (pro Testobjekt) im jeweiligen Release, in Abhängigkeit der Fehlerklasse und des Fehlerstatus, ggf. bezogen auf Größe des Testobjekts (engl. *lines of code*), Testdauer o.Ä. (vgl. Kap. 6.6).
- **Testfallbasierte Metriken:** Anzahl der Testfälle in einem bestimmten Status, z.B. spezifiziert, geplant, →blockiert, gelaufen (→Fehler aufdeckend, fehlerfrei).
- **Testobjektbasierte Metriken:** Codeabdeckung, Dialogabdeckung, abgedeckte Installationsvarianten, Plattformen usw.
- **Kostenbasierte Metriken**: aufgelaufene Testkosten, Kosten des nächsten Testzyklus in Relation zum erwarteten Nutzen (vermiedene Fehlerkosten bzw. reduziertes Produkt-/Projektrisiko).

Teststatusbericht

Die jeweils aktuellen Messergebnisse listet der Testmanager in seinen Berichten auf. Nach jedem Testzyklus erstellt er einen Teststatusbericht, aus dem folgende Informationen über den Stand der Testarbeiten hervorgehen:

- Testobjekt(e), Teststufe, Testzyklus-Datum von ... bis ...
- Testfortschritt: geplante/gelaufene/blockierte Tests
- Fehlerstatus: neue/offene/korrigierte Fehler
- Risiken: neue/veränderte/bekannte
- Ausblick: Planung des nächsten Testzyklus
- Gesamtbewertung: (subjektive) Beurteilung des Testobjekts hinsichtlich Freigabereife bzw. Grad des erreichten Vertrauens in das Testobjekt

Eine Gliederungsvorlage für einen solchen Testbericht liefert wiederum [IEEE 829].

Kriterien für das Testende

Die gemessenen Daten dienen auf der einen Seite zur Standortbestimmung und zur Beantwortung der Frage: »Wie weit ist der Test vorangekommen?« Auf der anderen Seite dienen sie als Endekriterien und zur Klärung der Frage: »Kann der Test beendet und das Produkt ausgeliefert werden?« Welche Kriterien zur Bestimmung des Testendes sinnvoll und angemessen sind, hängt von den zu erfüllenden Qualitätsanforderungen (Kritikalität der Software) ab, aber auch von den verfügbaren Testressourcen (Zeit, Personal, Werkzeuge). Die im Projekt geltenden Testendekriterien werden ebenfalls im Testkonzept festge-

64. Falls die eingesetzten Testwerkzeuge diese Daten liefern, ist dies gegeben.

legt. Jedes Testendekriterium muss so gewählt sein, dass es sich aus den laufend erhobenen Testmetriken berechnen lässt.

Beispiel: Testendekriterien für den VSR-Systemtest

Die Testfälle im *VSR*-Projekt sind in folgende drei Prioritätsstufen eingeteilt:

Priorität	Bedeutung
1	Testfall muss durchgeführt werden
2	Testfall sollte durchgeführt werden
3	Testfall kann durchgeführt werden

Aufbauend auf dieser Priorisierung wurden im Testkonzept die folgenden testfallbasierten Testendekriterien für den *VSR*-Systemtest festgelegt:

- Alle Testfälle mit Priorität 1 sind fehlerfrei gelaufen
- und mindestens 60 % aller Testfälle der Priorität 2 sind gelaufen.

Produktfreigabe

Falls die gesetzten Testendekriterien erfüllt sind, entscheidet das Projektmanagement (beraten durch den Testmanager), ob das entsprechende Testobjekt freizugeben und auszuliefern ist. Im Komponenten- und Integrationstest bedeutet »Auslieferung« die Übergabe an die jeweils nachfolgende Teststufe. Der Systemtest gibt die Software zur Auslieferung an den Kunden frei. Der Abnahmetest des Kunden schließlich gibt den Betrieb des Systems in der eigentlichen Einsatzumgebung frei.

Die Freigabe ist nicht mit »Fehlerfreiheit« gleichzusetzen. Das Produkt wird einige unentdeckte Defekte enthalten und auch einige entdeckte, die als »nicht Freigabe verhindernd« eingestuft und deshalb nicht behoben wurden. Letztere sind in der →Fehlerdatenbank vermerkt und werden im Zuge der Softwarewartung (s. Kap. 3.6.1) später korrigiert.

6.5.3 Testzyklussteuerung

Auf Planabweichungen reagieren

Falls Verzögerungen gegenüber der Projekt- oder Testplanung entstanden sind, muss der Testmanager geeignete Gegenmaßnahmen einleiten. Dies wird als Test(zyklus)steuerung bezeichnet. Die Steuerungsmaßnahmen können direkt den Test betreffen, aber auch jede andere Entwicklungsaktivität.

So kann es notwendig sein, zusätzliche Testressourcen (Personal, Arbeitsplätze, Werkzeuge) anzufordern und einzusetzen, um einen Rückstand gegenüber dem Testplan in den verbleibenden Zyklen aufzuholen.

Stehen keine zusätzlichen Ressourcen zur Verfügung, muss der Testplan selbst angepasst werden. Mit niedriger Priorität eingestufte Testfälle werden gestrichen. Eine weitere Möglichkeit ist, Testfälle, die in verschiedenen Varianten geplant sind, nur in einer Variante durchzuführen (z.B. werden Tests nur unter einem Betriebssystem ausgeführt, statt wie geplant unter verschiedenen). Durch solche Anpassungen werden zwar einige interessante Tests nicht absolviert, aber die gesparten Ressourcen ermöglichen es, wenigstens die Testfälle hoher Priorität durchzuführen.

Je nachdem wie gravierend die aufgedeckten Mängel und Probleme sind, ist die Testdauer zu verlängern, weil zusätzliche Testzyklen notwendig sind. Denn nach jedem Korrekturzyklus muss die geänderte Software erneut getestet werden (s. Kap. 3.7.4). Dies kann unter Umständen bedeuten, dass die Markteinführung bzw. die Auslieferung des Softwareprodukts verschoben werden muss.

Änderungen des Testplans klar kommunizieren

Wichtig ist, dass der Testmanager jede solche Planänderung dokumentiert und kommuniziert. Denn eine Änderung am ursprünglichen Testplan bedeutet in aller Regel eine Erhöhung des Freigaberisikos. Es ist Aufgabe des Testmanagers, dieses Risiko den Projektverantwortlichen zu jedem Zeitpunkt klar und offen darzulegen.

6.6 Fehlermanagement

Damit die in den verschiedenen Teststufen gefundenen Mängel, Probleme und Defekte zuverlässig und schnell korrigiert werden können, bedarf es eines gut funktionierenden Verfahrens zur Übermittlung und Verwaltung entsprechender Fehlermeldungen. Dieses Verfahren beginnt nach Ende eines Testlaufs mit der Auswertung des Testprotokolls.

6.6.1 Testprotokoll

Testprotokoll analysieren

Nach jedem Testlauf, spätestens mit Ende eines Testzyklus, erfolgt eine Auswertung der angefallenen Testprotokolle. Die Protokolle werden auf Abweichungen zwischen erwartetem Sollverhalten und beobachtetem Istverhalten untersucht. Jedes signifikante, unerwartete Ereignis, das während des Testens aufgetreten ist, kann ein Symptom sein, das auf ein Fehlverhalten des Testobjekts hindeutet. Entsprechende Stellen im Testprotokoll werden analysiert. Die Tester vergewissern sich, ob tatsächlich eine Abweichung im Sollverhalten vorliegt oder ob die Ursache ein falsch entworfener Testfall, eine fehlerhafte Testautomatisierung oder eine falsche Testausführung war (auch Testern können Fehlhandlungen unterlaufen).

Fehler dokumentieren

Liegt das Problem im Testobjekt[65], wird über die Beobachtung eine Problemmeldung oder Fehlermeldung erstellt. Dies geschieht für jede im Testprotokoll enthaltene und vom Sollwert bzw. Sollverhalten

65. Liegt das Problem auf Seiten der Tester, kann die Erstellung einer Fehlermeldung natürlich auch sinnvoll sein, z.B. wenn das Problem weitere Analysen erfordert. Adressat dieser Meldung sind dann nicht die Entwickler, sondern die Tester.

abweichende Beobachtung. Eventuell ist die Beobachtung ein Duplikat einer schon früher erfassten Beobachtung. Dann sollte geprüft werden, ob aus der zweiten Beobachtung zusätzliche Informationen zu entnehmen sind, die die Problemursache ggf. weiter eingrenzen können. Andernfalls sollte keine zweite Meldung erfolgen, um Mehrfachnennungen ein und derselben Fehlerwirkung zu vermeiden.

Ursachenanalyse ist Aufgabe der Entwickler

Die Tester müssen allerdings nicht die Ursache des gemeldeten Problems herausfinden. Dies ist Aufgabe der Entwickler (Debugging).

6.6.2 Fehlermeldung

Üblicherweise wird im Projekt eine zentrale Fehlerdatenbank eingerichtet, in der alle Probleme, Mängel oder Fehlerwirkungen, die im Test (oder auch später im Betrieb) entdeckt werden, erfasst und verwaltet werden. Fehlermeldungen können von allen an der Entwicklung beteiligten Personen, aber auch von Kunden- und Anwenderseite eingebracht werden[66]. Sie können sich auf Probleme in den getesteten Programm(teil)en beziehen, aber auch auf Fehler oder Mängel in Spezifikationen, Benutzerhandbüchern oder anderen Dokumenten.

Das Fehlermeldeverfahren wird oft auch Problemmeldeverfahren genannt. Denn gemeldet werden alle offenen Probleme; aber nicht jedes Problem muss ein Fehler (der Entwickler) sein. Problemmeldung klingt auch weniger nach »Schuldzuweisung«. Es ist keine Einbahnstraße, sondern jeder Entwickler kann betreffende Meldungen kommentieren, etwa um Rückfragen an den Tester zu richten oder eine unberechtigte Meldung zurückzuweisen. Nimmt ein Entwickler aufgrund einer Fehlermeldung eine Korrektur am Testobjekt vor, so wird er dies ebenfalls in der Fehlerdatenbank dokumentieren, damit der zuständige Tester diese Korrektur im nächsten Testzyklus nachvollziehen und erneut testen kann.

Testmanager und Projektmanager können sich mittels Fehlerdatenbank zu jedem Zeitpunkt ein aktuelles und vollständiges Bild über Anzahl und Status der Fehler und über den Korrekturfortschritt verschaffen. Die Datenbank stellt hierzu entsprechende Auswertungen zur Verfügung.

Tipp: Fehlerdatenbank einsetzen

- Beim Aufbau eines geordneten Testprozesses für ein Projekt sollte als einer der ersten Schritte ein diszipliniertes →Fehlermanagement eingerichtet werden. Eine leistungsfähige Fehlerdatenbank, auf die alle Projektbeteiligten entsprechend ihrer Funktion Zugriff erhalten, ist hierzu unerlässlich.

66. Die folgenden Erläuterungen gehen vereinfachend davon aus, dass nur Entwickler und Tester über die Fehlerdatenbank kommunizieren.

Einheitliches Meldungsschema

Damit die Kommunikation reibungslos funktioniert und die Meldungen statistisch ausgewertet werden können, muss jede Meldung nach einem projektweit vorgegebenen einheitlichen Schema aufgebaut sein. Dieses Schema legt der Testmanager (z.B. im Testkonzept) fest.

Typischerweise beinhaltet eine Fehlermeldung neben der eigentlichen Problembeschreibung Informationen zur Identifikation der getesteten Software, zur Testumgebung, den Namen des Testers, die Fehlerklasse und Priorisierung sowie andere Informationen mit Relevanz für das Reproduzieren und Lokalisieren des potenziellen Fehlerzustands. Tabelle 6–1 zeigt beispielhaft ein mögliches Schema.

Tab. 6–1 *Aufbau einer Fehlermeldung*

	Attribut	Bedeutung
Identifikation	Nummer	laufende, eindeutige Meldungsnummer
	Testobjekt	Bezeichnung des Testobjekts
	Version	Identifikation der genauen Version des Testobjekts
	Plattform	Identifikation der HW-/SW-Plattform bzw. der Testumgebung, in der das Problem auftritt
	Entdecker	Identifikation des Testers (ggf. mit Teststufe), der das Problem meldet
	Entwickler	Name des für das Testobjekt verantwortlichen Entwicklers oder Teams
	Erfassung	Datum, ggf. Uhrzeit, an dem das Problem beobachtet wurde
Klassifikation	Status	Bearbeitungsfortschritt der Meldung (s. Kap. 6.6.4); möglichst mit Kommentar und Datum des Eintrags
	Klasse	Klassifizierung der Schwere des Problems (s. Kap. 6.6.3)
	Priorität	Klassifizierung der Dringlichkeit einer Korrektur (s. Kap. 6.6.3)
	Anforderung	Verweis auf die (Kunden-)Anforderung, die wegen der Fehlerwirkung nicht erfüllt oder verletzt ist
	Fehlerquelle	Soweit feststellbar, die Projektphase, in der die Fehlhandlung begangen wurde (Analyse, Design, Programmierung); nützlich zur Planung prozessverbessernder Maßnahmen
Problembeschreibung	Testfall	Beschreibung des Testfalls (Name, Nummer) bzw. der Schritte, die zur Reproduktion der Fehlerwirkung führen
	Problem	Beschreibung der Fehlerwirkung; erwartete vs. tatsächliche Ergebnisse bzw. Verhalten
	Kommentar	Stellungnahmen der Betroffenen zum Meldungsinhalt
	Korrektur	Korrekturmaßnahmen des zuständigen Entwicklers
	Verweis	Querverweise auf andere zugehörige Meldungen

Eine ähnliche, aber etwas einfachere Gliederung schlägt [IEEE 829] vor. [IEEE 1044] und [DIN 66271] liefern Hinweise für zusätzliche oder detailliertere Meldungsattribute. Wird die Fehlerdatenbank z.B. im Abnahmetest oder im Produktsupport eingesetzt, müssen zusätzlich Kundendaten miterfasst werden. Der Testmanager muss ein für sein Projekt geeignetes Schema festlegen.

Alle für Reproduktion und Korrektur relevanten Informationen erfassen

Wichtig dabei ist, dass alle Informationen erfasst werden, die für das Reproduzieren und Lokalisieren des potenziellen Fehlerzustands notwendig sind, sowie Informationen, die eine Auswertung der Produktqualität und des Korrekturfortschritts ermöglichen.

Unabhängig vom vereinbarten Schema gilt: Eine Meldung muss so abgefasst sein, dass der zuständige Entwickler mit minimalem Aufwand das Problem nachvollziehen und dessen Ursache möglichst schnell finden kann.

Die Reproduktion, Lokalisierung und Behebung eines Problems bedeuten für den Entwickler in der Regel nicht eingeplante, zusätzliche Arbeit. In dieser Situation neigen Entwickler dazu, jede unklare Fehlermeldung ohne weitere Analyse abzulehnen oder zurückzustellen.

6.6.3 Fehlerklassifikation

Ein wichtiges Kriterium zur Beurteilung eines gemeldeten Problems ist sicherlich dessen »Schwere«, d.h. nach [DIN 66271] der Grad der Beeinträchtigung des Produkteinsatzes. Schließlich ist es ein gravierender Unterschied, ob 100 offene Fehler in der Datenbank stehen, die Systemabstürze darstellen oder lediglich Schönheitsfehler im Maskenlayout dokumentieren. Eine Klassifizierung der Fehlerschwere kann z.B. wie in Tabelle 6–2 gezeigt aussehen.

Tab. 6–2 *Fehlerschwere*

Klasse	Bedeutung
1	Systemabsturz mit ggf. Datenverlust; das Testobjekt ist in dieser Form nicht einsetzbar.
2	Wesentliche Funktion ist fehlerhaft; Anforderung nicht beachtet oder falsch umgesetzt; das Testobjekt ist nur mit großen Einschränkungen einsetzbar.
3	Funktionale Abweichung bzw. Einschränkung (»normaler« Fehler); Anforderung fehlerhaft oder nur teilweise umgesetzt; System kann mit Einschränkungen genutzt werden.
4	Geringfügige Abweichung; System kann ohne Einschränkung genutzt werden. (Beseitigung hat mit dem nächsten Release zu erfolgen.)
5	Schönheitsfehler (z.B. Rechtschreibfehler oder Mangel im Maskenlayout); System kann ohne Einschränkung genutzt werden. (Beseitigung kann mit einem der nächsten Releases erfolgen.)

Die Schwere eines Fehlers sollte aus Sicht des Anwenders bzw. späteren Nutzers des Testobjekts vergeben werden. Aus dieser Einordnung muss jedoch nicht unmittelbar folgen, wie schnell das jeweilige Problem zu beheben ist. Hier gehen zusätzlich Anforderungen des Produkt- oder Projektmanagements ein (z.B. Korrekturaufwand), aber auch Anforderungen aus Sicht der weiteren Testdurchführung (blockierte Tests). Die Frage, wie dringlich ein Fehlerzustand zu korrigieren ist, wird deshalb über ein weiteres Attribut, die →Fehlerpriorität (oder genauer »Fehlerbehebungspriorität«), gesteuert. Ein mögliches Schema zeigt Tabelle 6–3.

Tab. 6–3
Fehlerpriorität

Priorität	Bedeutung
1 – PATCH	Der Arbeitsablauf beim Anwender ist blockiert oder die laufenden Tests können nicht fortgesetzt werden. Das Problem muss unmittelbar, ggf. provisorisch, behoben werden; ein →Patch ist zu erstellen.
2 – NÄCHSTE VERSION	Die Fehlerkorrektur erfolgt mit der nächsten regulären Produktversion oder der nächsten Testobjektlieferung.
3 – GELEGENTLICH	Die Fehlerkorrektur erfolgt, sobald die betroffenen Systemteile ohnehin überarbeitet werden.
4 – OFFEN	Korrekturplanung ist noch zu treffen.

Meldungsauswertung zur Überwachung des Testprozesses

Die Auswertung von Schwere und Priorität der erfassten Fehlerwirkungen erlaubt dem Testmanager, Aussagen über die Produktstabilität bzw. über die Lieferfähigkeit des Testobjekts zu treffen. Neben der reinen Standortbestimmung und Klärung der Fragen: »Wie viele Defekte wurden gefunden?«, »Wie viele davon sind behoben?«, »Wie viele sind noch offen?«, sind Trendanalysen wichtig, d.h., es sind Prognosen auf Basis einer Auswertung über den zeitlichen Verlauf der Meldungseingänge zu erstellen. Die wichtigste Frage in diesem Zusammenhang lautet: »Nehmen die Probleme weiter zu oder ist eine Abflachung der Trendkurve zu erkennen?«

Meldungsauswertung zur Verbesserung des Testprozesses

Daten aus Fehlermeldungen können auch zur Verbesserung des Testprozesses selbst herangezogen werden. Zum Beispiel kann ein Vergleich der Daten für verschiedene Testobjekte zeigen, welche Testobjekte unterdurchschnittlich viele Defekte aufweisen. Es könnte sich herausstellen, dass dort noch Testfälle fehlen oder besonders sorgfältig programmiert wurde.

6.6.4 Fehlerstatus

Das Testmanagement muss nicht nur sicherstellen, dass Fehler ordentlich erfasst und verwaltet werden, es muss in Kooperation mit dem Projektmanagement dafür sorgen, dass Fehlerzustände zügig korrigiert werden und dass diese Korrekturen mit den neuen Versionen des Testobjekts verfügbar sind.

Hierzu ist eine kontinuierliche Verfolgung des Fehleranalyse- und Korrekturprozesses über alle Stadien notwendig. Diese Verfolgung geschieht anhand des Fehlerstatus. Dabei durchläuft jede Fehlermeldung eine Reihe festgelegter Status, die die erstmalige Erfassung bis zur erfolgreichen Fehlerkorrektur beinhalten. Ein beispielhaftes Schema hierfür zeigt Tabelle 6–4, und Abbildung 6–2 veranschaulicht den Ablauf der Statuswechsel.

Tab. 6–4
Fehlerstatusschema

Status (gesetzt durch)	**Bedeutung**
Neu (Tester)	Neue Meldung wurde erfasst. Der Verfasser hat eine aus seiner Sicht sinnvolle Beschreibung und Klassifizierung eingetragen.
Offen (Testmanager)	Neue Meldungen werden regelmäßig vom Testmanager gesichtet. Verständlichkeit und vollständige Vergabe der identifizierenden Attribute werden geprüft. Klassifizierende Attribute werden ggf. angepasst, so dass eine projektweit einheitliche Bewertung gegeben ist. Dubletten oder offensichtlich sinnlose Meldungen werden bereinigt/zurückgewiesen. Die Meldung wird einem zuständigen Entwickler zugewiesen und auf »OFFEN« gesetzt.
Abgewiesen (Testmanager)	Meldung wird als unberechtigt abgewiesen (kein Defekt im Testobjekt, Änderungswunsch, der nicht berücksichtigt wird).
Analyse (Entwickler)	Der zuständige Entwickler setzt die Meldung auf diesen Status, sobald er die Meldung bearbeitet. Das Ergebnis der Problemanalyse (Fehlerursache, Lösungsmöglichkeiten, geschätzter Korrekturaufwand u.Ä.) wird in Kommentaren dokumentiert.
Beobachtung (Entwickler)	Das geschilderte Problem kann weder nachvollzogen noch ausgeschlossen werden. Die Meldung bleibt unerledigt, bis weitere Informationen/Erkenntnisse vorliegen.
Korrektur (Projektmanager)	Aufgrund der Analyse entscheidet der Projektmanager, dass die Korrektur erfolgen soll, und setzt dazu den Status auf »KORREKTUR«. Der zuständige Entwickler führt die Korrekturen durch. Die Art der Korrektur wird in Kommentaren dokumentiert.
Test (Entwickler)	Der zuständige Entwickler setzt die Meldung auf diesen Status, sobald das Problem aus seiner Sicht behoben ist. Die Softwareversion, in der die Korrektur verfügbar ist, wird angegeben.
Erledigt (Tester)	Problemlösungen, also Meldungen im Status »TEST«, werden vom zuständigen Tester im nächstmöglichen Testzyklus verifiziert. Dazu wird mindestens der Fehler aufdeckende Test wiederholt. Ergibt dieser Fehlernachtest, dass die Fehlerbeseitigung erfolgreich ist, beendet der Tester die Meldungshistorie im Endzustand »ERLEDIGT«.
Flop (Tester)	Ergibt der Fehlernachtest, dass die Fehlerbeseitigung erfolglos oder ungenügend war, wird »FLOP« gesetzt. Eine erneute Analyse ist notwendig.

Abb. 6–2
Fehlerstatusmodell

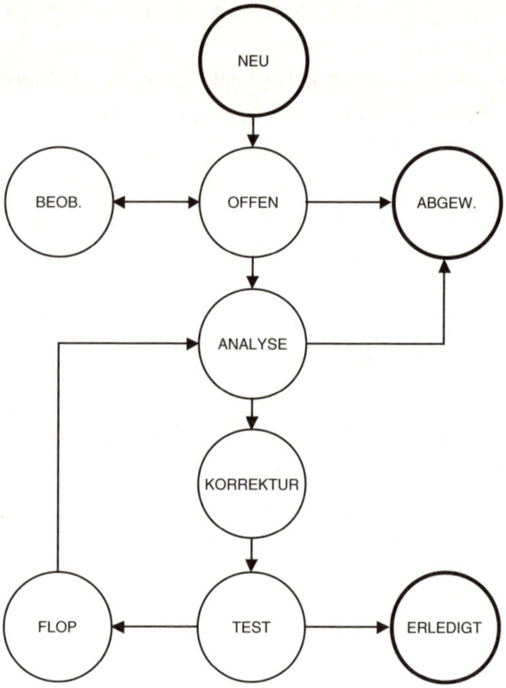

Auf »Erledigt« darf nur der Tester setzen

Ein entscheidender Punkt, der oft übersehen wird, ist, dass »ERLEDIGT« nicht vom Entwickler, sondern ausschließlich vom Tester gesetzt werden darf! Und zwar erst, nachdem eine Testwiederholung (Fehlernachtest) nachgewiesen hat, dass das in der Fehlermeldung beschriebene Problem nicht mehr auftritt. Falls nun nach der Korrektur als Seiteneffekt neue Fehlerwirkungen auftreten, werden diese in neuen Meldungen erfasst und behandelt.

Beispiel: Erweiterte Testendekriterien für den VSR-Systemtest

Die Testendekriterien für den *VSR*-Systemtest sollen nicht nur den Testfortschritt widerspiegeln, sondern auch die erreichte Produktqualität. Der Testmanager erweitert die Testendekriterien deshalb wie folgt um fehlerbasierte Metriken:

- Alle Fehler der Klasse 1 sind »ERLEDIGT«
- Alle Fehler der Priorität »PATCH« sind »ERLEDIGT«
- Die Anzahl »NEU«-Meldungen pro Testwoche stagniert oder sinkt

Das oben beschriebene Schema kann in vielen Projekten eingesetzt werden. Die im Projekt vorhandenen oder notwendigen Entscheidungsprozesse müssen jedoch abgebildet werden. Hierzu sind geeignete Anpassungen des Modells vorzusehen. Während im oben erläuterten Grundmodell alle Entscheidungen in der Hand von Einzelpersonen liegen, werden diese Prozesse in größeren Projekten von Entscheidungsgremien getroffen. Entsprechend komplexer werden die Entscheidungsprozesse, da Vertreter vieler Interessengruppen gehört werden müssen.

change control board

Die von den Entwicklern auszuführenden Änderungen sind in vielen Fällen keine »Fehlerkorrekturen«, sondern echte (funktionale) Erweiterungen. Da die Grenze zwischen »Fehlermeldung« und »Erweiterungswunsch« und die Beurteilung als »berechtigt« oder »unberechtigt« oft Ermessenssache sind, wird im Fehlermanagement eine Instanz benötigt, die →Änderungsanforderungen genehmigt oder ablehnt. Diese Instanz heißt Änderungskontrollausschuss (*change control board*) und wird üblicherweise von Vertretern folgender Interessengruppen gebildet: Produktmanagement, Projektmanagement, Testmanagement, Kundenvertreter.

6.7 Anforderungen an das Konfigurationsmanagement

Ein Softwaresystem besteht aus einer Vielzahl von Einzelbausteinen, die zueinander passen müssen, damit das System als Ganzes funktioniert. Von jedem dieser Bausteine entstehen im Laufe der Entwicklung des Systems neue, korrigierte oder verbesserte Versionen oder Varianten. Da an diesem Prozess mehrere Entwickler und Tester parallel beteiligt sind, ist es alles andere als einfach, den Überblick zu behalten, welche Bausteine aktuell sind und zusammengehören.

Typische Symptome von unzureichendem KM

Wird in einem Projekt das Konfigurationsmanagement (KM) unzureichend erledigt, können folgende typische Symptome beobachtet werden:

- Entwickler überschreiben gegenseitig ihre am Quellcode oder anderen Dokumenten vorgenommenen Modifikationen, da der gleichzeitige Zugriff auf gemeinsame Quellcodedateien nicht verhindert wird.
- Die Integrationsarbeiten sind behindert,
  - weil unklar ist, welche Versionen des Quellcodes einer bestimmten Komponente im Entwicklungsteam existieren und welche davon aktuell sind,
  - weil unklar ist, welche Versionen verschiedener Komponenten zusammengehören und zu einem größeren Teilsystem integriert werden können, oder
  - weil Compiler und andere Entwicklungswerkzeuge in unterschiedlichen Versionen eingesetzt werden.

- Fehleranalyse, Fehlerkorrektur und Regressionstest sind erschwert, weil unbekannt ist,
  - wo und warum der Quellcode einer Komponente gegenüber der Vorversion geändert wurde,
  - aus welchen Quellcodedateien ein bestimmtes integriertes Teilsystem (Objektcode) hervorgegangen ist.
- Tests und Testauswertung sind behindert, weil unklar ist,
  - welche Testfälle zu welchem Versionsstand eines Testobjekts gehören,
  - welche Testergebnisse ein Testlauf an einem Testobjekt einer bestimmten Version erbracht hat.

Testprozess benötigt KM

Unzureichendes Konfigurationsmanagement führt also zu einer Vielzahl möglicher Störungen, die den Entwicklungs-, aber auch den Testprozess behindern. Ist zum Beispiel in einer Teststufe unklar, ob die untersuchten Testobjekte alle in der aktuellsten Version vorliegen, dann verlieren die Tests schnell jegliche Aussagekraft. Ein guter Testprozess ist ohne verlässliches Konfigurationsmanagement nicht realisierbar.

Anforderungen an KM

Folgende Anforderungen sollten aus Sicht des Tests erfüllt werden:

- **Versionenverwaltung**: Katalogisieren, Speichern und Wiederabrufen von unterschiedlichen Versionen eines →Konfigurationsobjekts (z.B. Version 1.0 und 1.1 einer Datei). Hierzu gehört auch das Mitführen von Kommentaren, aus denen der jeweilige Änderungsgrund hervorgeht.
- **Konfigurationsverwaltung**: Bestimmung und Verwaltung aller Dateien (Konfigurationsobjekte) in der jeweils passenden Version, die zusammen ein Teilsystem bilden (Konfiguration). Voraussetzung hierfür ist eine Versionenverwaltung.
- **Statusverfolgung von Fehlern und Änderungen**: Aufzeichnung von Problemberichten und Änderungsanforderungen und die Möglichkeit, deren Umsetzung an den Konfigurationsobjekten nachzuvollziehen.
- Um die Wirksamkeit des Konfigurationsmanagements zu prüfen, ist es sinnvoll, **Konfigurationsaudits** durchzuführen. In einem solchen →Audit kann z.B. geprüft werden, ob alle Softwarebausteine vom Konfigurationsmanagement erfasst werden, ob die Konfigurationen korrekt identifiziert werden können usw.

Beispiel: KM im Projekt VSR

Die im VSR-Projekt entwickelte Software liegt in unterschiedlichen Sprachversionen (z.B. Deutsch, Englisch, Französisch) vor und muss auf verschiedenen Hardware- und Softwareplattformen ablauffähig sein. Einzelne Komponenten müssen zu bestimmten Versionen externer Software passen (z.B. zur aktuellen Kommunikationssoftware des Hostrechners). Des Weiteren müssen periodisch Datenbestände unterschiedlichster Quellen importiert werden (z.B. Produktkataloge, Preislisten, Vertragsdaten), deren Inhalte und Formate sich während der Einsatzzeit des Systems ändern. Das *VSR*-Konfigurationsmanagement muss sicherstellen, dass in der Entwicklung und beim Testen stets mit konsistenten, gültigen Produktkonfigurationen gearbeitet wird. Ähnliches gilt für den Produktivbetrieb beim Anwender.

Je nach Projekt sind andere Verfahren und Werkzeuge angemessen oder notwendig, um ein Konfigurationsmanagement zu realisieren, das oben genannte Anforderungen erfüllt. Deshalb ist in einem Konfigurationsmanagementplan das auf die Projektsituation zugeschnittene Vorgehen festzulegen. [IEEE 828] ist ein Standard für das Konfigurationsmanagement und zugehörige Pläne.

6.8 Relevante Normen und Standards

Auch in der Softwareentwicklung existieren mittlerweile eine Vielzahl von Normen und Standards, die Randbedingungen vorgeben und den »Stand der Technik« definieren. Wie die in diesem Buch zitierten Normen belegen, gilt dies in besonderem Maße für den Themenbereich Softwarequalitätsmanagement und Softwaretest.

Zu den Aufgaben eines Qualitäts- oder Testmanagers gehört es in diesem Zusammenhang, festzustellen, welche Normen, Standards oder evtl. gesetzliche Richtlinien für das zu testende Produkt (Produktnormen) oder auch für das Projekt (Prozessnormen) relevant sind, und deren Einhaltung sicherzustellen. Als mögliche Quellen kommen hierbei in Frage:

- **Firmenstandards:** Firmeninterne Richtlinien und Verfahrensanweisungen (des Herstellers und ggf. des Kunden), wie z.B. Qualitätsmanagementhandbuch, Rahmentestplan, Programmierrichtlinien.
- **Best Practices:** Nicht standardisierte, aber fachlich bewährte Vorgehensweisen und Verfahren, die den Stand der Technik in einem Anwendungsgebiet darstellen.
- **Qualitätsmanagementstandards:** Branchenübergreifende Standards, die Mindestanforderungen an Prozesse spezifizieren, ohne konkrete Anforderungen bezüglich der Umsetzung zu formulieren.

Bekanntes Beispiel ist [ISO 9000], die z.B. fordert, dass im Produktionsprozess (also auch im Spezialfall Softwareentwicklungsprozess) geeignete (Zwischen-)Prüfungen vorzusehen sind, ohne anzugeben, wann und wie diese zu erledigen sind.

- **Branchenstandards:** Branchenspezifische Standards (beispielsweise [DIN 60601-1-4] für Medizinprodukte, [RTC-DO 178B] für Software in Flugzeugen, [EN 50128] für Bahn-Signalsysteme), die für eine bestimmte Produktkategorie oder ein Einsatzgebiet festlegen, in welchem Mindestumfang Tests durchzuführen oder nachzuweisen sind.
- **Softwareteststandards:** Prozessstandards, die produktunabhängig festlegen, wie Softwaretests fachgerecht durchzuführen sind. Beispiele sind die im Buch zitierten Normen [BS 7925-2], [IEEE 829], [IEEE 1028].

Die für den Softwaretest wichtigen und relevanten Normen und Standards werden in diesem Buch behandelt. Das Testkonzept nach IEEE 829 wird in Anhang A im Detail erläutert. Eine Orientierung an solchen Standards macht auch dort Sinn, wo deren Einhaltung nicht verpflichtend vorgeschrieben ist. Spätestens bei Rechtsstreitigkeiten ist die Entwicklung nach dem »Stand der Technik« nachzuweisen, was die Einhaltung von Normen einschließt.

6.9 Zusammenfassung

- Entwicklungs- und Testaktivitäten sollen organisatorisch getrennt sein. Je klarer diese Trennung erfolgt, umso wirksamer kann getestet werden.
- Je nach Aufgabenstellung innerhalb des Testprozesses werden Mitarbeiter mit rollenspezifischen Testkenntnissen benötigt. Neben fachlichen Fähigkeiten ist auch soziale Kompetenz gefragt.
- Zu den Aufgaben des Testmanagers gehören die initiale Konzeption und Planung der Tests sowie die anschließende Planung, Überwachung und Steuerung der einzelnen Testzyklen.
- Im Testkonzept beschreibt der Testmanager seine Teststrategie (Testziele, Testmaßnahmen, Werkzeuge usw.). Die internationale Norm [IEEE 829] stellt eine Referenzgliederung bereit.
- Fehler und Mängel, die im Test übersehen werden, können hohe Fehlerkosten nach sich ziehen. Bei der Wahl der Teststrategie wird ein optimales Verhältnis zwischen Testkosten, verfügbaren Ressourcen und drohenden Fehlerkosten angestrebt.
- Um bei Ressourcenmangel schnell entscheiden zu können, welche Tests entfallen können, werden Tests priorisiert.

- »Risiko« ist dabei eines der besten Kriterien zur Priorisierung. Risikobasiertes Testen nutzt Informationen über identifizierte Risiken für Planung und Steuerung aller Schritte im Testprozess. Alle wesentlichen Elemente der Teststrategie werden risikoorientiert festgelegt.
- Messbare Testendekriterien legen objektiv fest, wann das Testen beendet werden kann. Ohne klare Testendekriterien besteht die Gefahr, dass die Testarbeiten zufällig abgebrochen werden.
- Fehlermanagement und Konfigurationsmanagement bilden die Basis für einen effizienten Testprozess.
- Fehlermeldungen müssen nach einem projektweit einheitlichen Schema erfasst und über alle Stadien des Fehleranalyse- und Korrekturprozesses verfolgt werden.
- Normen und Standards enthalten Vorgaben und Empfehlungen zur fachgerechten Durchführung von Softwaretests. Eine Orientierung an solchen Standards macht auch dort Sinn, wo deren Einhaltung nicht verpflichtend vorgeschrieben ist.

7 Testwerkzeuge

Dieses Kapitel gibt einen Überblick über die verschiedenen Testwerkzeuge, die den Tester bei seiner Arbeit unterstützen. Diskutiert werden die Voraussetzungen für den Einsatz solcher Werkzeuge und das Vorgehen bei Werkzeugauswahl und Einführung.

7.1 Typen von Testwerkzeugen

CAST-Tools

Es gibt eine Vielzahl von Werkzeugen (Tools) zur Unterstützung oder Automatisierung von Testarbeiten. Angelehnt an den Begriff CASE-Tools (*Computer Aided Software Engineering*) wird hier von CAST-Tools (*Computer Aided Software Testing*) gesprochen.

Je nachdem, welche Aktivitäten oder Phasen im Testprozess (vgl. Kap. 2.2) unterstützt werden, können verschiedene Werkzeugtypen[67] bzw. -klassen unterschieden werden. Innerhalb einer Werkzeugklasse sind für spezielle Plattformen oder Anwendungsbereiche meist weitere spezialisierte Angebote erhältlich (z.B. Performanztestwerkzeuge speziell für den Test von Webapplikationen).

Nur in den seltensten Fällen wird die gesamte Palette an Testwerkzeugen in einem Projekt tatsächlich eingesetzt. Die verfügbaren Werkzeugtypen sollten aber bekannt sein, um entscheiden zu können, ob und wann ein Werkzeug im Projekt nutzbringend eingesetzt werden kann.

Werkzeugliste auf WWW-Seite

Eine Liste marktgängiger Werkzeuge mit Bezugsquellen bietet die Website [URL: Tool-List]. Welche Funktionen Werkzeuge der verschiedenen Klassen prinzipiell bieten, erläutern die folgenden Abschnitte.

7.1.1 Werkzeuge für Management und Steuerung von Tests

Testmanagement

Testmanagementwerkzeuge bieten Mechanismen zur bequemen Erfassung, Katalogisierung und Verwaltung von Testfällen und zu deren Priorisierung. Sie erlauben, den Status der Testfälle zu überwachen, also festzuhalten und auszuwerten, ob, wann, wie oft und mit welchem Resultat (»ok«, »nicht ok«) ein Testfall ausgeführt wurde. Einige Werkzeuge unterstützen darüber hinaus den Aspekt des Projektmanagements

67. Insbesondere kommerziell erhältliche Werkzeuge unterstützen oft mehrere Aktivitäten oder Phasen und lassen sich u.U. mehr als einer Werkzeugklasse zuordnen.

innerhalb des Testens (z.B. Ressourcen- und Zeitplanung der Tests). Sie helfen dem Testmanager, die Tests zu planen und jederzeit den Überblick über hunderte oder tausende von Testfällen zu behalten.

Fortgeschrittene Testmanagementwerkzeuge unterstützen anforderungsbasiertes Testen. Dazu bieten sie die Möglichkeit, Systemanforderungen (Requirements) zu erfassen (oder aus Requirements-Management-Tools zu importieren) und mit denjenigen Tests zu verknüpfen, die die entsprechende Anforderung prüfen. Es können verschiedene Konsistenzprüfungen durchgeführt werden, z.B. ein Check, ob zu jeder Anforderung mindestens ein Testfall eingeplant ist.

Abbildung 7–1 zeigt am Beispiel des CarConfigurator-Testplans, wie dies aussehen kann.

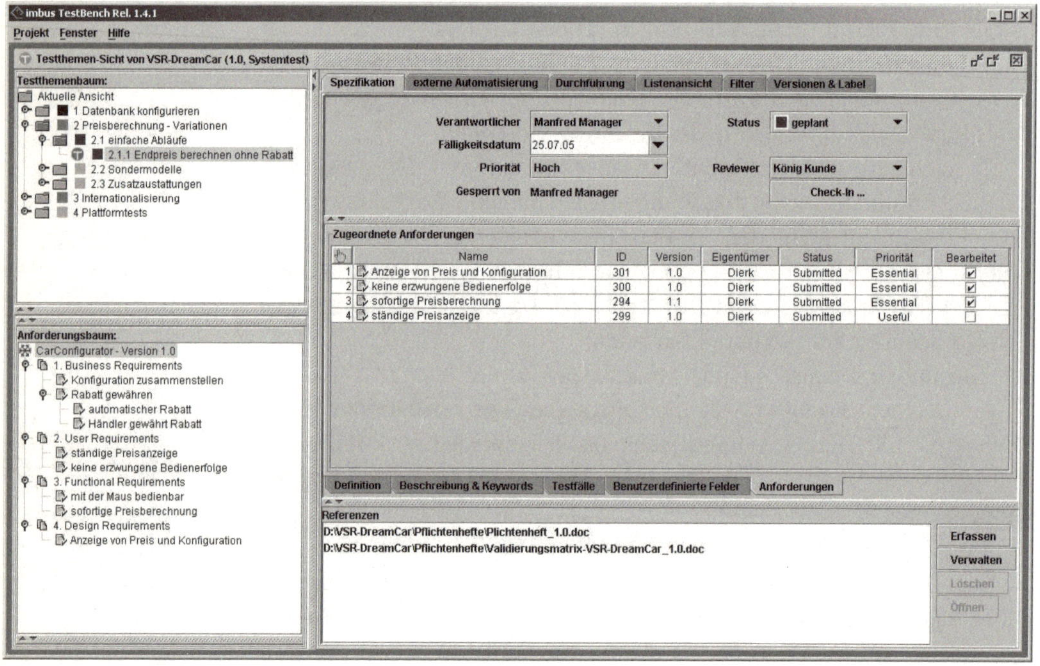

Abb. 7–1 Anforderungsbasierte Testplanung mit TestBench [URL: TestBench]

Requirements Management

Werkzeuge für Requirements Management speichern und verwalten Informationen über Anforderungen. Sie erlauben es, Anforderungen zu priorisieren und deren Implementierungsstatus zu verfolgen.

Sie sind keine Testwerkzeuge im engeren Sinn, jedoch sehr hilfreich, um Tests anforderungsbasiert abzuleiten (vgl. Kap 3.7.1) und zu planen, z.B. orientiert am Implementierungsstatus der Anforderung. Hierzu können Requirements-Management-Tools in der Regel Daten mit Testmanagementwerkzeugen austauschen. Dies erlaubt die lückenlose Verknüpfung von Anforderungen, Testfällen und Testergebnissen und damit eine sichere Validierung jeder Anforderung.

Fehlermanagement

Nahezu unverzichtbar für den Testmanager ist ein Werkzeug zur Verwaltung der Problem- bzw. Fehlermeldungen. Wie in Kapitel 6.6 beschrieben, dienen Fehlermanagementwerkzeuge zur Erfassung, Verwaltung, Verteilung und statistischen Auswertung von Fehlermeldungen. Komfortable Vertreter dieser Klasse bieten individuell parametrisierbare Fehlerstatusmodelle. Von der Fehlerentdeckung über die Korrektur bis zum Regressionstest kann damit der gesamte Arbeitsablauf vorgegeben werden. Jeder Projektmitarbeiter wird entsprechend seiner Rolle im Team durch diesen Ablauf geführt.

Konfigurationsmanagement

Werkzeuge für Konfigurationsmanagement (s. Kap. 6.7) sind ebenfalls keine Testwerkzeuge im engeren Sinne. Sie ermöglichen, die unterschiedlichen Versionen und Konfigurationen der zu testenden Software zu verwalten, aber auch die zugehörige Dokumentation und Testdokumente. Damit wird (leichter) nachvollziehbar, welche Testergebnisse ein Testlauf an einem Testobjekt einer bestimmten Version erbracht hat.

Werkzeugintegration

Die Integration von Testwerkzeugen untereinander und mit anderen Werkzeugen gewinnt zunehmend an Bedeutung. Das Testmanagementwerkzeug ist dabei meist der Dreh- und Angelpunkt:

- Aus dem Requirements-Management-Tool werden Anforderungen importiert und zur Testplanung herangezogen. Der Teststatus je Anforderung kann im Testmanagementwerkzeug oder im Requirements-Management-Tool eingesehen und verfolgt werden.
- Aus dem Testmanagement heraus werden Testausführungswerkzeuge (v.a. →Testroboter) gestartet und mit Testskripten versorgt. Die Testresultate werden automatisch zurückübermittelt und archiviert.
- Das Testmanagementwerkzeug ist mit dem Fehlermanagementwerkzeug gekoppelt. So kann beispielsweise ein Plan für den Fehlernachtest erzeugt werden, d.h. eine Liste aller Tests, die notwendig sind, um zu verifizieren, welche Defekte in einer bestimmten Testobjektversion erfolgreich korrigiert wurden.
- Über das Konfigurationsmanagement schließlich ist jede Codeänderung mit der ursächlichen Fehlermeldung oder dem entsprechenden →Änderungsauftrag verknüpft.

Eine derart geschlossene Werkzeugkette ermöglicht es, den Teststatus von den Anforderungen über die Testfälle und Testergebnisse bis zu den Fehlermeldungen und Codeänderungen lückenlos zu verfolgen und nachzuvollziehen.

Generierung von Testberichten und Testdokumenten

Sowohl Testmanagement- als auch Fehlermanagementwerkzeuge stellen ausführliche Analyse- und Berichtsfunktionen zur Verfügung, bis hin zur Möglichkeit, aus den verwalteten Daten die komplette Testdokumentation zu generieren (Testplan, Testspezifikation, Testbericht).

In der Regel sind Format und Inhalt der Berichte individuell parametrierbar, so dass die generierten Testdokumente sich nahtlos in das vorhandene Dokumentations- und Berichtwesen einfügen.

Die erfassten Daten können quantitativ vielfältig ausgewertet werden. Beispielsweise kann sehr einfach ermittelt werden, wie viele Tests gelaufen sind und welcher Anteil davon erfolgreich war oder wie häufig die Tests Defekte einer bestimmten Fehlerkategorie aufgedeckt haben. Solche Informationen helfen, den Testfortschritt zu beurteilen und den Testprozess zu steuern.

7.1.2 Werkzeuge zur Testspezifikation

Damit ein Testfall reproduzierbar durchgeführt werden kann, müssen neben Vor- und Nachbedingungen die Testdaten festgelegt werden.

Testgeneratoren

Bei der Erzeugung von Testdaten können den Testdesigner so genannte Test(daten)generatoren unterstützen. Nach [Fewster 99] lassen sich verschiedene Ansätze unterscheiden, abhängig davon, aus welcher Testbasis die Testdaten abgeleitet werden:

- **Datenbankbasierte Testdatengeneratoren** verarbeiten Datenbankschemata und sind in der Lage, daraus Testdatenbestände zu generieren oder aus Datenbankinhalten Testdaten geeignet herauszufiltern. Analoges gilt für die Generierung von Testdaten aus Dateien unterschiedlichster Datenformate.
- **Codebasierte Testdatengeneratoren** generieren Testdaten, indem sie den Quellcode des Testobjekts analysieren. Nachteile und Grenzen dabei sind, dass keine Sollwerte generiert werden können, denn dazu wird ein Testorakel benötigt. Auch wird (wie bei allen Whitebox-Methoden) nur Quellcode berücksichtigt, der existiert. Fehlerzustände aufgrund vergessener Programmanweisungen bleiben unentdeckt. Grundsätzlich ist der Quellcode als Testbasis zum Test desselben eine sehr schwache Grundlage.
- **Schnittstellenbasierte Testdatengeneratoren** analysieren die Testobjektschnittstelle, erkennen die Definitionsbereiche der Schnittstellenparameter und leiten z.B. mittels Äquivalenzklassen- und Grenzwertanalyse daraus Testdaten ab. Werkzeuge existieren für verschiedenste Schnittstellenarten, von Programmierschnittstellen (*Application Programming Interface*) bis zur Analyse grafischer

Benutzungsoberflächen. Das Werkzeug erkennt, welche Datenfelder in einer Maske vorhanden sind (z.B. numerisches Feld, Datumsfeld), und generiert Testdaten, die die jeweiligen Wertebereiche abdecken (z.B. per Grenzwertanalyse). Auch hier besteht das Problem, dass keine Sollwerte generiert werden können. Die Werkzeuge sind aber gut zur automatischen Erzeugung von Negativtests (vgl. Robustheitstest) geeignet, da hier keine konkreten Sollwerte interessieren, sondern in der Regel nur die Tatsache, ob das Testobjekt mit einer Fehlermeldung reagiert.

- **Spezifikationsbasierte Testdatengeneratoren** leiten Testdaten und zugehörige Sollwerte aus einer Spezifikation ab. Voraussetzung ist, dass die Spezifikation in einer formalen Notation vorliegt. Beispielsweise kann die Aufrufreihenfolgen von Methoden durch ein UML-Modell, dem Sequenzdiagramm, spezifiziert sein. Ein solches Vorgehen wird auch als modellbasiertes Testen (MBT) bezeichnet. Das UML-Modell wird mit einem CASE-Tool erstellt und dann vom Testgenerator importiert. Der Testgenerator erzeugt Testskripte, die dann an ein passendes Werkzeug zur Testdurchführung übergeben werden.

Kreativität des Testdesigners nicht ersetzbar

Von den Werkzeugen sind keine Wunder zu erwarten. Tests zu spezifizieren ist eine sehr anspruchsvolle Tätigkeit, die ein umfassendes Verständnis des Testobjekts voraussetzt, aber auch Kreativität und Intuition. Ein Testdatengenerator kann gewisse Regeln anwenden (z.B. Grenzwertanalyse), um Tests systematisch zu erzeugen, er kann allerdings nicht beurteilen, welche der erzeugten Testfälle gut oder schlecht, wichtig oder irrelevant sind. Diese kreativ-analytische Arbeit muss nach wie vor der Testdesigner leisten. Auch müssen meist die zugehörigen Sollreaktionen des Testobjekts manuell ergänzt werden.

7.1.3 Werkzeuge für statischen Test

Statische Prüfungen können an Spezifikationen oder Sourcecode durchgeführt werden, bevor ablauffähige Programme vorliegen. Werkzeuge zum statischen Test können deshalb helfen, Fehler und Unstimmigkeiten schon in frühen Phasen des Entwicklungszyklus (vgl. linker Ast des allgemeinen V-Modells in Abb. 3–1) zu finden. Dadurch werden Kosten und Zeit gespart, da die Fehler direkt nach ihrer Entstehung entdeckt werden und somit keine zusätzlichen Folgefehler entstehen.

Werkzeuge zur Reviewunterstützung

Reviews sind strukturierte, manuelle Prüfungen nach dem 4-Augen-Prinzip (s. Kap. 4.1). Werkzeuge zur Reviewunterstützung helfen bei der Planung, Durchführung und Ergebnisauswertung von Reviews. Dazu verwalten sie Informationen über geplante und durchgeführte

Reviewsitzungen, über Reviewteilnehmer, Reviewbefunde und -ergebnisse. Auch Prüfhilfsmittel wie Checklisten lassen sich verwalten oder online bereitstellen.

Die gesammelten Daten der Reviews können ausgewertet und verglichen werden. Dies hilft einerseits, Reviewaufwände besser einzuschätzen und zu planen, andererseits hilft es auch, typische Schwächen im Entwicklungsprozess sichtbar zu machen und gezielt abzustellen.

Statische Analyse

Statische Analysatoren liefern Maßzahlen zu verschiedenen Charakteristika des Programmcodes, wie z.B. zyklomatische Zahl und andere Codemetriken (s. Kap. 4.2). Solche Daten können genutzt werden, um komplexe und damit fehleranfällige bzw. risikoreiche Codeabschnitte zu identifizieren (die dann z.B. einem nachfolgenden Review unterzogen werden).

Des Weiteren werden statische Analysatoren genutzt, um frühzeitig Unstimmigkeiten und Fehler im Quellcode zu erkennen. Dies sind zum Beispiel Datenfluss- und Kontrollflussanomalien, die Verletzung von Programmierrichtlinien oder gebrochene bzw. ungültige Links in Webseiten.

Die Analysatoren listen alle »verdächtigen« Stellen auf, die Ergebnislisten können dabei schnell sehr lang werden. Daher bieten die Werkzeuge meist die Möglichkeit, Umfang und Schärfe der Analyse einzustellen. Bei erstmaligem Einsatz sollten die Analysefilter schwach eingestellt werden. Später kann die Analyseschärfe erhöht werden. Eine projektspezifisch sinnvolle Einstellung ist für die Akzeptanz solcher Werkzeuge in jedem Fall entscheidend.

Model Checker

Nicht nur Quellcode lässt sich bezüglich bestimmter Eigenschaften analysieren, sondern auch eine Spezifikation, sofern sie in einer formalen Notation bzw. als formales Modell vorliegt. Entsprechende Analysewerkzeuge werden als »Model Checker« bezeichnet. Sie »lesen« die Struktur eines Modells und überprüfen dabei verschiedenste statische Eigenschaften solcher Modelle. Sie können beispielsweise fehlende Zustände, fehlende Zustandsübergänge und andere Inkonsistenzen im zu prüfenden Modell entdecken. Die in Kapitel 7.1.2 besprochenen spezifikationsbasierten Testgeneratoren sind oftmals Erweiterungen derartiger statischer Model Checker.

7.1.4 Werkzeuge für dynamischen Tests

Werkzeuge entlasten von mechanischen Testarbeiten

Wird allgemein von Testwerkzeugen gesprochen, sind oft im engeren Sinne Werkzeuge zur automatisierten Durchführung dynamischer Tests gemeint. Sie entlasten von den zum Testablauf nötigen mechanischen Arbeiten. Die Werkzeuge versorgen das Testobjekt mit Eingabedaten, zeichnen die Reaktion des Testobjekts auf und protokollieren den Testlauf. Meist müssen die Werkzeuge auf derselben Hardware wie das Testobjekt laufen. Dabei kann allerdings das Laufzeitverhalten (z.B. Speicherbedarf, Zeitverhalten) des Testobjekts und damit unter Umständen die Testergebnisse beeinflusst werden. Bei der Anwendung solcher Werkzeuge und der Auswertung der Tests ist dies zu beachten. Da solche Werkzeuge hierzu an die →Testschnittstelle des jeweiligen Testobjekts angeschlossen werden müssen, unterscheiden sie sich sehr stark nach der Teststufe, für die sie eingesetzt werden.

Debugger

Debugger ermöglichen es, ein Programm oder Programmstück zeilenweise abzuarbeiten, die Abarbeitung an jeder Programmanweisung anzuhalten, Variablen zu setzen und auszulesen. Debugger sind in erster Linie Analysewerkzeuge des Entwicklers, um Ausfälle zu reproduzieren und Fehlerursachen zu analysieren. Aber auch beim Test sind Debugger manchmal sinnvoll, um bestimmte Testsituationen zu erzwingen, die sonst nicht oder nur mit unverhältnismäßig hohem Aufwand herzustellen sind. Sie können auch als Testschnittstelle für Tests auf Komponentenebene dienen.

Testtreiber

Als Testtreiber oder Testrahmen werden Produkte oder auch individuell gefertigte Werkzeuge bezeichnet, die Mechanismen bieten, um Testobjekte über deren Programmierschnittstelle anzusprechen, also Testobjekte, die keine Benutzerschnittstelle aufweisen und deshalb einem manuellen Test nicht direkt zugänglich sind. Benötigt werden Testtreiber hauptsächlich im Komponenten- und Integrationstest oder für spezielle Aufgaben im Systemtest. Erhältlich sind auch generische Testtreiber oder Testrahmengeneratoren. Diese analysieren die Programmierschnittstelle des Testobjekts und erzeugen einen Testrahmen. Testrahmengeneratoren sind daher auf spezielle Programmiersprachen oder Entwicklungsumgebungen zugeschnitten. Der generierte Testrahmen enthält die benötigten Initialisierungen und Aufrufsequenzen, um das Testobjekt ansteuern zu können. Eventuell erzeugt er auch Dummies oder Platzhalter. Hinzu kommen Funktionen zur Abfrage bzw. Erfassung der Sollreaktionen sowie zur Protokollierung des Testablaufs. Testrahmen(generatoren) verringern damit ganz erheblich den Aufwand zur Programmierung einer Testumgebung. Verschiedene generische Lösungen (Test-Frameworks) sind im Internet frei erhältlich [URL: xunit].

Simulatoren

Wenn für den Systemtest ein Test in der Produktivumgebung oder mit dem Zielsystem nicht möglich oder zu aufwändig ist (z.B. Robustheitstest einer Flugzeugsteuerung im Flugzeug selbst), können →Simulatoren eingesetzt werden. Der Simulator bildet hierzu die eigentliche Einsatzumgebung möglichst umfassend und realitätsnah nach.

Testroboter

Dient als Testschnittstelle direkt die Bedienoberfläche eines Softwaresystems, können so genannte Testroboter eingesetzt werden. Diese Werkzeuge werden auch *Capture-and-Replay-* bzw. *Capture-and-Playback-Tools* genannt, was ihre Funktionsweise beinahe schon erklärt. Testroboter arbeiten nach dem Prinzip des Videorekorders. Das Capture-and-Replay-Tool zeichnet während einer Testsitzung alle manuell durchgeführten Bedienschritte (Tastatureingaben, Mausklicks) auf, die der Tester am Testobjekt ausführt. Diese Bedienschritte speichert das Werkzeug als Testskript. Durch »Abspielen« des Testskripts kann der aufgezeichnete Test beliebig oft automatisch wiederholt werden.

Dieses Prinzip klingt sehr einfach und attraktiv. In der Praxis sind aber einige Fallstricke zu beachten:

Exkurs zur Funktion von Capture-and-Replay-Tools

Im Aufzeichnungsmodus zeichnet das Capture-and-Replay-Tool Tastatureingaben und Mausklicks auf. Dabei werden nicht nur die x/y-Koordinaten der Mausklicks aufgezeichnet, sondern auch die an der grafischen Bedienoberfläche (GUI) ausgelösten Operationen (z.B. pressButton(»Start«)) sowie die zur Wiedererkennung des angeklickten Objekts benötigten Objekteigenschaften (Objektname, Objekttyp, Farbe, Beschriftung, x/y-Position u.a.).

Aufzeichnung (Capture)

Soll-Ist-Vergleiche

Um feststellen zu können, ob sich das zu testende Programm korrekt verhält, kann der Tester (während der Testaufzeichnung oder bei der Skriptnachbearbeitung) Soll-Ist-Vergleiche in das Testskript aufnehmen. Auf diese Weise lassen sich layoutrelevante Eigenschaften von Bedienobjekten (z.B. Farbe, Position, Größe eines Buttons) verifizieren, aber auch funktionelle Eigenschaften des Testobjekts (Wert eines Maskenfeldes, Inhalt einer Messagebox etc.).

Wiedergabe (Replay)

Derart aufgezeichnete Testskripte sind wieder abspielbar und damit im Prinzip beliebig wiederholbar. Unterscheiden sich beim Erreichen eines Soll-Ist-Vergleichs beide Werte, »schlägt der Test fehl« und der Testroboter schreibt eine entsprechende Meldung ins Testprotokoll. Aufgrund dieser Fähigkeit, automatisch Soll- und Istwerte zu vergleichen, eignen sich Capture-and-Replay-Tools hervorragend zur Automatisierung von Regressionstests.

Problem: Änderung der GUI

Eine Schwierigkeit besteht allerdings: Ändert sich im Zuge einer Programmkorrektur oder Programmerweiterung die Bedienoberfläche des Testobjekts zwischen zwei Testläufen, so kann es passieren, dass das ursprünglich aufgezeichnete Skript nicht mehr zur neuen Bedienoberfläche »passt«. Das Skript bleibt dann unter Umständen stehen, der automatisierte Testlauf bricht ab. Capture-and-Replay-Tools bieten eine gewisse Robustheit gegenüber solchen Änderungen der GUI, da sie GUI-Objekte nicht an deren x/y-Position erkennen, sondern dazu andere Objekteigenschaften ausnutzen. Deshalb werden z.B. Buttons beim Abspielen des Testskripts auch dann wiedergefunden, wenn sie verschoben wurden.

Testprogrammierung

Die Testskripte werden üblicherweise in Skriptsprachen aufgezeichnet. Die Skriptsprachen sind an gängige Programmiersprachen angelehnt (Basic-, C- oder Java-ähnlich) und bieten die von den Programmiersprachen bekannten üblichen Sprachmittel (Fallunterscheidungen, Schleifen, Prozeduren usw.). Damit ist es möglich, auch komplexe Testabläufe zu implementieren oder aufgezeichnete Skripte nachzubearbeiten. Dies ist in der Praxis fast immer notwendig, denn ein Capture-Lauf liefert nur selten auf Anhieb ein regressionstestfähiges Testskript. Folgendes Beispiel illustriert dies:

Beispiel: Automatisierter Test der VSR-ContractBase

Im Test des *VSR*-Teilsystems zur Vertragsverwaltung soll überprüft werden, ob Kaufverträge korrekt gespeichert und wiedergefunden werden. Zur Testautomatisierung zeichnet der Tester folgende Bediensequenz auf:

```
Maske "Vertragsdaten" aufrufen;
Daten für Kunde "Müller" erfassen;
Checkpunkt setzen;
Vertrag "Müller" in Vertragsdatenbank speichern;
Maske "Vertragsdaten" löschen;
Vertrag "Müller" aus Vertragsdatenbank lesen;
Maskeninhalt mit Checkpunkt vergleichen;
```

Wenn der Check klappt, stimmt der aus der Datenbank gelesene Vertrag mit dem gespeicherten überein, woraus geschlossen werden kann, dass das System Verträge korrekt speichert. Beim erneuten Abspielen des Skripts ist der Testautomatisierer überrascht, weil das Skript unerwartet stehen bleibt. Was ist passiert?

Problem: Regressionstestfähigkeit

Wird das Skript ein zweites Mal abgespielt, reagiert das Testobjekt beim Versuch, den Vertrag »Müller« zu speichern, anders als im ersten Lauf. Der Vertrag »Müller« ist in der Vertragsdatenbank jetzt schon vorhanden, und das Testobjekt quittiert den Versuch, den Vertrag doppelt zu speichern, mit der Meldung:

```
"Vertrag vorhanden.
Soll Vertrag überschrieben werden J/N?"
```

Das Testobjekt erwartet nun eine Tastatureingabe. Da diese im aufgezeichneten Testskript fehlt, bleibt der automatisierte Test stehen.

Beide Testläufe unterscheiden sich in ihren Vorbedingungen. Weil das aufgezeichnete Skript die Vorbedingung (Vertrag »Müller« nicht in der Datenbank) voraussetzt, ist der per »Capture« automatisierte Testfall nicht regressionstestfähig. Abhilfe schafft hier die Programmierung einer Fallunterscheidung oder das Löschen des Vertrags aus der Datenbank als letzte »Aufräumaktion« des Testfalls.

Wie am Beispiel zu erkennen ist, muss eine Nachbearbeitung und damit Programmierung der Skripte erfolgen. Zur Erstellung solcher Testautomatisierungslösungen ist daher Programmier-Know-how erforderlich. Sollen umfangreiche, langlebige Automatisierungslösungen erstellt werden, muss eine angemessene Architektur, d.h. Modularisierung der Testskripte, gewählt werden.

Exkurs: Testautomatisierungs-Architekturen

Eine geeignete Strukturierung der Testskripte hilft, den zur Erstellung und Wartung automatisierter Tests nötigen Aufwand zu reduzieren. Außerdem unterstützt gute Strukturierung die Arbeitsteilung zwischen Testautomatisierern und (Fach-)Testern.

Datengetriebene Tests

Sehr häufig soll ein bestimmtes Testskript mit vielen verschiedenen Testdatensätzen wiederholt werden. Im vorstehenden Beispiel soll etwa nicht nur der Vertrag von Herr »Müller« geladen und bearbeitet werden, sondern nacheinander die Verträge vieler verschiedener Kunden.

Ein offensichtlicher Schritt zur Strukturierung und Aufwandsminimierung besteht darin, Testdaten und Testskript voneinander zu trennen. Üblicherweise werden hierzu die Testdatensätze in ein Tabellenkalkulationsblatt ausgelagert. Natürlich beinhaltet dies auch die Speicherung der Test-Sollergebnisse. Das Testskript liest eine Testdatenzeile ein, führt die Testprozedur mit diesem Datensatz aus und wiederholt das Ganze mit der nächsten Testdatenzeile. Werden zusätzliche Testfälle benötigt, sind die Testdatentabellen zu ergänzen. Das Testskript bleibt unverändert. Auch Tester ohne Programmierkenntnisse können solche Tests erweitern und in gewissem Rahmen pflegen. Dieser Ansatz wird als datengetriebenes Testen (*data-driven test*) bezeichnet.

Kommandogetriebene Tests

Bei umfangreicheren Testautomatisierungen entsteht der weiter gehende Wunsch, bestimmte Testabläufe mehrfach zu verwenden. Soll beispielsweise die Vertragsverwaltung beim Neuwagenkauf, aber auch beim Gebrauchtwagenkauf getestet werden, dann ist es nützlich, wenn das Skript aus dem vorstehenden Beispiel unverändert in beiden Testszenarien verwendet werden kann. Die entsprechenden Testschritte werden deshalb zu einer Prozedur gekapselt (z.B. Vertrag_prüfen(Kunde)). Diese Prozedur kann dann über ihren Namen aufgerufen und in beliebigen anderen Testsequenzen unverändert wiederverwendet werden.

Es kann bei richtig gewählter Granularität und mit entsprechender Wahl der Prozedurnamen erreicht werden, dass jede dem Systemanwender zugängliche Bediensequenz durch eine solche Prozedur bzw. ein Kommando dargestellt wird. Damit auch Tester oder Anwender ohne Programmier-Know-how solche Testprozeduren nutzen können, müssen die Prozeduren aus den Tabellenkalkulationsblättern heraus aufrufbar sein. Der (Fach-)Tester arbeitet dann (analog zum datengetriebenen Test) nur mit Kommando- und Datentabellen. Die eigentliche Programmierung der Kommandos übernehmen spezialisierte Testprogrammierer. Dieser Ansatz wird als kommando- oder schlüsselwortgetriebenes Testen (*keyword-/actionword-driven test*) bezeichnet.

Der kommandogetriebene Ansatz skaliert nur bedingt. Bei großen Keyword-Listen und komplexen Testabläufen werden die Tabellen unübersichtlich. Abhängigkeiten zwischen Kommandos oder Beziehungen zwischen Kommandos und ihren Parametern sind sehr schwer verfolgbar. Der Aufwand zur Pflege der Tabellen steigt überproportional an.

Interaktionsgetriebene Tests

Testwerkzeuge der neuesten Generation (z.B. [URL:TestBench]) bieten deshalb eine datenbankgestützte, objektorientierte Testbausteinverwaltung. Testbausteine (sog. Interaktionen) können per Drag&Drop aus dem Datenbank-Repository geholt und zu neuen Testsequenzen zusammengestellt werden. Die nötigen Testdaten (auch komplexe Datenstrukturen) werden dabei »automatisch mitgenommen«. Wird ein Baustein geändert, sind sofort alle betroffenen Tests, in denen dieser Baustein verwendet wird, selektierbar. Dies minimiert den Wartungsaufwand deutlich. Auch sehr große Repositories sind effizient und übersichtlich nutzbar.

Komparatoren

Eine weitere Klasse von Werkzeugen sind →Komparatoren. Komparatoren werden eingesetzt, um automatisch Unterschiede zwischen erwartetem und aktuellem Ergebnis festzustellen. Komparatoren können üblicherweise mit marktgängigen Datei- und Datenbankformaten arbeiten und Abweichungen zwischen Dateien mit Soll- und Istdaten herausfiltern. Testroboter besitzen normalerweise eingebaute Komparatorfunktionen, die mit Konsoleninhalten, GUI-Objekten oder Kopien des Bildschirminhalts arbeiten. Meist bieten diese Werkzeuge Filter- oder Maskiermechanismen an, um für den Soll-Ist-Vergleich nicht relevante Daten oder Datenbereiche ausblenden oder überspringen zu können. Dies ist beispielsweise notwendig, wenn Datum- und Uhrzeit-Informationen in der Datei- oder Bildschirmausgabe des Testobjekts enthalten sind. Denn Datum und Uhrzeit wären von Testlauf zu Testlauf verschieden und der Komparator würde diese Änderung fälschlicherweise als Soll-Ist-Abweichung interpretieren.

Dynamische Analyse

Werkzeuge für die →dynamische Analyse ermitteln während der Programmausführung im dynamischen Test zusätzliche Informationen über den internen Zustand der getesteten Software, z.B. die Belegung, Verwendung und Freigabe von Speicher (Memory Leaks, Zeigerzuordnungen, Zeigerarithmetik usw.).

Überdeckungsanalyse

Überdeckungsanalysatoren liefern Maßzahlen der strukturellen Testabdeckung während der Testdurchführung (vgl. Kap. 5.2). Hierzu werden vor der Testdurchführung (von einer Instrumentierungskomponente des Analysewerkzeugs) Messanweisungen in das Testobjekt eingefügt (Instrumentierung). Wird im Testlauf eine solche Messanweisung ausgelöst, wird die entsprechende Programmstelle als »überdeckt« protokolliert. Nach der Testdurchführung wird die Protokolldatei analysiert und eine Überdeckungsstatistik erzeugt. Die meisten Werkzeuge liefern einfache Überdeckungsmetriken, wie Anweisungs- und Zweigüberdeckung (vgl. Kap. 5.2.1 und 5.2.2).

7.1.5 Werkzeuge für nicht funktionalen Test

Last- und Performanztest

Auch für nicht funktionale Tests gibt es Werkzeugunterstützung, insbesondere für Last- und Performanztests. Werkzeuge für den Lasttest generieren synthetische Last, z.B. Datenbankabfragen, Benutzertransaktionen oder Netzwerkverkehr. Sie werden eingesetzt zur Durchführung von Volumen-, Stress- und Performanztests. Werkzeuge für den Performanztest messen und protokollieren das Antwortzeitverhalten des untersuchten Systems, abhängig von der eingespeisten Last. Zum Einsatz solcher Tools und zur Auswertung der Testergebnisse ist Erfahrung mit Performanztests unabdingbar. Die jeweils benötigten »Messfühler« werden als Monitore bezeichnet.

Monitore

Exkurs

Last-/Performanztests sind notwendig, wenn ein Softwaresystem eine große Zahl an parallelen Anfragen oder Transaktionen ausführen muss, wobei gewisse maximale Antwortzeiten nicht überschritten werden dürfen. Derartige Anforderungen müssen Echtzeitsysteme und in der Regel Client/Server-Systeme sowie webbasierte Anwendungen erfüllen. Durch Performanztests kann geprüft werden, wie die Antwortzeiten solcher Systeme mit steigender Last (z.B. steigender Anwenderzahl) anwachsen und ab welchem Punkt das System überlastet ist und beim Einsatz der Softwaresysteme unakzeptable lange Wartezeiten auftreten. Werkzeuge für den Performanztest liefern dem Tester als Analysehilfsmittel üblicherweise umfangreiche Messprotokolle, Berichte und Diagramme, die die Antwortzeiten des Systems in Abhängigkeit zur eingespeisten Last aufzeigen und Hinweise auf Performanzengpässe geben. Stellt sich im Test heraus, dass eine Überlastung schon bei einer im Alltagsbetrieb auftretenden Last vorliegt, müssen Maßnahmen zum Systemtuning (Ausbau der Hardware, Optimierung performanzkritischer Softwarekomponenten) erfolgen.

Prüfung von Zugriffs- und Datensicherheit

Werkzeuge zur Prüfung von Zugriffs- und Datensicherheit überprüfen ein System auf Sicherheitslücken, durch deren Ausnutzung sich nicht berechtigte Personen u.U. Zugang zum System verschaffen können. Auch Virenscanner oder Firewalls lassen sich in dieser Werkzeugkategorie einordnen, da die von den Werkzeugen erzeugten Protokolle Hinweise auf Sicherheitsmängel liefern.

7.2 Auswahl und Einführung von Testwerkzeugen

Von den oben vorgestellten Testwerkzeugen sind einige elementare Werkzeuge (z.B. Komparator, Abdeckungsanalysator) in verschiedenen Betriebssystemumgebungen (z.B. UNIX) bereits standardmäßig vorhanden. Der Tester kann sich in diesem Fall mit einfachen vorhandenen Mitteln die benötigte Werkzeugunterstützung zusammenstellen. Die Fähigkeiten solcher betriebssystemeigener Werkzeuge sind naturgemäß limitiert, so dass es sinnvoll ist, am Markt erhältliche spezielle Testwerkzeuge anzuschaffen.

Wie oben beschrieben, werden hier für jede Phase im Testprozess spezielle Werkzeuge angeboten, die dem Tester bei den phasenspezifischen Arbeiten helfen bzw. die Arbeiten übernehmen – von Werkzeugen für Testplanung und Testspezifikation, die den Tester im kreativen Entwurfsprozess unterstützen, bis hin zu Testtreibern und Testrobotern, die mechanische Testdurchführungsarbeiten automatisieren können.

Wenn über die Anschaffung von Testwerkzeugen nachgedacht wird, sollten Werkzeuge zur Automatisierung der Testdurchführung nicht als erste oder einzige Möglichkeit in Betracht gezogen werden.

Automating chaos gives faster chaos

Wo überall Werkzeugunterstützung Vorteile bringen kann, ist stark abhängig vom jeweiligen Projektumfeld und von der Reife des dort anzutreffenden Entwicklungs- und Testprozesses. In einem chaotischen Projektumfeld, in dem »Programmierung auf Zuruf« üblich ist, Dokumentation ein Fremdwort ist und Testen unstrukturiert oder gar nicht erledigt wird, macht es keinen Sinn, an eine Automatisierung der Testdurchführung zu denken. Niemals kann ein Werkzeug einen nicht vorhandenen Prozess ersetzen oder eine schlampige Vorgehensweise kompensieren. »It is far better to improve the effectiveness of testing first than to improve the efficiency of poor testing. Automating chaos just gives faster chaos« [Fewster 99, S. 11].

In solchen Situationen muss zuerst der manuelle Testbetrieb geordnet werden. Das heißt, zunächst muss ein systematischer Testprozess definiert, eingeführt und gelebt werden. Dann kann überlegt werden, bei welchen Prozessschritten die Produktivität oder Arbeitsqualität durch den Einsatz von Werkzeugen erhöht werden kann und sollte. Bei der Einführung von Werkzeugen aus den verschiedenen vorgestellten Kategorien ist es empfehlenswert, sich an folgender Einführungsreihenfolge zu orientieren:

Einführungsreihenfolge beachten

1. Fehlermanagement
2. Konfigurationsmanagement
3. Testplanung
4. Testdurchführung
5. Testspezifikation

Lernkurve beachten

Zu beachten sind auch die Zeiträume, die nötig sind, um den Umgang mit einem neuen Werkzeug zu etablieren. Aufgrund der Lernkurve kann statt einer erhofften Produktivitätssteigerung in einer Übergangsphase sogar eine Produktivitätseinbuße zu verzeichnen sein. Daher ist es gefährlich, in »heißen« Projektphasen ein neues Werkzeug einzuführen, in der Hoffnung, Personalengpässe kurzfristig durch »Automatisierung« zu lösen.

7.2.1 Wirtschaftlichkeit der Werkzeugeinführung

Die Einführung eines neuen Werkzeugs ist mit Kosten für Auswahl, Anschaffung und Wartung der Werkzeuge verbunden. Kosten für Hardware und Mitarbeiterschulung können hinzukommen. Das Investitionsvolumen kann je nach Komplexität des Werkzeugs und Anzahl der auszustattenden Arbeitsplätze schnell in den sechsstelligen Bereich gehen. Wie bei jeder Investition interessiert natürlich auch hier der Zeitrahmen der Amortisierung des neuen Testwerkzeugs.

Kosten-Nutzen-Bilanz aufstellen

Bei Werkzeugen zur Automatisierung der Testdurchführung kann gut abgeschätzt werden, wie viel Aufwandsersparnis ein automatisierter Testlauf gegenüber der manuellen Durchführung bringt. Der neue Aufwand für die Programmierung der Tests muss natürlich abgezogen werden, so dass nach nur einem automatisierten Testlauf die Kosten-Nutzen-Bilanz meist negativ ausfällt. Erst mit weiteren automatisierten Regressionstestläufen (s. Abb. 7–2) summiert sich die pro Testlauf erzielte Ersparnis.

Abb. 7–2
Lebenszyklus eines Testfalls

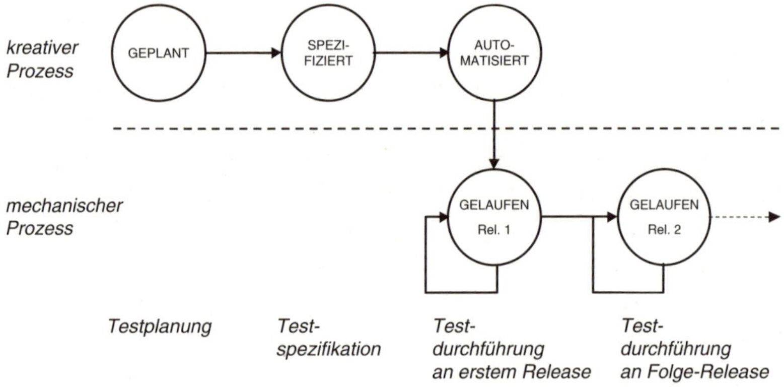

Die Bilanz fällt nach einer gewissen Anzahl von Regressionstests positiv aus. Eine genaue Abschätzung der Amortisierungszeit ist schwierig. Eine Kostendeckung wird nur erreicht, wenn die Tests regressionstestfähig entworfen und programmiert sind. Ist diese Regressionstestfähigkeit gegeben, kann bei Capture-and-Replay-Tools eine positive Bilanz durchaus schon ab dem dritten Testzyklus erreicht werden (vgl. [URL: imbus 98]). Eine solche Rechnung macht natürlich nur Sinn, wenn die Alternative einer manuellen Durchführung besteht. Es gibt jedoch viele Tests, die rein manuell gar nicht machbar sind (z.B. Performanztests).

Einfluss auf die Testqualität bewerten

Nur über den Testaufwand zu argumentieren, greift zu kurz. Es muss auch betrachtet werden, inwieweit die Testqualität durch den Einsatz des neuen Werkzeugs ansteigt, wodurch mehr Fehler gefunden und behoben werden. Entwicklungs-, Support- und Wartungskosten werden dadurch gesenkt, was sich allerdings erst mittelfristig auswirkt. Das Sparpotenzial ist hier aber wesentlich höher und damit interessanter.

Zusammenfassend ist festzustellen:

- Die kreativen Testarbeiten können durch Werkzeuge unterstützt werden. Sie helfen dem Tester, die Testqualität zu steigern.
- Die mechanische Testdurchführung kann automatisiert werden, was den Testaufwand reduziert oder bei gleichem Aufwand mehr Tests zulässt. Mehr Tests bedeutet aber nicht zwangsläufig bessere Tests.

- In beiden Fällen gilt, dass ohne guten Testprozess bzw. eingespieltes Vorgehen beim Testen Werkzeuge gar nicht den gewünschten Einsparungseffekt erzielen können.

7.2.2 Werkzeugauswahl

Wenn geklärt ist, welche Testaufgabe durch ein Werkzeug unterstützt werden soll, beginnt die eigentliche Auswahl (Evaluation) des Werkzeugs. Da die Investitionen, wie oben erläutert, sehr hoch sein können, muss hier sorgfältig und geplant vorgegangen werden. Der Auswahlprozess weist fünf Schritte auf:

1. Anforderungsspezifikation für den Werkzeugeinsatz
2. Marktstudie (Aufstellen einer Übersichtsliste der Kandidaten)
3. Vorführung von Werkzeugdemos
4. Evaluierung der Werkzeuge der engeren Wahl
5. Review der Ergebnisse und Werkzeugauswahl

Im ersten Schritt, der Anforderungsspezifikation, können folgende Kriterien eine Rolle spielen:

Auswahlkriterien

- Güte des Zusammenspiels mit den potenziellen Testobjekten
- Know-how der Tester über Werkzeug oder Methode
- Möglichkeit zur Integration in die vorhandene Entwicklungsumgebung
- Möglichkeit zur Integration mit anderen eingesetzten Testwerkzeugen
- Plattform, auf der das Werkzeug eingesetzt werden soll
- Integrationsmöglichkeiten mit Werkzeugen desselben Herstellers
- Service, Verlässlichkeit und Marktstellung des Herstellers
- Lizenzbedingungen, Preis, Wartungskosten

Diese und mögliche weitere individuelle Kriterien werden in einer Liste zusammengestellt und dann gemäß ihrer relativen Bedeutung gewichtet. Absolut unverzichtbare Eigenschaften werden als K.-o.-Kriterien gekennzeichnet.[68]

Marktrecherche und Vorauswahl

Parallel dazu wird der Markt gesichtet, eine Liste der in der jeweiligen Werkzeugkategorie überhaupt verfügbaren Produkte erstellt und Produktbeschreibungen angefordert bzw. im Internet recherchiert. Die aufgrund ihrer Beschreibung besten Kandidaten werden dann vom jeweiligen Hersteller bzw. dessen Vertrieb vorgeführt. Durch diese

68. Ein Muster eines solchen Kriterienkatalogs ist unter [URL: imbus-downloads] verfügbar.

Demonstrationen wird meist ein recht zuverlässiger Eindruck über die dahinterstehende Firma und deren Servicephilosophie gewonnen. In die endgültige Evaluierungsrunde werden dann die besten Anbieter aufgenommen. Hier gilt es, vor allem folgende Punkte zu verifizieren:

- Harmoniert das Werkzeug mit den Testobjekten und der Entwicklungsumgebung?
- Werden die sonstigen Leistungsmerkmale, wegen derer das jeweilige Werkzeug die Evaluationsrunde erreicht hat, in der Praxis eingehalten bzw. überhaupt erreicht? Die Werbung verspricht viel.
- Kann der Herstellersupport (auch nach dem Kauf[69]) qualifizierte Auskunft und Hilfe auch bei Nichtstandardfragen liefern?

7.2.3 Werkzeugeinführung

Ist die Wahl getroffen, gilt es, das Werkzeug im eigenen Unternehmen einzuführen. Üblicherweise wird hierzu zunächst ein Pilotprojekt durchgeführt, um nachzuweisen, ob der erwartete Nutzen in einem realen Projektumfeld auch tatsächlich erreicht wird. Das Pilotprojekt sollte nicht von denselben Personen durchgeführt werden, die schon bei der Evaluation mitgearbeitet haben. Die Evaluationsergebnisse werden sonst unter Umständen zu unkritisch übernommen.

Pilotbetrieb

Der Pilotbetrieb soll zusätzliches Wissen über technische Details des Werkzeugs liefern, aber auch Erfahrungen mit dessen praktischen Einsatz und über das Einsatzumfeld. So soll deutlich werden, wo und in welchem Umfang Schulungsbedarf besteht und wo ggf. Änderungen am Testprozess notwendig sind. Auch sollten Richtlinien zum Breiteneinsatz erarbeitet werden (z.B. Namenskonventionen für Dateien und Testfälle, Regeln zur Strukturierung von Tests). Falls Testtreiber oder Testroboter eingeführt werden, kann im Pilotprojekt auch untersucht werden, ob es sich lohnt, Testbibliotheken aufzubauen, damit bestimmte Tests oder Testbausteine projektübergreifend wiederverwendet werden können.

Die Einführung des Werkzeugs erfordert starke und anhaltende Zustimmung von den neuen Anwendern, da die Benutzung jedes neuen Werkzeugs immer einen anfänglichen Mehraufwand bedeutet. Deshalb ist es wichtig, begleitende Benutzertrainings- und Coachingmaßnahmen vorzusehen.

69. Bei manchen Herstellern verweisen die Techniker aus der Vertriebsniederlassung nach dem Kauf an den telefonischen Support der Zentrale.

Wichtige Erfolgsfaktoren bei der Breiteneinführung (Roll-out) sind:

Erfolgsfaktoren

- Breiteneinführung schrittweise vornehmen
- die Werkzeugunterstützung in den Prozessen verankern
- begleitende Benutzertrainings- und Coachingmaßnahmen vorsehen
- Richtlinien und Empfehlungen zur Wrkzeuganwendung bereitstellen
- Einsatzerfahrungen sammeln und allen Anwendern zur Verfügung stellen (Tipps & Tricks, FAQ etc.)
- Akzeptanz und Nutzen des Werkzeugs verfolgen und auswerten

Eine erfolgreiche Werkzeugeinführung gliedert sich damit in folgende sechs Schritte:

1. Pilotprojekt durchführen
2. Pilotprojekterfahrungen auswerten
3. Prozesse anpassen, Einsatzrichtlinien bereitstellen
4. Anwender schulen
5. Werkzeug schrittweise einführen
6. Begleitendes Coaching anbieten

In diesem Kapitel wurde auf viele Schwierigkeiten und den zusätzlichen Aufwand bei der Auswahl und dem Einsatz von Werkzeugen zur Unterstützung der unterschiedlichen Tätigkeiten im Testprozess hingewiesen. Es soll aber nicht der Eindruck entstehen, dass sich ein Werkzeugeinsatz nicht lohnt. Ganz im Gegenteil, Testen ist ohne die Unterstützung entsprechender Werkzeuge bei größeren Projekten nicht durchführbar. Eine sorgfältige Werkzeugeinführung ist jedoch notwendig. Andernfalls wird das teure Werkzeug schnell zur »Schrankware« (liegt im Schrank und wird nicht verwendet).

7.3 Zusammenfassung

- Für jede Phase im Testprozess sind Werkzeuge verfügbar, die dem Tester helfen, seine Testarbeiten qualitativ zu verbessern und/oder zu automatisieren.
- Die Nutzung eines Testwerkzeugs bringt nur Vorteile, wenn der Testprozess als solcher beherrscht wird und definiert abläuft.
- Die Einführung eines Testwerkzeugs kann mit hohen Investitionen verbunden sein, weshalb die Werkzeugauswahl sorgfältig und nachvollziehbar erfolgen muss.
- Die Einführung des ausgewählten Werkzeugs muss begleitet werden. Information und Training der späteren Anwender helfen, deren Akzeptanz und damit den regelmäßigen Einsatz des Werkzeugs sicherzustellen.

Anhang

A Testkonzept nach IEEE 829

Dieser Anhang erläutert die Inhalte eines Testkonzepts nach IEEE 829 und kann bei der Erstellung eines Testkonzepts hilfreich sein.

Testkonzeptbezeichnung

Kennung/Bezeichnung des Testkonzepts, die sicherstellen muss, dass das Dokument in anderen Projektdokumenten klar und eindeutig referenziert werden kann. Ein entsprechendes Benennungsschema wird oft durch das Projektarchiv oder ein zentrales Dokumentenmanagement vorgegeben. Je nach Größe der Organisation, in der das Testprojekt abgewickelt wird, kann so eine Dokumentenkennung beliebig kompliziert aufgebaut sein. Mindestens berücksichtigt sein sollten: Dokumentname, Dokumentversion, Freigabestatus.

Einführung

Die Einführung sollte eine kurze Darstellung des Projekthintergrundes bieten, die allen am Projekt Beteiligten (Kunde, Management, Entwickler, Tester) hilft, den Inhalt des Testkonzepts besser verstehen und einordnen zu können.

Des Weiteren sollte eine Auflistung aller Ausgangsdokumente, die das Testkonzept referenziert oder umsetzen muss, enthalten sein. Dies sind üblicherweise: Normen, Unternehmensstandards, Projektstandards, Kundenstandards, Spezifikationen u. Ä.

Testobjekte

Kurze Darstellung, aus welchen Teilen/Komponenten die zu testende Software besteht. Auflistung derjenigen Komponenten, die Gegenstand des Tests sind (inkl. Angabe von Versionsnummer, Übergabemedium, zugehörige Spezifikationen usw.).

Um Missverständnisse zu vermeiden, sollten die Systemteile, die nicht getestet werden, ebenfalls aufgelistet werden.

Zu testende Leistungsmerkmale

Identifiziert, welche Funktionen oder Eigenschaften des Systems zu testen sind. Verweist auf zugehörige Testspezifikationen und ordnet ggf. Testobjekte und Teststufen zu.

Leistungsmerkmale, die nicht getestet werden

Um Missverständnisse zu vermeiden bzw. unberechtigten Erwartungen vorzubeugen, muss auch klargestellt werden, welche Aspekte nicht getestet werden sollen oder nicht getestet werden können (z.B. aus Ressourcenmangel oder technischen Gründen).

Tipp

Da das Testkonzept ziemlich früh im Projektverlauf erstellt wird, wird diese Liste unvollständig sein. Oft stellt sich später heraus, dass weitere Komponenten oder Leistungsmerkmale (obwohl geplant) doch nicht testbar sind. Der verantwortliche Testmanager muss dann entsprechende Warnungen in seinen Statusbericht aufnehmen.

Teststrategie

Definition der Testziele, möglichst basierend auf einer Risikoanalyse. Diese klärt, welche Risiken drohen, wenn (mangels Test) Fehler nicht gefunden werden. Daraus folgt, welche Testziele unverzichtbar, wichtig und weniger wichtig sind. Hierdurch wird sichergestellt, dass wichtige Themen zuerst angegangen werden.

Darauf aufbauend erfolgt die Auswahl und Darstellung der Testmethoden, die angewendet werden sollen. Es muss klar erkennbar sein, ob und warum die ausgewählten Methoden geeignet sind, die Testziele zu erreichen, und zwar unter Berücksichtigung der vorhandenen Ressourcen und der identifizierten Risiken.

Abnahmekriterien

Nachdem alle für ein Testobjekt vorgesehenen Tests durchgeführt worden sind, muss anhand der Testresultate entschieden werden, ob das jeweilige Testobjekt freigegeben[70] und geliefert[71] werden kann. Hierzu werden Abnahme- bzw. Testendekriterien festgelegt.

Das Kriterium »fehlerfrei« wäre hier ein ziemlich ungeeignetes Kriterium, weil »fehlerfrei« durch Testen nicht nachgewiesen werden kann. Üblicherweise wird deshalb ersatzweise eine Kombination von Kriterien aus »Anzahl der gelaufenen Tests«, »Anzahl der gefundenen Fehler« und »Schweregrad der gefundenen Fehler« gewählt.

Zum Beispiel: Mindestens 90% der geplanten Tests sind gelaufen, und es wurden keine Klasse-1-Fehler (z.B. Abstürze) festgestellt.

70. Freigabe: Managemententscheidung, dass das betreffende Testobjekt als »fertig« betrachtet wird.
71. Liefern kann auch bedeuten: Übergabe an die nächste Teststufe.

Solche Abnahmekriterien können von Testobjekt zu Testobjekt unterschiedlich gewählt werden. Die Schärfe der Kriterien ist an der Risikobetrachtung zu orientieren, d.h., für unkritische Testobjekte werden weichere Abnahmebedingungen formuliert als etwa für sicherheitskritische Testobjekte. Der Testaufwand wird so auf die wichtigen Systemteile konzentriert.

Kriterien für Testabbruch und Testfortsetzung

Neben Abnahme- oder Testendekriterien werden auch Kriterien benötigt, die eine Unterbrechung bzw. den Abbruch von Tests anzeigen.

Es kann sein, dass ein Testobjekt so schlecht ist, dass auch nach unzähligen Tests nie die Abnahmefähigkeit erreicht wird. Hier werden zusätzliche Kriterien benötigt, die dieses unnütze Testen unterbinden, indem sie rechtzeitig einen Testabbruch auslösen. Das Testobjekt wird dann, ohne dass alle geplanten Tests durchexerziert werden müssen, zur Nachbesserung an die Entwickler zurückgegeben.

Analog werden Kriterien für die Fortsetzung bzw. Wiederaufnahme der Tests benötigt. Hierzu führt die zuständige Testgruppe z.B. einen Eingangstest durch. Nur wenn diese entsprechend ausgewählten Tests fehlerlos laufen, steigt man in die eigentliche Testdurchführung ein.

Tipp

Es sollten nur solche Metriken definiert werden, die regelmäßig, zuverlässig und einfach zu messen sind, z.B. weil sie von den eingesetzten Testwerkzeugen automatisch geliefert werden. Der Testmanager sollte die aktuellen Messergebnisse in jedem seiner Berichte auflisten und interpretieren.

Testdokumentation

Hier wird vereinbart, welche Berichte und Ergebnisse die Testaktivitäten liefern und wann, in welcher Form und an wen diese Ergebnisse kommuniziert werden. Gemeint sind hier nicht nur die Testergebnisse im engeren Sinne (z.B. Fehlermeldungen, Testprotokolle), sondern auch alle Planungsdokumente (z.B. Testkonzept, Testspezifikationen, Zeitplan), Begleitdokumente zu Testobjektübergaben (Testobjektlieferschein) und zusammenfassende Teststatusberichte.

Tipp Obwohl an dieser Stelle nur das formale Berichtswesen behandelt wird, ist die informelle Kommunikation in Testprojekten nicht zu vernachlässigen. Insbesondere in Projekten, die schon in Schieflage geraten sind, oder in »heißen« Projektphasen (Abnahmewoche etc.) sucht ein erfahrener Testmanager noch stärker als sonst auch das informelle, direkte Gespräch mit den »Testbetroffenen«. Dabei geht es nicht darum, schlechte Nachrichten zu beschönigen, sondern die Bereitschaft zu wecken, aus diesen vielleicht schlechten Nachrichten die richtigen Konsequenzen zu ziehen.

Testaufgaben

Auflistung aller Aufgaben, die zur Planung und Durchführung der Tests nötig sind, mit Zuordnung der Verantwortlichkeiten. Der Aufgabenstatus (offen, laufend, zurückgestellt, erledigt) muss verfolgt werden. Dieser Punkt gehört deshalb besser in den regelmäßigen Teststatusbericht, auf den hier verwiesen werden sollte.

Testinfrastruktur

Auflistung der Bestandteile der Testinfrastruktur, die notwendig sind, um die geplanten Tests abarbeiten zu können. Hierzu gehören üblicherweise: Testplattform(en), Testerarbeitsplätze und deren Ausstattung, Testtools, Entwicklungsumgebung bzw. die Teile davon, die auch die Tester benötigen, sowie sonstige Werkzeuge (E-Mail, WWW, Officepaket usw.).

Tipp Gedanken machen sollte sich der Testmanager in diesem Zusammenhang zu folgenden Aspekten: Beschaffung nicht vorhandener Teile aus o.g. Wunschliste, Budgetfragen, Administration und Betrieb der Testinfrastruktur (meist werden zur Administration der Testinfrastruktur, der Testobjekte und der Testtools – zumindest zeitweise – verschiedene Spezialisten benötigt, die evtl. aus anderen Abteilungen oder von externen Dienstleistern angefordert werden müssen).

Verantwortlichkeiten/Zuständigkeiten

Organisatorische Einbindung des Testpersonals in das Projekt, Weisungsbefugnis, Verfügbarkeit u.Ä. Gegebenenfalls Aufteilung/Organisation des Personals in verschiedene Testgruppen und/oder Teststufen.

Zuordnung zwischen Personal/Personen und Aufgabenfeldern/Aufgaben.

- Die Verantwortlichkeiten/Zuständigkeiten werden sich häufiger im Projektverlauf ändern. Daher wird empfohlen, diese Zuordnung tabellarisch darzustellen und als Anhang des zu erstellenden Testkonzepts zu führen.

Tipp

Personal, Einarbeitung, Ausbildung

Darstellung der zur Planumsetzung notwendigen Personalausstattung (Rollen, Qualifikationen, Personalkapazität, Einsatz- und Urlaubsplanung), nicht nur für das Testpersonal im engeren Sinne, sondern auch für das Personal zur Administration der Testinfrastruktur (s.o.), einzubeziehende Entwickler und Kunden.

Maßnahmenplan zur Ausbildung bzw. Einweisung des Personals in die jeweiligen Aufgaben.

Zeitplan/Arbeitsplan

Grober Zeitplan der Testaktivitäten auf Meilensteinebene. Diese Planung muss in den Projektplan des Projektmanagers Eingang finden und dort gepflegt werden. Eine regelmäßige Abstimmung zwischen Projektmanager und Testmanager muss gegeben sein: Der Testmanager muss über Lieferverzüge der Entwicklung informiert werden und auf diese in seiner Detailtestplanung reagieren. Der Projektmanager muss auf Testergebnisse reagieren und ggf. Meilensteine verschieben, weil zusätzliche Korrekturzyklen vorgesehen werden müssen.

- Der Testmanager muss sicherstellen, dass sein Zeit- und Aufgabenplan im Projektplan des Projektmanagers Eingang findet. Die QS- und Testaktivitäten dürfen kein »Paralleluniversum« bilden.

Tipp

Planungsrisiken und Unvorhergesehenes

Im Abschnitt »Teststrategie« geht es um Risiken, die im Testobjekt bzw. dessen Betrieb liegen. Hier geht es nun um die Risiken, die sich ergeben, wenn Probleme bei der Umsetzung des Testkonzepts auftauchen, oder um Risiken, die daraus resultieren, dass wünschenswerte Maßnahmen nicht eingeplant wurden, da schon zum Zeitpunkt der Planerstellung klar ist, dass sie im konkreten Projekt nicht umsetzbar sind.

Als Minimum sollte eine Liste solcher Risikopunkte geführt werden. Wobei periodisch (z.B. im regelmäßigen Teststatusbericht) die erkannten Risiken bewertet und ggf. Maßnahmen zur Risikominderung eingeleitet werden.

Genehmigung/Freigabe

Auflistung der betroffenen Personen/Organisationseinheiten, die das Testkonzept freigeben, ihm zustimmen oder zumindest informiert werden müssen. Dokumentation der jeweiligen Zustimmung durch Unterschrift. Dokumentation der Kenntnisnahme nach (wesentlichen) Änderungen, insbesondere Strategieänderungen oder personellen Änderungen.

Tipp

- Betroffene Personengruppen/Organisationseinheiten sind üblicherweise Entwicklungsgruppe(n), Projektmanagement, Projektlenkungsausschuss, Betreiber des Softwaresystems, Anwender des Softwaresystems, Auftraggeber/Projektkunde und natürlich die Testgruppe(n).

Je nach Projektsituation kann die Intention der hier dokumentierten Zustimmung eine andere sein.

Wunschsituation: »Ihr stimmt zu, dass die genannten umfangreichen Ressourcen eingesetzt und finanziert werden, um dieses System wie hier dargestellt angemessen testen zu können.«

Die leider oft realistische Situation: »Wegen des dargestellten Ressourcenmangels können Tests nur in einem unzureichenden/allernotwendigsten Umfang durchgeführt werden. Dennoch stimmt ihr diesem Ansatz zu und akzeptiert, dass darauf aufbauend Freigabe- und Lieferentscheidungen getroffen werden, die mit hohen Risiken verbunden sind.«

Glossar

Da im Testbereich ein ziemlicher Begriffswildwuchs herrscht, sollte (ergänzend zu o.g. Gliederung nach IEEE 829) auf ein Glossar der im Projekt verwendeten Test-Fachbegriffe nicht verzichtet werden. Die Gefahr, dass die verschiedenen Personengruppen, die betroffen sind, ganz unterschiedliche Interpretationen ein und desselben Testbegriffs zugrunde legen, ist sehr sehr hoch. Als Beispiel können ja einmal die verschiedenen am Projekt beteiligten Parteien nach ihrer Definition des Begriffs »Lasttest« gefragt werden.

B Wichtige Hinweise zum Lehrstoff und zur Prüfung zum Certified Tester

Dem vorliegenden Lehrbuch liegt der Lehrstoff zum »Certified Tester Foundation Level« gemäß ISTQB-Lehrplan 2005 zugrunde. Abgedeckt wird damit auch der neue deutschsprachige Foundation-Level-Lehrplan des German Testing Board [URL: GTB], des Austrian Testing Board und des Swiss Testing Board [URL: CHTB]. Die Übersetzung war zum Zeitpunkt der Drucklegung dieses Buches jedoch noch nicht abgeschlossen.

ISTQB-konforme (ISTQB compliant) nationale Lehrpläne enthalten den ISTQB-Lehrstoff und ggf. zusätzlich für den lokalen Markt spezifische Ergänzungen (in Deutschland z.B. der Bezug zu DIN-Normen).

Die nationalen Lehrpläne werden durch das jeweilige nationale Board gepflegt. Die nationalen Boards stimmen sich im International Software Testing Qualifications Board [URL: ISTQB] ab. Das ISTQB überwacht und bescheinigt die Konformität der nationalen Lehrpläne und Prüfungen mit dem ISTQB-Regelwerk.

Grundlage für Prüfungen ist der zum Prüfungszeitpunkt aktuelle Lehrplan in der jeweiligen Prüfungssprache. Die Prüfungen werden vom jeweiligen nationalen Board oder durch von diesem beauftragte Zertifizierungsstellen angeboten und durchgeführt. Weitere Informationen zu den Lehrplänen und Prüfungen sind unter [URL: ISTQB] für den internationalen Bereich und unter [URL: GTB] für den deutschen Bereich einsehbar.

Der in diesem Buch enthaltene Stoff wird aus didaktischen Gründen ggf. in anderer Reihenfolge als im Lehrplan behandelt. Aus dem Umfang einzelner Kapitel kann nicht auf die Prüfungsrelevanz der dargestellten Inhalte geschlossen werden. Im Buch sind einzelne Themen vertieft dargestellt. Solche Passagen, die über den Lehrplan hinausgehen, sind als Exkurs gekennzeichnet. Prüfungsgrundlage sind auf jeden Fall die offiziellen Lehrpläne.

Die im Buch enthaltenen Übungsaufgaben und Übungsfragen sind ausschließlich als Übungsmaterial und Beispiele zu verstehen. Sie entsprechen nicht den offiziellen Prüfungsfragen.

C Übungsaufgaben

Übungsaufgaben zu Kapitel 2

2.1 Definieren Sie die Begriffe Fehlerwirkung, Fehlerzustand, Fehlhandlung.

2.2 Was ist Fehlermaskierung?

2.3 Erläutern Sie den Unterschied zwischen Testen und Debugging.

2.4 Erläutern Sie, warum jeder Test eine stichprobenartige Prüfung ist.

2.5 Nennen Sie die Hauptmerkmale der Softwarequalität nach ISO 9126.

2.6 Definieren Sie den Begriff Zuverlässigkeit eines Systems.

2.7 Erläutern Sie die Phasen des fundamentalen Testprozesses.

2.8 Was ist ein Testorakel?

2.9 Warum sollte ein Entwickler nicht seine eigenen Programme testen?

Übungsaufgaben zu Kapitel 3

3.1 Erläutern Sie die einzelnen Phasen des allgemeinen V-Modells.

3.2 Definieren Sie die Begriffe Verifikation und Validierung.

3.3 Begründen Sie, warum Verifikation sinnvoll ist, auch wenn eine sorgfältige Validierung stattfindet (und umgekehrt).

3.4 Charakterisieren Sie die typischen Testobjekte im Komponententest.

3.5 Erläutern Sie die Idee des »Test-first«-Ansatzes.

3.6 Nennen Sie die Testziele des Integrationstests.

3.7 Welche Integrationsstrategien lassen sich unterscheiden?

3.8 Welche Gründe sprechen dafür, Tests in einer separaten Testinfrastruktur durchzuführen?

3.9 Nennen und erläutern Sie vier typische Formen des Abnahmetests.

3.10 Erläutern Sie anforderungsbasiertes Testen.

3.11 Definieren Sie Lasttest, Performanztest, Stresstest. Was sind die Unterscheidungsmerkmale?

3.12 Worin unterscheiden sich Fehlernachtest und Regressionstest?

3.13 Warum sind Regressionstests bei inkrementeller Entwicklung besonders wichtig?

3.14 In welcher Projektphase nach allgemeinem V-Modell sollte das Testkonzept erstellt werden?

Übungsaufgaben zu Kapitel 4

4.1 Beschreiben Sie die grundlegenden Schritte, die bei einem Review durchzuführen sind.

4.2 Welche Reviewarten werden unterschieden?

4.3 Welche Rollen wirken an einem technischen Review mit?

4.4 Warum sind Reviews ein effizientes Mittel zur Qualitätssicherung?

4.5 Erklären Sie den Begriff statische Analyse.

4.6 Wie stehen statische Analyse und Reviews in Zusammenhang?

4.7 Warum kann die statische Analyse nicht alle in einem Programm enthaltenen Fehlerzustände aufdecken?

4.8 Welche Arten von Datenflussanomalien werden unterschieden?

Übungsaufgaben zu Kapitel 5

5.1 Was ist ein dynamischer Test?

5.2 Wozu dient ein Testrahmen?

5.3 Wodurch unterscheiden sich Blackbox- und Whitebox-Testverfahren?

5.4 Erklären Sie das Verfahren der Äquivalenzklassenbildung.

5.5 Was ist ein Repräsentant?

5.6 Wie ist das Testendekriterium Äquivalenzklassenüberdeckung definiert?

5.7 Warum ist die Grenzwertanalyse eine gute Ergänzung zur Äquivalenzklassenbildung?

5.8 Nennen Sie weitere Blackbox-Verfahren.

5.9 Erläutern Sie den Begriff Anweisungsüberdeckung.

5.10 Worin unterscheiden sich Anweisungs- und Zweigüberdeckung?

5.11 Wozu dient eine Instrumentierung?

Übungsaufgaben zu Kapitel 6

6.1 Welche grundsätzlichen Modelle einer Aufgabenteilung zwischen Entwicklung und Test lassen sich unterscheiden?

6.2 Erläutern Sie die Vor- und Nachteile des unabhängigen Testens.

6.3 Welche Rollen sind beim Testen auszufüllen und mit speziell qualifizierten Mitarbeitern zu besetzen?

6.4 Nennen Sie typische Aufgaben des Testmanagers.

6.5 Erläutern Sie, warum man Testfälle priorisiert, und nennen Sie Kriterien zur Priorisierung.

6.6 Wozu dienen Testendekriterien?

6.7 Definieren Sie den Begriff Teststrategie.

6.8 Erläutern Sie vier typische Ansätze zur Ableitung der Teststrategie.

6.9 Definieren Sie den Begriff Risiko und nennen Sie testrelevante Risikofaktoren.

6.10 Welche Idee verfolgt risikobasiertes Testen?

6.11 Welche Arten von Metriken zur Überwachung des Testfortschritts lassen sich unterscheiden?

6.12 Welche Informationen sollte ein Teststatusbericht enthalten?

6.13 Welche Daten sollte eine Fehlermeldung enthalten?

6.14 Was ist der Unterschied zwischen Fehlerpriorität und Fehlerklasse?

6.15 Wozu wird ein Fehlerstatusmodell benötigt?

6.16 Welche Aufgabe hat ein Änderungskontrollausschuss?

6.17 Welche Anforderungen aus Sicht des Tests stellen sich an das Konfigurationsmanagement?

6.18 Welche grundsätzlichen Arten von Normen und Standards lassen sich unterscheiden?

Übungsaufgaben zu Kapitel 7

7.1 Welche grundlegenden Funktionen bieten Testmanagementwerkzeuge?

7.2 Warum ist es sinnvoll, das Requirements-Engineering-Werkzeug und das Testmanagementwerkzeug zu koppeln und Daten auszutauschen?

7.3 Welche Typen von Testdatengeneratoren werden unterschieden?

7.4 Welcher Typ von Testdatengenerator kann auch Sollwerte generieren? Warum können die anderen Typen das nicht?

7.5 Was ist ein Testtreiber?

7.6 Erläutern Sie die prinzipielle Funktionsweise eines Capture-and-Replay-Tools.

7.7 Beschreiben Sie das Prinzip der datengetriebenen Tests.

7.8 Aus welchen Schritten besteht der Prozess zur Auswahl eines Testwerkzeugs?

7.9 Welche Schritte sind bei der Werkzeugeinführung zu beachten?

Glossar

Dieses Glossar enthält Fachbegriffe aus dem Bereich des Softwaretests sowie ergänzende Begriffe aus dem Bereich der Softwaretechnik[72], die einen Bezug zum Testen haben. Die Fachbegriffe sind im Text des Buches beim ersten Auftreten mit einem Pfeil gekennzeichnet; im Glossar sind die ergänzenden Begriffe aus der Softwaretechnik unterstrichen.

Abnahmetest
Formales Testen hinsichtlich der Benutzeranforderungen und -bedürfnisse bzw. der Geschäftsprozesse, das durchgeführt wird, um einen Auftraggeber oder eine bevollmächtigte Instanz in die Lage zu versetzen, entscheiden zu können, ob ein System anzunehmen ist oder nicht.

Akzeptanztest
1. Abnahmetest aus Sicht des Benutzers.
2. Teilmenge aller vorhandenen Testfälle, die das Testobjekt als Eintrittskriterium in eine bestimmte Teststufe bestehen muss.

Alpha-Test
Tests beim Hersteller durch potenziellen Kunden/Anwender oder ein unabhängiges Testteam in einer Simulations- oder Nutzungsumgebung, die nicht anderweitig für die Entwicklung der Software genutzt wird. Ein Alpha-Test kann als eine Form des internen Akzeptanztests betrachtet werden.

Analysator
Werkzeug, das formalisierte Prüfobjekte (z.B. Quellcode) auf bestimmte Eigenschaften oder Qualitätsmerkmale hin überprüft.

<u>analytische Qualitätssicherung</u>
Diagnostische Maßnahmen (z.B. Testen) zur Bestimmung der Qualität eines Produkts.

<u>Änderung</u>
Um- oder Neuformulierung eines freigegebenen Entwicklungs(zwischen)produkts (Dokument, Quellcode).

---

72. Grundlage für das Glossar ist das umfangreichere ISTQB-Glossar (s.u. [URL: ISTQB]) sowie dessen deutsche Übersetzung ([URL: GTB Glossar], dort ist auch die jeweils aktuelle, prüfungsrelevante Version abrufbar).
Weitere Quellen: [BS 7925-1], [DIN 66272], [IEEE 610.12], [IEEE 1028], [IEEE 1044], [ISO 9126], [ISO 2382/1], [ISO 14598]).

Änderungsanforderung

1. Schriftlich dokumentierter Wunsch bzw. Vorschlag, eine bestimmte Änderung an einem Entwicklungs(zwischen)produkt vornehmen zu dürfen.
2. Eine Anforderung, ein Entwicklungs(zwischen)produkt aufgrund von Änderungen in den Anforderungen zu ändern.

Änderungsauftrag

Auftrag bzw. Genehmigung, eine bestimmte Änderung an einem Entwicklungs(zwischen)produkt vorzunehmen.

Anforderung (*requirement*)

1. Eigenschaft oder Fähigkeit, die von einem Anwender zur Lösung eines Problems oder zur Erreichung eines Ziels benötigt wird.
2. Eigenschaft oder Fähigkeit, die eine Software erfüllen oder besitzen muss, um einen Vertrag, eine Norm oder ein anderes, formell bestimmtes Dokument zu erfüllen.
3. Aussage über eine zu erfüllende qualitative und/oder quantitative Eigenschaft eines Produkts.

anforderungsbasierter Test

Test, der auf den aus den Anforderungen abgeleiteten (Test-)Zielen und Testbedingungen für die Software(-komponente) beruht, z.B. Tests, welche die spezifischen Funktionen überprüfen oder aber die nicht funktionalen Eigenschaften wie Zuverlässigkeit oder Benutzbarkeit untersuchen.

Anforderungsdefinition

1. Schriftliche Dokumentation der Anforderungen an ein Entwicklungs(zwischen)produkt. Typischerweise enthält die Dokumentation funktionale Anforderungen, Performanzanforderungen, Schnittstellenbeschreibungen, Designanforderungen und Entwicklungsstandards.
2. Entwicklungsphase (des allgemeinen V-Modells), in der die Anforderungen an das zu erstellende Softwaresystem gesammelt, spezifiziert und verabschiedet werden.

Anomalie

Jede Unstimmigkeit, die von den Erwartungen aufgrund von Anforderungsspezifikationen, Entwurfsspezifikationen, Benutzerdokumentationen, Standards oder sonstigen Erfahrungen abweicht. Anomalien können auch durch Reviews, Testen, Analysen, Kompilierung oder die Benutzung des Softwareprodukts oder seiner Dokumentation aufgedeckt werden.

Anweisung
Syntaktisch definierte Einheit einer Programmiersprache (z.B. Zuweisung an eine Variable), die typischerweise die kleinste, unteilbare ausführbare Einheit darstellt.

Anweisungsüberdeckung
1. Kontrollflussbasiertes Testverfahren, das die mindestens einmalige Ausführung aller Anweisungen des Testobjekts fordert.
2. Der prozentuale Anteil von allen Anweisungen einer Komponente, die durch eine Testsequenz ausgeführt wurden.

Anwendungsfall (*use case*)
Ein Anwendungsfall beschreibt eine (durch genau einen Akteur angestoßene) Reihe von erkennbaren Aktionen, die ein System ausführt und die zu einem erkennbaren Ergebnis mit Wert für den Handelnden (Akteur) führt.

anwendungsfallbasierter Test
Ein Blackbox-Testverfahren, bei dem Testfälle so entworfen werden, dass Anwendungsfallszenarien durchgeführt werden.

Äquivalenzklasse
Eine Menge von Werten, bei der jeder Wert

- als Eingabe für ein Testobjekt (Äquivalenzklasse von Eingabewerten) bzw.
- als Ergebnis eines Testlaufs (Äquivalenzklasse von Ausgabewerten)

gleichartiges Sollverhalten zeigt.

Sowohl gültige als auch ungültige Werte werden betrachtet.

Äquivalenzklassenbildung
Zerlegung von Ein- oder Ausgabedaten eines Programms in eine endliche Menge von Klassen, deren Elemente jeweils ein identisches funktionales Verhalten zeigen.

atomare (Teil-)Bedingung
Eine Bedingung, die keine booleschen Operatoren wie AND, OR oder NOT, sondern höchstens Relationssymbole wie »>« oder »<=« enthält.

Audit
Eine unabhängige Bewertung von Softwareprodukten und -prozessen um die Konformität mit Standards, Richtlinien, Spezifikationen, und/oder Prozeduren, basierend auf objektiven Kriterien, zu bestimmen, einschließlich der Dokumente, die

- die Gestaltung oder den Inhalt der zu erstellenden Produkte festlegen,
- den Prozess der Erstellung der Produkte beschreiben,
- spezifizieren, wie die Übereinstimmung mit den Standards und Richtlinien nachgewiesen bzw. gemessen werden kann.

Ausfall (*failure*)

1. Aussetzen der Ausführung einer festgelegten Aufgabe eines Systems aufgrund einer in ihm selbst liegenden Ursache und im Rahmen der zulässigen Beanspruchung.
2. Unvermögen eines Systems, eine verlangte Funktion auszuführen (s.a. Fehlerwirkung).

Ausnahmebehandlung (*exception handling*)
Verhalten einer Komponente oder Systems als Antwort auf fehlerhafte Eingaben durch einen Anwender oder eine andere Komponente/System oder einen anderen internen Ausfall.

äußerer Fehler (*failure*)
s. Fehlerwirkung

Back-to-back-Test
Test, bei dem zwei oder mehr Varianten einer Komponente oder eines Systems mit gleichen Eingaben ausgeführt werden und deren Ergebnisse dann verglichen werden. Im Fall von Abweichungen wird die Ursache analysiert.

Beta-Test
Test oder testweiser Betrieb eines Softwareprodukts durch repräsentative Kunden/Anwender in der Einsatzumgebung des Kunden/Anwenders. Mittels eines Beta-Tests wird eine Art externer Akzeptanztest durchgeführt, um vor der endgültigen Freigabe eine Rückmeldung vom Markt einzuholen und das Interesse der potenziellen Kunden für das Softwareprodukt zu erzeugen; häufig durchgeführt, wenn die Zahl der möglichen Anwendungsumgebungen sehr groß ist.

Blackbox-(Testentwurf-)Verfahren
Nachvollziehbares Verfahren zur Herleitung und Auswahl von Testfällen basierend auf einer Analyse der funktionalen oder nichtfunktionalen Spezifikation einer Komponente oder Systems ohne Berücksichtigung der internen Struktur.

blockierter Test(fall)
Zur Durchführung eingeplanter Testfall, der nicht ausgeführt werden kann, weil seine Voraussetzungen zur Ausführung nicht hergestellt werden können.

codebasierter Test
s. struktureller Test und Whitebox-(Testentwurf-)Verfahren

Datenflussanalyse
Statisches Analyseverfahren, das auf der Definition und Verwendung von Variablen basiert und fehlerhafte Zugriffssequenzen auf die Variablen des Testobjekts nachweist.

Datenflussanomalie
Unbeabsichtigte oder nicht erwartete Folge von Operationen auf einer Variablen.

datenflussbasierter Test
Whitebox-Testverfahren, bei dem die Testfälle mittels Datenflussanalyse hergeleitet werden und die Vollständigkeit der Prüfung (Überdeckungsgrad) anhand der erzielten Datenflussüberdeckung bewertet wird.

Datenflussüberdeckung
Der prozentuale Anteil der Definitions-/Verwendungspaare, die durch eine Menge von Testfällen ausgeführt werden.

Debugger
Ein Entwicklerwerkzeug, das benutzt wird, um Fehler zu reproduzieren und Zustände von Programmen sowie ihre korrespondierenden Defekte zu untersuchen. Mittels eines Debuggers kann der Entwickler ein Programm Schritt für Schritt ausführen, ein Programm an einer beliebigen Stelle anhalten und den Wert von Variablen setzen bzw. den aktuellen Wert anzeigen lassen.

Debugging
Tätigkeit des Lokalisierens, Analysierens und Entfernens von Fehlerzuständen in der Software.

Defekt (*fault*)
s. Fehlerzustand

diversifizierender Test
Prüft verschiedene Versionen eines Programms oder einer Komponente gegeneinander.

Dummy
Ein spezielles Programmteil, dessen Funktionalität normalerweise darauf beschränkt ist, das echte Programmteil während des Tests zu ersetzen.

dynamische Analyse
Prozess der Bewertung des Verhaltens, z. B. Speichereffizienz, CPU-Nutzung eines Systems oder Komponente während der Nutzung.

dynamischer Test
Prüfung des Testobjekts durch Ausführung auf einem Rechner.

Effizienz
Eine Menge von Merkmalen (z. B. Verarbeitungsgeschwindigkeit, Antwortzeit), die sich auf das Verhältnis zwischen dem Leistungsniveau der Software und dem Umfang der eingesetzten Betriebsmittel (Speicher u. a.) unter festgelegten Bedingungen (in der Regel in Abhängigkeit steigender Last) beziehen.

einfache Bedingungsüberdeckung
Kontrollflussbasiertes Whitebox-Testverfahren, das die Überdeckung der atomaren Teilbedingungen einer Entscheidung mit `wahr` und `falsch` fordert.

endlicher Automat (Zustandsautomat, *finite state machine*)
Ein endlicher Automat besteht aus einer endlichen Anzahl interner Zustände. Zwischen den Zuständen gibt es Zustandsübergänge, die in Abhängigkeit von Eingaben oder Ereignissen durchlaufen werden. Eine Ausgabe oder Aktion kann bei jedem Zustandsübergang erfolgen oder in einem Zustand. Ein endlicher Automat hat einen Anfangszustand und kann einen Endzustand besitzen.

Entscheidungstabelle
Eine Tabelle, die zum Entwurf von Testfällen verwendet werden kann. Sie zeigt die Kombinationen von Eingabewerten und/oder Auslösern (Ursachen) in Verbindung mit den Ausgabewerten und/oder Maßnahmen (Wirkungen).

Entwicklertest
Test, der in der (ausschließlichen) Verantwortung des Entwicklers bzw. der Entwicklungsgruppe des Testobjekts durchgeführt wird (oft mit Komponententest gleichgesetzt).

Entwicklungsprozess
s. Softwareentwicklungsmodell

exploratives Testen
Testen, bei dem der Tester den Entwurf der Tests aktiv steuert, indem er testet und die Informationen, die er während des Tests erhält, zum Entwurf neuer besserer Tests verwendet.

Extreme Programming
Leichtgewichtiger, agiler Entwicklungsprozess, in dem u.a. *test-first programming* propagiert wird.

Fehler
1. Oberbegriff für Fehlhandlung, Fehlerzustand, Fehlerwirkung
2. Nichterfüllung einer festgelegten Anforderung

Fehler aufdeckender Testfall
Testfall, der bei Ausführung ein Istverhalten des Testobjekts erzeugt, das von dem geforderten Sollverhalten abweicht.

Fehlerdatenbank
1. Liste aller bekannten Fehler eines Systems, einer Komponente oder zugehöriger Dokumente und ihrem Behebungsstatus.
2. Enthält aktuelle, vollständige Informationen über alle bekannten Fehlerwirkungen.

Fehlerfindungsrate (*Defect Detection Percentage, DDP*)
Anzahl der Fehlerzustände, die innerhalb eines Testzeitraums oder in einer Teststufe gefunden werden, dividiert durch die Gesamtzahl der Fehlerzustände, die bis zu einem (zukünftigen) definierten Bezugszeitpunkt (z.B. bis 6 Monate nach Inbetriebnahme) gefunden werden.

Fehlerklasse
Einteilung der aufgedeckten Fehlerwirkungen nach Schwere der Fehlerwirkung aus Sicht des Anwenders (z.B. Grad der Behinderung des Produkteinsatzes).

Fehlermanagement
Prozess der Erkennung, Analyse, Bearbeitung und Abschluss eines aufgedeckten Fehlers. Er beinhaltet die Aufzeichnung, Klassifizierung und die Identifikation der betroffenen Auswirkungen.

Fehlermaskierung
Ein vorhandener Fehlerzustand wird durch einen oder mehrere andere Fehlerzustände in anderen Teilen des Testobjekts kompensiert, so dass dieser Fehlerzustand keine Fehlerwirkung hervorruft.

Fehlernachtest
Wiederholung aller Testfälle, die vor der Fehlerkorrektur eine Fehlerwirkung erzeugt haben; dient der Überprüfung, ob die Korrektur des ursächlichen Fehlerzustands erfolgreich war.

Fehlerpriorität
Festlegung der Dringlichkeit von Korrekturmaßnahmen unter Berücksichtigung der Fehlerklasse, des erforderlichen Korrekturaufwands und der Auswirkungen auf den gesamten Entwicklungs- und Testprozess.

Fehlertoleranz
1. Die Fähigkeit/das Vermögen eines Systems oder einer Komponente, sein spezifiziertes Leistungsniveau trotz Fehleingaben (z.B. falsche Bedienung durch den Anwender, falscher Schnittstellenaufruf) beizubehalten (s.a. Robustheit).
2. Die Fähigkeit/das Vermögen eines Softwareprodukts, ein spezifiziertes Leistungsniveau auch bei Fehlfunktionen aufrechtzuerhalten (s.a. Zuverlässigkeit).

Fehlerwirkung (*failure*)
1. Wirkung eines Fehlerzustands, die bei der Ausführung des Testobjekts nach »außen« in Erscheinung tritt.
2. Abweichung zwischen (spezifiziertem) Sollwert und (beobachtetem) Istwert (bzw. Soll- und Istverhalten).

Fehlerzustand (*fault*)

1. Inkorrektes Teilprogramm, inkorrekte Anweisung oder Datendefinition, die Ursache für eine Fehlerwirkung ist.
2. Zustand eines (Software-)Produkts oder einer seiner Komponenten, der unter spezifischen Bedingungen (z.B. bei einer hohen Belastung) eine geforderte Funktion des Produkts beeinträchtigen kann bzw. zu einer Fehlerwirkung führt.

Fehlfunktion

s. Fehlerwirkung

Fehlhandlung (error)

1. Die menschliche Handlung (des Entwicklers), die zu einem Fehlerzustand in der Software führt.
2. Eine menschliche Handlung (des Anwenders), die ein unerwünschtes Ergebnis (im Sinne von Fehlerwirkung) zur Folge hat (Fehlbedienung).
3. Unwissentlich, versehentlich oder absichtlich ausgeführte Handlung oder Unterlassung, die unter gegebenen Umständen (Aufgabenstellung, Umfeld) dazu führt, dass eine geforderte Funktion eines Produkts beeinträchtigt ist.

Feldtest

Erprobung einer Vorabversion eines Softwareprodukts durch einen (repräsentativ) ausgewählten Kundenkreis mit dem Ziel, Einflüsse aus nicht vollständig bekannten oder nicht spezifizierten Einsatzumgebungen zu erkennen und/oder die Marktakzeptanz zu prüfen.

funktionale Anforderung

Anforderung, die ein funktionales Verhalten spezifiziert, das ein System oder eine Systemkomponente erbringen muss (s.a. Funktionalität).

funktionaler Test

1. Prüfung funktionaler Anforderungen.
2. Dynamischer Test, bei dem die Testfälle unter Verwendung der funktionalen Spezifikation des Testobjekts hergeleitet werden und die Vollständigkeit der Prüfung (Überdeckungsgrad) anhand der funktionalen Spezifikation bewertet wird.

Funktionalität

Spezifiziert das Verhalten, welches das System erbringen muss; beschreibt, »was« das System leisten soll. Umsetzung ist Voraussetzung dafür, dass das System überhaupt einsetzbar ist. Merkmale der Funktionalität sind nach [ISO 9126] Angemessenheit, Richtigkeit, Interoperabilität, Ordnungsmäßigkeit, Sicherheit.

Funktionstest
s. funktionaler Test

geschäftsprozessbasierter Test
Testverfahren, bei dem die Testfälle auf Grundlage von Beschreibungen und/oder der Kenntnis von Geschäftsprozessen hergeleitet und ausgewählt werden.

Grenzwertanalyse
Fehlerorientiertes Testverfahren, verlangt die Wahl von Testfällen, die auf bzw. knapp inner- und außerhalb der Randbereiche der Äquivalenzklassen liegen.

GUI (*graphical user interface*)
Grafische Bedienoberfläche

Individualsoftware
Software, die für einen einzelnen oder eine Gruppe von Kunden entwickelt wird. Das Gegenstück ist Standardsoftware.

informelles Review
Review ohne festgelegten formalen Ablauf.

innerer Fehler
s. Fehlerzustand

Inspektion
Eine Reviewart, die auf einer Sichtprüfung von Dokumenten beruht, um Mängel zu finden, z.B. Nichteinhaltung von Entwicklungsstandards oder Nicht-Konformität gegenüber den zugrunde liegenden Dokumenten. Es ist die formalste Reviewart und folgt stets einem dokumentierten Vorgehen.

Instrumentierung
(Werkzeuggestütztes) Einfügen von Protokoll- oder Zählanweisungen in den Quell- oder Objektcode eines Testobjekts, um während der Ausführung Informationen über das Programmverhalten zu sammeln.

Integration
Verbinden von Software- und/oder Hardwarekomponenten zu größeren Baugruppen oder zum Gesamtsystem.

Integrationstest
Test mit dem Ziel, Fehlerwirkungen in Schnittstellen und im Zusammenspiel zwischen integrierten Komponenten zu finden.

intuitive Testfallermittlung (Fehlererwartungsmethode, *error guessing*)
Methode zur Herleitung oder Auswahl der Testfälle, gestützt auf Erfahrung und Wissen des Testers.

Istverhalten
Im Test beobachtetes/erzeugtes Verhalten einer Komponente oder eines Systems unter spezifizierten Bedingungen.

Klassentest
Test einer oder mehrerer Klassen eines objektorientierten Softwaresystems.

Komparator
Werkzeug zum automatischen Vergleich der Soll- und Istergebnisse.

Komponente[73]
1. Kleinste Softwareeinheit, für die eine separate Spezifikation verfügbar ist (und die separat getestet werden kann).
2. Softwareeinheit, die die Implementierungsstandards eines Komponentenmodells (EJB, CORBA, .NET) erfüllt.

Komponententest
Test einer einzelnen Softwareeinheit (s.a. Komponente).

Konfiguration
1. Menge von Softwareobjekten einer bestimmten Version, die zusammen ein (Teil-)System bilden.
2. Zustand der Umgebung eines Testobjekts, der als Vorbedingung für die Durchführung von Testfällen erreicht sein muss.

Konfigurationsmanagement
Aktivitäten zur Verwaltung der Konfigurationen.

Konfigurationsobjekt
Softwareobjekt oder Testumgebung, die der Konfigurationsverwaltung unterliegt.

konkreter Testfall (physischer Testfall)
Testfall mit konkreten Werten für die Testdaten (s.a. logischer Testfall).

konstruktive Qualitätssicherung
Einsatz von Methoden, Werkzeugen, Richtlinien usw., die dazu beitragen, dass

- der Erstellungsprozess und/oder das zu erstellende Produkt a priori bestimmte Eigenschaften besitzt,
- Fehlhandlungen vermieden oder verringert werden.

Kontrollfluss
Eine abstrakte Repräsentation von allen möglichen Reihenfolgen von Ereignissen (Pfaden) während der Ausführung einer Komponente oder Systems.

---

73. Komponente, Unit, Modul sind Begriffe, für die es keine einheitlichen Definitionen gibt. Die hier gegebene bezieht sich auf die Testaspekte.

Kontrollflussanomalie
Statisch feststellbare Unstimmigkeit beim Ablauf des Testobjekts (z.B. nicht erreichbare Anweisungen).

kontrollflussbasierter Test
Dynamischer Test, bei dem die Testfälle unter Berücksichtigung des Kontrollflusses des Testobjekts hergeleitet werden und die Vollständigkeit der Prüfung (Überdeckungsgrad) anhand des Kontrollflussgraphen bewertet wird.

Kontrollflussgraph
Ein gerichteter Graph G = (N, E, nstart, nfinal). N ist die endliche Menge der Knoten. E ist die Menge der gerichteten Kanten. »nstart« ist der Startknoten. »nfinal« ist der Endknoten. Kontrollflussgraphen dienen zur Darstellung der Kontrollstruktur von Komponenten.

Lasttest
Messung des Systemverhaltens in Abhängigkeit steigender Systemlast (z.B. Anzahl parallele Benutzer, Anzahl Transaktionen), um zu bestimmen, welche Last durch ein System oder eine Komponente bewältigt werden kann.

logischer Testfall (abstrakter Testfall)
Testfall ohne Angabe von konkreten Werten für Eingaben und Ausgaben; es werden meist Wertebereiche (Äquivalenzklassen) für die Eingaben (und Ausgaben) angegeben.

Managementreview
1. Review, bei dem Projektpläne und Entwicklungsprozesse als solches analysiert werden.
2. Eine systematische Bewertung des Software-Beschaffungs-, Lieferungs-, Entwicklungs- und -Wartungsprozesses sowie Betreibens von Software, durchgeführt durch oder im Auftrag des Managements, das den Fortschritt überwacht, den Status des Vorhabens und Zeitplans bestimmt und Anforderungen und Budget bestätigt. Es kann auch die Effektivität und Zweckmäßigkeit des Managementansatzes bewerten.

Mangel
Ein Mangel liegt vor, wenn eine gestellte Anforderung oder berechtigte Erwartung nicht angemessen erfüllt wird.

Massentest
s. Volumentest

Mehrfachbedingungsüberdeckung
Kontrollflussbasiertes Whitebox-Testverfahren, das die Überdeckung der atomaren Teilbedingungen einer Entscheidung mit `wahr` und `falsch` in allen Kombinationen fordert.

Meilenstein
Markiert einen Zeitpunkt im Softwareentwicklungsprojekt (-prozess), zu dem ein bestimmtes Arbeitsergebnis fertig gestellt sein soll.

Metrik
1. Größe zur Messung einer bestimmten Eigenschaft eines Programms oder einer Komponente. Die Ermittlung von Metriken ist Aufgabe der statischen Analyse.
2. Eine Messskala und eine Methode, die für Messungen verwendet wird.

minimale Mehrfachbedingungsüberdeckung
Kontrollflussbasiertes Whitebox-Testverfahren, das die Überdeckung der atomaren Teilbedingungen einer Entscheidung mit `wahr` und `falsch` fordert, wobei nur die Kombinationen zu berücksichtigen sind, die eine Änderung des Wahrheitswertes der Gesamtbedingung bewirken.

Hinweis zu sehr ähnlichem Verfahren [RTC-DO 178B] (modifizierte Bedingungs-/Entscheidungsüberdeckung): Kontrollflussbasiertes Whitebox-Testverfahren, das Tests fordert, die für jede atomare Teilbedingung von Entscheidungen zeigen, dass diese Teilbedingung (unabhängig von den anderen) den Entscheidungsausgang (`wahr` oder `falsch`) beeinflusst.

Mock
Enthält mehr Funktionalität als ein Dummy, das Einstellen von gewünschten Reaktionen ist möglich.

Moderator
Leiter und Hauptverantwortlicher einer Reviewsitzung oder einer Inspektion.

Modultest
Test eines einzelnen Moduls eines modularisierten Softwaresystems (s. Komponententest).

Monitor
Ein Softwarewerkzeug oder Hardwareeinheit, die gleichzeitig mit dem System bzw. der Komponente agiert und dessen Betrieb überwacht, aufzeichnet, analysiert oder verifiziert.

Nachbedingung
Zustand des Testobjekts (und/oder der Umgebung), in dem sich das Testobjekt (oder die Umgebung) nach Ausführung eines Testfalls oder einer Testsequenz befindet.

Negativtest
(Funktionaler) Testfall mit Eingabewerten, die laut Spezifikation des Testobjekts unzulässig sind. Das Testobjekt soll robust reagieren, z.B. indem es die Werte abweist und eine entsprechende Ausnahmebehandlung durchführt.

nicht funktionale Anforderung
Beschreibt Attribute des Systemverhaltens, also wie gut bzw. mit welcher Qualität das System seine Funktion erbringen soll. Umsetzung beeinflusst stark, wie zufrieden der Kunde bzw. Anwender mit dem Produkt ist. Merkmale sind nach [ISO 9126]: Zuverlässigkeit, Benutzbarkeit, Effizienz.

nicht funktionaler Test
Prüfung der nicht funktionalen Anforderungen.

Patch
1. Eine Modifikation, die direkt den Objektcode modifiziert, ohne den Sourcecode zu ändern und zu rekompilieren oder zu reassemblieren.
2. Eine (nachträgliche) Modifikation des Quellcodes in letzter Minute.
3. Jede beliebige Modifikation eines Quell- oder Objektcodes.
4. Die Ausführung einer Modifikation wie in 1-3 beschrieben.
5. Ungeplante Softwarelieferung mit korrigierten Dateien zur ggf. provisorischen Behebung einzelner (meist die Testdurchführung blockierender) Fehlerzustände.

Performanz
Der Grad, in dem ein System oder eine Komponente seine vorgesehenen Funktionen innerhalb vorgegebener Bedingungen wie Bearbeitungsgeschwindigkeit und Durchsatzzeit erbringt.

Performanztest
Prüfung der Performanz für bestimmte Anwendungsfälle, in der Regel in Abhängigkeit steigender Last.

Pfad
Alternierende Sequenz von Knoten und gerichteten Kanten eines Kontrollflussgraphen; vollständiger Pfad beginnt mit dem Knoten »nstart« und endet mit dem Knoten »nfinal« des Kontrollflussgraphen. Es kann zwischen ausführbaren und nicht ausführbaren Pfaden unterschieden werden.

Pfadüberdeckung
Kontrollflussbasiertes Whitebox-Testverfahren, fordert die Ausführung aller unterschiedlichen vollständigen Pfade eines Testobjekts. In der Praxis durch die hohe Anzahl an Pfaden in der Regel nicht anwendbar.

Pflege/Pflegeprozess
Durchführung von Änderungen und Erweiterungen in Softwaresystemen, die bereits im Einsatz sind (s.a. Wartung/Wartungsprozess).

Platzhalter (*stub*)
Platzhalter werden beim Komponenten- und Integrationstest benötigt, um noch nicht implementierte Komponenten für die Testdurchführung zu ersetzen bzw. zu simulieren.

Point of Control (PoC)
Schnittstelle, über die das Testobjekt mit Testdaten versorgt wird.

Point of Observation (PoO)
Schnittstelle, an der die Reaktionen und Ausgaben des Testobjekts beobachtet und aufgezeichnet werden.

Produktivumgebung
Beim Anwender oder Betreiber im Einsatz befindliche Hard- und Softwareprodukte, auf denen die zu testende Komponente oder das System genutzt bzw. betrieben wird, und sonstige dort eingesetzte Software mit zugehörigen Datenbeständen (inkl. Betriebssysteme, Datenbankmanagementsysteme und andere Applikationen).

Prozessmodell
s. Softwareentwicklungsmodell

Prüfobjekt
Dokument, das auf Fehler und Unstimmigkeiten untersucht oder vermessen wird.

Prüfung
1. Tätigkeit wie Messen, Untersuchen, Ausmessen von einem oder mehreren Merkmalen einer Einheit (Prüfobjekt) sowie Vergleichen mit festgelegten Forderungen, um festzustellen, ob Konformität für jedes Merkmal erzielt ist.
2. Oberbegriff für alle analytischen Qualitätssicherungsmaßnahmen unabhängig von Methode und Prüfobjekt.

Qualität

1. Gesamtheit der Merkmale und Merkmalswerte eines Produkts oder einer Dienstleistung, die sich auf deren Eignung beziehen, festgelegte oder vorausgesetzte Erfordernisse zu erfüllen.
2. Der Grad, in dem ein System, eine Komponente oder ein Prozess die Kundenerwartungen und -bedürfnisse erfüllt.
3. Der Grad, in dem ein Satz inhärenter Merkmale Anforderungen erfüllt.

Qualitätsmerkmal

1. Satz von Eigenschaften eines Softwareprodukts, anhand dessen seine Qualität beschrieben und beurteilt wird. Ein Softwarequalitätsmerkmal kann über mehrere Stufen in Teilmerkmale verfeinert werden.
2. Fähigkeit oder Merkmal, welche die Qualität einer Einheit beeinflussen.

Qualitätssicherung

Alle Tätigkeiten innerhalb des Qualitätsmanagements, die dazu dienen, den Nachweis zu erbringen, dass die Qualitätsanforderungen erfüllt sind.

Randbedingung

Teil der Vor- und Nachbedingung, der gegenüber der Durchführung des Testfalls invariant ist, also durch einen Testlauf nicht verändert wird.

Regressionstest

Erneuter Test eines bereits getesteten Programms bzw. einer Teilfunktionalität nach deren Modifikation mit dem Ziel, nachzuweisen, dass durch die vorgenommenen Änderungen keine Fehler eingebaut oder (bisher maskierte Fehler) freigelegt wurden.

Release

Eine bestimmte Version eines Konfigurationsobjekts, das für einen spezifischen Zweck bereitgestellt wurde (beispielsweise ein Testrelease oder eine Produktionsrelease).

Review

Eine Bewertung eines Softwareprodukts oder eines Projektstatus zur Aufdeckung von Diskrepanzen der geplanten Arbeitsergebnisse und der Identifizierung von Verbesserungspotenzialen. Review ist ein Oberbegriff für Managementreview, informelles Review, technisches Review, Inspektion und Walkthrough.

reviewfähig (prüfbar)
Arbeiten an einem Dokument haben einen gewissen Abschluss gefunden und eine ausreichende Vollständigkeit erreicht, so dass dieses Dokument einem Review unterzogen werden kann.

Robustheit
Der Grad, in dem eine Komponente oder ein System bei ungültigen Eingaben und extremen Umgebungsbedingungen korrekt funktioniert.

Robustheitstest
s. Negativtest

Rolle
Beschreibung bestimmter Fähigkeiten, Qualifikationen und Tätigkeitsprofile in der Softwareentwicklung, die von am Projekt beteiligten Personen (Rollenträger) auszufüllen sind.

sicherheitsrelevantes/-kritisches System
Softwaresystem, bei dessen Versagen Menschenleben gefährdet sind oder andere hohe Verluste entstehen können.

Sicherheitstest
Test zur Prüfung von Zugriffs- und Datensicherheit eines Systems bzw. Test auf Sicherheitslücken.

Simulator
1. Werkzeug, mit dem die Einsatz- bzw. Produktivumgebung nachgebildet wird.
2. Die Darstellung von ausgewählten Verhaltensmustern eines physikalischen oder abstrakten Systems durch ein anderes System.

Smoke-Test
1. In der Regel automatisierter Test (Teilmenge aller definierten/geplanten Testfälle), der die Hauptfunktionalitäten einer Komponente oder eines Systems abdeckt, um sicherzustellen, dass die wichtigen Funktionen eines Programms korrekt arbeiten, jedoch ohne Berücksichtigung einzelner Details.
2. Wird oft realisiert, ohne die Ausgaben des Testobjekts mit vorgegebenen Sollergebnissen zu vergleichen. Stattdessen wird versucht, offensichtliche Fehlerwirkungen (beispielsweise einen Absturz) des Testobjekts zu erzeugen. Dient vorwiegend zur Prüfung der Robustheit.

Softwareentwicklungsmodell/Softwareentwicklungsprozess
Beschreibt einen festgelegten organisatorischen Rahmen der Softwareentwicklung. Festgelegt wird, welche Aktivitäten in welcher Reihenfolge von welchen Rollen zu erledigen sind und welche Ergebnisse dabei entstehen und wie diese in der Qualitätssicherung überprüft werden.

Softwareobjekt
Identifizierbares Teilergebnis des Softwareentwicklungsprozesses (Quellcodedatei, Dokument u.a.).

Softwarequalität
Gesamtheit der Merkmale und Merkmalswerte eines Softwaresystemprodukts, die sich auf dessen Eignung beziehen, festgelegte oder vorausgesetzte Erfordernisse zu erfüllen.

Sollverhalten
Erwartete Ausgabewerte und erwartetes Verhalten eines Systems oder seiner Komponenten, die durch die Spezifikation oder durch eine andere Quelle festgelegt sind (für jeden Testfall festzulegen).

Spezifikation
Ein Dokument, das die Anforderungen, den Aufbau, das Verhalten oder andere Charakteristika des Systems bzw. der Komponente beschreibt, idealerweise genau, vollständig, konkret und nachprüfbar. Dient Entwicklern als Grundlage für die Programmierung und Testern als Grundlage für die Herleitung von Testfällen mittels Blackbox-Verfahren. (Häufig beinhaltet die Spezifikation auch Vorgaben zur Überprüfung der Anforderungen.)

Standardsoftware
Softwareprodukt, das für einen größeren Markt bzw. Massenmarkt entwickelt wird und in identischer Form an eine Vielzahl von Kunden geliefert wird (s.a. Individualsoftware).

statische Analyse
Die Durchführung der Analyse (Überprüfung, Vermessung und Darstellung) eines Dokuments (z.B. Anforderung oder Quelltext, ohne dessen Ausführung).

statischer Test
Test einer Komponente oder eines Systems auf Anforderungs- und Implementierungsebene ohne Ausführung der Software, z.B. durch Reviews oder statische Analyse.

Stellvertreter
s. Platzhalter

Stresstest
Prüfung des Systemverhaltens bei Überlastung (z.B. durch Betrieb mit zu hohem Datenvolumen oder auch gezielte Fehlbedienung, s.a. Robustheit).

struktureller Test
Whitebox-Testverfahren, bei dem die Testfälle unter Berücksichtigung der internen Struktur des Testobjekts hergeleitet werden und die Vollständigkeit der Prüfung (Überdeckungsgrad) anhand von Strukturelementen (z.B. Zweige, Pfade, Daten) bewertet wird. Oberbegriff für kontroll- und datenflussbasierte Tests.

stub
s. Platzhalter

Syntaxtest
Verfahren zur Ermittlung der Testfälle, das bei Vorliegen einer formalen Spezifikation der Syntax für die Eingaben angewendet werden kann.

Systemtest
Test eines integrierten Systems, um sicherzustellen, dass es spezifizierte Anforderungen erfüllt.

technisches Review
Eine systematische Bewertung eines Softwareprodukts durch ein Team gleichgestellter qualifizierter Mitarbeiter, das sich darauf fokussiert, die Angemessenheit des Softwareprodukts hinsichtlich seiner beabsichtigten Verwendung und auf Diskrepanzen bezüglich Spezifikation oder Standards zu prüfen. Ein technisches Review wird auch als Review durch Gleichgestellte (»peers«) bezeichnet.

Test(en)
1. Gesamter Prozess, ein Programm auf systematische Weise auszuführen, um die korrekte Umsetzung der Anforderungen nachzuweisen und um Fehlerwirkungen aufzudecken.
2. Jede einzelne (i.Allg. stichprobenartige) Ausführung des Testobjekts unter spezifizierten Bedingungen zum Zwecke des Überprüfens der (beobachteten) Ergebnisse im Hinblick auf gewisse gewünschte Eigenschaften.
3. Oberbegriff für alle Tätigkeiten und Stufen im Testprozess.

Testabdeckung
s. Überdeckungsgrad

Testaufwand
Zu veranschlagender bzw. ermittelter Bedarf an Ressourcen für den Testprozess.

Testauswertung
Anhand der Testprotokolle wird ermittelt, ob Fehlerwirkungen vorliegen; ggf. wird eine Einteilung in Fehlerklassen vorgenommen.

Testautomatisierung

1. Einsatz von Softwarewerkzeugen zur Erstellung bzw. Programmierung von Testfällen mit dem Ziel, die Testfälle rechnergestützt wiederholt ausführen zu können.
2. Unterstützung aller Arbeiten im Testprozess durch entsprechende Softwarewerkzeuge.

Testbarkeit

1. Mühelosigkeit und Geschwindigkeit, mit der die Funktionalität und das Leistungsniveau des Systems (auch nach jeder Anpassung) getestet werden können.
2. Zugänglichkeit des zu testenden Systems für den Test (Aspekte sind: Offenheit der Schnittstellen, Dokumentationsqualität, Zerlegbarkeit in kleinere Einheiten, Nachbildbarkeit der Produktivumgebung in der Testumgebung).

Testbasis

Alle Dokumente, aus denen die Anforderungen ersichtlich werden, die an das Testobjekt gestellt werden, bzw. die Dokumentation, auf der die Herleitung oder Auswahl der Testfälle beruht.

Testbericht

Dokument, das die Testaktivitäten und -ergebnisse zusammenfasst und eine darauf basierende Bewertung der Testobjekte enthält.

Testdaten/Testdatum

Eingabe- und Zustandswerte für ein Testobjekt und die Sollwerte nach Ausführung des betreffenden Testfalls.

Testdurchführung

Ausführung der Testfälle bzw. Testszenarien (Aktivität im Testprozess).

Testendekriterium/Ausgangsbedingung

1. Kriterien, die vorab festgelegt werden und erfüllt sein müssen, um eine (Test-)Aktivität als abgeschlossen bewerten zu können (z.B. das Erreichen einer gewünschten Überdeckung).
2. Die Menge der abgestimmten generischen und spezifischen Bedingungen, die von allen Beteiligten für den Abschluss eines Prozesses akzeptiert wurden. Durch Festlegung von Ausgangsbedingungen für eine Aufgabe wird vermieden, dass eine Aufgabe als abgeschlossen betrachtet wird, wenn Teile der Aufgabe noch nicht abgeschlossen sind.

Tester

1. Experte für Testdurchführung und Fehlerberichte mit Wissen im Anwendungsbereich des jeweiligen Testobjekts.
2. Oberbegriff für die im Testprozess direkt tätigen Personen.

Testergebnis

1. Alle Dokumente, die im Rahmen eines Testlaufs erstellt werden (hauptsächlich das Testprotokoll und dessen Auswertung).
2. Freigabe oder Zurückweisung des Testobjekts (je nach Anzahl und Schwere der ermittelten Fehlerwirkungen).

Testfall

Umfasst folgende Angaben: die für die Ausführung notwendigen Vorbedingungen, die Menge der Eingabewerte (ein Eingabewert je Parameter des Testobjekts) und die Menge der erwarteten Sollwerte, die Prüfanweisung (wie Eingaben an das Testobjekt übergeben und Sollwerte abzulesen sind) sowie die erwarteten Nachbedingungen.

Testfallexplosion

Bezeichnung für den (mit der Anzahl der Parameter) exponentiell steigenden Testaufwand bei vollständigem Test.

Testfallspezifikation/Testspezifikation

Dokument, das eine Menge von Testfällen (inkl. Testdaten und Vor-/Nachbedingungen) für ein Testobjekt spezifiziert.

test-first programming

Vorgehensweise bei der Entwicklung von Software, die vor der Kodierung das Ergebnis eines beherrschbar kleinen Implementierungsschrittes durch einen Test spezifiziert. Auch als *Test-first Design* oder *Test-first Development* bezeichnet.

Testinfrastruktur

Bestandteile, die notwendig sind, um die geplanten Testaktivitäten erledigen zu können. Hierzu gehören üblicherweise: Arbeitsplätze der Tester und deren Ausstattung, Testumgebungen sowie sonstige Werkzeuge (E-Mail, WWW, Texteditoren usw.).

Testkonzept (*test plan*)

Dokument, das den Umfang, die Vorgehensweise, die Ressourcen und die Zeitplanung der intendierten Tests (inklusive aller Aktivitäten) beschreibt (Inhalt z.B. gemäß [IEEE 829]).

Testlauf

Die Ausführung eines oder mehrerer Testfälle mit einer bestimmten Version eines bestimmten Testobjekts.

Testmanagement

1. Planung, Aufwandsschätzung, Steuerung und Auswertung von Testaktivitäten, die typischerweise durch einen Testmanager erfolgen.
2. Verantwortliche Person(engruppe) für den Test.

Testmethode

1. Planmäßiges, auf einem Regelwerk aufbauendes Vorgehen zur Herleitung und/oder Auswahl von Testfällen.
2. Das Vorgehen (z.B. manuell, Einsatz eines Mitschnittwerkzeugs) bei der Durchführung von Tests.

Testmittel (*testware*)

Alle Dokumente und ggf. Werkzeuge, die während des Testprozesses erstellt bzw. benutzt werden und erforderlich sind, die Tests zu planen, zu entwerfen oder auszuführen. Alles soll während der Wartung und Pflege wieder benutzbar sein und muss daher übertragbar und aktualisierbar sein.

Testmetrik

Messbare Eigenschaft eines Testfalls, Testlaufs oder Testzyklus mit Angabe der zugehörigen Messvorschrift.

Testobjekt

Komponente, integriertes Teilsystem oder System (in einer bestimmten Version), die einem Test unterzogen wird.

Testorakel

Informationsquelle zur Ermittlung der jeweiligen Sollergebnisse eines Testfalls (kann beispielsweise die Anforderungsdefinition sein).

Testphase

Menge inhaltlich/thematisch zusammengehöriger Aktivitäten (innerhalb des Testprozesses), die der Erarbeitung eines Teilergebnisses dienen (z.B. Erstellung der Testspezifikation).

Testplan (*test schedule*)

1. Zeitliche Planung der Testdurchführung (Zuordnung der Testfälle zu Testern und Festlegung des Durchführungszeitpunktes).
2. Verzeichnis aller Testfälle, in der Regel thematisch bzw. nach Testzielen gruppiert.

Testplanung

Aktivität im Testprozess zur Erstellung und Fortschreibung von Testkonzept und Testplan.

Testprotokoll
Schriftlich festgehaltenes Ergebnis eines Testlaufs oder einer Testsequenz (im Fall von automatisierten Tests meist vom Werkzeug erstellt). Aus dem Protokoll muss hervorgehen, welche Teile wann, von wem, wie intensiv und mit welchem Ergebnis getestet wurden.

Testprotokollierung
Der Prozess der Aufzeichnung von Informationen über durchgeführte Tests in einem Testprotokoll.

Testprozess
Umfasst alle Aktivitäten, die zur Planung und Steuerung, Analyse und Design, Realisierung und Durchführung, Auswertung und Bericht sowie zum Abschluss der Testaktivitäten in einem Projekt benötigt werden.

Testrahmen (*test harness, test bed*)
Sammlung aller Programme (u.a. Testtreiber und Platzhalter), die notwendig sind, um Testfälle auszuführen, auszuwerten und Testprotokolle aufzuzeichnen.

Testroboter
Werkzeug zur Durchführung von Tests, das offen gelegte bzw. zugängliche äußere Schnittstellen des Testobjekts, beispielsweise die GUI, mit Eingabedaten ansteuert und deren Reaktionen dort abliest.

Testschnittstelle
s. Point of Control (PoC) und Point of Observation (PoO).

Testsequenz/Testsuite
Aneinanderreihung mehrerer Testfälle, wobei Nachbedingungen des einen Tests als Vorbedingungen des folgenden Tests genutzt werden.

Testskript
Anweisungen zur automatischen Ausführung eines Testfalls oder einer Testsequenz (oder übergeordnete Ablaufsteuerung weiterer Testwerkzeuge) in einer geeigneten Programmiersprache.

Teststrategie
1. Aufteilung von Testaufwand über die zu testenden Teile und/oder zu erfüllenden Qualitätsmerkmale des Testobjekts. Auswahl und Bestimmung der Reihenfolge (bzw. des Zusammenspiels) von einzelnen Testmethoden und der Reihenfolge ihrer Anwendung auf die verschiedenen Testobjekte. Festlegung der zu erreichenden Überdeckungsgrade bei jeder Testmethode.
2. Abstrakte Beschreibung der Teststufen und der zugehörigen Ein- und Ausgangskriterien. In der Regel kann eine Teststrategie für mehrere Projekte angewendet werden.

Teststufe
Eine Teststufe ist eine Gruppe von Testaktivitäten, die gemeinsam ausgeführt und verwaltet werden. Zuständigkeiten in einem Projekt können sich auf Teststufen beziehen. Beispiele von Teststufen sind der Komponententest, der Integrationstest, der System- und Abnahmetest (nach dem allg. V-Modell).

Testszenario
Zusammenstellung von Testsequenzen.

Testtreiber (*driver*)
Programm bzw. Werkzeug, das es ermöglicht, ein Testobjekt ablaufen zu lassen, mit Testdaten zu versorgen und Ausgaben/Reaktionen des Testobjekts entgegenzunehmen.

Testumgebung
Gesamtheit aller Hardware- und Softwarekomponenten (auch der Testrahmen), die notwendig sind, um Testfälle durchzuführen.

Testverfahren
s. Testmethode

Testvorgehensspezifikation/Testprozedur(spezifikation)/Testskript
1. Detaillierte Anweisungen zur Vorbereitung, Durchführung und Ergebnisauswertung eines bestimmten Testfalls.
2. Ein Dokument, das eine Aktion(enfolge) zur Testausführung beschreibt.

Testziel
1. Aufdeckung von Fehlern als allgemeines Ziel des Testens.
2. Aufdeckung spezifischer Fehlerwirkungen durch passende Testfälle.
3. Nachweis der Erfüllung bestimmter Anforderungen im/durch das Testobjekt als spezifisches Ziel eines oder mehrerer Testfälle.

Testzyklus
1. Durchlauf durch den fundamentalen Testprozess auf der Basis genau einer Version des Testobjekts, an dessen Ende Fehlerkorrektur- oder Änderungsaufträge für die Entwickler vorliegen.
2. Ausführung einer Reihe von Testfällen.

tote Programmanweisung (*dead code*)
Code, der nicht zur Ausführung gebracht werden kann.

Tuning
Änderung von Programmen oder Programmparametern und/oder Ausbau der Hardware zur Optimierung des Zeitverhaltens eines Hardware-/Softwaresystems.

Überdeckungsgrad
Kriterium zur Beendigung des Tests, unterschiedlich je nach Testmethode, meist durch Werkzeuge zu ermitteln.

Unit Test
s. Komponententest

unnützer Testfall/unnötige Tests
Testfall, der zu einem bereits vorhandenen Testfall redundant ist und somit zu keinen neuen Erkenntnissen führt.

Ursache-Wirkungs-Graph-Analyse
Funktionsorientiertes Blackbox-Testverfahren, das die Spezifikation in eine grafische Form – den Ursache-Wirkungs-Graphen – umsetzt, aus der über Zwischenschritte Testfälle abgeleitet werden.

Validierung
Prüfung, ob ein Entwicklungsergebnis die individuellen Anforderungen bezüglich einer speziellen beabsichtigten Nutzung erfüllt.

Verifikation
1. Prüfung, ob die Ergebnisse einer Entwicklungsphase die Vorgaben der Phaseneingangsdokumente erfüllen.
2. Mathematisch formaler Beweis der Korrektheit eines Programm(teil)s.

Versagen
Verhalten eines Testobjekts, das nicht den aufgrund des Verwendungszwecks spezifizierten Funktionen entspricht.

Version
Entwicklungsstand eines Softwareobjekts zu einem bestimmten Zeitpunkt. In der Regel durch eine Nummer angegeben (vgl. Konfiguration).

V-Modell (allgemeines)
Vorgehensmodell für die Softwareentwicklung, um die Aktivitäten des Software-Entwicklungslebenszyklus von der Anforderungsspezifikation bis zur Wartung zu beschreiben. Das V-Modell stellt dar, wie Prüf- und Testaktivitäten in jede Phase des Software-Entwicklungslebenszyklus integriert und die Zwischenprodukte geprüft (validiert und verifiziert) werden können. Inzwischen existieren viele unterschiedliche Varianten des V-Modells (nicht zu verwechseln mit dem »Vorgehensmodell des Bundes und der Länder«, das auch mit dem Begriff »V-Modell« verbunden wird).

vollständiger Test
Berücksichtigt alle möglichen Eingabewerte und deren Kombinationen mit allen unterschiedlichen Vorbedingungen; in der Praxis nur äußerst selten wegen des erheblichen Aufwands durchführbar.

Volumentest
Test, bei dem große Datenmengen manipuliert werden oder das System durch große Datenvolumen beansprucht wird (s.a. Stresstest und Lasttest).

Vorbedingung
Zustand des Testobjekts (und/oder der Umgebung), der gegeben sein muss, um einen Testfall oder eine Testsequenz ablaufen zu lassen.

Vorgehensmodelle
s. Softwareentwicklungsmodelle

Walkthrough
Manuelle, informale Prüfmethode, um Fehler, Defekte, Unklarheiten und Probleme in schriftlichen Dokumenten zu identifizieren durch eine schrittweise Präsentation eines Dokuments durch den Autor. Dient darüber hinaus dazu, Informationen zu sammeln und ein allgemeines Verständnis des Dokumenteninhalts aufzubauen.

Wartung/Wartungsprozess
Modifikation eines Softwareprodukts nach seiner Auslieferung, um Fehler zu korrigieren, die Performanz oder andere Merkmale zu verbessern oder das Produkt für eine andere Umgebung zu adaptieren.

Whitebox-Verfahren
Alle Verfahren, die zur Herleitung oder Auswahl der Testfälle Information über die innere Struktur des Testobjekts benötigen (s.a. struktureller Test).

Zufallstest
Ein Blackbox-Testverfahren, bei dem Testfälle zufällig, unter Umständen unter Verwendung eines pseudozufälligen Generierungsalgorithmus, ausgewählt werden, um einem Nutzungsprofil in der Produktivumgebung zu entsprechen. Dieses Verfahren kann u.a. zum Test nicht funktionaler Qualitätsmerkmale wie z.B. Zuverlässigkeit und Performanz eingesetzt werden.

Zustandsautomat
s. endlicher Automat

zustandsbezogener Test
Ein Blackbox-Testverfahren, bei dem die Testfälle unter Berücksichtigung der Zustände und Zustandsübergänge des Testobjekts hergeleitet werden und die Vollständigkeit der Prüfung (Überdeckungsgrad) anhand der Zustände und Zustandsübergänge bewertet wird.

Zustandsmodell (oder Zustandsdiagramm)
Ein Diagramm, das die Zustände beschreibt, die ein System oder eine Komponente annehmen kann, und die Ereignisse bzw. Umstände zeigt, die einen Zustandswechsel verursachen und/oder ergeben.

Zweig
1. Von einem Zweg wird gesprochen,
   - wenn in einer Komponente eine bedingte Änderung des Kontrollflusses von einer Anweisung zu einer anderen Anweisung (z.B. bei einer IF-Anweisung) gegeben ist;
   - wenn in einer Komponente eine unbedingte Änderung des Kontrollflusses von einer Anweisung zu einer anderen, mit Ausnahme der nächsten Anweisung, (z.B. bei einer GOTO-Anweisung) gegeben ist;
   - wenn eine Änderung des Kontrollflusses dadurch gegeben ist, dass die Komponente mehr als einen Eingang (entry point) hat; ein Eingang ist entweder die erste Anweisung der Komponente oder jede Anweisung, die direkt von außerhalb der Komponente angesprochen werden kann.
2. Ein Zweig entspricht einer gerichteten Kante des Kontrollflussgraphen.

Zweigüberdeckung/Zweigtest
Kontrollflussbasiertes Whitebox-Testverfahren, das die Überdeckung aller Zweige des Kontrollflussgraphen einer Komponente fordert.

Zuverlässigkeit
Eine Menge von Merkmalen, die sich auf die Fähigkeit der Software beziehen, ihr Leistungsniveau unter festgelegten Bedingungen über einen festgelegten Zeitraum zu bewahren.

zyklomatische Zahl
Metrik zur Komplexität von Kontrollflussgraphen; gibt die Anzahl der linear unabhängigen Pfade eines Kontrollflussgraphen bzw. einer durch einen Kontrollflussgraphen dargestellten Komponente an.

Quellenverzeichnis

Literatur

[Balzert 98] Balzert, H.: Lehrbuch der Software-Technik. Band 2, Spektrum Akademischer Verlag, 1998.

[Balzert 00] Balzert, H.: Lehrbuch der Software-Technik. Band 1, 2. Auflage, Spektrum Akademischer Verlag, 2000.

[Beck 00] Beck, K.: Extreme Programming. Addison-Wesley, München, 2000.

[Beedle 01] Beedle, M.; Schwaber, K.: Agile Software Development with Scrum. Prentice Hall, 2001.

[Beizer 90] Beizer, B.: Software Testing Techniques, Van Nostrand Reinhold, 1990.

[Black 02] Black, R.: Managing the Testing Process: Practical Tools and Techniques for Managing Hardware and Software Testing, 2. Auflage, Wiley, 2002.

[Black 03] Black, R.: Critical Testing Processes, Addison-Wesley, 2003.

[Boehm 73] Boehm, B. W.: »Software and its impact: a quantitative assessment«. In: Datamation, Vol. 19, No. 5, 1973, S. 48-59.

[Boehm 79] Boehm, B. W.: »Guidelines for Verifying and Validating Software Requirements and Design Specification«. In: Proceedings of Euro IFIP 1979, S. 711-719.

[Boehm 81] Boehm, B. W.: Software Engineering Economics. Englewood Cliffs, Prentice Hall, 1981.

[Boehm 86] Boehm, B. W.: »A Spiral Model of Software Development and Enhancement«. ACM SIGSOFT, August 1986, S. 14-24.

[Bourne 97] Bourne, K. C.: Testing Client/Server Systems. McGraw-Hill, 1997.

[Bush 90] Bush, M.: »Software Quality: The use of formal inspections at the Jet Propulsion Laboratory«. In: Proceedings of the 12th ICSE, IEEE 1990, S. 196-199.

[DeMarco 93] DeMarco, T.: »Why Does Software Cost So Much?«. IEEE Software, March 1993, S. 89-90.

[Duden 99] Duden-Oxford-Großwörterbuch Englisch, 2. Auflage, Mannheim, 1999 (CD-ROM).

[Fagan 76] Fagan, M. E.: »Design and Code Inspections to Reduce Errors in Program Development«. IBM Systems Journal, Vol. 15, No. 3, 1976, S. 182-211.

[Fenton 91] Fenton, N. E.: Software Metrics. Chapman & Hall, 1991.

[Fewster 99] Fewster, M.; Graham, D.: Software Automation, Effective use of test execution tools. Addison-Wesley, 1999.

[Freedman 90] Freedman, D. P.; Weinberg, G. M.: Handbook of Walkthroughs, Inspections, and Technical Reviews: Evaluating Programs, Projects, and Products. 3. Auflage, Dorset House Publishing Company, Inc., 1990.

[Frühauf 91] Frühauf, K.; Ludewig, J.; Sandmayr, H.: Software-Prüfung: eine Fibel. Verlag der Fachvereine, Zürich und Teubner Verlag, Stuttgart, 1991 (4. Auflage 2000).

[Gilb 96] Gilb, T.; Graham, D.: Software Inspections. Addison-Wesley, 1996 (Nachdruck von 1993).

[Gilb 05] Gilb, T.: Competitive Engineering: A Handbook for Systems Engineering, Requirements Engineering, and Software Engineering Using Planguage. Butterworth-Heinemann, Erscheinungstermin: Juli 2005.

[Hitz 05] Hitz, M.; Kappel, G.; Kapsammer, E.; Retschitzegger, W.: UML@Work, Objektorientierte Modellierung mit UML 2. 3., aktualisierte und überarbeitete Auflage, dpunkt.verlag, Heidelberg, 2005.

[Jacobson 99] Jacobson, I.; Booch, G.; Rumbaugh, J.: The Unified Software Developement Process. Addison-Wesley Longman, Amsterdam, 1999.

[Kruchten 99] Kruchten, P.: Der Rational Unified Process – Eine Einführung. Addison-Wesley-Longman, 1999.

[Liggesmeyer 90] Liggesmeyer, P.: Modultest und Modulverifikation, State of the Art. BI Wissenschaftsverlag, Mannheim, Wien, Zürich, 1990.

[Liggesmeyer 02] Liggesmeyer, P.: Software-Qualität. Testen, Analysieren und Verifizieren von Software. Spektrum Akademischer Verlag, Heidelberg, 2002.

[Link 02] Link, J.; Fröhlich, P.: Unit Tests mit Java: Der Test-First-Ansatz. dpunkt.verlag, Heidelberg, 2002.

[Martin 91] Martin, J.: Rapid Application Development. Macmillan, 1991.

[McCabe 76] McCabe, T. J.: »A Complexity Measure«. In: IEEE Transactions on Software Engineering, Vol. SE-2, No. 4, 1976, S. 308-320.

[Mellis 96] Mellis, W.; Herzwurm, G.; Stelzer, D.: TQM der Softwareentwicklung. Vieweg, 1996 (2. Auflage 1998).

[Möller 96] Möller, K.-H.: »Ausgangsdaten für Qualitätsmetriken – Eine Fundgrube für Analysen«. In: Ebert, C.; Dumke, R. (Hrsg.): Software-Metriken in der Praxis. Springer-Verlag, Berlin, 1996.

[Myers 82] Myers, G. J.: Methodisches Testen von Programmen. Oldenbourg, München, Wien, 1982 (7. Auflage 2001, Übersetzung von »The Art of Software Testing«, John Wiley, 1979).

[Pohlmann 05] Pohlmann, H. et al.: »Berufsbild Software-Tester, Empfehlungen für das Berufsbild, die Ausbildung und die Qualifikationsstufen des Software-Testers«. In: Petrasch, R.; Höppner, S. (Hrsg.): Schriften zum Software-Qualitätsmanagement – Vorgehen, Methoden und Werkzeuge für die Software-Qualitätssicherung. Reihe: Software-Qualitätsmanagement: Theorie & Praxis, Band 3, Logos Verlag, Berlin, 2005, S. 65-100.

[Pol 00] Pol, M.; Koomen, T.; Spillner, A.: Management und Optimierung des Testprozesses. dpunkt.verlag, Heidelberg, 2000 (2. Auflage 2002).

[Riedemann 97] Riedemann, E. H.: Testmethoden für sequentielle und nebenläufige Software-Systeme. Teubner-Verlag, Stuttgart, 1997 (s.a. *http://lrb.cs.uni-dortmund.de/~riedeman/* Link »Veröffentlichungen«).

[Royce 70] Royce, W. W.: »Managing the development of large software systems«. In: IEEE WESCON, Aug. 1970, S. 1-9 (Nachdruck in Proceedings of the 9th International Conference on Software Engineering, 1987, Monterey, CA., S. 328-338).

[Sneed 02] Sneed, H. M.; Winter, M.: Testen objektorientierter Software. Das Praxisbuch für den Test objektorientierter Client/Server-Systeme. Hanser, München, Wien, 2002.

[Spillner 00] Spillner, A.: »From V-model to W-model – Establishing the Whole Test Process«. In: Proceedings Conquest 2000 – Workshop on »Testing Non-Functional Software Requirements«, Sept. 2000, Nürnberg, S. 221-231.

[Stapleton 02] Stapleton, J. (Hrsg.): DSDM: Business Focused Development (Agile Software Development Series). Addison-Wesley, 2002.

[Thaller 00] Thaller, G. E.: Software-Test, Verifikation und Validation. Heise, 2000 (2. Auflage 2002).

[Versteegen 99] Versteegen, G. (Hrsg.): Das V-Modell in der Praxis. dpunkt.verlag, Heidelberg, 1999.

[Wallmüller 90] Wallmüller, E.: Software-Qualitätssicherung in der Praxis, Hanser, 1990.

[Wiener 94] Wiener, L. R.: Digitales Verhängnis, Gefahr der Abhängigkeit von Computern und Programmen. Addison-Wesley, 1994.

Weitere empfohlene Literatur

Buwalda, H.; Jansson, D.; Pinkster, I.: Integrated Test Design and Automation. Addison-Wesley, 2002.

Dustin, E.; Rashka, J.; Paul, J.: Automated Software Testing. Introduction, Management and Performance. Addison-Wesley, 1999.

Hetzel, W. C.: The Complete Guide to Software Testing. Collins, 1985. (Neues Buch mit weiterem Koautor Bill Hetzel, aber gleichem Titel, John Wiley & Sons, 1993)

Jorgensen, P. C.: Software Testing – A Craftman's Approach. 2. Auflage, CRC Press, 2002.

Kaner, C.: Testing Computer Software. Van Nostrand Reinhold, 1993. (Neues Buch mit weiteren Koautoren Jack Falk, Hung Quoc Nguyen, aber gleichem Titel, John Wiley & Sons, 1999)

Kit, E.: Software Testing in the Real World. Addison-Wesley, 1995.

Musa, J.: Software Reliability Engineering: More Reliable Software Faster and Cheaper. Authorhouse, 2004.

Perry, W. E.: Effective Methods for Software Testing. Wiley, 2000.

Royer, T. C.: Software Testing Management. Prentice Hall, 1993.

van Veenendaal, E. (ed.): The Testing Practitioner. UTN Publishers, 2002.

Whittaker, J.: How to Break Software. Addison-Wesley, 2002.

Normen und Standards

[BS 7925-1] British Standard 7925-1, Software testing, Part 1: Vocabulary, 1998.

[BS 7925-2] British Standard 7925-2, Software testing, Part 2: Software component testing, 1998.

[DIN 60601-1-4] DIN EN 60601-1-4, Ausgabe: 2001-04, Medizinische elektrische Geräte – Teil 1-4: Allgemeine Festlegungen für die Sicherheit; Ergänzungsnorm: Programmierbare elektrische medizinische Systeme. ([IEC 60601-1-4] IEC 60601-1-4, Medical Electrical Equipment: Part 4: General Requirements for Collateral Standard: Programmable Electric Medical Systems.)

[DIN 66271] DIN 66271:1995, Informationstechnik – Software-Fehler und ihre Beurteilung durch Lieferanten und Kunden.

[EN 50128] EN 50128:2001, Bahnanwendungen – Telekommunikationstechnik, Signaltechnik und Datenverarbeitungssysteme – Software für Eisenbahnsteuerungs- und Überwachungssysteme. (Railway applications – Communication, signalling and processing systems – Software for railway control and protection systems, European Committee for Electrotechnical Standardization.)

[IEEE 610.12] IEEE Std 610.12-1990, IEEE Standard Glossary of Software Engineering Terminology.

[IEEE 730] IEEE Std 730-2002, IEEE Standard for Software Quality Assurance Plans, ersetzt IEEE 730-1998.

[IEEE 828] IEEE Std 828-1998, IEEE Standard for Software Configuration Management Plans.

[IEEE 829] IEEE Std 829-1998, IEEE Standard for Software Test Documentation (Rev. of IEEE Std 829-1983).

[IEEE 830] EEE Std 830-1998, Recommended Practice for Software Requirements Specifications.

[IEEE 982] IEEE Std 982.2-2003, IEEE Standard Dictionary of Measures of the Software Aspects of Dependability.

[IEEE 1008] IEEE Std 1008-1987, IEEE Standard for Software Unit Testing.

[IEEE 1012] IEEE Std 1012-1998, SET IEEE Standard for Software Verification and Validation.

[IEEE 1028] IEEE Std 1028-1997, IEEE Standard for Software Reviews.

[IEEE 1044] IEEE Std 1044-1993, IEEE Standard Classification for Software Anomalies.

[IEEE/IEC 12207] IEEE 12207 / ISO/IEC 12207-1996. Software life cycle processes.

[ISO 2382/1] ISO/IEC 2382-1: 1993, Information technology – Vocabulary – Part 1: Fundametal terms.

[ISO 8402] ISO 8402:1994, Qualitätsmanagement und Qualitätssicherung – Begriffe (ersetzt durch [ISO 9000]).

[ISO 9000] ISO 9000:2000, Qualitätsmanagementsysteme – Grundlagen und Begriffe (s.a. [ISO 9000-3]).

[ISO 9000-3] ISO/IEC 9000-3:2004, Qualitätsmanagement- und Qualitätssicherungsnormen. Leitfaden für die Anwendung von ISO 9001 auf die Entwicklung, Lieferung und Wartung von Software.

[ISO 9126] ISO/IEC 9126-1:2001 Software engineering – Product quality – Part 1: Quality model (identisch mit [DIN 66272, 94], Bewerten von Softwareprodukten, Qualitätsmerkmale und Leitfaden zu ihrer Verwendung).
ISO/IEC TR 9126-2:2003 Software engineering – Product quality – Part 2: External metrics.
ISO/IEC TR 9126-3:2003 Software engineering – Product quality – Part 3: Internal metrics.

[ISO 9241] ISO 9241-1:1997 Ergonomic requirements for office work with visual display terminals (VDTs) – Part 1: General introduction (Norm besteht aus insgesamt aus 17 Teilen, s.u. [URL: ISO]).

[ISO 14598] ISO/IEC 14598: 1999, Information technology – Software product evaluation.

[RTC-DO 178B] RTC-DO Std 178B, Radio Technical Commission for Aeronautics, Software Considerations in Airborne Systems and Equipment Certification, RTCA, Inc., 1992.

[VDE 3694] VDI/VDE-Richtlinie 3694, 1991-04, Lastenheft/Pflichtenheft für den Einsatz von Automatisierungssystemen.

WWW-Seiten[74]

[URL: BCS] *http://www.bcs.org* British Computer Society (BCS), vergleichbar mit der Gesellschaft für Informatik e.V. (GI) in Deutschland.

[URL: CHTB] *http://www.swiss-testing-board.ch* Swiss Testing Board.

[URL: dpunkt] *http://www.dpunkt.de/certified-tester* WWW-Seite zum Buch. Hierüber auch Zugang zum Certified-Tester-Infoportal: *http://www.imbus.de/certified-tester/index.html*.

[URL: FDA] *http://www.fda.gov/cdrh/* U.S. Food and Drug Administration.

[URL: FMEA] *http://de.wikipedia.org/wiki/FMEA* Failure Mode and Effects Analysis (Fehlermöglichkeits- und Einflussanalyse).

[URL: GI TAV] *http://www.gm.fh-koeln.de/~winter/tav/* Gesellschaft für Informatik e.V., Fachgruppe TAV: Test, Analyse und Verifikation von Software oder . *http://www.gi-ev.de/* Link »Fachgruppen«.

74. Die Gültigkeit der angegebenen URLs wurde mit Drucklegung überprüft. Eine Garantie für deren Gültigkeit über dieses Datum (Juli 2005) hinaus kann nicht übernommen werden.

[URL: Graham] *http://www.grove.co.uk/About_Grove/Dorothy.html* Homepage von Dorothy Graham, A.B., M.Sc.

[URL: GTB] *http://www.german-testing-board.info/* German Testing Board.

[URL: GTB Glossar] *http://www.german-testing-board.info/download/download.shtml* Glossar zum Certified Tester.

[URL: GTB Lehrpläne] *http://www.german-testing-board.info/download/download.shtml* Certified-Tester-Lehrpläne in jeweils aktueller deutschsprachiger Ausgabe.

[URL: GTB Training] *http://www.german-testing-board.info/trainings.shtml* Verzeichnis der offiziell akkreditierten Trainingsunternehmen.

[URL: GTB Zertifizierung] *http://www.german-testing-board.info/pruefungen_zertifizierungen.shtml* Verzeichnis der offiziellen Zertifizierungsstellen des GTB.

[URL: HTML] *http://www.w3.org/MarkUp/* HyperText Markup Language Homepage des World Wide Web Consortium (W3C).

[URL: imbus 98] *http://www.imbus.de/download/papers/dl_whitepapers.html* »How to Automate Testing of Graphical User Interfaces, Results of the ESSI PIE 24306«, imbus AG, 1998.

[URL: imbus-downloads] *http://www.imbus.de/produkte/download/dl_whitepapers.html* Nützliche Artikel und Unterlagen der imbus AG zum Herunterladen.

[URL: ISEB] *http://www.iseb.org.uk* Information Systems Examination Board (ISEB).

[URL: ISTQB] *http://www.istqb.org* International Software Testing Qualifications Board.

[URL: NIST Report] *http://www.nist.gov/director/prog-ofc/report02-3.pdf* »The Economic Impacts of Inadequate Infrastructure for Software Testing«, National Institute of Standards & Technology, USA, May 2002.

[URL: Parnas] *http://www.cas.mcmaster.ca/sqrl/parnas.homepg.html* Homepage von Dr. David Lorge Parnas, P.Eng., Ph.D., Dr. h.c., FRSC, FACM, Dr. h.c. an der MacMaster University in Kanada und *http://www.ul.ie/~informat/personnelsingle.php?area=csis&type=acad&select=321* aktuelle Homepage an der University Limerick in Irland.

[URL: Pol] *http://www.polteq.com/pol.htm* Homepage von Martin Pol (auf den englischen Seiten hinter dem Link »about Martin Pol«).

[URL: Schaefer] *http://home.c2i.net/schaefer/testinglinks.html* Homepage von Hans Schaefer.

[URL: TestBench] *http://www.testbench.info* imbus TestBench.

[URL: Tool-List] *http://www.imbus.de/tool-list.shtml* Testwerkzeuge im Überblick, s.a. *http://opensourcetesting.org/* Open Source Tools for Software Testing Professionals.

[URL: UML] *http://www.uml.org/* UML-Seite der Object Management Group (OMG).

[URL: VM-IESE] *http://www.iese.fhg.de/VModell/* Vorgehensmodell des Bundes und der Länder, Fraunhofer IESE – Institut für Experimentelles Software Engineering, Kaiserslautern.

[URL: VM-UniBremen] *http://www.informatik.uni-bremen.de/gdpa* Vorgehensmodell des Bundes und der Länder, GDPA (Graphical Development Process Assistant) der Universität Bremen.

[URL: V-Modell-XT] *http://www.v-modell-xt.de/* Vorgehensmodell des Bundes und der Länder (löst die Version des V-Modells 97 ab).

[URL: XML] *http://www.w3.org/XML/* Extensible Markup Language Homepage des World Wide Web Consortium (W3C).

[URL: xunit] *http://www.junit.org* Component testing framework for Java, s. a. *http://opensourcetesting.org/* Open Source Tools for Software Testing Professionals.

Weitere nützliche WWW-Seiten:

[URL: BCS SIGIST] *http://www.testingstandards.co.uk/* The BCS SIGIST Standards Working Party.

[URL: DIN] *http://www2.din.de/* Deutsches Institut für Normung e.V.

[URL: IEEE] *http://standards.ieee.org* Information about IEEE Standards.

[URL: ISO] *http://www.iso.org/* The International Organization for Standardization (ISO), Normenkatalog.

[URL: ISQI] *http://www.isqi.org/isqi/deu/about/* International Software Quality Institute.

[URL: RBS] *http://www.rexblackconsulting.com/Pages/Library.htm* RBCS Library (Artikel zu *Test Estimation*).

[URL: SEPT] *http://www.12207.com/index.html* SEPT, Supplying Software Engineering Standards Information to the World.

[URL: SWEBOK] *http://www.swebok.org/ironman/pdf/SWEBOK_Guide_2004.pdf* Guide to the Software Engineering Body of Knowledge, SWEBOOK, 2004.

Index

U

V

W

Z

iSQI®

International Software
Quality Institute

iSQI provides comprehensive services around software quality. Building on established programs – from personnel certification to international standardization – it seeks to advance the field by coordinating efforts aiming at new, higher industry standards.

iSQI simultaneously gathers industry input and educates professionals through regularly scheduled seminars and conferences, serving as a think-tank for practice-oriented solutions in software quality. Experts from around the world come together at iSQI to make an impact on the future of the field.

IT-Seminare
Eine Investition in die Zukunft

Ausbildung zum:

- ISTQB®-Certified-Tester (Foundation Level)
- ISTQB®-Certified-Tester (Advanced Level)
- Cerfified ISO/IEC 15504 (SPiCE) Assessor
- Grundlagen in CMMI und SPiCE

Weitere Informationen über unsere Diensteistungen und die aktuellsten Kurstermine finden Sie unter: www.synspace.com

SYNSPACE

Innovative Gestaltung und Optimierung
von IT Prozessen

CH - 4052 Basel
Tel. +41 61 423 0800

CH - 1203 Genève
Tel. +41 22 940 0288

D - 79102 Freiburg
Tel. +49 761 476 4565

info@synspace.com

...und wer ist Ihr
Softwaretest-Architekt?
imbus TestBench
- die integrierte
Entwicklungsumgebung
für Ihre Softwaretests
- damit Ihre Test-Architektur
tragfähig wird!
imbus
imbus AG • Kleinseebacher Straße 9 • D-91096 Möhrendorf
Telefon: + 49 (0) 9131/7518-0 • E-Mail: testbench@info.de • Web: www.testbench.info

2005, 348 Seiten, Broschur
€ 39,00 (D)
ISBN 3-89864-305-0

Uwe Vigenschow

Objektorientiertes Testen und Testautomatisierung in der Praxis

Konzepte, Techniken und Verfahren

Objektorientierte Software mit ihren spezifischen Fehlerquellen hat die Herausforderungen an die SW-Entwicklung erhöht. Wie können wir effizient qualitativ gute Programme schreiben? Ein modernes, testgetriebenes Design ist darauf die Antwort des 21. Jahrhunderts. Doch wie kommen wir zu einer minimalen Anzahl an Testfällen, die ein Maximum der Fehlermöglichkeiten abdecken? Wie finden wir aussagekräftige Testdaten? Wie kann innerhalb der Softwareentwicklung bereits automatisiert getestet werden? Praxisnahe Antworten werden in diesem Buch gegeben, in dem Sie an ein testgetriebenes Design heran geführt werden. Neben der Objektorientierung und der Testautomatisierung liegt ein weitere Schwerpunkt auf Realtime- und Embedded Systems.

dpunkt.verlag

Ringstraße 19 • 69115 Heidelberg
fon 0 62 21/14 83 40
fax 0 62 21/14 83 99
e-mail hallo@dpunkt.de
http://www.dpunkt.de

2., überarbeitete und erweiterte Auflage
2005, 432 Seiten, Broschur
€ 42,00 (D)
ISBN 3-89864-325-5

Johannes Link

Softwaretests mit JUnit

Techniken der testgetriebenen Entwicklung

2., überarbeitete und erweiterte Auflage

Unter Mitarbeit von Ekard Burger, Ilja Preuß, Peter Fröhlich, Achim Bangert, Frank Adler

Das Buch führt den fortgeschrittenen Java-Entwickler anhand von zahlreichen Code-Beispielen in die Erstellung von automatisierten Unit Tests ein, wobei das Augenmerk auf der Vermittlung der Stärken und Schwächen des Test-First-Ansatzes liegt. Es werden sowohl die Grundlagen des Unit-Testens mit JUnit, einem Open-Source-Werkzeug zur Testautomatisierung, als auch weiterführende Techniken behandelt, wie z.B. das Testen persistenter Objekte sowie verteilter, nebenläufiger und Web-basierter Applikationen.
Der Schwerpunkt liegt dabei auf der täglichen Praxis des Entwicklers; die Theorie wird bei Bedarf erklärt. Projektleiter finden Argumente und Hilfestellungen für die Einführung von Unit Tests in ihr Entwicklungsteam und ihren Softwareprozess.
Unter www.dpunkt.de/utmj finden Sie u.a. den Quellcode aller Kapitel.

dpunkt.verlag

Ringstraße 19 • 69115 Heidelberg
fon 0 62 21/14 83 40
fax 0 62 21/14 83 99
e-mail hallo@dpunkt.de
http://www.dpunkt.de

2004, 330 Seiten, Broschur
€ 41,00 (D)
ISBN 3-89864-270-4

»Das Buch ›Basiswissen Softwarearchitektur‹ vermittelt dem Leser einen sehr guten Überblick über das komplexe Thema. Es beschreibt umfassend und praxisnah und der Leser erhält eine hervorragende Unterstützung für das Seminar ›iSQI Certified Professional for Software Architecture‹. Darüber hinaus ist es hilfreiche und nützliche Literatur für alle, die in der Software-Entwicklung als Projektleiter, Architekt oder Entwickler tätig sind.«
(Prof. Dr. Bernd Hindel, Wissenschaftlicher Leiter iSQI)

»Preparing for a role as a software architect is difficult; this book overcomes that difficulty, teaching the required knowledge in a complete yet concise form. With a strong eye to practical use, the authors of this book show how to rapidly and successfully use UML 2.0 for describing application architectures.«
(Richard Mark Soley, CEO OMG)

Torsten Posch · Klaus Birken · Michael Gerdom

Basiswissen Softwarearchitektur

Verstehen, entwerfen, bewerten und dokumentieren

Dieses Buch vermittelt das grundlegende Wissen, das man benötigt, um Softwarearchitekturen zu entwerfen und sinnvoll einzusetzen. Es beantwortet u.a. folgende Fragen: Was ist Softwarearchitektur? Was ist eine gute Softwarearchitektur? Wie wird eine Softwarearchitektur entwickelt? Ausführlich werden die Aufgaben des Softwarearchitekten behandelt sowie sein organisatorisches Umfeld und das Zusammenspiel mit der Projektleitung.

Weitere Themen sind die Dokumentation mit UML 2, Werkzeuge sowie Architekturstile, Architekturmuster und Designmuster. Das Buch richtet sich an Softwarearchitekten, Softwareentwickler und Projektleiter und bietet eine sehr gute Vorbereitung auf die Prüfung zum Certified Architect nach ASQF-Standard.

Die Webseite zum Buch finde Sie unter: www.sw-architecture.com.

dpunkt.verlag

Ringstraße 19 • 69115 Heidelberg
fon 0 62 21/14 83 40
fax 0 62 21/14 83 99
e-mail hallo@dpunkt.de
http://www.dpunkt.de

2004, 239 Seiten, gebunden
€ 39,00 (D)
ISBN 3-89864-230-5

Bernd Hindel · Klaus Hörmann · Markus Müller · Jürgen Schmied

Basiswissen Software-Projektmanagement

Aus- und Weiterbildung zum Certified Project Manager nach dem iSQI-Standard

Projektmanagement – angepasst auf die spezifischen Eigenheiten und Randbedingungen der modernen und innovativen Softwarebranche – ist heute dringend notwendig, um Projekte und damit auch Unternehmen zum Erfolg zu führen. Mit dem »Certified-Project-Manager«-Programm ensteht ein standardisiertes Aus- und Weiterbildungsschema für SW-Projektleiter. In diesem Buch wird nicht nur das Grundlagenwissen im Bereich Software-Projektmanagement (u.a. klassische Methoden wie Projektorganisations-, Projektplanungs- und -kontrolltechniken) vermittelt, sondern auch Software-spezifische Aspekte wie Vorgehensmodelle, iterativ inkrementelle Planungstechnik und Aufwandsschätzung dargestellt. Der Inhalt entspricht dem Stoff der Prüfung Certified Project Manager nach ASQF-Standard und ist auch zum Selbststudium geeignet.

dpunkt.verlag

Ringstraße 19 • 69115 Heidelberg
fon 0 62 21/14 83 40
fax 0 62 21/14 83 99
e-mail hallo@dpunkt.de
http://www.dpunkt.de

3., aktualisierte und überarbeitete Auflage, 2005, 442 Seiten, Broschur
€ 44,00 (D)
ISBN 3-89864-261-5

Martin Hitz · Gerti Kappel · Werner Retschitzegger · Elisabeth Kapsammer

UML @ Work

Objektorientierte Modellierung mit UML 2

mit Beiträgen von Martin Bernauer, Gerhard Kramler, Wieland Schwinger, Manuel Wimmer

UML als die lingua franca in der Software-Modellierung hat sich weltweit durchgesetzt. In der aktuellen Version 2.0 wird nicht nur die Modellierung, sondern auch die modellgetriebene Entwicklung (MDA, model-driven architecture) zum vorherrschenden Entwicklungsparadigma und -standard erhoben. Wozu eine 3. Auflage von UML @ Work?

- Um die Syntax und Semantik von UML 2.0 zu vermitteln.
- Um anhand eines einfachen Vorgehensmodells und Beispielprojekts zu demonstrieren, wie UML in der Praxis angewandt werden kann.
- Um Richtlinien in die Hand zu geben, welche der 13 (!) Diagramme von UML 2.0 wann wie eingesetzt werden sollen.
- Um das Zusammenspiel von UML-Konzepten, MDA und modernen Web-Technologien wie XML, Web Services und Java aufzuzeigen.

»... bietet dieses Buch für den interessierten Praktiker, der anhand eines konkreten Fallbeispiels die Modellierungssprache UML erlernen und sein Wissen darüber vertiefen möchte, einen guten Einstieg.«
(Informatik Spektrum, 23. Oktober 2000 zur 1. Auflage)

dpunkt.verlag

Ringstraße 19 • 69115 Heidelberg
fon 0 62 21/14 83 40
fax 0 62 21/14 83 99
e-mail hallo@dpunkt.de
http://www.dpunkt.de